학교개혁은 왜 실패하는가

THE NEW MEANING OF EDUCATIONAL CHANGE (5TH EDITION)

학교개혁은
왜
실패하는가

교육변화의
새로운 의미와 성공원리

마이클 풀란 지음 이찬승·은수진 옮김

THE NEW MEANING
OF
EDUCATIONAL CHANGE

제5판

교육을바꾸는사람들

나는 왜 이 책을 번역·출판했나

이 책 『The New Meaning of Educational Change(5th ed.)』(Fullan, 2016)을 번역·출판하기로 한 것은 내 생애에서 가장 잘한 결정 중 하나라고 생각된다. 나는 이 책을 2016년 4월 미국교육연구협회(American Education Research Association, AERA) 학회에 참가했을 때 처음 만났다. 산업시대를 위해 만들어진 기존의 학교교육에 대한 대안을 찾고 있던 나는 신간을 소개하는 전시회 서가에서 'Michael Fullan(마이클 풀란)'이란 이름과 'Educational Change(교육변화)'란 문구가 들어 있는 책을 발견했다. 순간 발걸음을 멈췄다. 학교교육의 변화 관련 세계적 학자인 마이클 풀란의 명성을 익히 알고 있던 터라 책의 내용에 대한 기대가 컸다. 제목 속의 'The New Meaning(새로운 의미)'이 무슨 뜻일지 특히 궁금했다. 뒷표지의 서평을 살폈다. '교육변화에 관한 최고의 교과서(the definitive textbook on the study of educational change)'란 소개를 보는 순간 '이 말이 진짜라면 곧바로 한국에 소개해야지'라고 생각했다.

이 책은 총 3부로 되어 있으며 1부는 '교육변화에 대한 이해', 2부는 '학교 및 학구 수준에서의 교육변화', 3부는 '광역 지자체 및 국가 수준에서의 교육변화'에 대해 다루고 있다. 이 책의 백미는 1부의 '교육변화에 대한 이해'라고 생각된다. 한 페이지 한 페이지를 넘길 때마다 무릎을 치지 않을 수 없을 정도로 공감이 갔고 감동적이기까지 했다. 성경의 주요 구절처럼 밑줄을 쳐가며 읽어야 할 책이라 생각되었다. 특히 한국 교육계에 주는 교훈과 시사점은 말로 표현할 수 없을 만큼 크다. 이 책의 1부만 읽어봐도 한국의 교육개혁이 왜 번번이 실패하거나 지지부진했는지 단박에 알 수 있다.

이 책은 교육개혁이 실패하는 이유를 자세히 분석하고, 이러한 실패를 극복하기 위해 어떻게 해야 하는지에 대해 풍부한 전략과 해법을 제시한다. 저자가 구체적인 사례와 함께 실패의 원인으로 제시하는 '교육변화의 본질적으로 복잡한 특성과 역동성에 대한 이해 부족', '정책기획자의 잘못된 가설', '개혁가의 합리성에 바탕을 둔 강한 집념', '의미 공유의 실패' 등은 한국 교육개혁 실패에 대한 깊은 성찰의 기회를 제공할 것이다.

저자는 교육개혁의 실패요인 분석과 함께 성공원리도 제시한다. 이 부분 역시 크게 공감이 갔다. 풀란의 교육변화 이론의 특징은 변화과정에 '참여하는 인간'과 '실행'에 초점을 둔다는 점이다. 그는 학교변화에 성공하기 위한 최상위 필요조건으로 두 가지를 든다. 하나는 '도덕적 목적'이고 다른 하나는 '관계의 개선'이다. 도덕적 목적의식은 풀란의 아이콘에 가까운 학교변화의 철학이다. 이는 타인의 삶에 긍정적 변화를 만들어내기 위한 헌신적 태도와 강렬한 동기를 말한다. 구체적으로는 '모든 아동은 성공적으로 배울수 있다. 따라서 학습격차를 줄일 수 있다'와 같은 신념으로 압축된다. 이런 자세와 동기 없이는 교육변화에 대한 각기 다른 개인의 주관적 의미를 집단의 공유된 의미(shared meaning)로 통합해내지 못한다. 의미의 공유는 학교 문화를 바꾸는 핵심적인 도구이자 전략이다. 교육변화에 관한 그의 지론은 '도덕적 목적을 갖추고, 변화의 과정을 이해한 후, 교직원 간 협력관계를 구축하며, 혁신에 필요한 지식을 창출하여 일상적으로 공유하는 학습공동체의 구축'으로 요약할 수 있다. 이런 당위적인 말은 누구나 할 수 있다. 하지만 풀란은 이들 각각의 요소를 어떻게 실행에 옮겨야 하는지를 사례와 함께 2-3부에서 상세히 소개한다. 이 책을 읽게 되면 한국의 교육부나 교육청이 그동안 새로운 정책을 도입하면서 취했던 관행의 대부분을 쓰레기통에 버려야 할 것이란 생각이 들지도 모른다. 이 책은 또한 교육혁신에 성공하기 위해 중앙정부, 지방정부, 학교장, 교사 등이 어떤 역할을 해야 하는지에 대해서도 풍부한 혁신사례를 들어 자세하게 설명한다.

해외 석학들은 이 책을 '교육변화에 관한 최고의 교과서'라고 평했는데 100% 공감한다. 다음과 같은 주제, 전략, 해법을 소상히 소개하고 있기 때문이다. '변화지식', '변화이론과 변화실행이론', '변화모델 2가지', '3수준 개혁', '시스템 수준 대규모 개혁이론', '대규모 개혁의 성공원리', '변화의 양면성 극복', '변화의 잘못된 동인(動因)', '학교혁신의 서로 다른 2가지 접근법', '개혁이 실패하는 결정적 이유 2가지', '각 개혁에 소요되는 기간', '변화의 낡은 모델과 21세기 역동적 변화모델-린 스타트업', '개인주의 극복과 변화의 동기유발 방법', '학교 내 신뢰구축의 핵심요소 4가지', '교원의 신념과 습관 바꾸기', '교사의 마음 얻는 법', '교원의 주인의식 구축', '의미의 공유', '도덕적 목적', '변화의 성공을 위한 리더십', '변화를 위한 인식변화의 원리', '행동이론', '학교변화의 5가지 기본원리', '거창한 계획서의 함정', '새로운 거버넌스-중간리더십', '리더십의 긴 지렛대', '새로운 책무성 관리', '교육목표 6Cs', '심층학습을 위한 새로운 교수법(NPDL)', '교사학습공동체(PLCs)의 실패사유와 성공요인', '관계(교사-학생, 교사-학부모)향상 원리와 효과',

'교장 리더십 향상의 핵심 원리', '학생들이 학교에 제기하는 가장 큰 불만', '교원 성취기준', '교원연수의 한계와 대안' 등이다. 이 책을 두고 '교육변화에 관한 최고의 교과서'란 평을 한 것은 조금도 과장이 아니다.

교육개혁은 단순히 새로운 정책을 도입하기로 결정하고 예산을 배정하며 법제화하는 일이 아니라 학교문화를 바꾸는 일이라는 저자의 말에 백번 공감이 간다. 풀란은 학교문화를 바꾸는 방법도 구체적으로 소개하고 있다. 확신컨대, 이 책을 읽고 나면 한국의 교육개혁이 겉만 바꾸고 내용은 바꾸지 못하는 그 원인과 해법을 깨달을 수 있을 것이다. 이 책이 널리 읽혀 실질적인 한국교육의 변화를 가져오는 계기가 될 수 있기를 기대해본다.

교육을바꾸는사람들 대표 이찬승

정책결정자, 교육자 등 광범위한 한국의 독자들을 위해 교육변화의 의미와 원리에 관한 저의 책이 소개될 수 있게 되어 매우 기쁩니다. 이번에 출간되는 책 『학교개혁은 왜 실패하는가: 교육변화의 새로운 의미와 성공원리(The New Meaning of Educational Change. 5th edition)』는 교육변화에 관한 지식을 자세히 다루고 있습니다. 이 책은 학생부터 정부까지 교육변화에 관여하는 모든 이들이 어떤 역할을 해야 하는지에 대해서 다룹니다. 또한 각 이해당사자에게 교육변화가 어떤 의미로 다가가는지 규명하고자 했으며, 아울러 학교, 교육청, 교육부 각 수준에서 협업을 통해 어떻게 학습과 성취도를 높일 수 있는지에 대해서도 살펴봅니다.

이 책은 교사들이 '협력적 교사학습공동체를 어떻게 구성하고 서로 배우며 문제를 해결하는가, 학습선도자로서 학교장의 역할을 어떻게 강화할 것인가, 교수지도 방법을 어떻게 향상시켜 모든 학생들이 적극 참여하며 효과적으로 배울 수 있도록 할 것인가, 학교는 어떻게 학부모 및 지역사회와 좋은 관계를 맺을 수 있는가, 학구와 광역 지자체의 최선의 역할은 무엇인가, 어떤 교육정책이 연계성을 높이고 책무성 관리에 효과적인가, 정부 차원에서는 지속적인 개선과 혁신을 위해 어떤 전략들을 복합적으로 사용해야 하는가' 등을 중점적으로 다루었습니다. 또한 교육개혁에서 가장 중요한 것이 '실행'이라는 점을 세계 주요 교육개혁 사례에서 확인하고 이 부분을 매우 중요하게 다루고 있습니다. 따라서 효과적인 실행전략이 이 책의 핵심이라고 할 수 있습니다.

한국은 과거 50년 동안 교육시스템을 훌륭하게 발전시켜 왔습니다. 하지만 오늘날은 한국의 교육문제도 점점 더 복잡성을 띠면서 교육계 지도자, 학생, 지역사회가 새로운 개선책을 찾고 있는 것으로 알고 있습니다. 학교교육의 개혁 필요성 및 그에 대한 요구는 전 세계적으로 마찬가지 현상입니다. 더욱이 새 정부가 들어서 다양한 교육개혁을 시도하는 때에 맞추어 이 책이 출간되는 점에 대해서도 기쁘게 생각합니다. 한국의 정책결정자나 개혁을 담당하는 분들에게도 교육변화를 성공시키는 데 필요한 전문지식과 전략이 절실할 것으로 생각됩니다. 바로 그런 내용을 집중적으로 다룬 이 책이 한국의 학교교육을 한 단계 더 발전시키는데 도움이 되기를 기원합니다. 아울러 학부모, 학생, 교사는 물론 각 수준의 교육 리더들이 학교교육을 향상시키겠다는 강한 소명의식과 동기를 가지고 학교변화나 시스템 개혁에 적극 나설 수 있기를 바랍니다.

마이클 풀란

차례

1980년 6월 나는 샌프란시스코에서 토론토로 돌아가는 비행기에 탑승했다. 교육변화에 관한 새로운 주제에 대하여 파웨스트교육랩(Far West Education Lab)에서 개최한 회의를 마치고 돌아가는 길이었다. 당시 나는 40세였고 교육 분야에서는 신참이나 다름없었다. 비행기의 좌석은 20% 가량 차 있었다(이런 시절이 있었다). 비행기가 이륙한 지 10분쯤 지났을 때 불현듯 '교육변화의 의미'를 다룬 책을 써야겠다는 생각이 떠올랐다. 이전까지는 되도록 빠른 시일 내로 개인적인 저서를 집필해야겠다는 생각만 했을 뿐, 한 번도 고려해보지 않았던 책이었다. 돌이켜보면, '의미(meaning)'라는 용어로 구체화하지는 않았지만 관련 주제를 오랫동안 머릿속에 되뇌고 있었던 것 같다. 개인적인 첫 공식 집필은 1972년 『인터체인지(Interchange)』라는 학술지의 특집호를 편집할 때 게재한 「혁신적 프로세스와 이용자에 관한 개관(An Overview of the Innovative Process and the User)」이라는 논문이었다. '의미'에 관해 생각해보고 있던 시기였음은 분명하다. 1997년에는 학술지 『교육연구리뷰(Review of Educational Research)』에 앨런 폼프릿(Alan Pomfret)과의 공동 논문으로 「교육과정 및 실행에 관한 연구검토(Review of Research on Curriculum and Instruction Implementation)」를 발표했다. 이 논문에서는, 아이디어가 실제 현장에서 어떻게 실행되고 있는지에 관해, 다시 말해서 실제 이용자에 대해 고민하는 이들이 거의 없다는 점을 지적했다.

이 책을 쓰겠다는 생각은 '불현듯' 떠오른 것이었지만, 나는 비행기 안에 머문 5시간 동안 책의 제목 그리고 크게 세 부분으로 나누어지는 15개 장(章)의 제목과 각 장에 담길 첫 문단의 내용을 구상했다. 어느덧 비행기는 토론토에 착륙하고 있었다. 이듬해 나는 그 당시 작성했던 개략적인 구상을 바탕으로 각 장의 내용을 완성했다.

이 책은 1982년에 출간된 이후 1991년, 2001년, 2007년, 그리고 2016년에 개정판이 출간되었다. 제2판 출간 당시에는 제목에 들어간 '새로운(new)'이라는 단어를 '최신' '아주 새로운' 또는 '최근' 등으로 수정해야 하지 않을까 고민했다. 그러나 수정이 한 번만으로는 끝나지 않을 것 같아 *새로운 의미(The New Meaning)*라는 문구를 결국 유지하기로 했다.

그동안 4회에 걸쳐 출간된 각 책의 첫 문장은 다음과 같다.

1982년(제1판): 지난 20여 년간 교육 관계자들은 신규 교육프로그램의 현장 적용문제로 점점 더 혼란에 빠졌고 좌절했다.

1991년(제2판): 이번 개정판의 주된 관심은 그동안 얼마나 많은 정책이 새롭게 승인되었는지 혹은 재구조화를 위해 얼마나 많은 노력이 투입되었는지가 아니라, 우리가 노력한 결과 현장이 실제로 얼마나 바뀌었는가에 있다.

2001년(제3판): 개정판 출간 이후 10년간 엄청난 변화가 있었다(첫 번째 문장은 제3판이 출간되었다는 내용이며 이것은 책의 두 번째 문장에 해당된다).

2007년(제4판): 제4판은 이전 개정판들보다 실천에 관한 내용을 더 많이 다루고 있으며, 현장에서 실제로 일어나고 있는 일에 대한 개인적인 평가와 해석이 주를 이룬다.

2015년 우리는 대규모로 교실 밖 변화까지 일으키는 해법을 찾지는 못했지만, 그 해결책의 성격을 보다 명확히 파악하게 되었고 일부 지역에서는 소위 '시스템 전반(지방·주·국가 전역)의 개선'이 훨씬 성공적으로 이루어지고 있음도 확인하였다. 우리는 의미와 실천을 동시에 추구함으로써 이러한 성취를 이루고 있으며, 결과적으로는 더 심오한 의미와 강력한 실천으로 이어져 더 많은 사람들에게 긍정적 영향을 미치게 될 것으로 기대한다.

2016년에 출간된 제5판 역시 많은 내용이 추가되었다. 성취기준, 평가, 교육과정 및 지도법의 변화 등을 포함한 여러 전략적 과제에 더 많은 노력이 투입되어 성과를 거두고 있기 때문이다. 경제협력개발기구(Organization for Economic Cooperation and Development, OECD)의 국제학업성취도평가(The Programme for International Student Assessment, PISA)는 각국의 학업성취도평가를 측정하는 세계적인 지표가 되었다. 기술적 발전과 디지털미디어의 폭발적 증가로 교육현장에도 많은 논란과 기회가 생겨났다. 제5판에서는 이러한 변화와 함께 2007년 이후 축적되어 온 방대한 양의 연구성과 중 최선의 것들을 선별하여 각 장에 실었고, 많은 학습자에게 효과가 있었던 아이디어를 소개하였다. 예전 판과 마찬가지로 연구내용이 북미지역, 특히 미국에 집중된 것은 다른 지역에 비해 좀 더 명확하고 풍부한 사례와 연구가 존재하기 때문이다. 다만 PISA분석(OECD, 2015)에서 드러났듯이, 교육이라는 '테마'는 세계 공통의 유사한 주제이기 때문에 미국 외 다른 여러 나라의 사례도 언급하였다.

이 책의 초판을 집필할 때 내가 의도했던 것은 교육변화에 참여하는 모든 당사자가 공유할 수 있는 의미를 발견하는 것이었다. 아니면 적어도 모두에게 공유되는 의미가 없다는 사실을 밝히는 것이었다. 4회의 개정작업을 거쳐 현재에 이르기까지 이 책에는 점진적인 변화가 있었는데, 단순히 의미를 이해하는 차원에 머물지 않고 더 높은 의미를 형성하는 전략의 단계로까지 나아간 것이었다. 제5판에서는 *목적이 분명한 실천적 행동(purposeful action)*을 주된 내용으로 다루고 있는데, 이는 경험을 동인(動因)으로 삼아 더 큰 의미를 만들어내는 행동을 뜻한다. 그리고 이 개념은 '교육변화의 새로운 의미(The New Meaning of Educational Change, NMEC)'라는 큰 주제로 이어질 것이다.

우리가 어떤 방향으로 나아가든 변화의 의미는 언제나 '새롭다'. 변화는 인간의 역동적 노력의 산물이기 때문이다. 게다가 교육현장은 새로운 사람들이 끊임없이 유입된다. 교육의 변화는 도덕적인 목적(moral purpose, 타인의 삶에 긍정적 변화를 만들어내기 위한 헌신적 자세와 강렬한 동기-옮긴이)을 추구하는 동시에 당대 가장 중요한 사안에 관련된 최고의 지식을 적용한다는 점에서 중요한 의미를 갖는다. 무엇보다도 교육의 성공적인 변화는 '수많은 변화의 주체들'이 인류의 발전을 위하여 집단적으로 실천적 행동을 하는 데에서 의미를 찾으려는 동기가 강할 때 이루어진다.

감사의 말을 전하는 지면은 따로 마련하지 않았지만, 35년 전 교육변화의 의미가 갖는 가치를 알아보고 꾸준히 지원해준 캐롤 살츠(Carol Saltz)와 티쳐스 칼리지 출판부(Teachers College Press)에 감사를 표하고 싶다. 총 5회에 걸친 개정판을 내는 동안 훌륭히 협력해온 동료들, 항상 내 곁을 지켜주는 가족과 친구들의 후원에 관해 쓰자면 한 장(章) 전체를 할애해도 부족하다. 의미 있는 작업과 실천 중심의 더 큰 도전들, 새로 영입되는 사람들, 훌륭한 사람들, 넘치는 사랑, 이런 역동성은 결코 중단되지 않을 것이며 일생을 바쳐도 아깝지 않을 것이다!

일러두기

1. 주석은 모두 옮긴이 주입니다.

2. 인명, 지명 등의 외래어는 국립국어원의 외래어표기법을 따랐습니다. 단, 국외 학회지의 표제나 연구 프로젝트명과 같은 경우 국내 학회나 문헌, 언론에서 통용된 사례를 참고해 표기했습니다.

3. 저작물의 제목에는 다음 기준에 따라 약물을 사용했습니다. 신문이나 잡지와 같이 여러 편의 작품으로 엮인 저작물이나 단행본 등의 서적인 경우 겹낫표(『 』)를 사용했고, 그 외 노래와 같은 예술작품의 제목, 논문과 같은 단편적 저작물, 법률이나 규정인 경우 홑낫표(「 」)를 사용했습니다.

THE NEW MEANING
OF
EDUCATIONAL CHANGE

1부
교육변화의 이해

1

교육변화 역사의 간략한 소개

모든 것이 언젠가는 바뀌어야 한다.
그렇지 않으면 정체된 사회의 모습만 지속될 것이다.

– 익명의 대학신입생이 영어능력검정시험에서 쓴 답

사람들은 학교가 변화의 무차별적인 폭격 대상이 되고 있다고 말한다. 그런가 하면 하늘 아래 새로운 것은 없다고 말하는 이들도 있다. 정책입안자들은 교사들이 변화에 저항한다고 불만스러워하고, 교사들은 정책입안자들이야말로 교실에서 진정으로 필요한 것은 외면한 채 자리보전을 위한 정책변경만 일삼는다고 비난한다. 학부모들은 새로운 학습방식 또는 현재의 교육이 자녀의 미래를 대비하는 데 과연 도움이 될까 불안해한다. 학교의 재구조화(restructuring school)만이 답이라고 외치는 사람이 있는가 하면 재구조화는 핵심을 벗어난 몽상일 뿐 당장 변경해야 할 것은 교육과정이라고 주장하는 이들도 있다. 중앙정부에서는 성취기준을 강화하고 새로운 평가를 도입하는

데 반해, 지방자치단체는 학교의 자율권 확대가 답이라고 주장한다. 학교는 사회를 반영하는 거울일 뿐 그 자체가 변화의 주체는 될 수 없다고 주장하는 학자가 있는 반면, 또 다른 학자는 교육의 리더인 교육감과 교장이 원대한 비전을 갖고 교사가 신규 교육과정을 학습할 열정과 의지를 갖추기만 한다면 학교도 성공적으로 바뀔 수 있다고 믿는다. 교육개혁을 위해 거대 규모의 신규 법안을 기꺼이 통과시키는 주지사가 있는가 하면 "이 또한 지나가리라."며 모르쇠로 일관하는 교장도 있다. 차터스쿨(charter school, 예산은 주정부의 지원과 기부금으로 충당하되 운영은 사립학교처럼 자유롭게 하는 미국의 자율형 공립학교 — 옮긴이)은 누군가에게는 구세주의 역할을 하기도 하지만 때로는 공교육을 무너뜨리는 주범이 되기도 한다. 몇몇 영리기관은 자신들이 공교육보다 더 잘 해낼 수 있다고 주장하며 학교의 영역을 넘보고 있다. 주정부에서는 '실패 학교' 또는 '실패 학구'임을 통보하는 극적인 법안을 통과시키고 학교행정에 강압적으로 개입하여 학교의 회생을 시도하기도 한다.

혼란의 와중에 변화의 추진 주체들은 프로그램을 하나라도 더 현장에 정착시키기 위해 고민하는 반면, 교사들은 변화와 제도화의 대상은 변화의 추진 주체들이지 프로그램이 아니라고 생각한다. 학생들은 신경 쓸 일이 너무 많아 이 모든 소란에 관심이 없다. 대부분의 학생에게 전통적인 학교는 너무 따분하다. 실제로는 수많은 교사들 역시 점점 더 지루해하고 불만스러워한다.

대부분의 개혁 시도가 실패로 끝났지만 그럼에도 불구하고 여기에서 우리가 배울 수 있는 점은 무엇일까? 지난 60여 년간 교육의 변화를 위한 시도가 강력하게 이루어져왔다. 그 이전, 즉 1950년대의 교육은 그 이후에 비해 상대적으로 조용했기 때문에 언급할 내용이 그리 많지 않다. 나의 멘토인 매트 마일즈(Matt Miles, 1993)에 따르면 초기에 이루어진 발전은 미국연수연구소(National Training Laboratories, NTL, 행동과학의 응용연수에 주력함-옮긴이)에서 제공한 집단협력기술과 의견공유, 진단, 실천을 위한 연수를 통해 이루어졌다. 대부분 연구소 기반의 경험일 뿐이어서 일상적인 학교수업의 이슈나 학교의 역할과는 동떨어진 것이지만 말이다.

미국연수연구소(NTL) 및 이와 관련된 프로젝트의 성과가 미흡했다는 것이 정부의 변화설정 방향 자체가 잘못되었다는 의미는 아니다. 오늘날 교육변화를 성공으로 이끄는 데 중요한 열쇠로 꼽히는 것은 *관계의 개선*(Fullan, 2001)이다. 이는 정확히 말하면 집단의 형성에 초점을 두는 것을 의미한다. 이러한 초기의 진전은 *의미*의 중요성을 부각시키는 강력한 신호가 되었다. 교육변화의 성패는 교육자와 학생, 기타 학습자들이 지금 배우고 있는 내용과 학습방식에서 얼마나 개인적인 의미를 발견할 수 있는가에 달려있다. 이는 쉽지 않은 일이다. 개인적 의미뿐만 아니라 집단적 의미까지도 찾을 수 있어야 하기 때문이다. 인구통계학적 변화, 환경 및 사회적 변화로 인해 교육을 둘러싼 상황은 끊임없이 변하고 있고, 상황을 개선해보려는 정책 시도 역시 상황을 더 복잡하게 만들기 때문에 이러한 어려움은 한층 더 심화된다. 그 어떤 경우에도 우리가 주목해야 할 것은 의미이며, 집단의 구성원들 간에 *공유될 수 있는 의미*가 무엇보다도 중요하다. 이 책을 쓴 목적은 끊임없이 변하는 상황 속에서 사람들이 개인적인 의미뿐만 아니라 특히 타인과의 관계 속에서 의미를 찾고, 동시에 다른 이들의 관점에서 의미란 어떤 모습인지 이해할 수 있도록 돕기 위해서이다.

그러면 이제 교육계에서 의도적인 변화를 시도했던 50여 년 전으로 돌아가보자. 초창기의 시도는 땜질 수준의 미흡한 성과를 보여주는 정도였다. 그런 시도는 교육현장에 파장을 일으키긴 했지만, 교육 시스템을 변화시키는 것이 당시에 생각했던 것보다 훨씬 더 복잡할 것이라고 예견할 수 있게 해주는 역할에 그쳤을 뿐이다.

완패로 끝난 첫 번째 시도

1960년대로 들어서면서 미국 교육계의 분위기는 이미 이전과는 많이 달라져 있었다. 1957년 러시아의 스푸트닉(Sputnik)호 발사 이후 충격을 받은 미국정부가 대대적인 교육개혁에 착수했고 각종 새로운 사상이 이 시기에 등장했다. 당시 미국은 국가 차원의 교육개혁을 실시한 유일한 나라였다. 엘모어(Elmore, 1995)는 1950년대 이전을 '진보적 시기'라 부르며 다음과 같이 설명하고 있다.

교육개혁의 여타 시기와 비교했을 때 진보적 시기의 가장 흥미로운 점은 상당한 지적·실용적 기반으로 교수법의 변화를 시도했다는 점이다.

특히 당대의 지식인 중 존 듀이(John Dewey)는 학교가 달라질 수 있는 여러 방안을 제시했다.(p.7)

엘모어에 따르면 진보적 개혁가들은 '좋은 아이디어가 자동적으로 학교와 교실로 유입될 것'이라고 믿었다(p.18). 그래서 그들이 제시한 전략은 주로 '모범적인 학습환경 조성 등 학교 내부를 향한' 것들이었다(p.11). 결과는 다음과 같다.

교육개혁이 실행되면 어떻게 달라질 수 있는지 그 모범사례를 만들어내는 것은 가능하다. 하지만 대부분의 학생을 대상으로 학교라는 대규모 기관에서 다수의 교사들이 교육개혁에 참여해 성공적인 사례를 만들어내는 것은 쉽지 않고, 설령 그런 사례가 있다 해도 매우 드물다.(p.11)

이러한 실패에도 불구하고 미연방정부는 위와 같은 실패의 교훈을 무시한 채 1950년대 말부터 1960년대까지 교육과정에 대한 대대적인 개혁을 시작했다. 이전에 나는 이 시기를 개혁의 '(외부 아이디어) 채택 시기(adoption era)'라고 부른 바 있는데, 그 이유는 외부의 혁신사례들을 현장에 도입하는 것을 목표로 삼았기 때문이다. 마치 기존 제도에 외부의 이런저런 아이디어만 도입하면 원하는 변화를 얻을 수 있을 것처럼 말이다. 물리교육연구위원회(Physical Science Study Committee, PSSC Physics), 생물교육과정연구회(Biology Sciences Curriculum Study, BSCS), 인문학교육프로그램(Man: A Course of Study,

MACOS), 그리고 조직혁신의 예가 되는 열린교실학교(open-plan schools), 탄력적인 일정, 팀티칭 등의 대규모 교육과정 개혁에 엄청난 예산이 투입되었다.

1970년대 초에 이르자 개혁의 성공사례는 소수에 그쳐 그 성과가 미미하다는 증거가 속속 나오기 시작했다. 그런 성과마저도 통합적이지 못한 것들뿐이었다. 『교실 출입문 뒤에서(Behind the Classroom Door)』(Goodlad & Klein, 1970), 『학교의 문화, 그리고 변화의 문제(The Culture of the School and the Problem of Change)』(Sarason, 1971), 『조직혁신의 실행(Implementing Organizational Innovations)』(Gross, Giacquinta, & Bernstein, 1971) 등은 모두 교실 내에서는 변화가 일어나지 않았다는 사실을 입증했다. *실행(implementation)*이라는 용어, 아니 더 정확하게 말해서 *실패한 실행(failed implementation)*이라는 용어는 개혁을 나타내는 표현이 되었고, 폼프릿과 필자는 첫 번째 주요 연구리뷰에서 개혁이 대규모 실패였음을 사례를 들어 상세히 기록했다(Fullan & Pomfret, 1977). 아이디어를 실행에 옮기는 것은 사람들이 생각한 것보다 훨씬 더 복잡한 과정이었던 것이다.

엘모어(Elmore, 1995)는 이 시기의 개혁모델이 다음과 같은 점들을 고려하지 못했다고 지적했다.

지역 단위의 교육과정 관련 의사결정 복잡성, 기존의 교과서 중심 교육과정 뒤에 고착화된 정치적이고 상업적인 관계, 교사들의 일상화된 교수법을 그들 스스로 바꾸도록 자극하기에는 무리였던 낮은 수준의 인

센티브, 교실 내 교수학습 방식의 근본적 쇄신을 위해 소요될 막대한 비용(p.15)

혁신에 대한 엄청난 압력과 인센티브로 인해 많은 학교들이 개혁을 수용했다. 하지만 개인이나 조직 모두 이런 개혁을 감당할 역량을 갖추지는 못했다. 표면적으로는 개혁방안의 도입으로 현장에서 사용되는 언어와 구조가 일부 바뀌었으나, 교사들의 교수법은 전혀 달라진 것이 없었다.

1960년대 서구사회의 개혁분위기를 이끈 또 다른 주요 동력은 수많은 불평등 관행에 맞서 다양한 형태로 전개된 시민운동이었다. 당시 전 세계 여러 나라가 약자를 위한 계획에 초점을 맞추었고, 교육제도는 불평등을 줄이는 대표적인 사회적 장치 중 하나로 생각되었다. 개인의 관행을 바꾸는 것만으로도 복잡한 문제인데 여기에 더해 기존의 권력구조 문제와 맞물려 갖가지 형태의 인종·계층·성별·기타 차이로 인한 편견과 무지를 극복해야 하는 어려움까지 존재했다. 이 문제에 대한 진지한 사회적 노력이 자리를 잡은 지역에서조차 오늘날까지도 사회적 취약계층의 삶이 향상되었다는 증거를 찾아보기란 쉽지 않다(Cuban, 2013; Oakes & Lipton, 2002; Oakes, Quartz, Ryan, & Lipton, 1999; Putnam, 2015). 성과가 있었던 곳이라고 해도 이는 개별적인 사례일 뿐 전체에 확대 적용하기에는 무리가 있다.

1983년 국가교육탁월성추구위원회(National Commission on Excellence in Education)의 교육보고서 「위기에 처한 국가(A Nation at

Risk)』가 발간되면서 1983년 체제(적어도 미국 내에서는)를 바꾸어야 한다는, 변화에 대한 경종이 크게 울렸다. 미국의 교육제도가 '평범한 학생들을 양산하는 교육풍조'에 빠져있다는 인상적 문구도 이때 등장했다. 그러나 불행하게도 그 보고서는 물론 그 이후의 어떠한 조치도 이런 참담한 상황에서 무엇을 해야 할지에 관해서는 아무런 방법을 제시하지 못했다. 2004년 경제학자 폴 로머(Paul Romer)는 이런 상황을 두고 '위기란 절대로 허비해서는 안 되는 것'이라는 말을 남겼다. 다시 말해서 위기를 혁신의 기회로 삼을 수는 있지만, 그 속에 해결전략까지 들어있지는 않다는 뜻이다.

　그렇게 심각했던 상황임을 고려할 때 1983년 이후의 진행 상황은 믿기 어려울 만큼 더뎠다. 2002년 조지 부시(George W. Bush) 대통령은 '아동낙오방지법(No Child Left Behind, NCLB)'이라는 초당적 법안에 서명했다. 이 법안은 '모든 아동', '시험', '결과'를 강조했지만, 아이러니하게도 이렇게 원대한 목표를 어떻게 달성할지에 대해서는 아무런 방안도 내놓지 못했다. 현재 NCLB는 실패한 정책으로 신뢰를 완전히 잃은 상태이며, 다른 정책으로 대체되어야 하는 상황이다(2015년 말 '모두의 성공을 위한 법안Every Student Succeeds Act, ESSA'으로 대체됨-옮긴이). 다만 오바마 정부에서 이를 추진하기 위한 인센티브의 수단으로 도입한 '최고를 향한 경쟁(Race to the Top, RTTT)'은 아직 유지되고 있다. 이를 추진력으로 삼으려 했던 것은 잘못된 정책(Fullan, 2011)이며 이에 관해서는 3장에서 다루겠다. 오늘날 NCLB는 법안으로 남아 있기는 하지만, 정책이 거둔 성과보다 각 주(州)가 목표를 달성하지 못했을 때마다 적용 유예를 받는 주의 수가 얼마나 늘어났는지를 보여주는 정책으로 인식되고 있을 뿐이다. 제 기능을 못하는 의회는 이미 몇 년 전에 수정했어야 할 연방법안을 고치려고 시도하고는 있지만, 예상컨대 결국은 누더기식 짜깁기 처방이 될 것이다. 다양한 기득권의 이해관계를 수용할 것이기 때문이다.

2010년에는 미국 대부분의 주(50개 가운데 44개로 감소 추세)와 연방 정부가 '국가공통핵심성취기준(Common Core State Standards, CCSS)' 의 승인을 발표했다. 정부는 문해력과 수리력의 '세계 수준의 성취기준'을 개발하고 보급하는 데 수십억 달러를 투자했고, 이 성취기준과 연계시킨 평가를 개발하기 위해 두 개의 컨소시엄을 지정했다. CCSS 는 꽤나 복잡한 구상이므로 여기서는 몇 가지 사항만 간단히 지적하고자 한다(CCSS에 대한 소개는 Kendall, 2011 참조). 첫째, CCSS의 성취기준 자체는 훌륭하고 매우 유익하다. 둘째, 평가(대부분 온라인으로 제공) 역시 유용할 것이다. 셋째, 실행(implementation, 이 책에서는 '현장에서'란 의미로 쓰임)하기는 대단히 어려울 것이다. 성취기준 및 평가에 맞는 교수역량 개발이 엄청나게 어렵기 때문이다. 넷째, CCSS 운영체제의 복잡성 때문에 자체적인 무게를 감당하지 못하고 무너질 위험이 있다. 이 말을 오해하지 않았으면 한다. CCSS 프로그램에는 장점이 많지만 그것 자체가 목적이 되어서는 안 된다. 학업성과로 이어지는 협업과 교수법 개선 등 역량의 개발에 투자하는 것이 더 낫다. 따라서 CCSS 체제 내에서는 앞서 언급한 의미를 찾는다거나 유지하기가 힘들 것이다. 이 책의 나머지 부분에서는 더 나은 결과를 위해 개인적 실행은 물론 특히 집단적 실행을 통해 의미를 모색할 것이다. 이런 모색은 특별히 새롭고 더 나은 결과를 가져올 새로운 실행방법을 찾고 그것을 실천에 옮기는 과정에서 이루어질 것이다.

이 책의 주제를 고려해볼 때 아이러니하게도 정책입안자들은 문제를 거론하는 데에서 의미를 찾고, 사람들을 참여시켜 해결책을 찾는 데에는 그다지 의미를 두지 않는 듯하다. 2007년경(정확히는 이 책의 제4판이 출간되었을 때)부터 교육계에는 어렴풋이나마 희망과 성공의 기운이 보이기 시작했다. 대규모 단위의 학교와 학생들에게 효과적인 영향을 끼친 변화의 사례들이 문헌에 기록되기 시작한 것도 이즈음이다. 그 결과 제5판에서는 시스템 차원(학구·주·지방)의 성공사례들을 더 많이 소개할 수 있게 되었다. 이러한 사례가 아직 소수이긴 하지만, 이제는 성공적인 변화가 어떤 모습이고 이를 어떻게 이루어내는지에 대해서도 좀 더 명확하게 알게 된 셈이다.

이런 긍정적인 변화의 성공사례들은 좀 더 일찍 만들어냈어야 했다. 3장에서도 다루겠지만 교육에서의 실패비용(cost of failure)은 점점 더 심각한 수준에 이르고 있기 때문이다. 교육개혁의 실패는 결과적으로 의료·복지 비용의 증가를 가져오고 경제적 위기를 초래하며 사회 구성원들의 결속력을 위험 수준으로 떨어뜨린다(Putnam, 2015; Wilkinson & Pickett, 2009).

현 상태를 강화시키는 요인은 시스템 전반에 걸쳐 존재한다. 현재의 시스템은 다양한 형태로 여러 분야에 연결되어 있기 때문에 교육시스템 내에 만연해있는 고립주의와 개인주의에 정면으로 맞서 이를 해결하려는 것은 무리한 시도이다. 교사들이 함께 협력하여 공동의 계획을 세워 실행하고, 서로의 수업을 관찰하며, 교수전략을 배우고 실험하고 수정하도록 하려면, 장기간 지속적이고 강력한 실천이 뒷받침되어야 한다. 개혁이란 단지 최신 정책을 시행하는 것이 아니다. 그것은 교실과 학교, 학구, 대학 등의 문화 전체를 바꾸는 작업이다. 교육개혁에는 대부분의 사람이 알고 있는 것보다 훨씬 많은 것들이 다양하고 복잡하게 얽혀있다. 이 책은 개혁의 복잡한 측면을 인정하며 우리가 사용할 수 있는 가장 효과적인 개혁수단을 언급한다. 이 수단은 복잡하게 얽힌 여러 요인에 영향력을 끼칠 수 있어야 하고, 단순성까지는 아니더라도 명료함은 갖추고 있어야 한다. 강력하고 두드러진 변화를 꾀할 수 있으려면 효과적이고 유용한 전략이 필요한 것이다.

무엇보다도 변화 프로세스를 균형 잡힌 시각으로 파악하고 깊이 이해할 수 있어야 한다. 그러지 않으면 아무리 좋은 의도를 지닌 정책적 변화라도 일선 현장에 있는 이들에게 결국 해악을 끼칠 수 있다. 변화가 이루어지는 과정에서 아주 세세한 부분까지 주의 깊게 관찰하고 실행해야 한다. 그래야 성공의 경험과 함께 새로운 약속 그리고 중요한 성취를 이루어낸 기쁨과 만족감을 얻게 될 것이다. 보다 근본적으로는 실패사례를 줄이고 성공사례를 새롭게 더 많이 발굴해냄으로써 교육현장에 활력을 불어넣을 수 있을 것이다. 이는 오늘날의 교사와 학생들에게 절실히 필요한 요소이다.

의미의 문제는 교육의 변화를 이해하는 데 가장 중요한 요소이다.

더 높은 수준의 의미에 도달하기 위해서는 작은 그림과 큰 그림을 동시에 이해해야만 한다. 작은 그림은 교육시스템 내 모든 수준에 있는 개개인이 주관적으로 느끼는 의미 또는 의미의 부재에 관한 것이다. 우리는 점점 더 *공유된 의미*에서 해결책을 찾고 있는데, 이것은 새로운 해결책 마련에 개인과 집단의 참여를 이끌어내는 변화 프로세스가 매우 중요할 것이라는 점을 시사한다. 한편, 대부분의 사회개혁이 실패하는 주된 이유는 변화의 현상학에 대한 무지 때문이다. 다시 말해서, 현장에서 사람들이 변화를 어떻게 경험하고 받아들이는지는 변화의 도입 의도와는 완전히 별개의 것이라는 사실을 모르기 때문이다. 교육의 변화는 어쨌든 사회정치적인 과정이기 때문에 큰 그림을 그리고 이해하는 능력도 반드시 필요하다. 이 책의 성공 여부는 교육현장에 있는 사람들이 책의 내용을 읽고 얼마나 자신의 개인적인 상황을 이해하는지, 변화에 영향을 주는 좀 더 넓은 사회적 요인을 깨닫는지, 그리고 무엇보다도 그들 자신과 주변 사람들이 당면한 상황을 개선하기 위해 어떤 실행을 하는지에 달려있다.

개인과 집단의 여건을 자세히 살펴보는 과정에서 '무엇'을 '어떻게' 변화시켜야 하는지에 대해 깊이 고민하는 것은 필수적이다. 의미는 이 두 가지 측면에서 성취될 수 있어야 한다. 그러나 상황은 이렇다. 개인이 원하는 바를 정확히 알면서도 그것을 달성하는 데 전적으로 서툴 수가 있고, 반대로 변화 프로세스는 능숙하게 관리하면서도 정작 어떤 변화가 가장 필요한지에 대해서는 무지할 수도 있다. 게다가 우리는 무엇을 원하는지 모르는 경우가 많고, 특정 방향을 선택했을 때 실제 어떤 결과를 가져올지도 목표 지점에 도달하기 전에는 알지 못한다. 따라서 한편으로는 특정한 교육변화와 연관된 가치, 목표 및 결과를 염두에 두되 다른 한편으로는 다양한 개인, 교실, 학교, 지역 및 국가적 요인이 상호작용하는 사회정치학적 과정으로서 교육변화의 역동성을 이해해야 한다. 결국 의미의 문제란 변화의 주체들이 무엇이 달라져야 하는지, 그러한 변화를 어떻게 가장 잘 달성할 수 있는지 파악하는 일이다. 한편, 이 두 요소가 지속적으로 상호작용하며 서로를 새롭게 형성해간다는 사실도 깨달아야 한다.

1960년대의 대규모 개혁이 실패한 이유는 혁신적 정책을 개발하는 데에만 초점을 맞추고, 그러한 혁신이 일어날 학교와 학구의 문화에는 거의 관심을 기울이지 않았기 때문이다. 1970년대에는 대규모 개혁이 잠잠해졌다. 교육현장이 효과적 학교(effective schools)와 혁신학교(innovative schools)에 초점을 맞추었기 때문인데 이것마저도 산발적으로 이루어졌다. 1990년대 글로벌 경쟁의 격화로 교육시스템 개선에 대한 압력이 점점 커지자 대부분의 국가가 '책무성 제도(accountability schemes)'를 도입했고, 21세기의 첫 10년 동안에도 이러한 추세는 계속되었다. 하지만 시스템 내 다양한 주체들의 상황개선 역량을 키우는 데 그다지 주의를 기울이지 않은 것은 이때에도 마찬가지였다.

1990년대 들어서 일부 국가 특히 잉글랜드가 '압력'과 '지원'을 동시에 구사하는 방안에 주목하기 시작했다. 국가 문해력·수리력 향상전략(National Literacy and Numeracy Strategy, NLNS)의 일환으로 잉글랜드는 소수의 핵심적인 우선사항에 초점을 맞추고, 학교와 교직원들의 문해력·수리력 교수법 관련 요구조건을 강화했다. 그리고 이러한 노력을 뒷받침하기 위한 외부 감사와 평가를 현장에 적용했으며, 교수학습 자료 및 교사의 전문성 개발, 교육시스템 내부의 모든 차원에서 '변화관리자'(컨설턴트, 언어·수학 주임교사)의 활용에 투자를 많이 했다. 이러한 정책의 대의명분과 그 결과의 세세한 의미는 여전히 논란의 대상이 되고 있지만, 잉글랜드는 (어느 정도까지는) 얼마간 성공을 거두었다. 1977년부터 2001년까지 잉글랜드 전역에서 시행된 시험결과를 보면 문해력과 수리력 영역에서 일정 수준 이상의 성취도를 보인 11세 학생의 비율은 기존에 60%를 조금 상회하던 수준에서 75%까지 증가하였다. 이러한 결과는 초등학교 2만여 곳, 지역교육청 150여 곳을 대상으로 조사한 것임을 고려할 때 상당한 성과라고 할 수 있다. 75%라는 수치는 성공적이라고 평가하기에는 충분하지 않을 수 있지만, 이 수치는 2001년 이후에도 몇 년 간이나 '안정 상태'를 유지했다. 이에 관해서는 3장의 '정책 추진의 잘못된 동인'에서 깊이 있게 살펴볼 것이다.

대규모 개혁의 주요 딜레마는 변화관리가 '지나치게 엄격한' 또는 '너무 느슨한' 것과 관련이 있다. 하향식(top-down) 변화가 성공하지 못하는 이유는 지시사항을 전달받는 이들이 변화의 주체라는 의식이 없거나 충성도가 없거나 개혁의 성격을 명확히 파악하지 못해서이다. 그러나 "천 송이의 꽃을 피게 하라."는 비유로 대변되는 상향식(bottom-up) 변화도 그 규모와 상관없이 성공하지 못하기는 마찬가지다. 천 송이 꽃이 다 필 수도 없으며 설령 꽃이 피더라도 영구히 지속되지는 않는다! 우리에게 필요한 전략은 '실천에 초점 두기'이며 이것이 하향식과 상향식의 조화와 절충을 추구하는 방식이다. 이 책에서는 이 전략을 *결과 지향적 역량구축*이라고 명명하여 다루고 있다(Fullan, 2005, 2006, 2010a; Fullan, Hill, & Crévola, 2006; Fullan & Quinn, 2015). 이어지는 장들에서 이 전략의 실용적인 사례들을 다수 소개할 것이다.

지금까지 교육변화의 역사를 간략히 소개했다. 마지막으로 한 가지를 덧붙이고자 한다. *혁신(innovation)*과 *혁신성(innovativeness)*이라는 단어 사이에는 중요한 차이가 있다. '혁신'을 새로운 프로그램의 '내용'에 비유한다면 '혁신성'은 조직이 지속적으로 발전할 수 있는 '역량'에 비유될 수 있다. 우리에게는 두 가지 모두 의미가 있다. 특정 혁신에 생산적으로 초점을 맞추어 그 혁신이 성공하거나 실패한 경로를 추적해볼 수도 있고, 학교나 학구, 시스템 내 여러 수준의 문화가 얼마나 혁신적인지 검토해볼 수도 있다. 이 책에서는 이 두 가지를 모두 채택하되 학교 차원에서 혁신을 지속하는 방법에 강조점을 두려고 한다. 실제로 4회의 개정을 거치는 동안 책의 화두가 '혁신'에서 '혁신성'으로 변화해왔고 이번 책 또한 이러한 추세를 따르고 더 심화시킬 것이다.

변화의 의미란 것은 아주 상식적인 것 같지만, 대규모로 추구하는 순간 혼란스럽고 이해하기 어려워지는 매우 흥미로운 개념 중 하나이다. 변화에 성공하기 위한 핵심 포인트를 정확히 짚어내기 어려운 이유는 결국 대규모 개혁은 모두에게 *공유된* 의미에 관한 것이며, 개인과 사회가 동시에 변해야 하는 것이기 때문이다. 복잡한 시대에 사회적으로 의미 있는 변화는 그 속성상 언제나 이루어내기 어려운 법이다.

이 책의 기획 의도

이 책은 교육혁신의 최근 동향이나 개혁의 내용을 전반적으로 다루지는 않는다. 그러나 교육변화의 실질적인 의미를 설명하기 위해 구체적인 혁신사례를 폭넓게 언급할 것이다. 이뿐만 아니라 다양한 교과영역의 변화(언어·수학·과학·사회 등), 특수교육, 학교 재구조화, 교사교육, 학교혁신, 디지털혁신, 차터스쿨, 학구개혁, 주정부와 연방정부 정책 등에 관한 연구를 폭넓게 인용하였고, 현장에서 시작된 변화와 지방·주·국가 차원에서 지원한 사례를 골고루 담았다.

책은 크게 세 부분으로 나뉜다. 교육변화의 이해(1-5장)에 관한 1부에서는 교육변화가 일어나는 방식을 자세히 설명한다. 1장에서 이미 '교육변화 역사의 간략한 소개'를 맛보기로 다루었다. 2장 '교육변화의 의미'에서는 그것이 의도했던 것이든 의도하지 않았던 것이든 변화에 대처하는 개인 특유의 현실을 다룰 것이다. 아울러 어떤 변화가 일어났다고 할 때 그것이 무엇을 의미하는지에 대한 객관적인 현실도 확실하게 다룰 것이다. 2장은 '변화의 정의', 즉 변화란 무엇인지를 규정하려는 것이다. 3장 '변화 프로세스에 대한 통찰'에서는 변화의 역동성에 초점을 맞추고, 변화가 성공적이든 그렇지 않든 변화 프로세스의 내부 작동원리에 대해 새로운 통찰을 제공할 것이다. 이는 이 책의 나머지 장을 이해하는 데 필수적인 개념이다.

4장 '도입·실행·지속'은 변화를 도입할 때 필요한 결정과 채택, 그리고 실행과 지속이라는 후속단계에 관련된 주요 요소들을 확인해 보려고 한다. *전통적 모형*이라고 필자가 명명한 모델에 대해서도 살펴볼 것이다. 이는 어떤 특정 프로그램이 어떻게 실행되는지 혹은 실행되지 않는지를 추적하는 모델이다. 또한 최근 개발된 *린 스타트업 (lean startup)*이라는 모델도 추가로 소개하는데, 이 모델은 보다 역동적인 변화 프로세스를 반영하고 있으며 특히 디지털시대에 적합하다 (Ries, 2012).

개인이나 집단이 변화를 시작하려는 이유는 다양하다. 예를 들면, 개인적인 명예, 관료들의 이해관계, 정치적 응답, 이와는 별도로 미충족 욕구를 해결하려는 이유 등이 있을 것이다. 아니면 변화가 억지로 떠맡겨지는 경우도 있을 것이다. 4장에서는 특정 교육변화가 이루어지는 방식과 원인에 대하여 질문을 제기한다. 변화의 시작 또는 도입이 첫 단계인데 이 단계의 결정방식이 후속단계, 즉 실행단계에서 일어나는 일에 큰 영향을 미친다.

변화의 실행과 지속(혹은 변화가 실제 일어나고 지속되는 정도)은 변화 프로세스의 두 번째 단계이다. 실행은 (일어나기로 되어 있는 일이 아닌) 실제로 일어나는 일을 일컬으며 이 책을 관통하는 핵심 주제이다. 실행에 관한 연구의 역사는 긍정적이지 않다. 이것은 개혁의 시도가 원래의 계획이나 의도대로 성공하는 경우가 드물다는 것을 보여준다. "일이 쉽게 잘못될 수 있으므로 실제로 일어나기 전까지는 절대 확신할 수 없다." "길고 짧은 것은 대봐야 안다." "실제 행동으로 옮기지 않는 선의는 의미가 없다." "생쥐와 인간의 계획은 종종 빗나가버린다."와 같은 속담에서 볼 수 있듯이, 우리 자신뿐만 아니라 다른 이들을 이상적인 목표를 향해 끌어올리려 할 때, 게다가 개인적 변화가 아니라 사회적 변화가 연관되어 있을 때에는 숭고한 동기일수록 훨씬 더 문제가 많고 의도한 바를 이루기 어렵다. 아이러니하게도 한 개인이 특정 방식의 개혁을 고집할수록 다른 이들의 동참을 이끌어내는 것은 더 어렵다. 바로 이 점을 여러 사례를 들어 설명할 것이다. '옳다'는 것만으로 추진하는 것은 전략이 아니다. 앞서 언급한 속담은 실행의 중요성을 강조하는 것으로 아주 오래 전부터 존재했지만, 교육자들이 '정책의 옳고 그름은 실행을 통해 증명해야 한다.'는 것은 교육자들이 지난 40년에 걸쳐 깨달은 사실이다. 나는 실행을 어떻게 지속시킬 것인지 혹은 실행 후 어떤 혁신이 일어나는지에 관심이 있다. 또한 '린 스타트업'이라는 새로운 모델의 경우 빠르게 진행되는 실험과 개발 절차를 통해 여러 가지 혁신사례가 가장 잘 일어난다는 사실에 대해서도 살펴볼 것이다.

5장 '변화 계획과 실천, 그리고 내응하기'에서는 교육변화를 계획할 때 수반되는 복잡한 이슈와 이러한 교육변화에 어떻게 대응할지에 대해 깊이 살펴볼 것이다. 역설적이게도 계획의 수립은 실행 이전에 세우는 실천계획이라기보다는 그 자체가 실행(성찰적 실천행동)

에 더 가깝다. 이것은 이 책에서 일관되게 주장하는 메시지이기도 하다. 필자가 이토록 실행을 강조하는 까닭은 단지 현장에서의 변화를 신봉해서가 아니라 변화를 실질적으로 성공시킬 수 있는 스킬과 명료함은 실행을 통해서만 개발되기 때문이다. 5장에서는 '경로의 문제(pathways problem)'라는 난제를 다룬다. 다시 말해서, 성공을 이루는 요인을 아는 것과 새로운 상황에서 성공을 이루는 것은 별개의 문제이다. 변화에 대한 많은 시도가 실패하는 이유는 '변화(change)의 이론(변화의 요인에 관한 것)'과 '변화를 일으키는(changing) 이론(변화의 요인에 영향을 미치는 방법에 관한 것)'을 구분하지 못하기 때문이다. 이러한 상황에서 해결책을 시도하면 그 자체가 문제를 일으키는데 원래의 문제보다도 더 심각한 경우가 많다. 5장에서는 계획된 교육변화의 성공사례와 실패사례를 만나게 될 것이다.

1부는 교육변화에 대한 생각과 어떻게 실행할 것인가에 대한 전반적인 틀을 제공한다. 덧붙여 언급하자면, '합리적으로 계획된' 전략이라 할지라도 사람과 의미의 문제를 다루게 되는 순간 그다지 합리적이지 않다는 것을 보여준다. 이 모든 것이 교사와 교장, 학부모의 일상에 어떠한 의미를 갖는지 1부에서 세부적으로 다루지는 않는다. 2부는 지역 수준에서의 교육변화를 다룬다. 총 다섯 장(6장~10장)으로 구성되어 있는 2부에서 주로 살펴볼 것은 지역 학교와 학구 수준의 다양한 직책에 있는 사람들의 역할이다. 이를 위하여 학교 및 학구 내 각 직책에 대한 연구성과(특별히 구체적이고 경험적인 증거)를 활용하여 다음 두 가지 질문을 통해 답을 모색해보려고 한다. 첫 번째 질문은 직책을 맡고 있는 이들에게 변화가 어떤 의미로 수용되어 왔는가, 즉 교육변화 프로세스와 관련된 그들의 경험에 관한 것이다. 그들이 수용하는 변화의 의미를 어느 정도 이해하고 나면, 두 번째 질문을 통해 그들이 할 수 있거나 해야 하는 일들에 대한 아이디어를 도출해 볼 것이다. 이러한 지침은 일반적인 제안에서부터 구체적인 조치에 이르기까지 상황에 따라 다양하다.

2부의 다섯 개 장은 각 역할을 맡고 있는 개개인이 자신이 처한 변화의 맥락 속에서 자신의 위치를 더 잘 이해할 수 있도록 마련되었다. 또한 자신과 다른 역할을 맡고 있는 이들의 현실을 이해하게 됨으로써 그들이 전체적으로 사회학적 관점에서 교육변화를 좀 더 명확하게 깨우칠 수 있게 하려는 것이다.

6장에서 8장까지는 학교 내부의 변화를 살펴볼 것이다. 이는 학교의 변화에 핵심적으로 참여하는 사람들의 역할과 조직 내 이들의 관계를 분석함으로써 가능하다. 변화의 핵심은 실행이기에 실행자로서 교사는 변화의 중심이 된다. 6장 '교사'에서는 교사들이 처한 상황을 구체적으로 살펴보고, 변화는 교사들이 직면한 여러 문제 중 하나일 뿐임을 보여준다. 정책입안자들과 행정가들이 동원하는 변화의 여건과 전략은 도움이 되기보다는 오히려 방해요소를 제공하는 경우가 많다. 사회학적으로 말한다면 현재와 같은 여건에서는 오직 소수의 교사들만이 동기를 가지고 의미 있는 변화를 위해 고군분투하게 될 것이다. 명백한 전략도 소용이 없는 듯하다. 교사의 전문성을 높이려는 노력 역시 효과를 거두지 못하고 낭비로 끝난 경우가 많았다. 6장은 앞장들에서 언급된 내용을 토대로 교사의 변화와 관련된 여러 접근방식이 성공하지 못하는 이유와 그 해결책을 제시한다. 나는 『교직과 교사의 전문적 자본: 학교를 바꾸는 힘(Professional Capital)』(2014, 교육과학사)에서 교직에 대한 철저한 비판과 해결책을 내놓았는데 이 내용도 6장에서 살펴볼 것이다. 지난 몇 년간 지식과 실행 분야에서 새롭고 크나큰 진전이 있었는데, 이는 학교와 학구 안팎에서 목적이 뚜렷한 협업문화가 모두에게서 어떻게 더 높은 학업성취도를 이루어냈는지에 관한 것이다.

또한 교장의 역할에서도 변화가 있었는데 '수업의 향상을 이끄는 리더'로의 변화였다. 나는 이러한 역할변화가 연구의 결과를 얼마나 잘못 해석했는지를 보여주고, 7장 '교장'에서 '학습선도자'로서의 교장을 명확한 해결책으로 제시할 것이다. 교장은 변화관리를 위한 학교역량 개발이라는 문제에서 절대적인 열쇠라고 할 수 있다. 그런데 우리는 아이러니하게도 교장의 중요성을 강조할수록 교장에게 과중한 업무를 맡겨왔다. 이제는 교장을 어떻게 지원해서 변화관리를 잘할 수 있게 할 것인가를 생각해야 한다.

일반적으로 학생을 변화의 잠재적 수혜자쯤으로 여기고 성취도, 능력, 태도, 나아가 학생을 위해 다양한 개선이 필요하다고 생각하는 경우가 많다. 그러나 학생을 변화 프로세스의 *참여자*로 생각하는 경우는 드물다. 학생의 이런 수동적인 역할은 조금씩 달라져왔지만 주목할 만한 변화는 최근 들어서야 시작되었다. 근래 교육계에는 하향식으로 변화를 강제하는 접근과 상향식으로 자발성을 이끌어내는 접근, 이 두 가지를 절충한 방식이 전개되고 있는데 이런 작동원리는 매우 강력해서 개선의 잠재력이 아주 높다. 8장 '학생'은 이러한 역동성을 '밀어붙이는 접근(push)'과 '자발성을 통해 이끌어내는 접근(pull)'으로 구분하여 다룬다. 요약하자면, 하향식으로 강제하는 접근은 학생들이 고학년이 될수록 전통적인 학교교육을 점점 더 따분해하고, 교사들이 학교 및 낯선 교육정책(징벌적 책무성 등)에 대해서 불만스러워하는 부분을 말한다. 자발성을 통해 이끌어내는 상향식 접근은 매혹적인 디지털기술과 개선된 교수법, 학습 관련 주제에 대해 '학생 의견' 청취의 비중을 늘리는 전략 등을 의미한다. 이러한 밀고당기는 힘은 앞으로 여러 장에서 다루게 될 것이다.

2부의 나머지 두 장은 학부모·지역사회·학구인프라 등 지역 차원에서의 학교를 다룬다. 9장 '학부모와 지역사회'에서는 학부모·지역사회·학교운영위원회의 역할에 관하여 살펴본다. 의미의 문제는 위 집단에게 특히 중요한데 이들이 교육적 사안을 결정하는 데 관심이 많고 실제 결정을 내릴 책임이 있기 때문이다. 하지만 의사결정에 필요한 전문적 지식을 충분히 갖춘 경우가 드물다는 약점이 있다. 나는 학교에서의 특정 변화를 시작하거나 거부하거나 지원하거나 방해하는 것과 관련하여 지역사회가 무슨 역할을 하는지를 사례연구 자료와 기타 연구결과를 근거로 밝힐 것이다. 아울러 변화를 위한 의사결정에 학부모를 참여시킬 것인지 말 것인지를 두고 학교가 직면한 딜레마를 상세히 소개하고, 특히 개별 학부모의 역할에 대한 문제를 다룰 것이다. 수업지도, 의사결정, 기타 학교 관련 사안, 그리고 자녀교육에 관한 문제들이 그 대상이다.

교육감과 학구의 역할에 관한 새로운 연구결과는 학구가 그 안에 속한 모든 학교를 어떻게 성공적으로 운영할 수 있는지 그 방안을 명확히 보여준다. 10장 '학구 행정가'에서는 개별 학구가 어떻게 서로 협력해서 배워나갈 수 있는지를 포함하여 몇 가지 사례연구를 제시한다. 이러한 사례들은 변화의 영역에서 최근 이루어진 가장 흥미로운 진전을 나타낸다. 기대되는 이 새로운 사례들을 나는 *중간리더십 (leadership from the middle, LftM)*이란 개념으로 설명할 것이다. 즉, 주정부와 지역 학교 사이의 중간층인 학구 교육청이 중간 역할을 하는 내용이다(Hargreaves & Braun, 2012).

2부는 지역의 학구 차원에서 일어나는 일들을 설명하고, 3부는 광역 지자체 및 국가 차원의 일들을 다룬다. 변화의 현실을 지역적 차원에서 이해하려면 좋건 나쁘건 사회기관들이 학교의 변화에 어떻게 영향을 미치는지 이해해야 한다. 정부기관의 역할은 교육변화를 이해하는 데 있어서 또 다른 딜레마이다. 중요한 사회적 개혁은 연방정부나 지방정부의 추진력 없이는 시작될 수 없지만, 다른 한편으로는 외부에서 시작된 개혁이 성공하는 경우도 드물고 지역의 자치를 방해하는 것으로 비칠 수 있기 때문이다. 1960년 이래 정부 차원의 개혁을 꾸준히 추진해온 덕분에 이제는 개혁의 원천으로서 정부가 왜 필요한지, 개혁이 종종 실패하는 이유는 무엇인지, 그리고 접근법을 바꾸는 것이 어떤 의미를 갖는지에 대해 훨씬 많은 것을 실증적으로 알게 되었다. 2007년 이후로는 성공적인 개혁에 대해 좀 더 구체적인 상(像)을 갖게 되었다. 11장 '정부'에서는 이런 이슈들을 평가하고 정부가 취할 수 있는 조치의 가이드라인을 제시한다.

12장 '교직과 리더들'에서는 행정가들을 포함한 교직 전반에 관하여 자세히 살펴본다. 교직과 그 리더들의 자질만큼 개혁에 중요한 것은 없다. 그러나 그들의 성장과 현 위치는 현실에서 요구되는 수준에 한참 못 미치는 상태에 머물러있으며 다른 직업에 비해서도 훨씬 뒤처져 있다. 미국에서 교원의 자질과 위상은 계속해서 약화되고 있다. 이 책에서는 교직의 진화를 추적하고 현 상황을 설명하며 다음 단계로 나아가기 위해 필요한 사항들을 파악할 것이다. 이것은 이전 장들에서 이어지는 아이디어들이다.

이 책의 마지막 장인 13장 '교육변화의 미래'에서는 미래의 트렌드와 교육변화에 대한 기대라는 관점에서 변화의 문제를 다룬다. 여러 방면에서 우리는 이제 무엇이 효과적인지 알고 있지만, 유감스럽게도 이러한 체계화 자체는 변화를 이행하는 것보다는 변화의 이론에 가깝다. 어떤 상황에서 무엇이 효과적인지를 안다고 해서 그것이 다른 상황에서도 통하게 할 수 있는 건 아니기 때문이다. 그러나 희망의 토대는 존재한다. 1960년대의 순진함, 1970년대의 냉소, 1980년대와 1990년대의 부분적 성공, 2000년대에 들어와 정신이 번쩍 들만큼 깨닫게 된 변화의 어려움, 그리고 시스템 전체의 변화가 실제로 가능하다는 것을 성공사례로 보여준 지난 5년의 낙관주의, 그 너머 어딘가에 희망의 근거가 있다. 만약 이 책이 소설이라면 우리는 여전히 그 결말을 알지 못할 테지만, 다섯 차례에 걸쳐 진행되어온 이야기는 늘 그렇듯이 흥미진진하기만 하다.

개혁에 대한 전망

지난 20년간 교육개혁의 과정은 예상보다 훨씬 복잡했다. 성공사례로 보이는 경우에도 근본적인 결함은 있었다. 예를 들면, 우리는 성과가 부진한 학교 또는 학구를 정상화하는 데 걸리는 기간에 관심을 가져왔는데, 제3판(Fullan, 2001)에서 언급했듯이 초등학교의 정상화는 3년, 고등학교는 6년, 학구는(규모에 따라 다르지만) 8년이 걸렸다. 그 후 6년 만에 출간된 제4판(2007)에서는 당시로서는 가장 새로운 지식에 근거해 이 속도를 절반으로 줄일 수 있다고 말한 바 있다. 이후 8년 여가 지난 2016년에는 주(州) 전체 또는 국가 전체의 실질적인 발전이 5년에서 7년 안에 이루어질 수 있다고 전망한다.

어떤 규모의 변화든 초기에는 변화가 일어나지 않거나, 변화가 일어난다 하더라도 지속되지 않는 이유는 무엇보다도 인프라가 취약하거나 변화에 도움이 되지 않거나 서로 충돌하는 목적을 지녔기 때문이다. 여기서 말하는 인프라는 변화의 초점이 되고 있는 단위가 무엇이든 그 상위 단계를 말한다. 예컨대, 각 수준별로 볼 때 교사가 부정적인 학교문화에서 일한다면 개혁의 상태를 유지하기는 어렵다. 학교 단위의 경우도 마찬가지다. 변화를 도입하고 실행하는 데 학교 차원에서는 성공했다 하더라도, 협력적이지 않은 학구에 속해 있다면 그 학교는 변화의 상태를 유지할 수 없다. 개혁을 유지하는 데 관심이 없는 주의 학구 또한 마찬가지다.

시스템 전반에 걸친 지속가능한 개혁을 위해서 소위 3수준 개혁에 주목하는 것은 바로 이러한 이유 때문이다. 3수준 개혁은 지역사회의 학교와 공동체 수준에서 일어나는 개혁(1수준), 학구 수준에서의 개혁(2수준), 주 또는 국가 수준에서의 개혁(3수준)을 말한다(Barber & Fullan, 2005; Fullan, 2005). 이와 같은 개혁을 *시스템 전반의 변화(system-wide change)*라고 하며 이런 방식이 많은 진전을 보여주고 있다(Fullan, 2010a, 2013a).

지금은 그 어느 때보다도 학교와 교실의 지속적인 개혁 참여를 이끌어낼 수 있는 노하우가 축적되었다. 이미 여러 번 강조했듯이 무엇을 해야 할지 아는 것과 그것을 실행하는 것은 별개의 문제이다. 하지만 우리는 성공적인 변화가 *어떻게* 일어나는지에 대해 경험과 관련 지식을 갖고 있다. 결국 문제의 열쇠는 의미인데 구성원 사이에서 '공유된 의미'라야 변화의 열쇠가 되는 것이다. 모든 분야에서 도덕적 목적의식과 투철한 사명감을 갖고 실천적 행동을 하지 않으면 의미의 공유는 일어나지 않는다. 다음 장에서는 이것이 실제로 어떤 모습으로 드러나는지를 자세히 설명할 것이다. 다행스러운 것은 성공적인 변화를 이끄는 리더들의 특성을 파악할 수 있다는 점이다. 그러나 변화의 리더로서 숙련된 지도자들이 부족하다는 점은 아쉽다. 이 책은 시스템 전반의 성공을 위한 필수적인 지식과 실천의 기반을 다루고 있다.

2

교육변화의
의미

만약 그 안에 의미가 없다면 수고를 크게 덜어줄 거야.
의미라는 것을 찾기 위해 허튼 노력을 안 해도 될 테니까.
– 『이상한 나라의 앨리스(Alice in Wonderland)』 흰 토끼의 이상한 시를 읽은 하트의 왕

우리는 일상생활에서 수많은 변화를 경험하며 변화에 너무 익숙해진
나머지 변화의 진정한 의미에 대해서 생각해보는 일이 드물다. 더욱
주목할 점은 변화의 대상이 될 사람들에게 변화가 어떠한 의미를 갖
는지에 대해서 거의 생각해보지 않는다는 점이다. 변화의 핵심은 이
러한 현실을 각 개별 주체들이 어떻게 바라보고 대처하느냐에 있다.
우리는 변화란 무엇인지(이 장의 주제) 또 변화를 일으키기 위해서는
어떤 요인과 절차가 필요한지에 대해 그 중요성을 과소평가하는 경
향이 있다(3장, 4장 참조).

이 장은 변화의 절차를 명확하게 설명하고 있는데 크게 네 부분으
로 나뉜다. 첫 번째 부분은 교육에만 국한시키지 않고 사회 전반에

걸쳐 각 변화가 갖는 좀 더 일반적 의미를 알아본다. 두 번째 부분은 교육에서 개인이 느끼는 변화의 *주관적인* 의미를 자세히 설명한다. 세 번째 부분에서는 이러한 아이디어들을 종합적으로 정리하여 변화의 *객관적인* 의미를 기술하는데, 이는 교육변화의 구성 요소를 좀 더 구조적으로 이해하기 위해서이다. 의미에 대한 이러한 객관적 서술의 타당성 검증은 그 설명이 교육자가 느끼는 복잡함과 혼란스러움을 정리해주고 이해를 돕는가에 관한 내용이 될 것이다. 네 번째 부분은 이 책의 나머지 부분과 자연스럽게 연결되는 내용으로서 공유된 의미와 프로그램의 연계성이라는 중요한 이슈를 다룬다. 마지막으로, 의미에는 도덕적인 측면과 지적인 측면이 있다는 점을 강조한다. 학생들의 삶에 변화를 일으키려면 돌봄과 헌신, 열정, 그리고 지적인 노하우가 필요하다. 성공을 이끌어내는 변화의 두 가지 원동력은 도덕적인 목적의식과 지식이라 할 수 있다.

변화의 의미에 관한 일반적인 문제

다음 책들의 제목은 현대사회의 개인 및 조직 변화와 현실 관련 문제들을 간략히 소개하고 있다. 『상실과 변화(Loss and Change)』 (Marris, 1975), 『안정적인 국가를 넘어서(Beyond the Stable State)』(Schön, 1971), 『실재의 사회적 구성(The Social Construction of Reality)』(Berger & Luckmann, 1967), 『경영혁명: 카오스에서의 번영(Thriving on Chaos)』 (Peters, 1987), 『변화의 파고를 넘어서(Riding the Waves of Change)』

(Morgan, 1989), 『학습하는 조직(The Fifth Discipline)』(Senge, 1990), 『승자의 법칙: 편집광만이 살아남는다(Only the Paranoid Survive)』(Grove, 1996), 『위기상황에서의 경쟁(Competing on the Edge)』(Brown & Eisenhardt, 1998), 『실행의 리더십(Leadership on the Line)』(Heifetz & Linsky, 2002), 『고통 없는 변화(Change Without Pain)』(Abrahamson, 2004), 『증거 경영: 경영위기를 돌파하는 통찰(Hard Facts, Dangerous Half-Truths and Total Nonsense)』(Pfeffer & Sutton, 2006), 『보이지 않는 고릴라(The Invisible Gorilla: And Other Ways Our Intuitions Deceive Us)』(Chabris & Simons, 2010), 『위험한 경영학(The Management Myth: Why the "Experts" Keep Getting It Wrong)』(Stewart, 2009), 『변화의 자유(Freedom to Change)』(Fullan, 2015) 등이다.

자발적인 변화와 강제적인 변화에는 차이가 있지만, 매리스(Marris, 1975)는 현실세계 속의 *모*든 변화는 상실과 불안, 투쟁을 동반한다고 말한다. 이는 자연스럽고 피할 수 없는 현상이다. 하지만 사람들은 이를 그렇게 받아들이지 못하고 변화의 중요한 측면을 무시하거나 잘못 해석하는 경향이 있다. 매리스는 책의 서두에서 다음과 같이 말한다. "상실의 불안감을 이해하고 나니 보수주의자들이 왜 그렇게 집요하게 변화를 거부하고, 변화를 겪어내야 할 기관들이 왜 혼란스러워하는지 명확히 이해할 수 있게 되었다."(p.2)

매리스에 따르면 "변화를 추구하든 저항하든, 변화가 우연히 일어나든 계획적으로 일어나든, 변화를 주도하는 사람의 관점에서 보든 변화 대상자의 관점에서 보든, 개인의 관점에서 보든 기관의 관점에서 보든, 변화에 대한 반응은 서로 상반되는 것들로 나눠진다는 특징이 있다."(1975, p.7) 새로운 경험에 대한 사람들의 초기 반응은 늘 '익숙하고 그동안 믿음을 주었던 현실의 틀'이라는 맥락 속에서 이루어지며, 이런 과정을 통해 새로운 경험에 대해 개인적인 의미를 찾을 수 있어야 한다. 이런 경험이 타인들에게 어떤 의미가 있는지는 상관없이 말이다. 매리스는 이를 성장과 양립할 수 없는 '보수적인 욕구'라고 생각하지 않는다. 오히려 개인은 새로운 경험에 대한 자신의 역량과 믿음의 통합을 추구하고, 이를 통해 안전한 상황이 확보되면 새로운 것을 높은 수준으로 배우려는 확신을 갖게 된다(p.22).

변화는 우리에게 강요될 수도 있고(자연적인 사건 또는 의도적인 개혁에 의해) 현 상황이 불만족스럽거나 모순적이거나 참기 힘들 때, 우리가 자발적으로 변화를 시작하거나 변화에 참여할 수도 있다. 어느 경우라 할지라도 변화의 의미가 처음부터 분명하게 이해되기는 어렵다. 변화가 전개되는 과정에는 늘 양면성이 따른다. 어떠한 혁신도 '의미가 공유되지 않으면 공감을 이끌어낼 수 없다'(Marris, 1975, p.121).

매리스(Marris, 1975)의 저서에서 따온 다음의 인용문은 이 책의 주제를 가장 잘 표현해주고 있다.

어느 누구도 재통합이 안 되는 위기상황을 대신 해결해줄 수는 없다. 발생 가능한 갈등과 논쟁, 반대를 합리적인 계획을 세움으로써 미연에 방지하려는 시도도 모두 무용지물일 수 있다. 아무리 합리적인 제안이라 할지라도 실행과정에서는 필연적으로 변화를 거부하는 몸짓이 따르기 마련이다. 변화를 이끌 실권을 쥔 이들이 자신의 결정사항을 설명하기만 하면 된다고 생각하는 상황에서, 자신의 설명이 잘 받아들여지지 않을 때 상대방의 반대를 무지나 편견으로 치부해버린다면, 이는 그들 자신의 삶과는 다른 삶의 의미를 경멸하는 것이나 마찬가지다. 변화를 제안한 그 개혁가들은 수개월 또는 수년간의 분석과 토론 끝에 이미 자신의 목적에 맞게 변화를 구상한 것이며 이를 자신에게 의미 있는 방식으로 재구조화한 상태이다. 만약 이들이 상대방에게 동일한 시도를 할 기회를 주지 않는다면 이는 그들의 신념을 가는 실끈에 매달린 꼭두각시 취급하는 것이나 다름없다.(p.166)

쇤(Schön, 1971)도 본질적으로는 같은 주제를 발전시켰다. 모든 진정한 변화는 '불확실성의 영역을 통과한다. 망망대해에 있는, 길을 잃은, 처리할 수 있는 정보보다 많은 정보가 쏟아지는 상황' 말이다 (p.12). 매리스와 쇤이 공통적으로 언급한 '역동적 보수주의(dynamic conservatism, 재정에 관해서는 보수적이나 인간에 관해서는 진보적인-옮긴이)' 는 단순한 개인적 현상이 아닌 사회적 현상이다. 예컨대, 교사들 개개인은 함께 의미를 공유해온 학교라는 사회시스템의 구성원이며 바로 이 관점에서 접근해야 한다는 말이다.

역동적 보수주의를 항상 사회시스템 내 개개인의 어리석음 탓으로 돌릴 수는 없다. 비록 변화를 도입하려는 사람들이 그러한 어리석음을 종종 들먹이곤 하지만 말이다. 사회시스템이 개인의 삶의 의미를 구현하도록 돕는 이론의 틀, 가치 및 관련 기술을 제공할 때에만 개인에 대한 영향력을 행사하는 것이 옳다고 본다.(Marris, 1975, p.51)

매리스와 기타 학자들이 설명한 원칙과 아이디어는 두 가지 측면에서 교육변화를 이해하는 데 중요한 함의를 지닌다. 하나는 변화의 의미에 관한 것이고 다른 하나는 변화의 과정에 관한 것이다. 이 장의 나머지 부분에서는 각기 다른 차원에서의 변화와 그 정도에 대한 개념을 소개하며, 상기 원칙을 교육변화의 의미에 관한 구체적인 사례에 적용할 것이다. 4장과 5장에서는 변화의 원인 및 과정에 대한 여러 증거를 검토함으로써 변화의 관리가 지닌 함의를 뒷받침할 것이다.

개인이나 집단이 변화를 바랐건 바라지 않았건 진정한 변화는 개인적으로나 또 집단적으로나 중대한 경험을 나타내며, 이는 양면성과 불확실성이란 특징을 지닌다. 변화가 뜻대로 잘 일어나면 숙련되고 있다는 성취감, 직업인으로서의 전문성 신장 등을 경험할 수 있다. 변화의 과정에서 불확실성이 가져오는 불안감이나, 뭔가를 더 깊이 알아가는 데서 맛보는 기쁨은 교육변화의 주관적 의미이며, 이는 변화의 성패에 핵심적인 역할을 한다. 그런데도 이것은 대부분의 개혁 시도에서 늘 간과되거나 인정받지 못했다. 중요한 것은 우리의 방식대로 어떻게 변화를 추구하느냐가 아니라 변화가 불가피할 때 우리가 그것을 어떻게 다루는가이다.

교육변화의 주관적인 의미

교육변화에 참여하는 다양한 역할들의 현상학에 관해서는 2부와 3

부의 해당 장에서 자세히 다룰 것이다. 여기서는 변화의 주관적 현실의 의미와 그 중요성을 밝히고자 한다. 이를 위해 교사세계의 사례를 들겠지만 이들의 상황을 좀 더 정확히 파악하려면 6장을 참조하거나 기타 참여자들의 관련 현실을 참조하기 바란다.

교사들이 일상에서 느끼는 주관적인 현실에 대해서는 코엔과 힐(Cohen & Hill, 2001), 휴버먼(Huberman, 1983), 로티(Lortie, 1975), 로젠홀츠(Rosenholtz, 1989), 볼과 코엔(Ball & Cohen, 1999), 스필레인(Spillane, 1999, 2004), 스티글러와 히버트(Stigler & Hiebert, 1999), 데이 등(Day et al., 2007), 데이와 구(Day & Gu, 2010) 등이 상세히 설명한 바 있다. 이들이 묘사한 교실의 일상적 풍경은 스킬 위주의 교수법이 제한적으로만 발휘되는 공간이다. 교사는 학생들에게 영향을 미치는 방법이나 자신이 학생들에게 영향력을 미치고 있는지 그 여부조차 제대로 알지 못한다. 왜냐하면 교사는 학생들을 각자 다른 특수한 상황에 놓여 있는, 일반화할 수 없는 여러 다양한 힘에 이리저리 시달리는 개개인으로서 접하기 때문이다. 교수법은 현장의 시행착오를 겪으며 결정되는 경우가 많고, 교수법을 결정한 근거를 성찰하거나 그 논리적 근거에 대해 충분히 생각해볼 기회도 거의 없다. 교사는 교실 안팎의 업무들로 끊임없이 방해를 받는다. 교실 내 질서를 잡거나 학생 간 갈등을 조정하는 내부 업무부터 학교행사를 위한 기금 모으기, 공지사항 전달하기, 교장·학부모·주임교사 응대하기 등의 외적인 업무까지 다양하다. 교사는 이런 단조로운 일상을 견뎌내야 하는데, 이로부터 받는 보상이라곤 그저 별다른 사고 없이 조용히 지나가는 날이라든가, 교과내용 가르치기, 단원 이해시키기, 학생 한두 명에게 긍정적인 영향력 미치기(성공사례) 등이다. 교사는 늘 시간이 부족하다고 느낀다. 개인적으로든 집단적으로든 새로운 교수법이나 기술을 지속적으로 학습할 기회도 거의 없다.

휴버먼(Huberman, 1983)은 자신이 직접 조사한 것과 여타 연구를 검토한 후, 그 결과를 토대로 교사들이 매일 경험하는 '교실수업에서 교사로서 받는 압력'을 다음과 같이 정리했다.

- *즉각성*과 *구체성*의 압력: 교사는 1년에 대략 20만 번의 소통을 한다. 대부분의 소통은 즉흥적으로 일어나고 행동을 요구한다.
- *다차원성*과 *동시성*의 압력: 교사는 여러 업무를 동시에 수행해야 한다. 자료를 나눠주고 한 학생과 소통하는 동시에 다른 학생들을 지켜봐야 하며, 학생들의 향상을 평가하고 그들이 필요로 하는 것과 그들의 행동을 살펴야 한다.
- *지속적으로 변화하는 상황 및 예측 불가능성에 대한 적응*의 압력: 어떤 일이라도 일어날 수 있는 곳이 학교이다. 학교가 수동적으로 대응하는(reactive) 기관이 되는 이유 중 하나는 투입(input)이 불안정하기 때문이다. 매년 다른 학생들이 입학하고 이로 인해 학급의 분위기가 달라지는 만큼 잘 짜인 계획도 실패할 수 있다. 어떤 아동에게는 효과적인 전략이 다른 아동에게는 전혀 효과가 없을 수도 있고, 어느 날에는 성공했던 전략이 다른 날에는 소용없을 수도 있다.

• *학생들과 개인적인 관계 맺기*의 압력: 교사는 학생들과 개인적인 관계를 맺고 유지해야 한다. 대부분의 학생들에게 교사와의 의미 있는 상호작용은 학습의 물꼬를 터주는 역할을 한다.(pp.482-483)

휴버먼(Huberman)이 말한 '교실수업의 실천을 담당하는 교사가 받는 압력'은 교사들에게 다양한 방식으로 악영향을 미친다. 단기적인 관점에서 *일일 성과*를 내는 데에만 급급하게 되고, 동료교사 등 다른 사람과의 의미 있는 상호작용으로부터 *고립되며, 에너지는 갈수록 소진되고, 지속적으로 교사 자신을 돌아볼 수 있는 기회도 제한*받게 된다.

교사들의 학습을 방해하는 이러한 일상적인 요인에 더하여 대부분의 교육개혁 전략은 구조적인 문제와 공식적으로 요구되는 사항, 행사중심의 활동(전문성개발워크숍 등)에 초점을 맞춘다. 그러나 이런 전략은 문화적인 요소들을 전혀 고려하지 않는다. 새로운 가치와 관습이 요구되는 경우가 많은데도 말이다. 다른 저서(Fullan, 1993, 1999)에서도 언급했듯이 *구조적 변화*는 빈번히 일어나지만, 정작 중요한 것은 교사들이 자신의 신념과 관습에 대해 스스로 질문하고 *문화를 바꾸는* 일이다. 여러 연구사례 중 필자가 선택한 7편의 연구를 보면 문화를 바꾸는 작업은 기존에 알려진 것보다 훨씬 어렵다는 것을 알 수 있다(Ball & Cohen, 1999; Cohen & Hill, 2001; Cross City Campaign for Urban School Reform, 2005; Hattie, 2009, 2012; Oakes, Quartz, Ryan & Lipton, 1999;

Stigler & Hiebert, 1999; Timperley & Parr, 2005).

볼과 코엔(Ball & Cohen, 1999), 코엔과 힐(Cohen & Hill, 2001)은 교사들의 학습이 늘 피상적으로 이루어진다며 다음과 같이 말한다. "미국은 교원들의 역량개발에 상당한 재정을 투입하지만, 대부분은 교육과정 및 학습에서 중요한 사안과는 동떨어진 피상적인 세션과 워크숍에 소비된다. 워크숍에서 다루는 내용은 분절적이어서 연결되고 축적되는 성격의 지식이 아니다."(Ball & Cohen, 1999, pp.3-4) 결과적으로 교사들의 업무능력도 향상되지 않는다는 것이 그들의 주장이다. 즉, "교사들의 학습은 경험의 당연한 결과로 일어나는 것이거나 특정 교수법 혹은 교육과정 연수의 결과로 일어나는 것이라고 생각한다."(p.4)

캘리포니아 주가 수학교수법을 개선하기 위해 10년 동안 기울인 노력을 연구한 사례(Cohen & Hill, 2011)도 마찬가지다. 코엔과 힐은 결론부터 이야기한다.

> 해당 정책은 캘리포니아 주의 일부 교사와 학생들에게 성공을 거두었다. 교사들에게 새로운 학습기회를 제공해주었고 교사들은 단기 학습공동체 속에서 교수학습법의 심각한 문제들을 해결하기 위해 함께 연구할 수 있었다. 이 정책을 통해 교사들은 교육과정·평가·학습기회의 요소들을 긴밀하게 연계시킬 수 있었는데, 이러한 연계성의 확보는 미국공립학교의 교수법 지침이 자주 바뀌던 상황에서 매우 이례적인 일이었다. 당시 캘리포니아의 초등교사들 중 소수만이, 다시 말해서 *대략 10% 정도만이 이와 같은 경험을 압축적으로 할 수 있었다.*(p.9)

코엔과 힐(Cohen & Hill, 2001)은 교사들 간의 협업문화가 약하다는 사실과 협업 자체만으로는 개선이 일어나지 않는다는 점도 발견했다. 협업에는 초점과 지속성이 있어야만 했다. 필자 역시 이 내용을 『비약적인 진전(Breakthrough)』(Fullan, Hill, & Crévola, 2006)과 『연계성(Coherence)』(Fullan & Quinn, 2015)이란 책에서 상세히 입증한 바 있다. 대부분의 교사들은 지속성과 연계성이 부족했고 학자들(Ball & Cohen, 1999; Cohen & Hill, 2001)이 말하는 소위 '현장수업 기반 리서치(practice-based inquiry, PBI, 교실에서의 실제 수업 관찰 등을 통한 질적연구 전략—옮긴이)'와 '이해를 위한 지도(teaching for understanding, TfU, 핵심개념 중심의 깊은 이해와 적용에 초점을 둔 역순설계 방식에 의한 새로운 교수지도법—옮긴이)'의 기회를 거의 갖지 못했다. 그런데 이 교수법에서는 교사들이 평가, 교육과정, 그리고 평가 및 지도를 연계시키는 법을 지속적으로 배울 수 있다.

스티글러와 히버트(Stigler & Hiebert, 1999)의 책 『수업 격차(The Teaching Gap)』는 더욱 흥미로운 사실을 보여준다. 이 연구는 독일, 일본, 미국의 총 231개 교실에서 촬영된 8학년 수학수업의 샘플영상을 토대로 하는데, 독일에서 100편, 일본에서 50편, 미국에서 81편을 촬영했다. 경험 많은 수학자들과 수학교사들이 블라인드테스트 방식으로 수학수업의 내용을 검토했다. 즉, 어느 나라의 수업인지를 가린 채 샘플영상을 보며 수업내용이 학생들이 수학을 이해하는 데 도움이 될 수 있을지를 조사한 것이다. 미국은 수업의 89%가 낮은 수준의 학습내용을 담고 있는 것으로 나왔고, 독일의 경우 이 비율은

34%, 일본은 11%였다. 미국의 수학교실을 좀 더 심층적으로 관찰한 후, 스티글러와 히버트는 미국의 교사들이 전미수학교사협회(National Council of Teachers of Mathematics, NCTM)에서 만든 *수학교사들의 수업표준*을 잘 알고는 있다고 설명했다. 이 표준은 학생들이 수학을 더욱 잘 이해하게 하려면 교사들이 어떻게 변해야 하는가에 대한 목표를 담고 있었다. 그러나 스티글러와 히버트는 다음과 같이 덧붙인다.

우리가 본 영상에서는 과거보다 개혁적이라는 증거를 거의 찾아볼 수 없었다. 적어도 개혁을 제안했던 이들이 의도한 대로 가르치고 있다는 증거 말이다. 일부 교사들의 말처럼 수업방법 개선은 이전의 방법보다 더 못한 것일 수 있다. 교사들은 개혁을 잘못 이해하여 표면적인 특징만 바꿀 수 있는데, 예를 들어 팀워크만 무작정 늘린 수업을 구상한다든지, 학습교구나 계산기 혹은 현실문제의 시나리오를 더 많이 활용한다든지, 수업에 글쓰기를 도입하는 것 등이다. 그러나 이런 방법으로는 수학지도의 기본을 바꾸는 데 실패할 수 있다.(pp.106-107)

청소년에 대한 세심한 돌봄과 지적 성과를 추구하는 학교의 육성을 위해 카네기재단이 발간한 중학교 혁신을 위한 연구보고서 「전환점(Turning Points)」이 있는데, 옥스 등(Oakes et al., 1999)은 이 보고서의 내용을 실행에 옮긴 여러 중학교를 연구했다. 이들이 관찰한 바에 의하면, 교육자들은 흔히 새로운 구조적 변화와 전략이 요구될 때 그것의 의미에 대해서는 깊이 생각해보지 않고 서둘러 도입하려고만 한다. 어느 지역 리더는 다음과 같이 말했다.

사람들은 곧바로 실행에 돌입한다. 보고서 「전환점(Turning Points)」에서 학교개혁의 핵심 원리나 실천방안으로 '팀 구성'을 언급하면 바로 팀을 구성해버리는 식이다. 우리가 "팀을 구성하는 이유는 뭘까?" "팀의 목적은 무엇일까?"라고 질문하면 "글쎄, 그냥 팀을 구성하고 있어요."라는 식의 반응이다. 범교과적 학습을 중시하는 교육과정은 또 어떠한가. "범교과적 교육과정을 도입하자."라는 의견에 "왜 이것을 도입해야 하는가?" "목적은 무엇인가?" "범교과적 교육과정 도입을 우리는 어떤 생각으로 받아들이고 있는가?"와 같이 누군가가 질문을 통해 이러한 대화를 시작하기 전까지는 아무도 이런 논의를 하지 않는다. 질문하는 접근방식으로 의사결정을 내린 적이 없었던 것이다. 단순히 "이런 수업이 중학교 과정에 좋은 방법이다."라고만 하면 변화의 과정이나 방법에 대해 생각해보지 않은 채 모두 뛰어드는 것이다. 어떤 이들은 구조만 바꾸면 변화가 일어난다고 생각한다.(p.242)

시카고, 밀워키, 시애틀의 학구 전반에 걸친 개혁을 살펴본 크로스시티캠페인(Cross City Campaign)의 『도심학교 개혁(Urban School Reform)』 사례연구(2005)도 이 주제를 탄탄하게 뒷받침하고 있다. 자리를 잡은 변화전략들은 성공의 모든 요소를 갖추고 있는 듯했다. 대규모 재정 투입, 교육과정의 목표와 지도에 대한 강조(특히 문해력·수학·과학 관련), 교사 및 교장의 전문성 개발, 시장 및 지역단체 지도자들의 대규모 지원 등이 그런 요소들이다. 그러나 결과는 실망스러웠다. 위에서 언급한 세 지역의 사례를 살펴본 결론은 다음과 같다.

살펴본 세 지역은 학교가 자율적으로 자원배분과 집행을 할 수 있도록 분권화가 되어 있었다. 또한 수업지도 향상을 위한 구상이라는 야심찬 계획을 통해 대규모 조직변화도 단행하였다. 하지만 여러 교장과 교사를 인터뷰한 결과 현실에서는 불행히도 지역정부가 현장의 관행을 대대적으로 바꾸거나 개선하지 못했다.(p.4)

바꾸어 말하면, 변화에 대한 최첨단 지식을 동원해 다방면으로 활용했음에도 불구하고, 활용된 전략은 교육자들에게서 새로운 의미의 공유나 스킬, 헌신을 이끌어내기에는 역부족이었다.

팀펄리와 파(Timperley & Parr, 2005)의 뉴질랜드 국가문해력향상프로그램 연구를 보면 특히 흥미로운 의미의 문제, 더 정확히 말하면 의미의 다른 세계에 관한 내용이 포함되어 있다. 이들에 의하면 변화의 핵심은 3가지 개념(이 책의 독자들에게는 익숙한 개념)을 중심으로 한다. 신념과 가치(beliefs and values), 지식과 역량(knowledge and skills), 그리고 기대하는 교육의 최종 성과(outcomes)가 바로 그것이다. 새로운 신념, 지식과 스킬 및 성과를 만들어내는 '변화의 이론'에 대해 정부와 학교는 서로 다른 관점을 가지고 있다. 가장 큰 문제는 사용된 변화의 전략이 정부와 학교라는 두 세계를 참여시켜 긍정적인 결과를 만들어내는 데 실패한다는 점이다. 결국 비판의 대상은 교사라기보다는 변화의 도입 방식이며, 특히 교사들이 더욱 깊이 있는 질문을 하고 지속적인 학습으로 나아갈 수 있도록 하는 기회가 부족했다는 것이다. 그 결과 *의미 있는* 개혁은 교사의 영역을 벗어나버리고 상황을 더욱 악화시키는 표면적인 단발성 개혁으로만 치닫는다고 연구는 밝힌다.

존 해티(John Hattie)는 2009년 '가시적 학습(visible learning)'효과에 대한 800가지 메타분석으로 교육계에 혜성과 같이 등장했다(2012년에는 『교사를 위한 가시적 학습(Visible Learning for Teachers)』 출간). 해티는 여러 요인들이 학생의 학습에 소소하게 영향을 미치고 정보와 같은 표면적인 학습(surface learning)과, 생각하기 및 이해하기와 같은 심층적인 학습(deep learning) 간에 큰 차이가 있다는 점을 발견했다. 그는 표면적인 학습도 필요하다고 보고 이를 존중하지만, 세상을 이해하기 위해서는 심층적인 학습을 해야 한다고 믿었다. 전문성이 있는 교사와 그렇지 않은 교사의 차이를 연구한 여러 자료를 검토한 후, 해티(Hattie, 2009)는 다음과 같은 결론을 내렸다.

> 특정 내용이나 프로그램이 큰 차이를 만들어내는 것이 아니라 개별화된 학습을 제공하고 학생들의 진전상황을 보다 정확히 파악하고 더 효과적인 교수학습법을 제공할 시기와 방법을 아는 교원의 양성이 큰 차이를 만든다.(p.245)

주변을 보면 대부분의 교사들이 경력기간에 걸맞은 심화학습 역량을 개발하지 못한 상태에 머물러 있다. 증거기반 수업의 실행과 교사들의 학습결과 평가에 관한 연구를 보면 교사의 학습이 실행으로 연결되거나 깊이 있는 학습으로 이어지지 않는다는 점을 알게 된다.

간단히 말해서, 교사들은 위에서 추진되는 변화가 가치 있다고 믿을 이유가 없고 실제로 시도해볼 유인책은 미미하며 그에 대해 치를 대가는 큰 것이다. 현재의 정책과 전략은 교사들이나 그들의 업무에 특별히 깊은 의미를 주지 못한다. 40여 년 전에 나온 하우스(House, 1974)의 다음 논평은 여전히 유효하다.

> 새로운 혁신을 시도할 때 개인적으로 치러야 하는 대가는 크기 마련이다. 시도하는 혁신이 투자할 만한 가치가 있는지 보여주는 지표 역시 거의 없다. 혁신은 믿음의 행동이다. 즉각적인 보상을 기대할 순 없겠지만 결국은 열매를 맺고 개인적인 투자에 상응하는 값어치를 할 것이라는 믿음이 있어야만 혁신이 가능하다. 또한 혁신에 투입되는 비용도 만만치 않다. 새로운 혁신을 추진하기 위해서는 신기술을 배우거나 새로운 역할이 요구되는데, 여기에 투입되는 에너지와 시간은 혁신에 대한 저항의 크기를 가늠할 수 있는 유용한 지표가 된다.(p.73)

변화의 시도에 관한 기타 연구사례에서는 교사들이 심지어 '가짜 명확성(false clarity, 허위를 진실이라고 믿는 잘못된 확신-옮긴이)' 속에 안주하는 것으로 나타났다. 그로스 등의 연구(Gross et al., 1971), 휴버먼과 마일즈(Huberman & Miles, 1984)의 연구를 보면 교사들은 추상적인 목표와 지시사항 때문에 혼란을 겪고 불안해하고 짜증이 나고 결국엔 노력을 포기하게 된다고 한다. 가짜 명확성은 이처럼 사람들이 스스로 변화를 수용했다고 *생각*하면서도 새로운 실행의 피상적인 면만 흉내 낼 때 발생한다. 각 개인이 변화를 받아들이는 주관적 의미가 탄탄하게 형성되지 않은 상황에서 불확실한 혁신이 시도되면 이때 겪는 불확실성은 몹시 고통스럽다.

이렇게 변화의 초점과 명확성이 결여되면 이 책의 서두에서 '지나치게 느슨(too-loose)'하다고 표현했던 문제가 나타난다. 지금까지 다수의 학구가 그랬듯이 이런 문제를 표준(성취기준, 성취목표-옮긴이) 기반의 개혁을 통해 직접 해결하려는 것은 '지나치게 엄격(too-tight)'한 접근이 되어 정상적 기능을 상실하게 된다. 예컨대, 맥닐(McNeil, 2009)이 발표한 텍사스 표준화시험의 파괴적 결과나 포팸(Popham, 2004)이 신랄하게 분석한 아동낙오방지법(NCLB)의 폐해가 그 산 증거이다.

해결책에 대해서는 이후에 좀 더 살펴보겠지만, 교사들에게 매일의 일과 속에서 의미를 찾아주고 동기를 부여하는 데 기존의 전략은 실패했다고 말하는 것으로 충분할 것이다. 이 시점에서 다음 두 가지 기본적인 결론을 얘기하고자 한다. 첫째, 새로운 지식·스킬·이해의 개발 및 적용에 교사를 참여시키는 인프라와 프로세스를 개발할 방법을 찾지 않으면 변화는 항상 실패할 것이다. 둘째, 교수학습에 관한 새로운 접근은 표면적인 것이 아니라 깊이 있는 의미에 관한 것이어야 한다. 다만 기존의 문화와 여건을 고려할 때 이러한 깊이 있는 의미는 쉽게 얻어지지 않을 것이다. 미래는 점점 더 학생과 교사의 능동적인 학습참여를 제공하는 교육에 좌우될 것이다. 이것이 8장에서 다룰 *새로운 교수학습법*이다. 이 교수법은 21세기를 살아가는 데 반드시 필요한, 보다 깊이 있는 학습의 성과와 관련이 있다.

교육변화의 객관적인 현실

사람들은 대부분의 교육변화에 대해 그 본질이나 여파를 이해하지 못한다. 사람들은 변화에 자발적으로 또는 비자발적으로 참여하면서 그 의미와 형태, 결과의 양면성이나 상충되는 측면을 경험한다. 변화에는 많은 것들이 걸려있다. 예를 들면, 목표와 기술, 철학, 신념, 행동과 같은 것들이다. 이렇게 변화의 다양한 측면들이 분산되고 일괄되지 않은 형태로 각자에게 주관적으로 체험되는 것이다. 변화의 *다면성(multidimensionality)*도 자주 간과되는 측면이다. 교육변화의 의미를 객관적으로 이해하기 위해서는 변화를 구성하는 주요 개별 요소들을 확인하고 그 특성을 자세히 서술해볼 필요가 있다. 이런 측면에 대한 무지로 인해 교육변화 분야에는 수많은 흥미로운 현상이 존재한다. 이해 못하는 혁신을 수용한다거나 변화의 일부 요소는 실행하고 일부는 실행하지 않는다거나 특정 필수 요소를 소홀히 한다거나 하는 변화의 전략이 대표적인 예이다.

객관적 현실이라는 개념은 정의하기가 매우 까다롭다(Berger & Luckmann, 1967). 현실은 언제나 개인과 집단에 의해 정의된다. 그러나 개인과 집단은 상호작용을 통해 개인의 영역 밖인 사회적인 현상(헌법, 법안, 정책, 교육개혁프로그램 등)을 만들어낸다. 이 객관적 현실이라는 것은 결국 변화를 주도하는 이들이 원하는 사회적 이미지의 반영일 수 있고, 따라서 '그들의' 주관적 구상이 미화된 모습일 위험성도 있다. 이럴 때는 "이 주제에 대한 기존의 현실적 인식은 무엇인가?" "누가 그렇게 주장하는가?"(Berger & Luck mann, 1967, p.116)라는 질문을 통해 문제를 단순화할 수 있다. 이러한 부분을 염두에 두고 교육변화를 정의해 보기로 하자.

| 실행과정에서 변화란 무엇인가? |

교육변화의 실행이란 '현장의 교실수업의 변화'를 포함한다. 이것은 정확히 무엇을 의미하는가? 현장의 변화는 교사·학교·학구 등 여러 차원에서 일어날 수 있지만 특히 교실과 교사 차원에서의 변화사례 를 살펴보겠다. 이것이 교수학습에 가장 가까운 단계이기 때문이다. 현재 교육현장에서 어떤 측면이 바뀌어야 하는지 질문을 던지고 나 서, 설정된 변화계획이 실행에 들어가게 되면 각종 복잡성이 표면화 되기 시작한다. 이를테면 변화란 실제 무엇을 의미하는지, 이런 변화 를 어떻게 이루어낼 수 있을지 등과 같은 문제들이다. 난점은 교육의 변화가 교실 내 혁신이라는 가장 단순한 수준에서 분석해도 한 가지 로 표현될 수는 없다는 점이다. 혁신은 *다차원적*이다. 새로운 프로그 램이나 정책의 실행에는 적어도 다음 3가지 요소 또는 측면에 성패 가 달려있다.

1. 신규 또는 개선된 *자료*(교육과정, 성취목표, 기술의 사용, 지도용 자료 등)의 활용
2. 수업지도에 대한 새로운 *접근법*(새로운 교수법, 특히 학생들과의 학 습 파트너십 구축 등) 도입

3. *신념*(신규 정책 및 프로그램을 뒷받침하는 교수지도 원리에 관한 가설과
   이론 등)의 변화 가능성

국가공통핵심성취기준(CCSS)만 분석해 보아도 위의 요점이 명확
하게 드러난다(Kendall, 2011은 CCSS의 기본적인 참고자료임). CCSS는 새
롭고 높은 기준을 제시하고 있으며 이를 측정하는 평가도 존재한다
(이하 자료라고 부름). 이들 자료의 활용도를 높이는 교수법이나 지도활
동도 있다(이 부분이 CCSS에서 가장 어렵고도 개발이 덜 된 부분이라고 1장에
서 언급했음). 또한 학습의 본질에 대한 깊은 믿음도 있다(Hattie, 2009,
2012에서의 '심층학습').

변화의 3가지 측면이 모두 필요한 이유는 이들이 특정 목표 또는
여러 목표를 달성하는 수단이 되기 때문이다. 목표를 실제로 달성
하느냐의 여부는 또 다른 문제로 이는 주어진 과제를 해결하는 변화
의 질과 적절성에 달려있다. 논리적으로 보더라도 변화가 교육의 결
과에 영향을 미치려면 3가지 차원에서 *실질적인 변화*가 일어나야 한
다. 차터와 존스(Charter & Jones, 1973)가 말했듯이 실행 측면에서 변화
가 실제 발생했는지에 관심을 갖지 않으면 '일어나지도 않았거나 일
어났다 해도 기대에 훨씬 못 미친 것을 평가하는 위험'을 무릅쓰게
된다. 물론 3가지 차원을 한 가지도 실행하지 않는 개인에서부터 전
부 다 실행하는 개인에 이르기까지 다양하게 존재할 수 있다. 교수법
은 바꾸지 않되 새로운 수업자료나 표준을 사용하는 교사가 있을 수
있고, 자료나 교수법은 바꾸되 변화를 뒷받침하는 신념이나 가치관

등은 이해하지도 갖추지도 못하는 교사가 있을 수 있다.

변화의 차원에 관해 좀 더 세부적인 설명을 하기 전에 다음 3가지 어려움에 주목해야 한다. (1) 변화의 3가지 관점을 규명하는 데 있어 누가 자료를 개발하고 교수법을 결정하고 신념 및 가치관을 선정하는가에 대한 전제는 없다. 초기 개발을 연구원, 외부 교과과정 개발자, 교사집단 중 누가 수행하든 그것이 다수에게 어떤 의미를 갖는지의 문제는 여전히 남아있다. (2) 부분적으로 연관된 문제이지만 교육변화에 관해 서로 다른 두 가지 접근법이 존재하고 이 둘 사이에는 딜레마와 긴장이 존재한다. 하나는 최종 목표(비전)를 설정하고 이를 달성하려는 접근이고, 다른 하나는 상호 적응을 통한 진화적 접근이다. 이런 현상은 교육변화 관련 문헌들에서 확인되고 있다. 비전을 먼저 정하고 이를 실현하기 위한 접근은 그 표현에서도 알 수 있듯, 기존에 이미 만든 혁신안을 개인과 집단이 현실에서 충실히 실행에 옮길 수 있게 '본래의 의도대로' 실행에 옮기는 것을 강조한다. 반면에, 진화적인 관점은 실행자들이 새로운 정책이나 프로그램에 적응하면서 결정을 내린 결과를 변화라고 여긴다. 즉, 정책이나 프로그램 또는 이용자의 상황이 교육의 결과에 상호 영향을 미친다고 보는 것이다. (3) 학습자료·교수법·신념에 대한 변화의 객관적인 측면을 한번에 정확히 정의하기란 쉽지 않다. 왜냐하면 이들 역시 실행단계에서 변하고 추가적으로 발전하며 근본적인 변화를 겪을 수 있기 때문이다. 그럼에도 위 3가지 측면에서 변화의 개념을 시간을 두고 정의하는 것은 분명 가치 있는 일이며 일부 사례를 통해서도 이를 확인할 수 있다.

사례를 검토할 때 알아둘 점이 있다. 개별적인 혁신안 또는 프로그램은 개개인이 속한 특정 집단의 현 관행과 관련하여 그것이 3가지 차원에서 의미 있는 변화를 수반하는지의 여부에 따라 달라질 수 있다는 것이다. 현존하는 대부분의 교육혁신 사례는 교육과정, 실행(수업행위), 신념이라는 3가지 요소에 상당한 변화를 수반한다. 사실 이러한 차원에서의 변화를 수반하지 않는다면 혁신은 의미가 없는 것이나 마찬가지다. 예를 들면, 교수전략을 전혀 바꾸지 않고 새로운 교과서나 자료를 사용하는 것은 미미한 변화에 불과하다. 콘텐츠는 바꾸었으나 교수법의 변경을 외면한 디지털교과서는 '바뀔수록 똑같은' 현상의 예에 지나지 않는다. 이 책의 주제에 비추어 볼 때 진정한 변화는 신념과 수업의 변화를 포함하며, 바로 이것이 진정한 변화를 이루기가 그토록 어려운 이유이다(학급당 학생 수 축소만으로 교육이 나아지지 않는 것도 이와 유사한 사례로 볼 수 있음—옮긴이).

변화의 객관적 현실을 묘사하자면 많은 예를 들 수 있을 것이다. 여기서는 3가지 사례만 언급하겠다. 첫 번째는 교육의 획일화·형식화·비인간화 경향을 탈피하려는 열린 교육에 관한 것, 두 번째는 인지과학의 새로운 발전에 관한 것, 세 번째는 이른바 '깊이 있는 학습을 위한 새로운 교수법'(New Pedagogies for Deep Learning, NPDL)의 최신 발달에 관한 것(Fullan, 2013b; New Pedagogies, 2014)이다. 변화의 차원이라는 측면에서 이러한 혁신사례들을 검토하면 변화의 내용이 얼마나 바람직한지에 대해 더 구체적으로 논의할 수 있을 것이다.

부시스 등(Bussis et al., 1976)은 1970년대의 교육과정 변화에 대한 분석에서 표면적인 교육과정과 심층구조를 구별하며 바로 이 주제를 짚어냈다. 이들에 의하면 '열린 교육의 시대'(열린계획학교, 폭넓은 교육과정, 팀티칭, 개별화가 존재하는)에는 교사들이 열린 교육을 이용하는 방식이 근본적으로 달랐다. 어떤 교사들은 교육과정을 피상적인 수준에서만 운영했으며 가르칠 내용에 초점을 맞추고 학생들이 뭔가 부지런히 활동을 하면 그것을 보는 것에 만족했다. 이들은 열린 교육의 목표를 *곧이곧대로* 다루려 했고 저변의 더 깊은 목표는 이해하지 못했다. 예를 들면, 우리는 아이들이 '학습자료를 공유하고 자기 차례를 지키며 다른 학생이 소유한 것을 존중하는 법' 등을 확실하게 배우기를 원했는데, 이 교사들의 관심의 초점은 '이런 행동에 수반되는 태도나 행동에 대한 깊은 이해가 아니라 그러한 행동을 보여주는 것 그 자체'(p.59)일 뿐이었다. 이런 교사들은 새로운 지시사항을 전달하면 그것이 모호하다고 주장하며 '정확히 무엇을 가르쳐야 하는지' 추가적인 지침을 요구했다. 그런가하면 열린 교육의 원칙과 그것을 반영한 구체적인 활동을 기본적으로 잘 이해하고 있는 교사들도 있었다. 이들은 '교실 내의 활동을 오가며 관찰하고 우선순위를 정해줄 수 있었으며 가끔씩 마주하는 특정 상황을 이용해서 더 큰 관심사나 우선순위의 예를 보여주다가 다시 특정 사례로 돌아올 수 있었다'(p.61). 이들에게는 성찰과 목적의식, 자각이라는 특성이 있었는데 위의 단계를 일방적으로 좇는 것이 아니라 상황판단에 따라 때로는 직관에 의존해서 행동하기도 하고 이 행동의 의미를 전체적인 목적에 견주어서 살펴보기도 했다. 아동에 대한 교사들의 가정(假定)과 성향 역시 다양했다. 아이들의 선택능력을 신뢰할 수 없으며 특이하다고 생각하는 교사들에서부터(일부 교사는 신뢰함) *모든* 아동은 각자 관심사가 있고 자신의 관심사를 교육과정의 공통된 교육목표에 연계시킬 수 있다고 믿는 교사들에 이르기까지 다양했다.

교사들의 말과 그들의 자체적인 분석을 인용한 페이지에서 부시스 등(Bussis et al., 1976)은 진행되는 변화에 남긴 여러 차원의 특성을(비록 그들과 똑같은 어휘를 사용하지는 않았지만) 명백히 보여준다. 예를 들면, 교사 중에는 '열린 교육을 단순한 교과내용의 전달로 인식하고 열린 교육 자체에 대해서는 합리적 근거를 갖고 있지 않거나, 아동이 취해야 할 우선순위를 잘 설명해줄 수는 있지만 그것과 교실활동의 구체적인 관계에 대해서는 제대로 설명하지 못하는' 교사가 있었다(p.69). 반면에 어떤 교사는 자신이 '일부 우선순위가 높은 학습목표의 학습을 촉진시킬 수 있다는 *믿음*으로 학생들에게 풍부한 자료를 제공하는' 경우도 있었다(p.74).

이 책에서 우리가 말하는 차원에서 보면 '표면적인' 변화는 가능하다. 변화의 원칙과 합리적 근거를 *구체적으로 이해하지 않고도* 특정 목표나 자료, 행동을 모방하는 것은 그리 어렵지 않기 때문이다. 더욱이 신념이라는 측면으로 보자면 변화의 목표를 존중하고 심지어 이를 명확히 표현할 수 있음에도 그러한 목표가 현장에서 실행되는 데 어떤 함의를 갖는지는 이해하지 못할 수 있다. 즉, '어떠한 가치와 신념을 바탕으로 행동했다고 해서 교사 본인의 이해가 강화되는 것은 아니다. 교사에게 주는 피드백 속에 도움이 될 만한 자료가 내재되어 있다고 해도 교사가 이를 알아차리지 못해서 정보습득에 실패하기도 한다'(Bussis et al., 1976, p.74).

두 번째 사례는 날로 깊이와 폭을 넓혀가고 있는 인지과학 분야의 연구결과들이다. 이 분야의 새로운 이론을 가장 잘 담아낸 최고의 자료는 미국국립학술원(National Academy Press)에서 『사람들은 어떻게 학습하는가(How People Learn)』(Bransford, Brown, & Cocking, 1999; Donovan, Bransford, & Pellegrino, 1999)라는 제목으로 출간한 책이다. 저자인 도노반(Donovan)과 동료들은 이 책에서 학생과 교사에게 도움이 될 핵심사항을 요약했는데, 그 중에서 학생과 관련된 내용은 다음과 같다.

1. 학생들은 세상이 돌아가는 원리에 대해 각자 나름의 사전지식을 가지고 교실에 온다. 이전 단계의 이해(사전지식-옮긴이)가 동원되지 않으면 새로운 학습개념과 정보를 이해하지 못할 수 있다. 또는 시험을 위해 새로운 개념과 정보를 배우더라도 교실 밖에서 습득한 사전지식에 의존할 수 있다.
2. 탐구의 영역에서 역량을 개발하려면 학생들은 (a) 사실적 지식의 기초를 탄탄히 갖추고 (b) 개념적 틀에서 사실과 의견을 구분해서 이해하며 (c) 인출과 적용이 용이하도록 지식을 조직해야 한다.
3. '메타인지적(metacognitive, 자신의 인지활동을 스스로 파악하는-옮긴이)' 접근법은 학생들이 스스로 학습목표를 설정하고 진전상황을

관찰하며 자신의 학습을 책임지도록 도와줄 수 있다.

교사를 위한 내용은 다음과 같다.

1. 교사는 학생들이 학교에 올 때 이미 갖추고 있는 기존의 이해를 최대한 끄집어내 활용해야 한다.
2. 교사는 과목이 특정 주제들을 깊이 있게 가르쳐야 하고 동일한 개념이 적용되는 사례를 다수 제시해야 한다. 아울러 사실적 지식의 기초를 먼저 튼튼히 쌓아주어야 한다.
3. 메타인지적 기술을 다양한 과목의 교육과정에 통합해서 가르쳐야 한다.

이 장의 앞부분에서 우리는 새로운 지식을 다루는 교사들의 여건이 매우 제한되어 있다는 사실을 살펴본 바 있다(Ball & Cohen, 1999; Cohen & Hill, 2001; Stigler & Hiebert, 1999; Spillane, 1999).

세 번째 사례는 '깊이 있는 학습을 위한 새로운 교수법' 개발에 관한 내용이다(Fullan, 2013b; New Pedagogies, 2014). 이 내용은 8장에서 자세히 다루겠지만, 핵심만 짧게 언급하자면 학생과 교사들은 전통적인 학교의 방식에 지루함을 느끼며 몰입하지 못하고 있다. *교육의 본질적인 의미*를 전혀 찾을 수 없는 것이다. 이에 대한 해결책은 다음 4가지 기준을 충족시키는 디지털기술과 학습의 통합이다.

- 학생과 교사 양쪽 모두에게 매우 흥미로워야 한다.
- 사용하기 쉽고 효율적이어야 한다.
- 유비쿼터스(ubiquitous) 기술을 활용해서 24시간 이용할 수 있어야 한다.
- 실생활의 문제를 해결하는 수업의 비중이 높아야 한다.(Fullan, 2013b, p.33)

위 기준은 학습의 최종 결과와 교수법 모두 급진적으로 바뀌어야 한다는 뜻이다. 깊이 있는 학습의 결과를 6Cs로 부르는데, 이는 인성(Character education)·훌륭한 시민자질(Citizenship)·협업능력(Cooperation)·의사소통능력(Communication)·창의력(Creativity)·비판적 사고능력(Critical thinking)을 일컫는다. 이러한 6Cs를 제대로 함양하려면 수업지도나 교수법이 소위 *학생·교사·가족 간의 학습 파트너십 관계*로 바뀌어야 한다. 이미 실행 중인 이 교수법은 전 세계 1,000여 곳(증가 추세)의 학교가 참여하고 있으며 이 내용은 7장에서 다룬다(Park Manor중학교 사례의 영상을 보기 원하면 www.michaelfullan.ca 참조). 깊이 있는 학습을 위한 새로운 교수법(NPDL)은 심층학습의 핵심을 이룬다. 대부분의 학생(과 교사들)이 학교의 전통적인 수업방식을 지루해하거나 몰입하지 못하기 때문에 참여를 중시하는 이 접근법에 흥미를 갖는다는 점에서는 긍정적이다. 그러나 참여가 반드시 깊이 있는 학습을 의미하는 것은 아니라는 점에 주의해야 한다. 바로 이런 이유로 '깊이 있는 학습'이라는 용어를 강조하는 것인데, 이 용어의 정의 자체가 심층적인 의미를 나타내기 때문이다.

말할 필요도 없이, 의미의 관점에서 신념·교수법·학습자료를 분리해서 생각해보는 것은 엄청난 의미를 갖는다. 사실상 모든 프로그램의 변화는 의미의 3가지 측면 즉, 학습자료·실행(수업행위)·신념을 다룬다. 그 대상이 문해력, 과학, 산학연결프로그램, 디지털플랫폼, 유아기, 특수교육, 표준기반의 개혁 등 무엇이 되었든 간에 마찬가지다. 변화의 의미와 정의에 대해 깊이 생각해보는 것은 오늘날 더욱 중요하다. 왜냐하면 도처에서 대규모 개혁이 보다 복합적 형태로 시도되고 있고 따라서 더 많은 것들이 여기에 좌우되는 상황이기 때문이다. 잊지 말아야 할 것은 교육의 변화를 시도하는 프로그램은 특정한 객관적 현실을 갖게 되는데, 이는 대부분 신념·교수법·수업자료 등으로 정의될 수 있다는 점이다.

| 요약 |

변화의 3가지 측면을 전부 걱정하는 이유는 무엇인가? 양질의 혁신을 이루어내고 사람들이 여기에 접근할 수 있게 해주는 것으로는 왜 만족하지 못하는가? 답은 분명하다. 변화의 의미를 집단이 공유하고 넓혀가기 위해서는 지속적으로 학습하고 평가하고 수정해가는 과정에 모든 핵심 주체들을 침여시키는 과정이 필요하다. 의미를 도출하고 의미를 갖게 하는 문제는 새로운 것이 아니다(NPDL에서 더욱 심층적으로 다루고 있기는 하지만). 맥러플린과 미트라(McLaughlin & Mitra, 2000) 역시 '심층적인' 개혁을 달성하는 데 필요한 것이 무엇인지 살펴

본 3가지 혁신 연구에서 다음과 같은 비슷한 결론을 도출했다.

이 3가지 이론에 기반한 교육개혁에서 특별히 강조될 점이 있다. 실행 과정에 붙박이로 포함되고 삶과 관련되며 의미를 갖는 것, 이것이 제1 원칙이 되어야 한다. 활동의 특정 구조나 자료, 개혁의 통상적인 절차들이 중요한 것이 아니다. 실행단계에서 중요한 점은 교사들이 '어떻게 실행할지에 대해 배우는 것' 외에 실행의 바탕이 되는 이론도 배워야 한다는 점이다. 자신들이 실행하고 있는 것을 *왜* 하는지 모른다면 이런 이해의 부족으로 인해 실행은 피상적일 뿐 아니라 실행방법을 심화시키고 유지하기 어려울 것이다.(p.10)

이와 같이 변화의 객관적 현실의 중요성을 인정해야 한다. '어딘가에' 새로운 정책과 프로그램이 꽤 구체적으로 존재하고, 이것이 학습자료, 교수법, 신념의 변화에 주는 시사점은 작지 않기 때문이다. 교육자들은 점점 더 프로그램의 도입 자체에만 집중하는 것이 아니라 국가공통핵심성취기준(CCSS)과 깊이 있는 학습을 위한 새로운 교수법(NPDL)의 저변에 깔린 개념들에 대해서까지 주목하기 시작했다. 진정한 위기는 이러한 새로운 아이디어와 사람들의 개인적·조직적 상황 그리고 개인의 역사에 스며들어 있는 수천 가지 주관적 현실 간의 관계에서 발생한다. 이와 같은 주관적 현실을 어떻게 다루느냐 또는 외면하느냐에 따라 변화의 가능성이 개인의 차원에서 의미를 갖게 될지의 여부에 큰 영향을 미친다. 실제 현장에서 수업자료·교수법·신념이라는 3가지 측면, 즉 *사람들의 실천 및 사고 영역*에서 실질적인 변화를 일으키는 것이 핵심이라는 사실은 재차 강조해도 지나침이 없다.

의미의 공유와 프로그램의 일관성

지금까지 필자는 의미와 관련해 집단 및 조직 차원에서의 요구사항은 크게 언급하지 않았다. 의미를 파악하는 것은 물론 개인적인 행위이지만 학생의 학습이라는 진정한 가치가 발현되는 것은 함께 협력하는 사람들 간에 의미의 *공유*가 이루어질 때이다.

우리는 모두 협업이 얼마나 가치 있는지 그리고 고립이나 개인적 접근이 조직을 얼마나 약화시키는지에 대해 잘 알고 있다(Fullan & Hargreaves, 1992; Fullan & Quinn, 2015; Hargreaves & Fullan, 2012, Sharratt & Fullan, 2009, 2012 참조). 로젠홀츠(Rosenholtz, 1989)가 진행한 교사의 일터에 관한 연구는 좋은 사례이다. 로젠홀츠는 테네시 주의 8개 학구 내 78개 학교를 분석하여 '진전 없음(stuck)', '중간(in-between)', '진전 있음(moving)'으로 각각 분류했다. 그리고 현실을 주관적으로 구성하는 것이 교사의 일과 중 주요한 부분이라고 보았다. 연구에 따르면 교사들 간에 목표 및 과제를 어떻게 조직할 것인가에 대한 합의가 이루어질 경우 교사들은 학생의 학습을 위해 새로운 아이디어를 반영할 가능성이 높았다. 반면에 '공감대가 낮은' 학교의 교사들은 '어려운 상황을 혼자 피해가면서' 학급운영의 부담을 서로 나누지 않고 혼자 짊어져야 한다는 것을 알아갈 뿐이었다. 로젠홀츠의 연구에서 교사들 간에 '의미의 공유'가 잘 이루어지는 학교는 끊임없는 성장을 보였다.

필자는 실행과정을 자세히 점검하는 일의 중요성을 온타리오 요크 지역에서 맡았던 업무를 통해 깨달았다(Sharratt & Fullan, 2009). 처음에는 요크 내 학구의 140개 학교 중 가장 낙후된 20개 학교에서 시작했다. 우리가 개발한 13개 기준(의미공유, 교장리더십, 사례관리, 코치투입 등의 요소로 지금은 14개)을 바탕으로 문해력 향상에 초점을 맞춘 워크숍을 이 20개 학교에서 연속적으로 개최했다. 그리고 해당 학교 학생들의 점수와 학구 내 다른 학교 학생들의 점수를 비교하여 문해력 성취도에 미친 영향을 검토했다. 그런데 놀랍게도 분명 효과를 봤을 것으로 예상했던 이 20개 학교에서 학생들의 문해력 향상 정도는 별로 나아진 것이 없었다. 우리는 이 학교들의 실질적인 '실행' 단계를 주의 깊게 살펴보았다. 그 결과 이 20개 학교 중 9개 학교만이 우리가 제안한 모델을 지속적으로 실행했음을 알게 되었다(비록 20개 학교 모두 자신들은 이 기준을 지키고 있다고 '생각'했지만). 지속적인 실행을 실천했던 9개 학교만 따로 살펴보니 이 학교의 학생들은 학구 내 여타 학교의 학생들보다 문해력 점수가 월등히 향상되어 있었다. 나머지 학교들에서는 실제로 일어나고 있는 현상을 피상적 실행(비록 의식하지는 못했을지라도)이 가리고 있었던 것이다. 심층적인 실행이 변화에 필수적이라는 사실을 다시금 확인하게 된 계기였다.

우리의 '기준 모델(parameter model)'(변화에 성공하기 위해 도덕적 사명, 집단적 책임감 등을 기준으로 삼는 모델-옮긴이)의 특징 중 하나는 강한 *신념의 공유*(모든 학생이 읽기를 배울 수 있다는 믿음 등)이다. 옥스 등 (Oakes et al., 1999)은 교사들이 도덕적 헌신으로 결합되어 있지 않으면 교류가 약화되는 경향이 있다며 다음과 같이 밝혔다. 이들의 연구에 나온 많은 교사들은 학생에 대한 아이디어를 교환하는 기회를 환영 했다.

> 교사들이 성장, 공감, 책임감의 공유에 대한 도덕적 헌신으로 뭉쳐있 지 않으면 기존의 학교문화를 그대로 답습할 가능성이 높았다. 교육적 이며 배려 깊고 사회적으로 정의로운 참여활동을 모두의 일로 받아들 이지 않는 한, 교사들은 자신의 교실 자치권만 수호하려 했고 교직원을 나눠 팀을 구성하려는 학교 리더십의 역량을 의심했으며 학교 바깥의 사람들과 협력하는 것을 불신했다. (p.285)

도덕적 헌신의 공유 외에 의미를 추구하려면 끊임없이 지식을 정 교화하여 지식의 질을 더 높여야 한다. 노나카와 타쿠치(Nonaka & Takuchi, 1995)는 성공적으로 운영되는 조직에서 지식의 구축이 지닌 중요성을 이야기한다. 이들은 협업의 문화가 상호작용을 통해 암묵 적 지식을 공유된 지식으로 전환시킨다는 점을 발견했다. 6장과 7 장에서는 초·중등학교 교사와 교장들이 어떻게 '교사학습공동체 (professional learning communities, PLCs)'를 통해 최고의 지식을 만들고 그 지식을 기반으로 행동하는지 살펴볼 것이다.

맥락이라는 문제를 보자. 추진하는 사업이 얼마나 다중적이고 분 절적이냐에 따라 의미의 문제는 더욱 악화될 수 있다. 이는 『연계성

(Coherence)』(Fullan & Quinn, 2015)이란 책에서 직접 다뤘던 문제이다. 조직의 측면에서 말하자면, 학교는 조각처럼 존재하는 수많은 문제들을 어떻게 *긴밀하게 통합된 프로그램*으로 만들어 운영할 수 있는가에 대해서 해법을 찾아야 한다. 다루기 까다로운 이 문제에 대해서는 나중에 학교(7장), 학구(10장), 정부(11장) 수준에서 다룰 것이다. 다행히도 지난 5년 동안 우리는 초점과 긴밀한 연계란 것이 실행과정에서 어떤 모습으로 나타나는지에 대한 많은 사례를 갖고 있다. 이에 대해서는 해당 장에서 다룰 것이다.

지금까지의 서술은 변화 주도자들의 *의도*와는 상관이 없다. 변화의 동기(의도)가 아무리 고매하더라도 현장에서 효과적으로 변화를 만들어내야 하는 개개인은 새로운 실천·목표·신념·실행방안의 의미에 대해 우려할 수밖에 없다. 변화의 전반적인 측면에 관해 초반에 명확한 서술을 해두는 것도 도움이 될 수는 있겠지만 문제 자체를 없애지는 못한다. 무언가 새로운 것을 배우고 이해하는 현상이 단숨에 일어나지는 않기 때문이다. 새로운 아이디어를 시도하는 초반과 아이디어를 실제 적용해보는 단계에서 의미의 문제를 지속적으로 다룰 수 있는 메커니즘의 유무는 변화의 성공을 위해 필수적이다. 왜냐하면 변화가 일어나거나 일어나지 않는 것은 바로 이 개인적인 차원에 서이기 때문이다. 물론 변화가 개인적인 차원에서 일어난다고 할 때 현장의 변화를 촉진하는 데 도움이 되거나 자극이 되는 여건을 조직의 변화로 조성할 필요가 있다는 점도 간과해서는 안 된다.

아마도 이번 장의 가장 중요한 결론은 도덕적·지적 의미의 발견이 단지 교사들의 정서적 분위기 개선을 위한 것이 아니라는 깨달음일 것이다. 이것은 근본적으로 교사들이 현 상황을 바꿀 만한 충분한 에너지를 확보할 수 있느냐와 관련이 있다. 의미는 동기부여를 촉진하고 노하우는 쌓여서 지속적으로 문제해결을 가능하게 한다. 이와는 반대의 개념인 혼란, 과도한 부담, 낮은 효율성은 에너지를 고갈시킨다. 지금까지는 혁신의 내용과 관련하여 의미의 문제를 살펴보았다. 아울러 필자는 함께 일하는 개인과 집단은 자신들이 구현하고자 하는 교육적 실천이 어떤 것인지에 대해 명확해야 한다고 제안했다.

일단 수많은 상황에 걸쳐 역동적인 변화현상이 일어나면 상황이 복잡해진다. 지난 몇 년간 변혁을 위한 야심찬 구상은 점차 자리를 잡아갔다. 그 결과 학생들의 학업성취도에 긍정적인 영향을 미친다는 측면에서 무엇이 성공적인 변화를 가져다주는지에 대한 통찰력 있는 교훈도 얻을 수 있었다. 이 결과들을 3장에 공개한다. 특정 변화프로젝트를 맡고 있건, 어떤 기관의 문화를 바꾸는 작업이건, 그리고 변화가 지역의 학교 단위이건 전체 지역 단위이건 혹은 전국 단위이건 간에 변화 프로세스의 역동성을 이해하는 것은 절대적으로 중요하다. 너무도 많은 개혁가들이 정답을 '알고' 있기 때문에 실패했다. 성공적인 변화의 실행자는 겸손할 줄 안다. 성공이라는 것은 단순히 옳음에 관한 것이 아니라 옳고 그른 것에 대해 다양한 의견을 지닌 집단과 개인의 참여를 이끌어내는 것이다.

궁극적으로 의미를 도출하고 느끼는 일은 전적으로 개인에게 달려있다. 필자는 『변화의 자유(Freedom to Change)』에서 변화의 길에서 마주하는 장애물이나 제한을 극복하는 문제는 실제 치러야 할 전쟁의 절반밖에 되지 않는다고 주장했다(Fullan, 2015). 『자유로부터의 도피(Escape from Freedom)』에서 프롬(Fromm, 1969)이 통찰력 있게 제시했듯이 인간은 일단 '자유로워'지면 새로운 문제가 발생한다. 프롬은 인간은 혼자 지낼 수 없지만 자칫 집단에 흡수되어버릴 함정도 있다는 것을 보여준다. 이 문제에 관해서는 『변화의 자유(Freedom to Change)』에서 상호 연관된 4가지의 해결책을 다음과 같이 제시한 바 있다. (1) 자율(autonomy)과 연대(connectedness)를 동시에 추구하라. (2) 자신의 성장을 위해 피드백을 어떻게 유익하게 활용할 수 있는지를 배워라. (3) 자신과 다른 이들에게 책임지는 법을 배워라. (4) 더 큰 세상을 접하며 새로운 아이디어를 배우고 보다 원대한 목표를 향해 다른 이들과 관계를 맺어라(Fullan, 2015).

좀 더 넓은 시각에서 보면, 이번 개정판에서 초점을 둔 부분은 적정 기간 내에 변화의 복잡한 과정을 어떻게 극복해갈 수 있는가에 관한 것이다. 변화라는 것은 하룻밤 사이에 달성할 수도 없지만 무기한으로 추구할 수도 없는 것이기 때문이다. 지난 8년간 성공적인 변화의 과정에 대해 우리가 배운 것은 무엇인지 생각해보자.

3

변화 프로세스에 대한 통찰

변화할 것인가 죽을 것인가?

— 도이치만(Deutschman, 2005, p.53)

변화를 다룬 100여 권의 책을 보면 핵심은 한 단어로 요약된다. 동기 (motivation)이다. 변화에 성공하려면 사람들이 어떤 조건 하에서 변화에 대한 동기가 생기는지를 아는 일이 가장 중요하다(시스템 전체의 개혁이므로). 하지만 이 조건에 대한 답은 우리가 원하는 것만큼 그렇게 간단하지 않다.

또 한 가지 확실한 것은 모든 성공적인 변화의 과정은 '실행을 중시'한다는 점이다. 여기에는 이유가 있다. 듀이(Dewey, 1997)는 사람들이 행동 자체로 배우는 것이 아니라 자신의 새로운 행동에 대해 *생각함*으로써 배우게 된다고 말한 바 있다. 이는 우리가 논의해온 '의미'와도 부합하며 궁극적으로 개인의 머릿속에서 어떤 일이 일어나는가의 문제이다. 그러나 그런 자극은 새로운 경험으로부터 오고 이 경험은 사람들에게 생각할 거리와 배울 거리를 제공한다.

모든 통찰은 성찰에서 나온다. 직관에 반대되는 다음의 연구결과들이 좋은 예이다. (1) 행동과 감정은 종종 신념보다 앞서 변한다. 우리는 먼저 새로운 방식으로 행동할 필요가 있다. 그리고 나면 새로운 신념에 대한 통찰과 느낌을 얻을 수 있기 때문이다. (2) 계획서를 거창하고 보기 좋게 꾸밀수록 실천적 행동의 양과 질은 이에 반비례한다. 그 결과 학업성취에 악영향을 미친다(Reeves, 2006). (3) 비전의 공유나 주인의식(성공에 필수적인 요소들)은 성공의 *전제조건*이라기보다는 변화 프로세스가 뛰어날 때 얻게 되는 *결과*에 가깝다. 이 모든 통찰은 성찰을 통해 의미를 추구했기 때문에 얻을 수 있었던 것이다 (Pfeffer & Sutton, 2000; Mintzberg, 2004). 결국 문제의 핵심은 개인이 주관적으로 느끼는 변화의 의미이다. 젤리슨(Jellison, 2006)은 변화 프로세스의 초기 단계에 대해 다음과 같이 언급한 바 있다. "리더는 미래에 초점을 맞추고 그들 자신과 조직이 얻게 될 모든 이익에 집중한다. 구성원들은 현재에 초점을 맞추며 변화를 통해 얻게 될 보상보다는 치러야 할 대가에 더욱 집중한다."(p.42)

만약 사람들에게 "변화할 것인가 죽을 것인가?"라고 묻고 선택하라고 한다면 어떤 선택을 할 것 같은가? 변화를 택할 것이라고 생각했다면 재고해보기 바란다. 도이치만(Deutschman, 2005)은 다음과 같은 질문을 했다. "매우 어렵겠지만 당신은 사고방식과 행동방식을 바꿔야 한다. 그렇지 않으면 당신은 곧 죽을 것이다. 신뢰할 수 있는 권위자가 확실한 정보를 근거로 위와 같이 말한다면 당신은 어떻게 하겠는가?" 과학적으로 연구된 바에 의하면 사람들이 바뀔 확률은 10% 정도라고 한다. 의학연구에 따르면 보건예산의 80%가 흡연, 음주, 식사, 스트레스, 운동부족의 5가지 행동문제에 쓰인다. 도이치만은 존스홉킨스대학교 의과대학 학장이자 병원장인 에드워드 밀러(Edward Miller) 박사의 말을 인용한다. "관상동맥 우회로 이식술을 받은 환자들을 2년 후에 다시 관찰해보면 그들 중 90%는 여전히 생활습관을 바꾸지 않고 있었다. 심각한 질병이 생기면 자신의 생활습관을 바꿔야 한다는 걸 알면서도 어떤 이유로든 바꾸지 못하고 있는 것이다."(p.2)

이에 더해 도이치만(Deutschman, 2005)은 하버드대 경영대학원 존 코터(John Kotter)의 말도 인용한다. "핵심은 결코 전략이나 구조변경의 문제가 아니다. 사람들의 행동을 바꾸는 것이 항상 문제인 것이다." 도이치만은 다음과 같은 관찰결과를 밝힌다. "일반적인 통념에 따르면 위기는 변화를 촉발시키는 강력한 동기가 된다(상황이 180도로 호전된 성공사례의 학교들을 생각해보라). 그러나 심각한 심장질환처럼 가장 중대한 개인적 위기조차도 사람들에게 충분한 변화의 동기가 되지 못한다. 상황에 대한 정확한 분석이나 사실적 정보를 주는 것도 충분한 변화의 동기가 되지 못하기는 마찬가지다."(p.2)

우리가 관찰한 내용에 대해 설명을 이어가자면, 사람들은 새로운 경험을 할 때 자신의 태도를 바꾸고 이것이 다시 그들의 감정에 영향을 미친다. 코터(Kotter)는 이와 관련하여 다음과 같은 말을 했다. "행동의 변화는 대부분 사람들의 감성에 호소할 때 일어난다. 변화를 위한 노력이 가장 성공적인 경우는 이성보다는 감성에 영향을 주는 방식으로 해법을 찾을 때이다."(Deutschman, 2005, p.2) 도이치만은 여기에 더해 유용한 통찰을 내놓는다. 두려움이라는 요소는 죽는 것에 대한 두려움처럼 초반의 즉각적인 효과 외에는 강력한 변화의 동기가 되지 못한다. 미국의 아동낙오방지법(NCLB)에서 '충분한 수준의 연간 학업성취도 향상(adequate yearly progress, AYP)'을 달성하지 못한 대가로 징벌적 조치를 확대하겠다는 두려움을 주는 것도 이와 마찬가지로 그다지 큰 동기가 되지 못한다. 약간의 효과는 있을지 몰라도 단기적일 뿐이다.

도이치만은 '변화에 대한 새로운 접근(reframing change)'을 주장한다. 즉, 어떻게 하면 사람들이 직접 보고 경험함으로써 기분이 더 좋아지고 그 결과 동기가 강화되도록 할 수 있는지 우리는 새로운 방안을 찾아야 한다. 핵심은 사람들이 더 좋은 기분으로 목표달성을 더욱 잘 하도록 돕는 것이다. 이렇듯 느낌과 감정이 변화를 위한 동기부여의 핵심 요소가 됨을 고려하면, 변화가 처절한 실패로 끝난 경우 도덕적인 목적에 호소하는 것이 효과적인 동기부여가 된다고도 생각할 수 있을 것이다. 그러나 실상은 그렇지 않다. 도덕적인 호소가 가장 큰 효과를 발휘할 것처럼 보이는 어려운 상황에서조차 도덕적인 목적만으로는 불충분하다. 앞으로 계속 발전할 수 있다는 것을 사람들도 느끼고 확인할 수 있어야 한다. 가드너(Gardner, 2004)는 누군가의 마음을 바꾸는 데 있어서 가장 중요한 것은 그 사람의 현실과 연결고리를 찾는 일이며 이것이 변화의 출발점이라 말했다. 그는 다음과 같이 경고한다. "자아중심성(ego-centrism), 즉 사안에 대한 본인만의 시각으로 문제해결을 접근하지 마라. 상대방의 마음을 바꾸는 작업은 당신의 관점을 설득시키는 것이 아니라 상대방의 마음을 얻는 것이다."(p.163)

지금까지의 논의를 바탕으로 효과적인 변화에 대해 그동안 배운 것을 간결하게 정의하면 다음과 같다. *효과적인 변화 프로세스는 좋은 아이디어를 형성·재형성해 나가며 동시에 참여자들의 역량과 주인의식을 구축하는 과정이다.* 여기서 핵심 요소는 아이디어와 역량·주인의식의 구축이다. 이 중 하나라도 빠지면 변화는 실패한다. 아이디어는 좋지만 과정이 허술하다면 성공할 수 없다('옳은 것 자체는 변화의 전략이 되지 못한다'는 말과 동일). 또한 효율적인 프로세스 및 우호적인 관계를 구축한다 해도 좋은 아이디어가 이를 뒷받침해주지 않으면 결과는 마찬가지다. 이 요소들은 상황을 바꿀 수 있는 변수이며 리더라면 이를 다룰 줄 알아야 한다. 주어진 상황에서 이를 잘 다룰 수 있을 때 변화의 성공확률은 극적으로 높아진다.

이 장의 나머지 부분에서는 연구를 통해 살펴본 변화의 실패요인(필자는 변화의 '잘못된 동인'이라 부름)과 성공사례를 살펴볼 것이다.

잘못된 동인

시스템 전반의 개선을 이뤄내는 것이 교육변화의 새로운 의미를 찾는 궁극적 목표이다. *정책 동인(driver)*이란 정책과 관련된 일련의 전략을 말하는데 시스템 수준에 긍정적 변화를 만들어내기 위해 구안된다. *잘못된 동인(wrong driver)*은 시스템 수준에 긍정적인 영향을 미치지 못하는 정책이다. 시스템 전반의 개혁은 시스템의 100%, 즉 주(州)·도(道)·지역·국가 전체가 변화에 참여한다.

여기에서는 선행조직자(advance organizer, 새로운 정보를 학습하기 전에 제시되는 관련 정보로서 신정보와 구정보의 연결을 통해 학습을 촉진함—옮긴이)로서 동인의 효과성을 판단할 수 있는 4개의 기준을 다음과 같이 제시한다. 이들 각 기준은 어느 것 하나라도 빠져서는 안 되는 요소로서 (1)교사와 학생의 내재적 동기 강화 (2)교수학습의 개선을 위한 지속적 지원 (3)집단적 노력이나 팀워크 장려 (4)모든 교사와 학생에게 영향을 미치기 등이다. 요약하면 시스템 전반에 걸친 개혁의 핵심 요소는 *내적 동기, 교수법 향상, 팀워크, 모두*라는 특성을 놓치지 않는 것이다. 그런데 대부분의 시스템이 이러한 요소들을 포괄하지 못할 뿐만 아니라 시스템 전반에 걸친 개혁을 기대하면서 실제로는 상황을 악화시키는 잘못된 동인을 선택한다.

시스템 전반에 걸친 개혁에 대한 관심은 각국의 학업성취도를 면밀히 분석한 국제교육비교연구로 더욱 뜨거워졌다. 2009년 국제학업성취도평가(PISA) 결과가 2010년 12월 7일에 발표되자(OECD, 2010) 언론은 큰 관심을 보였다. 맥킨지(McKinsey & Company)에서도 '학교시스템이 향상되면 지속적 발전이 가능한' 이유에 관한 통찰력 있는 분석보고서를 내놓았다(Mourshed, Chijioke, & Barber, 2010). 이 보고서는 20여 국가와 해당 국가 내 지역을 분석했다. '최하 수준에서 그런대로괜찮은 수준'으로 개선된 국가에서부터 '양호 수준에서 매우 우수한수준'으로 개선된 국가에 이르기까지 그 범위는 다양했다.

이러한 연구증거와 더불어 온타리오 주 및 기타 지역의 시스템 전반에 걸친 개선을 도왔던 경험을 바탕으로 다음과 같이 4쌍의 정책동인을 분류했으니 도표 3.1(Fullan, 2011에서 발췌)을 참고하기 바란다.

특히 발전이 정체된 국가에서 일어나는 현상이긴 하지만 이러한국가의 리더들은 서둘러 앞으로 나아가기 위해 잘못된 동인을 선택하는 경향이 있다. 이런 비효율적 동인은 처음에는 그럴듯해 보이지만 긍정적인 결과를 내놓지 못하고 실제로는 상황을 더욱 악화시킬수 있다. 잘못된 동인은 징벌적 책무성 부과, 문제해결의 분절적 접근, 기술에의 과도한 의존, 즉흥적인 정책이다. 이러한 요인들이 전혀 쓸모없다는 게 아니라 이런 것들이 교수학습을 위한 '최우선순위'

도표 3.1 **올바른 동인과 잘못된 동인**

올바른 동인	잘못된 동인
결과를 위한 역량의 구축	외부적 책무성
협업	교사나 리더의 개인적 헌신에 의존
교수학습법 개선	기술에 대한 과도한 의존
시스템적 접근	분절적 접근

요소가 되어서는 안 된다는 것이다. 올바른 동인(right driver)은 역량 구축, 팀워크나 협업, 교수학습법, 전체적으로 잘 연계되고 통합된 정책이다.

| 외부적 책무성 |

정치인과 대중이 교육계에 '모든 수준'에서 *엄격한 책무성*을 요구하는 모습은 이해할 만하다. 특히 미국처럼 30년 동안 교육에 엄청난 투자를 했음에도 불구하고 실질적인 발전을 보이지 못하는 경우에는 더욱 그렇다. 책무성에 대한 초점은 교육자들이 효과적인 지도역량을 갖추고 있다는 사실을 전제로 한다. 이상하게 들리겠지만 책무성 관리를 통해 교육변화를 이끄는 접근은 시스템 개혁은커녕 책무성을 갖게 할 최선의 방법도 아니다. 시스템 전체에 개혁이 일어나게 하려면 변화의 주도자들이 어떻게 교육자들의 역량구축과 동기부여를 이뤄낼 수 있을까에 신경을 써야 한다. 책무성에 관한 조치 그리고 당근과 채찍만으로는 이러한 목적을 달성하지 못하며 달성할 수도 없다. 보다 높고 명확한 성취목표와 이와 관련된 평가가 변화 프로세스에 필수적이긴 하지만 이 역시 시스템 발전에 주요 동인이 되지는 못한다.

진정한 책무성 의식을 갖게 하려면 직접적인 책무성 관리를 지양해야 한다는 주장은 선뜻 이해가 안 될 수 있다. 그러나 괄목할 만한 발전을 이룬 20개 시스템에 대한 맥킨지보고서는 몇 가지 시사점을 준다(Mourshed et al., 2010). 연구진은 20개 교육시스템을 대상으로 개선 수치의 변화를 서로 다른 두 가지 방법으로 조사했다. 하나는 '책무성 관리기반'으로 교육의 질을 관리한 경우이고, 다른 하나는 역량구축과 '교사학습공동체' 운영을 통해 교사의 전문성 개발에 초점을 맞춘 경우이다. 전자인 책무성 기반의 개입은 외부기관의 성취도평가, 학교감사 등이었고 후자인 역량구축을 통한 개입은 협업의 실천사례, 코칭, 기술의 활용 등에 대한 투자였다. 연구자들은 다음과 같은 사실을 발견했다. 개도국(최히 수준에서 그런 대로 괜찮은 수준으로 발전 중인)의 경우 책무성 기반의 개입과 역량구축에 초점을 둔 개입의 비율이 50대 50으로 동일하게 나타났다. 한편 양호 수준에서 매우 우수한 수준으로 시스템이 발전 중인 국가에서는 개입조치의 78%가 역량구축이었고, 22%가 책무성이었다.

다음으로는 내부적 책무성(조직이 스스로 책무성을 감당하는 여건)에서 시작해 외부적 책무성으로 나아가는 것이 그 반대의 경우보다 훨씬 효과적이라는 점을 간략하게 살펴보겠다.

| 교사나 리더의 개인적 자질에 의존하는 경우 |

교사와 학교 리더의 자질은 교육개혁에서 가장 중요한 두 가지 요인이다. 이는 너무도 뻔하고 당연해 보여서 오히려 까다로운 문제이기도 하다. 인센티브 제공으로 직접적인 개선을 꾀하거나 뒤처지는 이들을 징벌하는 등의 조치가 곳곳에서 이루어지고 있다. 하지만 이런 논리는 시스템 전체의 개혁에 치명적이다. 어떤 나라에서도 개별 교사를 동력으로 삼아 발전을 이룬 사례는 없다. 우수한 성취도를 보인

나라들의 경우 좋은 교사를 이곳저곳에 배치했기 때문이 아니라 *전체 교사의 지도 전문성*과 모두를 대상으로 성취목표를 높였기 때문에 성과를 거둔 것이다. 다시 말해서, 시스템이 성공한 것은 교사들의 95% 이상이 훌륭한 수준에 도달했기 때문이다. 이를 위해서는 문화와 구성원들의 관계를 변화시켜야 하는데, 이는 개인에게만 초점을 맞추어 달성할 수 있는 문제가 아니다.

요약하면, 개인적인 보상이나 인센티브로는 집단에게 동기부여를 할 수 없다. 목표에 좀 더 빨리 도달하고 싶다면 집단의 역량강화에 투자해야 한다. 협업을 통해 수행능력이 향상된다는 증거는 무수히 많다. 수업지도가 교사의 독립적이고 사적인 일로 생각되지 않고 협업이 활발히 일어나면서 학생지도 역량이 떨어지는 교사는 자연히 퇴출되기도 한다(DuFour et al., 2010; Eells, 2011; Fullan, 2010a, 2014a; Hattie, 2015a). 하그리브스와 필자(Hargreaves & Fullan, 2012)는 이러한 팀 현상을 *사회적 자본(social capital)* 즉 집단학습의 질이라 부른 바 있다. 목적이 뚜렷하고 결연한 의지로 충만한 집단학습이 개인의 개별적 학습보다 강력하다는 점을 발견한 것이다. 이렇듯 인적 자본을 활용해 사회적 자본을 구축하는 것은 시스템 전체의 개혁에 필수적이다. 집단 자체에만 의존하라는 얘기가 아니다. 높은 기대치, 꾸준한 지원을 제공하는 리더십, 잘 설계된 성취기준과 평가, 교사들의 역량개발에 대한 투자, 결과와 실행과정의 투명성, 이러한 요소를 적절하게 활용함으로써 보다 나은 결과와 책무성으로 이어지는 것이다. 바로 이런 방법으로 온타리오 주는 68%의 고교졸업률을 8년 만에 84%로 올려

놓을 수 있었다. 성공의 열쇠는 *집단적 자신감(collective efficacy)*의 개발이다. 집단의 수준이 향상되고 인재를 유치하게 되면 그 안에 속한 개인들의 효율성은 더욱 높아진다.

마찬가지로 리더십에만 의존하는 해결책도 리더 개인의 약점으로 인한 어려움을 겪게 된다. 흔히 새로운 리더들을 발굴하여 양성하면 시스템 변화에 도움이 될 것으로 기대한다. 최근 들어 고품격 리더십 아카데미 등의 등장이 그 결과이다. 높은 성과를 올리는 교장들을 찾기 위한, 즉 그들을 불러들이고 양성하고 보상하려는 노력이 진행 중이다. 여기서 조심스럽게 이야기하고 싶은 부분은 이러한 프로그램들이 일정 부분 가치가 있긴 하지만 이것만으로 시스템이 바뀔 것이라고 기대해서는 안 되며, 특히 앞에서 언급했던 잘못된 동인과의 조합이라면 더욱 그렇다는 것이다. 교육현장에서 현재 무슨 일이 일어나고 있는지 한번 보라. 새로운 리더가 고도의 징벌적 책무성 시스템은 물론 말썽이 끊이지 않는 수행평가 시스템까지 관리해야 하는 부담을 안고 있다. 만일 이제까지 언급했던 요소들이 제대로 작동하지 않는다면(사실, 이 요소들이 시스템 전체의 개혁에 효과적이라는 증거는 어디에도 없음) 훌륭한 새 리더에게 이렇게 문제 많은 시스템의 운영을 떠맡기는 것은 개인과 제도의 개혁에 어떤 도움도 되지 않을 것이다.

| 기술 |

기술(technology)은 문제가 되는 세 번째 동인이다. 교육에서 기술을 활용한 역사에는 감탄할 만한 것이 별로 없다. 그저 *(장비를)* 갖춤이

라는 단어로 요약될 수 있을 뿐이다. 현재의 교육현장은 기술이 어떻게 쓰일지 그 용도를 충분히 고려하지 않고 구입에만 수십억을 쓰는 실정이다. 해티(Hattie, 2009)의 메타연구와 큐반(Cuban, 2013)의 역사적 분석을 보면 기술과 학생의 성취도 간에는 긍정적인 관계가 없는 것으로 나온다. 요점은 간단하다. '깊이 있는 학습을 위한 새로운 교수학습법(NPDL)'에서처럼(Fullan, 2013a) 교수학습법을 주된 동력으로 삼고 기술은 가속페달로만 삼아야 하는 것이다.

다행인 것은 기술이 발전하며 스스로 자생력을 키우고 있다는 점이다. 기술은 더 강력해지고 비용은 낮아지며 범용성은 확대될 것이다. 무엇보다도 수업의 지도방법에 우선순위를 둠으로써, 겉으로 보기에는 효과적인 것 같지만 근본적으로는 맹목적인 기술의 활용에 휩쓸리지 않도록 해야 한다.

성공적인 변화의 요소

이 책의 나머지 장은 올바른 변화의 동인에 대한 사례를 소개할 것이다. 올바른 변화의 동인은 깊이 있고 공유된 의미를 형성해주기 때문이다. 일단 여기서는 성공적인 변화의 구성 요소에 대한 연구를 집중적으로 살펴볼 텐데 이는 올바른 동인의 효력을 확인시켜줄 것이다.

브릭 등(Bryk et al., 2010)은 시카고의 477개 초등학교의 효율성에 대한 종단연구를 수행하면서 성공적인 학교 100곳과 덜 성공적인 학교 100곳을 비교했다. 이들은 성공적인 학교가 교사의 전문성 개발(개인 및 집단 차원), 학교 문화(안전과 학습을 위한 준비성), 학부모와 공동체의 연대, 그리고 소위 '안내기반 지도시스템'(진단평가와 학생들의 학습에 관여하는 교수법)에 집중한다는 점을 발견했다. 비비안 로빈슨(Viviane Robinson, 2011)은 교장의 효율성에 관한 연구를 검토했는데 가장 크게 영향을 미치는 요인은 교장이 '교사의 학습과 역량개발'에 참여하는 방식이었다(p.9). 피터 콜(Peter Cole, 2012) 역시 '교사의 전문성 개발을 위한 학습, 성과관리와 효과적인 지도의 긴밀한 연계방안'에 관해 조사한 결과 똑같은 결론을 내렸다. 이른바 특정 분야에 집중해서 학습하는 문화를 구축함으로써 교사들이 효과적인 수업지도 방법을 집단적으로 고안할 수 있었고 이것이 다시 교사의 자신감 향상, 학생의 참여도 증가, 학업성취도 향상을 가져왔다(p.24).

이러한 성공사례에서 공통점은 교사가 구체적인 지도방식에 집중할 수 있도록 지원을 받아 학생의 학업성취도를 향상시키고 있다는 점이다. 이와 관련된 해결책의 방향은 다른 글에서 더 자세히 다루었다(Fullan, 2010a). 해결책의 일부 요소는 다음과 같다.

1. 소수의 높은 목표에 집중한다.
2. 교사의 지도 및 학생의 성취도 향상에 초점을 둔다.
3. 시스템 전반의 개혁에 초점을 맞춘다. 변화를 시도한 첫날부터 시스템 전체(100%)가 참여하도록 한다.
4. 개인 및 집단의 역량을 함께 구축한다. 사회적 자본을 확대하여 보다 광범위하고 깊이 있는 개혁의 가속페달로 삼는다.

5. 결과와 실행을 투명하게 공개하는 것을 일반화하고 강압적인
   책무성 관리를 지양한다.

처음에는 개선을 위한 개입을 하고 그 후 위의 1-5단계와 어긋난
경우 명백하게 잘못된 부분을 시정하기 위해 개입해야 한다. 물론 가
장 우선적인 단계는 잘못된 동인에 의존하지 않는 것이다. 이것이 쉽
지 않은 까닭은 잘못된 동인은 누가 봐도 매력적으로 보이기 때문이
다. 좀 더 면밀히 검토해보면 잘못된 동인은 효과가 없으며 효과를
낸 적이 한 번도 없다는 사실을 알게 된다. 따라서 전환이 필요하다.
어렵더라도 집단의 내재적 동기를 개발하고 이를 활용하는 쪽으로
전환해야 한다. 일단 시동을 걸면 시스템 전반에 걸친 개혁은 빠르게
진전될 것이다. 이때 변화의 지속을 위해 필요한 여건들(인프라—옮긴
이)도 함께 확실하게 조성하는 것을 잊지 말아야 한다.

또는 변화 프로세스에 내재된 요소를 자세히 검토함으로써 어떻게
해야 변화에 성공할 수 있는지를 파악할 수도 있다. 성공적인 변화
프로세스란 참여자의 역량과 주인의식을 구축하며 좋은 아이디어를
지속적으로 형성해 나가는 과정이다. 이 과정을 위해서 아래와 같이
6가지 지침을 제시한다.

1. 격차 해소를 최고의 상위 목표로 삼는다.
2. 모든 성공적인 전략은 사회적 접근과 실천지향적인 특성을 띤
   다는 점을 인식한다. 즉, 변화 계획에 더 공들이기보다는 실천을

통해 변화를 추구한다.

3. 역량 부족을 일차적 문제로 간주하고 지속적으로 이의 해결을 위해 노력한다.

4. 리더십을 활용하여 좋은 방향성을 유지하며 일관되게 추진한다.

5. 내부적 책무성 시스템을 구축하고 이를 외부적 책무성과 연계시켜 운영한다.

6. 긍정적인 압력을 통해 점진적 변화가 일어날 수 있는 여건을 조성한다.

위의 각 요소를 아래에서 더 자세히 살펴볼 것이다.

1. 격차 해소를 최고의 상위 목표로 삼는다.

성취목표를 높이는 일과 격차 해소는 단순한 구호가 될 수 없다. 이는 여러 문제와 관련되어 있고 사회가 작동하는 바로 그 핵심 원리와 맞닿아 있기 때문이다. 가장 먼저 깨달아야 할 것은 남녀 간, 인종 간, 빈곤층과 부유층 간, 특수교육 대상자 간의 성취도 격차를 해소하는 것이 중요하다는 사실이다. 이것이 해결되지 않으면 다양한 사회적 문제를 야기하기 때문이다. 나머지 다섯 가지 전략도 모두 격차의 해소에 초점을 맞추고 있다.

교육이란 요소는 상당히 정확한 접근을 요한다. 다양한 부류의 학생과 학교를 대상으로 하기 때문이다. 예를 들어(정부 차원의 개혁을 다루는 11장에서 자세히 다루겠지만), 온타리오 주의 대략 4,000개 초등학교 중 저소득층 학생의 비율이 25% 이상인 것으로 분류되는 학교는 497개이다. 이러한 분류를 '저소득층 구분점(low-income cutoff point, LICO)'이라고 하며 이는 캐나다 통계청의 자료를 기초로 한다. 한편, 빈곤층 학생이 차지하는 비율이 0−5%에 불과한 부유층 지역의 학교는 1,552개이다. 온타리오 주 학교의 기준이 되는 성취목표는 6학년 학생들이 읽기·쓰기·수학 영역에서 75%의 성취도를 달성하는 것이다. 여기서 던질 수 있는 질문은 다음과 같다.

- 저소득층으로 분류된 497개 학교 중에서 75%의 학업성취도를 보이는 학생은 몇 명이나 되는가? 이들이 성공적인 이유는 무엇인가? 이들에게서 다른 학교가 배울 수 있는 점은 무엇인가?
- 고소득층으로 분류된 1,552개 학교 중 75%의 학업성취도를 달성하지 못한 학교는 어느 곳인가? 이들의 성과를 끌어올릴 수 있는 방안은 무엇인가? 단순히 격차 해소가 아니라 모두의 성취기준을 높이는 것에 대해 말하고 있다는 것을 기억하라.
- 저소득층과 고소득층의 학업성취도 격차는 어떠한가? 그 안의 하위 집단의 격차는 또 어떠한가? 시간이 지남에 따라 줄어들고 있는가?

11장에서는 온타리오 주를 시스템 전반의 개혁사례로 다루어 어떻게 초창기 성공을 일구고 시간의 흐름에 따라 개혁의 효과를 높일 수 있는지 소개한다. 이 사례는 2003년부터 2015년까지에 해당된다 (Fullan & Rincón-Gallardo, 2015). 이 모든 사례를 통해서 명확하게 깨달아야 할 점이 있다. 즉, 시스템 전반의 개혁이 성공하려면 드높은 야망만 품을 게 아니라 매일 성실히 일하고 있는 다수의 사람들에게 자극을 주고 지원하는 동시에 진행상황을 주시하고 보완조치를 취하는 확실한 전략을 구비해야 한다. 인간의 행동에 만족감을 주고 동기를 유발하는 것은 의미를 공유했을 때이다. 따라서 이런 의미를 가지고 변화를 실천하는 것이 무엇보다도 중요하다.

2. 모든 성공적인 전략은 사회적 접근과 실천지향적인 특성을 띤다는 점을 인식한다. 즉, 변화 계획에 더 공들이기보다는 실천을 통해 변화를 추구한다.

윌킨슨(Wilkinson, 2005)은 개인의 건강 및 선한 일을 하려는 동기를 결정짓는 가장 중요한 요소로 아동기 경험의 성격, 개인의 고민과 근심의 양, 대인관계의 질, 개인이 삶을 통제할 수 있는 정도, 사회적 위치를 꼽았다(p.9). 이런 내용을 보면 핵심 전략은 관계의 개선이라 할 것이다. 변화에 성공하면 전에는 존재하지 않던 협업문화가 형성된다. 사람 간의 관계가 발전하면 사회적 자본 또는 사회적 응집력이 강화되듯이 신뢰도도 증가한다.

이는 매우 도전적인 과제이지만 앞에서 소개한 6가지 지침이 함께 작동되면 가능하다. 모든 성공적인 전략은 사회적 관계를 기반으로 하며 이 사실은 특히 기존에 없었던 교사학습공동체를 만들어 운영할 때마다 더욱 잘 확인할 수 있다(DuFour et al., 2006; DuFour & Fullan, 2013). 바로 이러한 이유로 칸터(Kanter, 2004)는 협업을 자신감과 연속적인 승리에 기여하는 중요한 3가지 요소 중 하나로 본다(나머지는 책무성과 진취성이며, 양자는 모두 협업에 의해 강화됨).

도이치만(Deutschman, 2005)이 논문 「변화할 것인가 죽을 것인가 (Change or Die)」에서 다음과 같이 밝힌 것도 이런 이유에서이다. 즉, 변화과정에서 '주간지원그룹(weekly support groups)의 뒷받침'을 받았던 상황에서만 심장병환자들이 회복세를 보였다는 것이다. 사회적인 전략은 다른 주요 문제에도 도움이 될 수 있다. 이를테면 학교개선을 연구하는 모든 연구원들이 알고는 있지만 어느 누구도 굳이 강력하게 행동으로 옮기지는 않는 문제 말이다. 여기서 널리 알려진 연구결과를 한 가지 언급하자면 학생들의 성취도 차이는 학교 간의 차이보다도 동일 학교 내 학급 간의 차이가 더 크다. 투입의 질이라는 요소를 제외하면(각 학교가 만들어낸 부가가치만 순수하게 고려한다면) 가장 큰 영향을 미치는 요인은 교사이며 이는 교실마다 학교마다 다르다.

리차드 엘모어(Richard Elmore, 2004a, 2004b)는 현재의 전략이 교실 내 교수지도 방법을 개선하지 못하고 있다며 다음과 같이 지적했다.

교육자들은 전문성을 자율성과 동일시한다. 즉, 스스로 판단하고 재량권을 행사하며 교실과 학교에서 그들 스스로 근무조건을 결정하는 것을 전문성이라 생각하는 것이다. 사실, 교육 영역 밖에서 통용되는 전문성은 이 개념과 완전히 반대이다. 전문가들의 사회적 권위는 자율성의 행사로 얻는 것이 아니라 외부로부터 검증된 지식체계를 받아들임으로써, 그리고 그러한 지식이 자신들의 재량권을 제한하는 데 동의함으로써, 또 그 지식을 넘어서 행동하면 제재를 받음으로써 얻게 되는 것이다.(2004a, p.3)

최근 들어 큐반(Cuban, 2013) 역시 지난 40년간의 연구를 검토한 후 '교실 수업 활동이라는 블랙박스의 내부'는 별로 바뀐 것이 없다는 결론을 내렸다. 이는 자신의 저서에 '미국교육의 개혁 없는 변화(Change Without Reform in American Education)'라는 부제를 붙여가며 교육계 전반에 변화의 바람이 불었던 현상을 빗대어 한 말이었다. 우리가 찾는 해결책에 접근할수록 반복적으로 발견하게 되는 것이 있다. 즉, 특정 과제에 집중해서 협업을 하는 교사들이야말로 변화를 만들어내는 주체라는 사실이다. 이렇게 학교와 교육시스템이 성공하는 그 중심에는 바로 사회적 학습과 공유된 의미가 있다.

3. 역량 부족을 일차적 문제로 간주하고 지속적으로 노력한다.

실천적 행동을 기반으로 한 또 하나의 강력한 지침은 역량구축이다. 변화 초기에 개선을 위해 노력할 때 먼저 역량구축에 힘쓰라는 말이다. 어떤 상황이 제대로 돌아가지 않을 때 그 이유는 사람들이 개선 방법을 모르거나 개선의 가능성을 믿지 않기 때문이라고 가정해보라. 이 단계에서는 평가라는 것이 좋은 동기부여 요인이 될 수 없고 공정하게 받아들여지지도 않는다(나중에 평가가 공정하게 받아들여질 수 있게 되었을 때 평가해도 됨). 집단 구성원 모두에게 동기부여를 해야 하는 이유는 집단의 지혜와 헌신이 지속가능한 성공에 필수 불가결한 요소이기 때문이다.

초기 단계에서 역량구축을 이렇게 강조하는 것은 사람들을 변화시키는 원리에 관해 우리가 알고 있는 지식과 일치하기 때문이다. 개선을 이루는 데 결정적 요소인 새로운 믿음과 더 높은 기대를 확보하려면 먼저 새로운 신념을 갖게 해줄 색다른 경험을 해보는 것이 필요하다. 베이트 등(Bate et al., 2005)은 사회운동에 관한 연구에서 다음과 같은 결론을 내린다. '급진적인 변화는 집단적이고 상호 관계적이며 새로운 학습과 이해의 과정을 포함한다'(p.24). 이를 좀 더 구체적으로 설명하면 다음과 같다.

직원의 참여에 대한 초창기 연구가 보여주듯이 직원들은 실제로 참여해보기 전에는 참여하려는 경향이 높지 않았다. 참여하려는 경향은 경험 이전이 아니라 이후에 나타나는 것이다. 옛말처럼 사람들은 직접 시도해보기 전에는 '그것'을 원하기 어려운 법이다. 어떤 사회운동에 동참하기 위해서는 구체적으로 경험해보는 것이 무엇보다 중요하다. 의미와 가치가 형성되는 것은 경험해보기 전이 아니라 직접 *경험해본 이후*이다.(p.31)

바로 이런 이유로 실천적 행동이 공들여 만든 계획안보다도 중요한 것이다.

이 모든 내용은 리브스(Reeves, 2006)의 고찰과, 변화에 대한 필자

(Fullan, 2010a)의 발견(행동이 가치관보다 먼저 바뀐다는 것), 그리고 아는 것과 행하는 것의 격차를 줄이는 데 장애가 되는 것들을 연구한 페퍼와 서튼(Pfeffer & Sutton, 2000)의 발견과도 일치한다. 즉, 역량을 먼저 구축하고 평가는 그 후에 하라는 것이다. 이렇게 해야 더 많은 이들에게 동기부여를 할 수 있기 때문이다. 맥락 속에서 배우고 매일 학습하는 것이 핵심이다. 이를 통해 역량구축을 경험하게 되면 기술을 개발하고 학습내용을 보다 명쾌하게 이해할 수 있으며 더욱 강한 동기를 갖게 된다. 역량구축은 이와 같이 집단적 경험과 구성원 간의 공유를 통해 이루어지는 것이다. 그렇기 때문에 이런 경험은 비약적인 성공을 위한 새로운 동력이 된다.

4. 리더십을 활용하여 좋은 방향성을 유지하며 일관되게 추진한다.
성과가 좋지 않을 때 학교개선의 초기 단계에서 통제를 강화하여 초점을 좁히는 것은 필수적이다. 그러나 초반의 부분적인 성공이 심화단계로 이어지는 경우는 흔치 않다(Minthrop, 2004). 가고자 하는 방향으로 일관성 있게 나아간다는 것은 조직 내 구성원들을 이끌 수 있는 리더십 개발에 신경을 많이 쓴다는 것을 의미한다. 이를 통해서만 연속성과 좋은 방향성을 강화할 수 있다.

지도자가 다른 지도자를 양성하는 것은 지속가능성을 위한 핵심적인 행위이다. 이는 하그리브스와 핑크(Hargreaves & Fink, 2006)의 세 번째 원칙이기도 하다. 즉, "지속가능한 리더십은 타인에게 확산되는데 이것은 타인에 대한 리더십에 의존할 뿐만 아니라 리더십을 유지시키는 힘이 된다."(p.95) 필자가 제시한 '지속가능성의 8가지 원칙'의 마지막 사항인 '리더십의 긴 지렛대(어떤 시스템이 지속가능하려면 학교·학구·주 모든 수준에서 리더십이 발휘되어야 함을 의미—옮긴이)'에 해당되는 이야기이기도 하다(Fullan, 2005, p.27). 이러한 이유로 교장의 임기 끝에 남는 치적은 학생들의 학업성취도에 미친 영향뿐 아니라 앞으로의 상황을 지속적으로 개선시킬 좋은 교사들을 얼마나 많이 남겼느냐가 기준이 되는 것이다. 이런 성취를 이루려면 상당한 시간을 교육현장에 머물러야 하고, 시스템 역시 이러한 목표를 염두에 두고 리더십 승계정책을 개발해야 한다.

5. 내부적 책무성 시스템을 구축하고 외부적 책무성과 연계시켜서 운영한다.

엘모어(Elmore, 2004b)는 내부적 책무성을 학교 내 개인의 책임, 집단적 기대목표, 책무성 데이터가 일치되는 상황으로 정의한다. 동일한 두 개의 데이터라 하더라도 한쪽 조직이 내부적 책무성의 역량을 갖추고 있으면 매우 다른 데이터로 보일 수 있다. 데이터라는 것은 힘을 주기도 하고 빼기도 한다. 예컨대, 세부사항, 측정기준, 측량, 분석, 차트, 시험, 평가, 성과평가, 성적표, 점수 등은 책무성의 도구이지만 그 자체가 신뢰를 주는 중립적인 도구는 아니다. 중요한 것은 이러한 것들을 둘러싼 문화이다. 패자들에게는 앞의 지표가 감시와 불신, 처벌을 받기 직전이라는 뜻으로 다가올 수 있다. 승자들에게는 성과를 이해하고 향상시킬 수 있는 유용하면서도 심지어 중요한 수단이 된다. 사람들은 상황이 자신의 통제 속에 있을 때에는 책무성이라는 수단을 포용한다. 이때는 책무성 평가로 얻게 되는 정보가 힘을 실어주고 성공에 도움을 주는 자료가 된다. 필자는 학교와 시스템의 일관성에 대해 심층적으로 분석한 바 있다. 이에 의하면 조직의 내부적 책무성이 외부에서 요구하는 기준에 투명하게 연계되어 있을 때 이것이 훨씬 더 나은 책무성을 '보장해준다'(Fullan & Quinn, 2015).

외부적 책무성은 내부적 책무성의 구축 없이는 별 효과를 내지 못한다. 학습을 위한 평가가 그토록 효과적인 전략인 것도 바로 이런 이유에서이다(Sharratt & Fullan, 2012; Wiliam, 2014). 앞서 말한 내·외부적 절차로 사람들은 목표를 명확하게 파악하게 되고 목표달성에 있어서 자신들이 어느 지점까지 와있는지도 알게 된다. 이러한 절차가 개선을 위한 도구를 제공하기도 하는데, 이것이 성취도 데이터와 성취도 향상에 필요한 교수법의 변경을 연결해주기 때문이다. 아울러 외부적 책무성을 더 잘 충족시켜준다. 집단에게 내부적 책무성은 가장 강력한 기반이 되는데, 이는 개인적·집단적 책임감을 형성해주기 때문이다.

교육자들이 평가를 활용하는 데 더 익숙해지면 구체적 데이터를 훨씬 수월하게 다룰 뿐만 아니라 평가데이터를 능동적으로 찾고 이용할 수도 있게 된다. 바로 이 지점에서 외부적 책무성에 대한 수용이 더욱 확대되고 투명성이 높아지며 종합적 결론과 평가를 내리는 일이 보다 용이해진다.

6. 긍정적인 압력을 통해 점진적 변화가 일어날 수 있는 여건을 조성한다.

긍정적인 압력은 동기를 부여하는 압력이다. 정부에서 학교로 또 학교에서 정부로 작용하는 양방향으로 작동하는 압력이다. 공정하고 합리적으로 보이는 압력이기도 하다. 극도로 어려운 상황에 처한 이유로 성과가 낮은 학교가 있다면 정부는 역량구축에 더욱 노력할 책임이 있는 것이다(책무를 져야 함). 학교가 더 많은 자원을 지원받게 되면 발전에 대한 압력을 느끼게 된다. 협력적인 문화는 지원인 동시에 강력한 동료집단의 압력으로도 작용한다.

긍정적인 압력이 진화하면 변화의 압력을 받고 있는 대상은 핑계 댈 것이 없어진다. 자원과 새로운 역량과 더 큰 성공을 거두고 있는 학교들의 사례를 늘려나가고, 방해가 되는 요인(불필요한 서류작업, 비효율적인 관료주의적 절차, 노사관계의 갈등)은 줄여나갈 때, 성과가 계속 부진하거나 정체된 학교들을 비판하는 것이 결국에는 정당성을 가질 수 있게 된다.

결론

'올바른 동인'과 실행을 위한 6가지 지침은 대다수 교사들이 성공에 투자하고 싶어 하는 동기부여의 여건을 조성해준다. 이런 동기유발 현상은 전염성이 있다. 기술적(지식)·정서적 지원을 제공하고 압력을 만들어내기 때문이다.

마지막으로 강조하고 싶은 한 가지를 덧붙이자면, 성공사례들에서 특징적으로 보이는 현상이 있는데 관계자들의 관점이 '나'에서 '우리'로 바뀐다는 점이다.

- 학교에서는 교사 개개인이 '나의 학급'에 대한 생각을 멈추고 '우리 학급'에 대해 생각하기 시작한다.
- 학구에서는 학교 리더들이 '나의 학교'에 대한 생각을 멈추고 '우리 학교'를 생각하기 시작한다.
- 각 학구 리더들이 '나의 학구'에 대한 생각을 멈추고 '우리 학구'를 생각하기 시작한다.
- 주 또는 도에서는 리더들이 '나의 주 또는 도'에 대한 생각을 멈추고 '우리 주 또는 도'에 대해 생각하기 시작한다.

이러한 변화는 개인 및 집단적 책임감의 발현을 뜻한다. 해당 현상은 그야말로 '누구나 공감하고 알아볼 수 있는 의미'를 나타낸다. 우리는 여기서 *시스템성(systemness)*이라는 강력한 새로운 현상을 목도하게 된다. 우리 모두는 자신이 속한 더 큰 공동체의 발전을 위해 기여해야 *하며* 그 대가로 우리가 그 발전으로 인한 혜택을 받는다는 깨달음 말이다. 우리 *자신이* 바로 그 시스템인 것이다! 변화의 새로운 의미라는 것은 바로 이것을 의미한다. 다음 장들을 읽을 때 이와 같은 좀 더 큰 의미를 생각하고 큰 그림 속에서 당신의 역할을 찾아보기 바란다.

4

도입·실행·지속

실행의 과정에 진입하고 나면 변화를 채택하는 행위와 함께
변화를 위한 압력은 잦아드는 듯하다.

– 버먼과 맥러플린(Berman & McLaughlin, 1979, p.1)

앞서 '의미'에 관한 연구의 초점이 지난 10년간 바뀌었다는 점을 언급
한 바 있다. 주어진 프로그램이나 혁신안을 어떻게 실행에 옮길 것인
가의 연구로부터 사람들의 학습능력과 혁신능력을 어떻게 구축할 것
인가로 초점이 바뀐 것이 바로 그것이다. 2부에서는 참여자들의 다
양한 역할과 관련된 역량구축에 대해 살펴볼 것이다. 이 장에서 새로
이 등장한 역동적인 '린 스타트업(lean startup)' 모델뿐만 아니라 아직
까지도 유용하게 쓰이고 있는 '전통적' 모델인 트리플 I 모델을 혁신
의 도입–실행–제도화·지속의 단계와 관련하여 살펴볼 것이다. 교
육문제의 해결을 위한 제안은 넘쳐난다. 그러나 변화를 시작하고 지
속시키는 방법을 모른 채 이렇게 수정*되어야 한다*는 상충되는 주장

만 난무하는 한 그 해결은 요원하다.

　교육변화의 과정에 상호 영향력을 끼치는 요인의 수나 역동성을 정확히 계산하기는 어렵다. 지난 50년간의 연구결과를 통해 변화의 절차나 프로세스에 대해 더 많은 것을 알게 되었는데, 이는 따라야 할 절대적인 법칙은 없지만 다양한 지역적 상황에 맞는 일련의 제안이나 시사점은 존재한다는 사실을 보여준다. 실제로 클라크 등(Clark, Lotto, & Astuto, 1984), 휴버먼과 마일즈(Huberman & Miles, 1984), 그리고 필자(Fullan, 1999)의 연구에서는 개별 상황에서 나타나는 고유한 특수성이 변화 프로세스에서 고려해야 할 중요한 요인이라고 보았다. 어떤 상황에서는 작동하지만 또 다른 상황에서는 작동하지 않을 수도 있는 것이다. 그렇다고 해서 변화를 위한 가이드라인이 없다는 말은 아니며 이 내용은 나중에 따로 다루겠다. 변화의 과정에 대한 연구결과는 '적용'의 수단으로 사용되기보다는 계획, 실행전략, 모니터링의 '이해'를 돕는 수단으로 쓰여야 한다. 이는 가능한 일이기도 하다. 다시 말해서, "학교, 교실, 학교시스템은 개선될 수 있고 정말로 개선되고 있다. 개선을 가능하게 하는 요인들은 일반 학교로서는 불가능할 정도로 지나치게 이질적이거나 드물거나 비싼 것들이 전혀 아니다."(Clark et al., 1984, p.59)

　교육개혁을 바라보는 관점에는 두 가지가 있다. 첫째는 특정 혁신 사례를 관찰하고 추적해서 현재 어떻게 되어가고 있는지를 보고, 어떤 요인들이 성공과 관련되어 있는지 파악하는 방법이다. 이것을 *혁신사례 초점 접근*이라고 하자. 둘째는 질문의 방향을 바꾸어 조직과 시스템의 지속적인 개선을 위해 혁신에 필요한 역량을 어떻게 구축할 것인지 그 해법을 찾는 것이다. 이를 *역량구축 초점 접근*이라 부른다. 이 둘은 상호 배타적인 접근법이 아니다. 서로가 서로를 필요로 하기 때문이다. 어떤 접근이 특정 시점에 개인의 목표달성에 더 적합한가의 차이일 뿐이다. 혁신을 시도하려 한다면 각각의 발전단계를 고려한 전략을 설계해보는 것이 도움이 된다. 교사학습공동체를 설립하는 일처럼 문화를 바꾸는 것을 시도하는 중이라면 그 도입의 단계부터 살펴보는 식이다. 우리는 여기에서 특정 혁신이나 여러 혁신의 조합을 만들어가는 린 스타트업(lean-startup)의 변화 프로세스도 다룰 것이다.

변화 프로세스의 전통적 모델

대부분의 연구자들은 전통적인 모델의 변화 프로세스를 다음과 같은 세 단계로 본다.

- **단계 1** | 다양한 명칭을 갖는 '도입, 자원의 동원, 채택'의 단계 — 이런 요소들이 변화의 절차를 구성하며, 나아가 무엇을 채택하고 어떻게 변화를 추진할 것인가의 결정을 포함한다.
- **단계 2** | '실행 또는 초기 사용'(일반적으로 2-3년)의 단계 — 아이디어 또는 개혁을 실행에 옮기려는 첫 시도를 포함한다.
- **단계 3** | '지속, 통합, 정착화·제도화'의 단계 — 변화가 시스템의

한 부분으로서 지속적으로 함께 돌아가는 것이 될지 아니면 중단키로 한 결정에 의해 혹은 자연적으로 사라질지 결정되는 단계(Berman & McLaughlin, 1977; Huberman & Miles, 1984)를 일컫는다.

도표 4.1은 최종 성과와 관련된 세 단계를 보여주고 있다. 특별히 학생의 학습이 향상되었는지, 변화의 경험이 미래의 변화를 다룰 역량을 증대시켰는지 등이 포함된다.

간단하게 설명하자면, 개인이나 집단이 어떤 이유로든 특정 방향으로 변화를 이끌거나 특정 프로그램을 가동한다. 변화의 방향이 초기에 잡히면 그 다음은 변화를 시도하는 실행단계로 넘어간다. 이러한 시도는 기대했던 효과를 볼 수도 있고 그렇지 않을 수도 있다. 새로 도입된 프로그램이 실행단계에서 1–2년(걸리는 기간은 다를 수 있음)

도표 4.1 단순화된 변화 프로세스의 개요

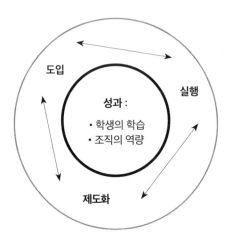

넘게 존속되면 그 다음은 지속 또는 제도화의 과정으로 넘어가게 된다. 변화의 최종 결과는 목표에 따라 몇 가지 다른 형태로 나타날 수 있는데 영역별로 학교의 발전이 얼마나 이루어졌는가를 말한다. 변화의 결실은 학생들의 학습 향상 및 태도 개선, 새로운 기능의 향상이나 태도의 변화, 교사 또는 교직원의 만족도 향상, 학교조직의 문제해결능력 향상 등을 포함한다.

도표 4.1은 실제로는 훨씬 더 복잡한 과정을 단순화한 것이다. 첫째, 각 단계에는 수많은 요인이 작용한다. 둘째, 양방향의 화살표가 보여주듯이 이 과정은 선형적인(linear) 과정이 아니라 한 단계에서 일어나는 현상이 이전 단계에서 내려진 결정을 바꿀 수 있고 지속적으로 상호작용하는 방식으로 나아갈 수도 있다. 예를 들면, 초반에 특정 프로그램을 활용하기로 했던 결정이 실행단계에서 크게 바뀔 수도 있는 식이다.

도표 4.1에 명시되지 않은 세 번째 변수는 변화의 범위와 변화를 시작하고 추동(推動)하는 이가 누구인가의 문제이다. 그 범위는 외부에서 개발된 대규모 혁신안부터 지역 수준의 혁신안에 이르기까지 다양하다. 변화의 추동 또는 추진에 대한 결정에 있어서는 교사가 중심적인 역할을 할 수도 있고 하지 않을 수도 있다. 이처럼 '도입'이라는 개념은 누가 변화를 시작하고 추진하는가에 관한 것인데, 이 질문의 답은 열어두기로 한다. 이 장의 나머지 부분과 이 책의 기타 부분에서 이 질문에 대한 답을 제시할 것이다.

도표 4.1의 네 번째 변수는 변화 프로세스에 소요되는 총 시간의

전망은 물론 하위 단계가 정확히 구분될 수 없다는 점이다. 도입단계만 몇 년씩 걸릴 수도 있고 특정한 의사결정이나 실행을 위한 사전활동이 길어질 수도 있다. 변화에서 실행단계는 보통 2년 또는 그 이상이 걸린다. 이 정도는 되어야 변화가 제대로 실행된 것인지 가늠할 수 있다. 실행단계와 정착단계를 구분하는 기준은 다소 모호하고 임의적이다. 결과는 비교적 단기간에 평가할 수 있지만, 변화가 본격적으로 실행되기 전에 많은 결과를 기대해서는 곤란하다. 이런 의미에서 변화의 추진은 특정 결과를 얻기 위한 *수단*이 되며 따라서 평가의 역할이 중요해진다. 만약 평가가 결과에 대한 정보만 제공한다면 평가의 가치는 제한적이고 잘못된 해석을 불러올 수도 있다.

　다섯 번째이자 마지막으로 의미에 대한 우리의 관심을 상기해보자. 이른바 '(변화와 혁신의) 도입'을 결정할 때 사람들은 대부분 어떤 상황으로 접어드는지 모른다고 봐도 무방하다. 여기에는 장점도 있고 단점도 있다. 일례로 어떤 학교의 교사들이 통합적 학교개혁 모델 등의 특정 혁신을 도입하기로 결정한다면 그들은 자신이 무엇을 모르는지 모를 수 있다(Datnow, Hubbard, & Mehan, 2002; Murphy & Datnow, 2003). 마찬가지로, 직원들이 주저하는 상황에서 관리자가 혁신을 밀어붙이면 실행단계에 이르러서야 직원들의 헌신이 나올 수도 있다(아이디어가 좋은 경우, 즉 참여자들의 역량과 주인의식이 함양되면서 아이디어가 지속적으로 다듬어지는데 이것이 효과적인 변화 프로세스임). 다시 말해서 변화 프로세스에 대해 열린 마음을 가져야 한다. 어떤 면에서 이 책의 핵심 메시지의 하나는 혁신의 질만 보장된다면, 혁신이 어디서 오는지는 혁신과정에서 어떤 일이 일어나는지에 비해 덜 중요하다는 점이다.

도입단계부터 정착단계에 이르기까지의 기간은 길다. 별로 복잡하지 않은 변화도 2-4년이 걸린다. 대규모 개혁은 5-10년이 걸릴 수 있고, 그나마도 지속적인 개선을 이루는 것은 또 다른 문제이다. 정책 및 전략에 투입된 변화의 지식을 보다 잘 활용하면 성공적인 도입과 실행의 기간을 줄일 수 있다. 도표 4.1에서 얻을 수 있는 가장 중요한 교훈은 *변화는 일회성 행사가 아니라 과정*이라는 사실이다. 이는 변화의 도입 후에 발생하는 현상들에 대해서는 깊이 생각해보지도 않고, 단지 혁신 개발이나 법안 하나를 통과시키는 데에만 에너지를 쏟아 부었던 사람들이 비싼 대가를 치르고 얻은 교훈이다.

지금까지 우리는 학교가 마치 한 번에 한 가지 혁신만 도입하는 것처럼 이야기했다. 이런 개별적인 혁신의 관점이 각각의 혁신을 살펴보는 데 있어서는 유용할 수 있다. 하지만 현실에서의 학교는 *동시다발적 혁신* 또는 과도한 양의 혁신과 씨름하고 있다. 따라서 혁신의 성공적인 도입과 실행에 영향을 미치는 요인들을 파악할 때는 이러한 요인들이 다양한 혁신과 시스템의 여러 수준(교실·학교·학구·주·국가)에 걸쳐서 작동된다는 점에 주목해야 한다. 이런 다중적인 관점은 해법을 개인과 집단의 차원에서 찾아야 함을 말해주며 이에 대해서는 2부에서 다룬다. 변화에는 과부하가 불가피하다. 그래서 우선순위를 정하고 통합적으로 접근해야 하는데, 이런 접근은 개인과 소집단 수준에서만 가능하다. 동시에 주 차원에서는 보다 큰 정책연계를 이루기 위해 노력해야 한다. 최근의 연구결과를 보면 함께 협업하는 학구는 시스템의 연계성을 높이는 데 우수하다(10장 참조; Fullan & Quinn, 2015).

이어서 트리플 I 모델의 세 단계를 심층적으로 검토하고 변화의 과정에 영향을 끼치는 주요 요인을 살펴보기로 한다.

도입에 영향을 주는 요인

변화의 도입단계는 실행으로 나아가는 과정이며 실행 여부에 대한 의사결정을 포함한다. 이 단계는 단일 리더의 결정에서부터 폭넓은 권한위임에 이르기까지 다양한 형태로 나타날 수 있다. 일반적인 수준에서 생각하면, 어떤 교육개혁을 도입하고자 하는 것은 이것이 교육적 가치에 더 부합하고 기존의 제도보다 현재의 필요를 더 잘 충족시킬 것이라는 가정에서 출발한다. 그러나 지금까지 보아왔듯이 반드시 그렇게 되는 것은 아니다.

어떤 프로그램의 도입에 잠재적인 영향을 주는 변수들은 셀 수 없이 많다. 도표 4.2는 도입단계에 영향을 미치는 7가지 요소들을 보여주는데 최근 선행연구에서 도출한 것들이다. 이 항목이 완전하다고 할 수는 없지만, 각 항목을 뒷받침하는 근거가 여러 연구에 제시되어 있다. 주어진 순서와는 다르게 서로 다른 항목의 조합이 중요하다. 예를 들어, 공동체의 압력과 문제해결 지향의 조합은 공동체의 압력과 관료주의 지향의 조합과는 매우 다른 결과를 낳는다. 요지는 혁신

이 다양한 출발점에서 각기 다른 이유로 시작된다는 것이다. 변화에
대한 필요는 보는 이의 관점에 따라 한 가지 또는 다양한 요인에서
나올 수 있다.

도표 4.2 **변화의 도입 관련 요인**

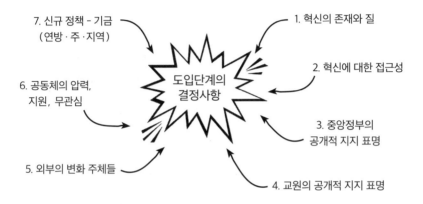

1. 혁신의 존재와 질

교육혁신안은 넘쳐난다. 문제는 현실에 존재하는 혁신이 어떤 것인
가이다. 혁신적 발명과 개발의 세계를 자세히 조사하는 것은 이 책의
범주를 넘어선다. 따라서 가능한 변화의 내용에 대해 체계적인 데이
터 기반의 결론을 내리기란 불가능하다. 다만 갖가지 형태의 혁신안
이 존재한다는 사실과 이들이 다원주의나 이질성이 공존하는 사회의
다양한 가치를 다룰 것이라고는 말할 수 있을 것이다. 그리고 더 나
아가 추구하는 혁신의 수는 고도로 복잡하고 기술친화적인 지식사회
에서 빠른 속도로 꾸준히 확대되고 있다.

어떤 혁신이 가능한가라는 질문에는 신규 프로그램의 질에 관한 문제가 따라다닌다. 1960년대 혁신의 붐이 일기 시작한 이래 혁신으로 도입되는 프로그램의 명확성(목적이나 실현전략 등에 대한—옮긴이)이나 질은 주된 문제였다. 1990년대 들어 상황이 조금씩 개선되어 좀 더 나은 수준의 혁신이 등장했고 효과적인 교수법에 대한 정의도 종전보다 확실해졌다(Fullan & Quinn, 2015). 아이디어가 향상된 예로는 지난 50년간 피터 힐(Peter Hill)과 카르멘 크레볼라(Carmen Crévola)의 학습모델을 토대로 하여 그것을 학생들의 문해력을 '크게 향상시킨' 완성도 높은 모델로 발전시킨 사례가 있다(Fullan, Hill, & Crévola, 2006). 필자 역시 요크학구 교육위원회에 근무하는 린 섀럿(Lyn Sharratt)과의 협업을 통해 '데이터를 더 이해하기 쉽고 인간적이게 만들고' 시스템 전체의 개선을 이루어내면서, 효과적인 관행에 대한 정의를 내리고 실행한 바 있다(Sharratt & Fullan, 2012; Sharratt & Harild, 2015). 이 프로젝트는 온타리오 주 전역과 캘리포니아 그리고 다른 시스템으로까지 확대되었다(Fullan, 2010a; Fullan & Quinn, 2015; Fullan & Rincón-Gallardo, 2015). 여기에서 강조하고 싶은 것은 잘 설계된 개혁이나 유사 프로그램이 해결책을 제공하는 것이 아니라 혁신의 설계와 질 그리고 참여자들의 역량 및 주인의식의 개발과정이 지난 몇 년간 크게 향상되었다는 점이다.

2. 혁신에 대한 접근성

변화의 도입단계와 관련된 두 번째 요인은 무엇을 선택하느냐의 문제로 이는 정보에 대한 차별적 접근을 통해 가능해진다. 혁신의 전파는 주로 개인들 간의 접촉을 통해서 이루어져 왔으며(Katz, Lewin, & Hamilton, 1963) 교육 분야에서 그 중요성은 하우스(House, 1974, 1장)가 간결하게 정리했다. 학구의 교육행정가들과 코디네이터 및 컨설턴트와 같은 기타 중앙부처 직원들은 컨퍼런스와 워크숍 참석 등으로 많은 시간을 보낸다. 이런 행사를 통해 전문가 네트워크 속에서 동료들 간에 끊임없이 소통하고 있는 것이다. 혁신의 진전에 따라 네트워크, 파트너십, 공동협력, 관련기관의 수가 늘어났고, 이것은 기회의 인프라를 완전히 바꾸어 놓았다. 인프라 덕분에 사람들은 공동의 관심사에 대해 여러 해에 걸쳐 상호작용을 하면서 함께 문제를 해결할 수 있게 된 것이다. 최근 몇 년 동안 *이용 가능한* 혁신네트워크의 숫자가 급속히 증가한 것도 확실하다. 하지만 이것이 곧 혁신네트워크를 잘 활용하는 학교가 충분히 많다거나 네트워크를 활용할 때 변화프로그램을 잘 실행하고 있다는 말은 아니다.

공식적인 학교교육의 기회가 제한된 사람들은 이중으로 불이익을 받고 있다. 이들은 기술적인 분야는 잘 알지도 못하고 익숙하지도 않으며 교육계에서 개인적으로 도움을 받을 수 있는 지인도 거의 없다(관계를 넓힐 시간이나 에너지도 없음). 이 문제에 대해서는 교육위원회에 보다 직접적인 책임이 있지만 이들도 중앙관리자들에게 의존하기는 마찬가지다.

끝으로, 누가 봐도 명확하지만 좀처럼 강조되지 않는 부분은 혁신에 대한 접근이 의사소통의 인프라에 달려있다는 점이다. 편리하게 이용할 수 있는 대중교통과 자원, 해당 지역 내 높은 인구밀도와 풍성한 아이디어 등이 이러한 인프라에 해당된다. 이런 면에서 도심 속에 있거나 큰 학구는 좋은 여건을 누리는 반면, 지방의 소규모 학구는 그렇지 못하다.

요컨대, 혁신은 점점 더 활성화될 것이고 혁신에 대한 접근성 역시 기술 등으로 인해 더욱 확대될 것이다. 남은 문제는 이토록 복잡하고 혼란스런 시스템 속에서 과연 개인과 기관이 효과적으로 운영할 역량을 갖추고 있는가이며, 이는 이 책의 대주제이기도 하다.

3. 행정가들의 공개적 지지 표명

세 번째 요인에서 고려해볼 것은 변화의 도입은 지지자 없이는 거의 일어나지 않는다는 사실이며, 여기서 가장 강력한 지지자 중 하나는 지역 행정가와 소속 직원들이다. 교육위원회나 여타 지방자치단체의 지원을 함께 받을 때 이들의 지원은 더욱 강력해진다. 경우에 따라서는 지역 리더가 혁신에 관심이 없으면 혁신은 거의 일어나지 않는다. 그러나 교육위원회가 권한을 위임한다든지, 개혁적 마인드를 지녔거나 출세지향적인 행정가가 있다든지, 어떤 이유로건 지역 리더가 혁신에 관심이 있으면, 교육감과 핵심직원들은 내부 권한과 자원을 이용하여 특정 혁신프로그램이나 위원회의 지원을 따낼 외부 기금을 찾아 나설 수 있다. 이러한 성공사례를 입증하고 있는 수많은 연구가 있는데 다음과 같다. 랜드연구소의 변화관리자연구(Berman & McLaughlin, 1977), 5개 학구 집중연구(Berman, Mclaughlin, & associates,

1979), 12개 학구 사례연구(Huberman & Miles, 1984), 브리티시컬럼비아 주 학풍연구(LaRoque & Coleman, 1989), 뉴욕시 2지구 학구연구(Elmore & Burney, 1999), 플로리다 듀발카운티 사례연구(Supovitz, 2006) 등이다. 이밖에도 학구 전역의 개혁에 관한 우리의 연구뿐만 아니라 캘리포니아 주 프레즈노 밸리의 생어(David & Talbert, 2014), 캘리포니아 주 애너하임의 가든그로브(Knudson, 2013)와 같은 효과적인 학구에 관한 몇몇 연구사례도 있으며, 연계성을 이뤄낸 5개 학구연구(Moore-Johnson, Marietta, Higgins, Mapp, & Grossman, 2015)도 있다. 이 모든 연구에서 알 수 있는 것은 지자체의 리더와 소속 직원들이야말로 공개적 지지, 지원, 그리고 새로운 프로그램의 도입에 있어서 가장 중요한 역할을 한다는 것이다. 최근의 성공사례들은 모두 강력한 수직적 협력관계(학교와 지자체 간)와 학교 사이의 수평적 네트워킹 및 친밀한 관계를 바탕으로 하고 있음을 보여준다(Fullan & Quinn, 2015).

한편, 학교 차원에서 본다면 교장의 역할이 더욱 중요해졌다. 교장은 항상 변화의 '문지기(gatekeeper, 어떤 것에 대한 접근을 통제하는 사람-옮긴이)' 역할을 해왔다. 외부로부터의 혁신이나 교원이 주도하는 내부로부터의 혁신은 모두 교장의 손에 그 성패가 달렸던 것이다. 전 세계적으로 현장기반의 관리가 강조되면서 변화주도에 대한 교장의 책임은 점점 더 커지고 있다. 이제 교장은 변화를 이끌어야 한다는 기대 한가운데에서 변화를 시작하는 큰 주체로 떠오르고 있다. '학습선도자(lead learner)'로서 교장의 역할에 대한 새로운 증거와 세부적인 설명은 7장에서 제시하겠다.

4. 교원의 공개적 지지 표명

변화의 도입에 영향을 주는 네 번째 요인은 교사이다. 교사들이 팀을 이루어 협력해서 가르치고 연구할 기회는 더욱 많아지고 있다. 이는 우리가 '사회적 자본'이라고 부르는 의제이다(Hargreaves & Fullan, 2012). 교사들은 좋은 아이디어를 서로 나눌 수 있는 집단임이 분명하다. 반면, 학교 리더가 나서서 협력적인 문화를 만들지 않는 한 교사들이 서로 의견을 교환할 수 있는 기회가 제한된다는 것도 분명하다. 협업의 문화가 확대되면서 이 요인의 영향은 더욱 커지고 있다.

학교가 교사학습공동체(PLCs)를 정착시켜 운영할 때 교사들은 더 잘 가르칠 수 있는 방법을 끊임없이 찾는다. 예컨대, 78개 학교를 분석한 로젠홀츠의 연구(Rosenholtz, 1989), 뉴먼과 윌라지의 연구(Newman & Wehlage, 1995), 맥러플린과 탈버트의 연구(McLaughlin & Talbert, 2006), 브릭 등의 연구(Bryk et al., 2010), 기타 학자들의 연구가 이를 입증한다. 그러나 이 모든 연구의 결론은 대부분의 학교는 근무환경이 좋지 않아 교사들이 지속적으로 혁신해갈 수 있도록 뒷받침해주지 못한다는 것이다. 보스턴컨설팅그룹의 연구(Boston Consulting Group, 2014)를 보면 행정가들의 상당수가 교사학습공동체를 예찬한 반면, 비슷한 수만큼의 교사들이 현 교사학습공동체의 형태에 대한 우려를 나타냈다. 심지어 앤디 하그리브스(Andy Hargreaves)는 교사학습공동체를 강제적·인위적 협력공동체로 표현하기도 한다.

좀 더 큰 단위에서 보면 전국·주·지역의 교원노조들은 경우에 따라서는 개혁의 강력한 지지자가 되기도 하지만 대개는 그렇지 않다. 이들은 교원평가의 설계가 너무 좁게 설정되어 '잘못된 동인'으로 작용하는데도 이를 수용하는 등 여전히 '보수적인 세력'으로 남는다. 지난 몇 년 간 교원노조가 이끈 변화를 다룬 연구는 다음과 같다. 교육변화컨소시엄(Consortium of Educational Change, 2000), 섄커(Shanker, 1990), 앨버타교사협회(Alberta Teachers' Association)에 관한 보고(Hargreaves & Shirley, 2012), 캘리포니아의 양대 교원노조인 캘리포니아교사협회(California Teachers Association, 2014)와 미국교사연합(American Federation of Teachers, 2012)이 캘리포니아 교육시스템 개혁에 가장 중요한 협력자가 되고 있는 사례(www.cta.org 또는 abcusd.ca.us 참조) 등이 그것이다. 1990년대로 거슬러 올라가면『무엇을 위해 싸워야 하는가(What's Worth Fighting For?)』3부작(Fullan, 1997; Fullan & Hargreaves, 1992; Hargreaves & Fullan, 1998)(국내 번역서 제목은 다음과 같다. 『학교를 개선하는 교사(What's Worth Fighting For in Your School?)』,『학교를 개선하는 교장(What's Worth Fighting For in the Principalship?)』—옮긴이)을 시작하고 후원한 이들이 바로 토론토의 교원노조였다. 이 3부작은 결국 캘리포니아교사협회와 여러 사람이 승인한 전문성 자본에 관한 책(Hargreaves & Fullan, 2012)의 집필로 이어졌다. 대부분의 교원노조가 여전히 대중들의 눈에는 개혁을 선호하기보다는 반대하는 집단으로 비춰지고 있지만, 만약 이들이 개혁의 노력에 연대하기로 결정하면 누구보다도 강력한 개혁의 주체가 될 수 있다. 더욱 중요한 것은 교사는 노조에 속해있건 아니건 간에 변화 프로세스의 협력자가 되어야 한다는 점이다. 그러지 않으면 변화는 실패로 끝나고 만다.

5. 외부 변화 주체들의 참여

학교와 학구 단위를 넘어서 외부에 있는, 다시 말해서 지역·주·국가 단위에 속해있는 변화 주체들은 다섯 번째 요인으로서 변화프로젝트의 시작에 중요한 역할을 한다. 이들 각 단위에서의 여러 역할은 변화를 촉진하고 지원할 책임을 공식적으로 부여받는다. 특히 변화의 초기 단계에는 각 단위에서 제 역할을 수행하는 것이 매우 중요하다. 21세기에 접어들어서 더욱 두드러진 현상은 대규모 비영리재단 및 기업과의 파트너십이 엄청나게 많아졌다는 것이다. 혁신에 쓰일 자금과 대규모 개혁을 위한 새로운 기회가 재단을 통해서만 가능하기 때문이다. 그러나 아무리 생각해봐도 학교나 학구 내부의 강력한 리더십은 변화에서 빠질 수 없는 요소이다. 우수한 내부 리더십이 없으면 혁신이 제한될 뿐 아니라 반대의 결과를 가져오기도 한다. 지나치게 분절적인 접근을 하거나 상호 유기적으로 연계 내지는 통합되지 못하거나 임시변통적인 변화를 추구하는 것 등이 바로 그것이다. 이는 해치(Hatch, 2000)가 자신의 연구 「여러 개선안이 충돌할 때 발생하는 현상(What Happens When Multiple Improvement Initiatives Collide)」에서 지적하고 있는 내용이다.

6. 지역사회의 역할

변화의 도입에 영향을 주는 여섯 번째 요인은 지역사회이다. 학구마다 지역사회의 특성이 크게 달라 요소들의 다양한 조합에 따라 변화의 도입도 매우 다양하다. 이는 변화 프로세스를 이해하는 데 있어서

늘 야기되어온 문제이다. 하지만 몇 가지 주요 조합을 살펴보면 우리
는 다음의 역설을 이해하게 된다. 즉, 일부 지역사회는 혁신을 지지
하고 일부는 반대하며 대부분은 무관심한데, 이들 3가지 현상을 동
시에 갖고 있는 지역사회가 훨씬 많다는 점 말이다.

상황에 따라 지역사회의 구성원들은 대개 다음과 같은 조치를 취
한다. (1) 문제에 대해 '조치를 취하라'고 지역 행정가들에게 압력을
가하거나 (2) 도입 가능성이 있는 제도를 사전에 간파하고 반대하거
나 (3) 아무것도 하지 않는 것(수동적 지지 또는 무관심)이다. 이러한 유
형의 의미는 몇 가지 근거를 보면 분명해진다.

지역사회가 변화에 대한 압력을 느끼기 시작하는 것은 보나마
나 인구변화로 인한 것이기 쉽다. 5개 학구의 사례연구(Berman et al.,
1979)를 보면 중대한 인구통계학적 변화(급속한 인구성장 또는 다른 사회
계층 및 복합적 문화로 이어지는 구성원의 변화)를 겪게 될 때, 지역사회는
변화를 위한 노력을 기울이고 변화의 요구를 마주하게 된다. 이 요구
를 다루는 방식은 다음에 살펴볼 문제해결주의 성향 대 관료주의 성
향에 따라 크게 다르다. 다른 말로 표현하면, 변화에 대한 요구는 여
러 요소의 조합에 따라 변화의 도입으로 이어질 수도 있고 그렇지 않
을 수도 있다. 핵심은 지역사회가 교육적 변화를 촉발할 수 있다는
사실이다(예컨대, 버먼과 맥러플린의 사례연구 중에는 인구성장으로 인해 예전
에는 정체되었던 학교시스템에서 지역사회의 활동이 시작되고, 새로운 이사회가
선출되었으며, 혁신적인 교육감을 채용하고, 기타 직원·교장·교사 등의 참여로
변화가 촉진되었다는 내용이 있음). 생어 통합학구(Sanger Unified)나 가든

그로브 통합학구(Garden Grove Unified)와 같은 캘리포니아 주의 경우를 봐도, 이에 관해서는 10장에서 논의하겠지만 인구변화(다양성, 빈곤, 기타 불리한 점의 증가)를 활용함으로써 도덕적 의무 및 관련 역량구축에 초점을 맞추어 학생의 성취도를 주 평균 이하에서 이상으로 크게 올린 사례가 있다(David & Talbert, 2014; Knudson, 2013).

샌프란시스코 만 지역의 34개 학구에 관한 샤파직(Schaffarzick)의 연구도 많은 것을 시사한다. 그는 자신의 연구 표본에서 교육과정 결정의 62%가 전문가들에 의해서만 이루어졌고 일반인의 참여는 배제되었음을 발견했다(Boyd, 1978, p.613에서 인용). 이러한 경우의 특징은 지역사회의 무관심이었다. 반면, 갈등과 협상이 있었던 19개 사례에서는 지역사회의 단체들이 큰 존재감을 드러냈다. 지역사회의 선별적인 역할에 대해 대프트와 베커(Daft & Becker, 1978)는 지역사회의 교육수준이 높을수록 대학진학을 앞둔 고교생들을 위한 혁신의 도입에 적극적이어서 그 둘의 상관관계가 높았지만, 교육수준이 높지 않은 곳은 상관관계가 *없었다*고 발표했다. 브리지(Bridge, 1976, p.370) 역시 이와 유사한 주장을 했다. "특히 저소득층 학부모들에게는 장기적이고 긍정적인 목표를 달성하도록 준비시키는 것보다는 주변 환경의 위협적인 요소에 대비하는 법을 가르쳐주는 것이 더 쉽다."

연구결과를 종합해보면, 변화의 도입단계에서 지역사회의 역할은 직접적이지는 않지만 학구와 학교가 새로운 방향을 정하기 위해 학부모 등과 연대할 때 강력해질 수 있다는 결론을 내릴 수 있다.

7. 정부정책과 기금

일곱 번째 요인인 정부정책은 3장에서 '잘못된 동인'을 논할 때 언급했듯이 아주 복잡하다. 여기서는 '혁신의 도입 이유'에 대해 말하고 있기 때문에 우리는 다음과 같은 점에 주목할 것이다. 즉, 주정부와 연방정부의 정책입안자들이 도입하지 않았더라면 일반적으로 시도되지 않았을 여러 가지 새로운 사회변화프로그램이 도입된다는 점이다. 예를 들면, 정부의 정책입안과 법률제정을 통해 여러 대규모 교육프로그램이 특수교육, 인종차별 폐지, 문해력 및 수리력 향상, 교사양성 등 개혁의 가장 강한 수요가 존재하는 영역에 도입된다. 의미의 관점에서 보자면, 큰 변수는 과연 정부가 교육자들의 역량구축에 투자할 것인지, 또 투자를 한다면 어떤 방식으로 할 것인지가 될 것이다. 정부는 대체로 교육개혁의 특성과 책무성에 대해 지속적인 노력을 기울이고 있다. 온전한 전략만 따라준다면(예컨대, 탄탄한 변화의 지식을 기반으로 한 행동), 11장에 소개된 온타리오 주와 캘리포니아 주의 사례처럼 비교적 단기간 내에 긍정적인 영향력을 미칠 수 있다.

| 요약 |

변화의 도입단계에 관한 논의의 핵심을 요약하자면, 프로그램이나 혁신을 공식적으로 '도입'하는 것은 그 이후의 실행과는 큰 관련이 없을 수도 있다. 이것은 래리 큐반(Larry Cuban)이 40년간의 '개선효과 없는 변화'를 되돌아본 후 내린 결론이기도 하다(2013). 다시 말해서, 학교와 학구가 복잡하고 모호하며 비효율적이고 비용이 많이 드는

혁신을 *도입*하기로 하는 것 자체는(특히나 다른 누군가가 비용을 지불한다면) 상대적으로 쉽다. *실행*으로 옮길 필요만 없다면 말이다.

관료주의적인 관점에서 말하자면, 학교교육에 변화를 도입하는 것의 정치적·상징적 가치는 변화로 인한 교육적 혜택이나 변화의 실행에 들어가는 시간이나 비용보다 중요하게 간주된다. 큐반(Cuban, 2013), 엘모어(Elmore, 2004b), 기타 학자들은 학교와 학구가 관련 문화나 역할행동(role behavior, 특정 역할이 요구하는 행동이 무엇이고 어떻게 행동해야 하는지에 대한 역할계획 및 전략개발—옮긴이), 교수학습의 신념을 바꾸기보다는 내용, 목표, 기준, 구조의 피상적 변화를 도입할 가능성이 크다고 말한 바 있다.

변화에 성공하려면 무엇부터 시작해야 할까? 이에 대한 쉬운 답은 없다. 왜냐하면 변화 프로세스의 다른 측면들과 마찬가지로, 변화를 고민하는 이들은 여러 딜레마에 봉착하게 되기 때문이다. 도입기간을 짧게 잡을 것인지 길게 잡을 것인지, 내부적인 혁신을 추진할 것인지 외부적인 혁신을 도입할 것인지, 봉사자들과 일할 것인지 대표성이 있는 집단과 일할 것인지, 수업지도(instruction)에 초점을 맞출 것인지 조직변화에 집중할 것인지 아니면 양쪽 모두에 무게를 실을 것인지, 큰 변화를 시도할 것인지 아니면 작은 변화로 시작할 것인지, 초기 단계부터 여러 관계자들의 참여를 유도할 것인지 말 것인지 등 이렇게 다양한 딜레마가 존재하는 것이다.

도입단계에서 리더십이 겪는 주요 딜레마는 상황을 진행시키기 전에 다수의 동의를 구할 것인지 초반부터 밀어붙여야 할지에 관한 것이다. 사회시스템에는 거대한 관성이 있기 때문에 이를 극복하려면 많은 에너지가 들어간다. 우리는 하향식(top-down) 변화가 성공을 거두지 못한다는 사실을 알고 있다. 그러나 상향식(bottom-up) 추진 방안도 별다른 결과를 낳지 못하거나 야심차게 도입했더라도 실질적인 권한을 가진 조직 단위에까지 닿지 못하는 현상을 본다. 이러한 하향식·상향식 딜레마를 뛰어넘는 새로운 전략 개발에 관한 연구가 있는데(Hargreaves & Braun, 2012) 이를 중간리더십(학구가 함께 협력하는) 이라고 부르며, 이에 관해서는 5장과 10장에서 좀 더 자세히 설명하겠다.

현 시점에서 우리는 도입에 대한 결정이 다양한 곳에서 수시로 내려진다는 사실을 알고 있다. 누가 제안하느냐에 따라, 후속절차에 따라, 상황 맥락에 맞는 여건의 조합에 따라, 변화의 도입단계 이후에 발생할 수 있는 일들이 매우 다양하다는 것을 어렴풋이나마 알게 된 것이다. 이제 실행이라는 다음 단계로 넘어가도록 하자. 실행단계는 변화의 행동이 취해지는 시기이다. 여기서 핵심적인 질문 3가지를 던질 수 있다. 즉, 도입의 과정과 이후 실행의 관계는 무엇인가? 실행과정에는 어떤 다른 요인들이 나타나는가? 이러한 요인들은 실행단계에서 실제 어떤 변화가 일어나는가를 결정하기 때문에 주목해야 한다. 그리고 어떤 역학관계가 변화를 지속시키거나 중단시키는가? 도입단계에 관해 마지막으로 내놓을 수 있는 통찰 한 가지는 실행 이전 단계보다는 실행 초기 단계에 구성원들의 참여를 높이는 것이 낫다는 사실이다. 선제적인 투입(input)도 필요하긴 하지만 행동이 없이 말뿐이면 혼란만 초래하게 되기 때문이다. 먼저 실행하고 이를 지식·역량·주인의식 구축의 사안으로 다루는 것이 좋다.

실행에 영향을 주는 요인

어려운 일은 끝났다. 정책을 통과시켰으니 실행만 하면 된다.

— 퇴임하는 교육부차관이 동료에게 한 발언

교육변화는 기술적으로는 단순하고 사회적으로는 복잡하다. 기술적 측면의 단순함이 과장되었다는 데에는 의심의 여지가 없지만, 대규모 변화의 노력에 참여해본 사람이라면 사회적 측면의 복잡성이 무슨 뜻인지 직관적으로 이해하고 동의할 것이다. 교육변화에서 대부분의 문제는 변화에 대한 완고한 저항이나 변화를 추진하는 이의 나쁜 의도가 아니라(양쪽 모두 존재할 수는 있음), 수많은 사람들이 연관된 다차원적인 사회적 절차를 계획하고 조직하는 데서 오는 어려움이다.

변화의 실행 절차는 변화의 추진 주체나 대상들에게 새롭게 느껴지는 아이디어, 프로그램 또는 일련의 활동이나 구조적 변화를 실천에 옮기는 과정이다. 변화는 외부에서 부과되기도 하고 스스로 찾기도 한다. 또한 미리 세부적으로 분명하게 정의되기도 하고, 실천을 통해 점진적으로 이루어지거나 조금씩 절충되기도 한다. 혹은 모든 경우에 적용되도록 획일적으로 설계될 수도 있고, 이용자들이 상황에 맞게 수정하도록 계획될 수도 있다.

우리는 실행이 어떤 지점에서 잘 맞을지, 그것이 왜 중요한지를 재차 언급하면서 시작할 필요가 있다. 실행에 대해 간단히 던져볼 수 있는 질문은 혁신이나 개혁이 완전히 실행되기 위해 바뀌어야 할 것은 무엇인가이다. 2장에서 논의했듯이 교실 또는 학교생활의 몇 가지 모습이 바뀔 것이다. 단적인 예로 교실을 들여다보면, 변화는 (1) 교수용 자료 (2) 교수법의 실행 (3) 교육과정과 학습관행에 관한 신념 또는 이해의 영역에서 일어날 것이다. 실행이 중요한 이유는 단순하다. 바라는 목표를 달성하는 *수단*이기 때문이다. 실행이 '기대에 어긋난 실망스러운 행사(nonevents)'로 평가되는 것에 대해 차터스와 존스(Charters & Jones, 1973)가 우려했던 점을 상기해보면, 실행은 전무할 수도(원하던 방향에 아무런 변화가 없는), 피상적일 수도, 부분적일 수도, 빈틈없을 수도 있다. 즉 실행은 하나의 변수이며, 잠재적으로 좋은 변화라면 그 성공 여부(학생들의 학습 또는 교사들의 교수법 향상과 같은)는 실제 실행에 옮겨지는 변화의 정도와 수준에 따라 달라질 것이다.

실행이라는 개념과 실질적인 실천에 영향을 끼치는 요인들은 아주 단순해 보이지만, 실제로 정의를 내리기는 굉장히 어렵다. 40년간의 성공적인 변화에 대한 연구사례를 보면 이해가 되는 부분이다. 변화가 성공하는 것은 소수의 핵심 변수 때문이라는 것이 점점 입증되고 있지만, 실행과 관련된 질문은 여전히 복잡하기 그지없다. 변화의 과정에 내재된 딜레마 때문에 성공적인 변화는 매우 복잡하고 미묘한 사회적 과정을 겪게 된다. 어떤 요인들은 다루기가 상당히 힘들고, 학교마다 처한 고유의 상황이 있으며, 지역별로 역량이 다르기 때문이다. 변화를 효율적으로 다루려면 양립하기 어려운 요소들을 결합하고 서로 조화시킬 줄 알아야 한다. 단순함과 복잡함, 느슨함과 엄격함, 강력한 리더십과 사용자의 참여, 상향식과 하향식, 원칙에 대한 충실성과 융통성, 평가의 존재와 평가의 부재 등이 해당된다.

우리가 잊지 말고 관심을 가져야 할 것은 어떤 요소들이 계획적이지는 않다 하더라도, 어느 정도 실행단계에 영향을 미쳐(좀 더 구체적으로는 교사와 학생들이 자신들의 교수학습의 관행, 신념, 새로운 자료의 사용, 상응하는 학습의 결과를 어느 정도까지 변화시켜) 다수가 원하는 방향으로 변할 것인가에 관한 것이다. 이 중에서 일부 요소라도 실행에 방해요소로 작용하면 변화의 추진결과는 실망스러울 것이다. 이를 긍정적으로 표현하면, 실행을 뒷받침하는 요인이 많을수록 실제적인 변화가 더 많이 이루어질 것이다. 마지막으로 우리는 여러 요소들을 따로 떼어내서 생각하지 말아야 한다.

도표 4.3은 실행에 영향을 주는 핵심 요소 9가지를 제시하고, 이를 (A) 혁신 또는 변화프로젝트의 특성 (B) 지역적 맥락의 특성 (C) 외부요인 세 분야로 구분해서 제시한다. 지역적 맥락을 설명할 때는 고정된 요인보다는 바뀔 수 있는 측면을 강조하고자 했다.

| A. **변화의 특성** |

혁신의 4가지 특성, 즉 필요성, 명확성, 복잡성, 질에 대해서부터 살펴보자. 이 요소들은 변화의 도입단계에서는 해결할 수 없는 것들이라서 실행단계로 넘어와서야 크게 가시화된다.

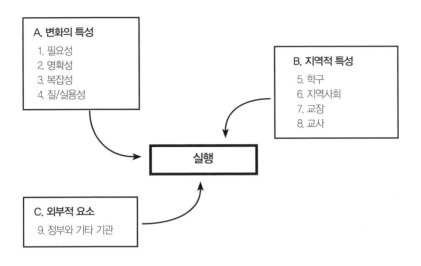

• **필요성** | 앞서 언급한 바와 같이 절실한 필요성에 대한 면밀한 검토 없이 많은 혁신이 시도된다. 예컨대, 교사들은 변화가 빈번하게 거론되어도 그 필요성을 잘 느끼지 못하는 경우가 많다. 미국의 대규모 연구사례 몇 가지를 보면 혁신이나 변화의 방향을 결정할 때 필요성과의 연계가 얼마나 중요한지 알 수 있다. 실험학교프로젝트(Rosenblum & Louis, 1979)에서는 '학교시스템이 필요로 하는 것 중 충족되지 않은 것을 공식적으로 파악한 정도'(p.12)가 이후 실행의 준비성을 결정하는 4가지 요인의 하나라는 점이 밝혀졌다. 랜드연구소의 변화관리자연구(Berman & McLaughlin, 1977) 역시 문제해결/방향성(프로그램의 선택과 연관된 필요의 확인)이 성공적인 실행과 연관성이 매우 높다는 점을 보여주고 있다. 필요성에 대해 합의할 것인지 그 여

부를 결정하는 일이 항상 간단한 것은 아니다. 댓나우(Datnow, 2000)는 뉴아메리칸스쿨(New American School, 1984년 미국에서 학교교육의 질을 개선하고 개혁을 주도하기 위해 설립된 조직-옮긴이) 모델의 도입을 두고 다음과 같이 비판한다. "교사 대다수가 변화에 찬성했지만, 이는 진심에서 우러난 투표도 아니었고 학교의 현 관행에 대한 치열한 고민도 없이 무엇을 바꿀 필요가 있는지 따져보지도 않고 내린 결론이었다."(pp.167-168) 이와 같이 사람들은 흔히 '자신이 무엇을 모르는지 모르며' 그 결과 가장 앞 단계에서 내려지는 결정에 탄탄한 기초가 결여될 수 있다(사람들은 보다 진지하게 고려해야 할 아이디어를 거절할 수도 있고 댓나우의 연구에서처럼 미심쩍은 사항에 합의해버릴 수도 있음).

또한 학교시스템이 현대적 구색을 서둘러 갖추려고 신기술 '도입'에 무조건적인 신뢰를 보이는 태도에 대해서 필자는 그 심각한 위험성을 이미 지적한 바 있다. 필요의 파악은 때로는 문제를 찾는 방편으로 간주되기도 한다. 이처럼 필요성을 인식하는 것이 중요한 것임에는 틀림이 없지만 그 역할이 과연 무엇인지는 그다지 명확하지 않다. 여기에는 적어도 3가지 문제가 있다. 첫째, 학교는 과도한 개선안으로 몸살을 앓는다. 따라서 이는 주어진 필요가 중요한지 아닌지 그 여부의 문제일 뿐만 아니라 다른 필요성과의 상대적 중요성의 문제이기도 하다. 모든 필요성을 전부 다루는 것이 비현실적일지라도 사람들은 목표를 어느 것 하나도 포기하지 못하기 때문에 우선순위를 정하는 것은 쉽지 않다. 둘째, 정확하게 무엇이 필요한지가 대개 초반에는 잘 드러나지 않는다. 특별히 복잡한 변화가 수반될 때에는 더욱 그렇다. 사람들은 보통 어떤 행동을 하기 시작하면서, 즉 실행의 단계에 이르러서야 자신의 필요를 보다 명확히 파악하게 된다. 셋째, 필요는 위의 8가지 요소와 상호작용하며 여러 패턴을 만들어낸다. 현재의 디지털혁신 사례에서처럼 필요라는 것은 때로 새로운 필요를 자체적으로 만들어낸다. 필요는 이 패턴에 따라 실행단계에서 더 명확해지거나 애매해질 수 있다.

• **명확성** | 명확성(목표와 수단에 대한)은 변화 프로세스에서 늘 존재해온 문제이다. 예를 들어, 교사들이 교육과정의 일정 부분을 개선하고 싶어 한다거나 학교 전체의 개혁을 바란다거나 하는 등 모종의 변화가 필요하다는 합의가 있을 때에도, 도입하기로 한 변화는 교사들이 무엇을 다르게 해야 하는지 명확하게 말해주지 않을 수 있다. 명확성과 관련된 문제는 변화에 대한 거의 모든 연구에서 나타난다. 일찍이 그로스 등(Gross et al., 1971)은 대다수의 교사가 자신들이 도입하기로 한 혁신의 핵심적 특성을 파악할 수 없었으며, 최근의 개혁연구는 복잡성 가운데 명확성을 찾는 것이 주요 과제가 된다고 발표한 바 있다. 개혁이 복잡할수록 명확성의 문제도 커진다.

명확성이 필수라는 사실에는 의심의 여지가 없지만 그 의미의 파악은 쉽지 않다. 너무도 자주 우리는 *가짜 명확성(false clarity)*에 직면한다. 가짜 명확성은 변화가 지나치게 단순한 방식으로 해석되었을 때, 즉 사람들이 인식하거나 깨달았던 것보다 변화에 더 많은 것이 내포되어 있을 때 일어난다. 예를 들면, 승인된 교과서가 교실에서 가르치는 교육과정이 될 수는 있지만, 다뤄야 할 정책이나 목표의 중요한 특징을 포함시키지 못할 수도 있는 것이다. 교과서에 의존하다 보면 교육과정을 통해 길러주고자 했던 행동이나 교육적 신념에 집중할 수 없게 된다. 이런 요소들은 매우 중요한 교육목표인데도 말이다. 캐나다에서는 새롭게 수정된 주 차원의 교육과정 지침이 일부 교사들에게 '우리는 이미 그렇게 하고 있다'는 이유로 거부당한 바 있다. 만약 교사들의 인식이 피상적인 목표와 지침의 내용적인 측면에만 머물고 새로운 신념과 교수전략을 외면한다면, 이는 또 다른 가짜 명확성의 예가 된다. 이제 캐나다의 여러 교육과정 지침은 이전의 지침보다 구체적인 목표와 내용을 담고 있다. 교사들도 이에 대해 '마침내 방향을 제시'한다며 환영하고 있다. 그러나 지침을 전달받은 이들은 이를 곧이곧대로 적용할 가능성이 있다. 특정 교수전략과 그 기저에 놓인 근본적인 신념이 지침을 효과적으로 실행하는 데 필수적이라는 점을 깨닫지 못한 채 말이다. 설상가상으로 개혁을 피상적으로만 도입하는 교사들은 상황을 더욱 악화시킬 수 있다. 바로 이런 예가 스티글러와 히버트(Stigler & Hiebert, 1999)의 3개국 수학교실에 대한 영상분석에도 나타나 있다.

마지막으로, 표준화시대의 또 다른 딜레마는 배울 내용을 사전에 자세히 규정한 교육과정을 통해 초반부터 명확성의 문제를 해결하려는 시도이다. 하그리브스(Hargreaves, 2003)는 이를 매우 위험한 방식으로 본다. 사실, 배울 내용을 사전에 자세히 규정한 교육과정을 취약계층이 많이 사는 학구에 적용할 경우, 집단의 특성에 따라 매우 다른 반응을 보일 수 있다. 즉, 부유한 지역에서는 풍요롭고 심층적인 학습이 이루어지는 반면 빈곤한 지역에서는 더욱 수렁에 빠지게 되는 것이다. 필자의 연구팀(Fullan et al., 2006; Fullan & Quinn, 2015) 역시 배울 내용을 사전에 자세히 규정한 교육과정의 운영이 빠지기 쉬운 덫에 관해 서술한 적이 있는데, 교육과정에 너무 얽매이지 않고 유연하게 운영하면 해결이 가능하다는 의견을 추가하였다. 결국 열쇠는 실행과정 전체를 통해 명확성을 보강하는 일이다. 실행과정을 학습의 과정으로 본다면 명확성은 새롭게 발견되고 발전하게 된다. 높은 수준의 혁신으로 인한 혜택을 얻으려면 실행에서 좀 더 큰 명확성과 구체성을 위해 노력할 필요가 있다.

• **복잡성** | 복잡성은 실행책임자에게 요구되는 변화의 어려움이나 그 정도를 가리킨다. 복잡성의 정도는 개인 또는 집단의 출발점이 어디냐에 따라 다르지만, 핵심 아이디어는 변화와 연관된 어려움, 새롭게 요구되는 기술, 그리고 신념·교수전략·자료이용에 있어서 취해야 할 변화와 관련이 있다. 열린 교육(Bussis, Chittenden, & Amarel, 1976), 이해를 위한 수학교수법(Stigler & Hiebert, 1999), 인지과학의 커다란 진전(Bransford et al., 1999), 성취도가 높은 학교(Sammons, 1999), 학부모의 참여(Epstein et al., 2002), 심층학습을 위한 새로운 교수법(New Pedagogies, 2014) 등과 같은 여러 변화를 효과적으로 이루어내려면 정교한 활동, 구조, 진단, 교수전략, 그리고 철학적 이해가 필요하다.

복잡성 때문에 실행에 어려움을 겪는 것은 맞다. 하지만 더욱 많은 것이 시도되기 때문에 복합적 요소들의 동시 추진은 더 큰 변화를 가져올 수 있다. 버먼과 맥러플린(Berman & McLaughlin, 1977)은 "야심 찬 프로젝트는 달성한 목표의 비율이라는 절대적 기준으로만 본다면 덜 성공적이지만, 목표를 낮게 잡은 계획보다 훨씬 많은 교사의 변화를 이끌어냈다."(p.88)라는 분석을 내놓았다. 일단 일어난 그런 변화는 그 프로젝트에 쏟은 추가적인 노력 덕택에 허술하지 않다. 버먼(Berman, 1980)의 관찰처럼 "시도한 것이 적으면 얻을 것도 없다."라는 명제가 성립한다.

• **프로그램의 질과 실용성** | 변화의 특성과 직접적으로 연관된 마지막 요인은 변화프로젝트의 질과 실용성이다. 이는 새로운 교육과정이든 정책이든 재구조화한 학교이든 간에 해당되는 말이다. 앞에서 다룬 3가지 변수(필요성, 명확성, 복잡성)에 비해 변화의 질이라는 요소의 역사는 흥미롭다. 변화의 질이 중요한 것은 자명하다. 하지만 이렇게 말하는 것은 변화 도입의 결정이 이루어지는 방식을 과소평가하는 것이다(Pfeffer & Sutton, 2006의 '명백한 사실, 위험한 반쪽 진실, 완전한 넌센스 hard facts, half-truths, total nonsense' 참조, 비즈니스에서 중요한 의사결정이 종종 명확한 증거가 아닌, 희망이나 두려움, 관행, 리더의 나이나 경험, 믿음 등 빈약한 기반 위에서 이루어지고 있다고 밝힘-옮긴이). 변화의 도입이 정치적 필요에 의해 결정된다거나, 개발시간은 확보하지 못한 채 단순히 필요성이 인정된다는 점 때문에 이루어진다면, 변화의 질은 떨어지고 필요한 자료나 기타 자원이 준비되지 않을 수 있다. 달리 표현해

서, 실행은 그 다음 문제이고 우선 도입부터 하고보자는 인식이 지배하게 되면, 적합한 자료를 만들어낼 후속조치나 준비시간을 확보하지 못한 채 결정을 내리게 되는 경우가 빈번하다. 야심찬 프로젝트는 거의 항상 정치적인 의도에 의해 추진된다. 그 결과 도입의 결정과 실제 시작단계 사이의 기간이 너무 짧아 변화의 질에 충분히 신경 쓸 수 없게 된다.

이러한 경향은 시스템 전체를 바라보는 관점을 유지함으로써 해결될 수 있다. 필자가 동료들(Fullan, 2010a, 2011; Fullan & Rincón-Gallardo, 2015)과 함께 학구·주·도 전역에서 변화를 시도한 작업이 좋은 예가 될 것이다. 상기 사례에서는 4가지 '올바른 동인', 즉 역량구축, 협업, 교수법, 목표달성을 위한 최선의 시스템 구축을 통해 해결책을 찾아나가는데, 이로써 시스템 내의 실천사항이 명확해지고 참여자들의 헌신이 강화된다.

| B. 지역적 맥락 |

여기서는 지역마다 다른 변화의 맥락, 사람들이 일하는 조직과 여건, 그리고 변화의 성과를 결정짓는 행사와 활동 같은 것들을 분석한다. 단, 이 요소들은 2부에서 중점적으로 다루기 때문에 여기서는 간단히 짚고 넘어갈 것이다. 변화를 시도할 때는 상황적 제약이 따르거나 기회요인이 있기도 한데, 지역의 학교시스템이 그 중 하나이다. 같은 프로그램인데도 어떤 학교에서는 성공을 거두고 또 다른 학교에서는 처절한 실패를 맛볼 수 있다. 또한, 지속적으로 혁신을 달성하는 학구가 있는가 하면 시도하는 혁신마다 실패하는 학구도 있다.

개별적인 학교도 변화의 단위가 될 수 있지만, 대개 변화의 구상은 시스템 차원에서 추진된다. 그래서 변화의 성패는 보다 큰 조직이 제공하는 전략이나 지원에 달려있다. 특히 혁신이 다차원적이고 복합적이며 시스템 지향적일 때 그렇다. 이때는 조직문화 자체가 변한다.

• **학구** | 지금까지의 사례들을 보면 변화를 도입하겠다는 결정 이후 충분한 후속조치가 따르지 않았고, 변화 프로세스에 내재한 어려움인 주관적 현실(사물이나 사건에 부여하는 개인마다 다른 의미, 즉 개인의 마음속 현실-옮긴이)을 제대로 이해하지 못했다. 교육의 집단적 변화를 위한 대부분의 시도는 실패하는 듯하고, 이러한 실패는 곧 구성원들의 좌절과 시간낭비, 무력감, 지원 부족과 실망으로 이어진다. 대개 학교시스템에서 혁신은 일상적인 것이기 때문에 해당 학구에서는 변화관리를 통해 실적을 쌓게 된다. 해당 시점의 실적이 어떻든지 간에 이렇게 쌓인 실적은 신규 계획의 중요한 기본 바탕이 된다. 학구가 혁신을 시도한 과거 경험의 중요성은 다음과 같이 표현될 수 있다. 즉, 학구에서 시도한 실행에서 부정적인 경험을 한 교사들일수록 새로운 아이디어나 프로그램의 장점과는 상관없이 새로 도입되는 변화에 냉소적이거나 무관심할 가능성이 높다. 학구·도·주·국가 등은 변화에 대한 역량을 키워줄 수도 있지만, 정반대로 역량부족을 강화할 수도 있는 것이다. 역량을 잘 갖춘다는 것이 무엇을 의미하는지, 그 운영방식은 어떤지에 대해서는 10장에서 사례를 들어 소개하겠다.

- **교육위원회 및 지역사회의 특징** | 교육위원회(school boards)와 지역사회가 실행단계에서 맡는 역할을 일반화하기란 매우 어렵다. 스미스와 키스(Smith & Keith, 1971), 골드와 마일즈(Gold & Miles, 1981)는 중산층 지역사회가 학교의 혁신을 마음에 들어 하지 않을 때 일어나는 고통스런 경험을 들려주고 있다. 교육위원회는 개혁적 성향의 교육감을 고용하거나 해고함으로써 변화의 실행에 간접적으로 영향을 줄 수 있다. 인구통계학적 변화로 인해 학교는 새로운 정책의 실행까지는 아니더라도 도입에 대한 압력을 빈번하게 받는다. 대규모 갈등 때문에 학구는 실질적인 변화를 일으키지 못하기도 한다. 따라서 어떤 면에서 보면, 변화를 도입하려는 결정은 에너지를 실행단계로 쏟아 붓기 전에 내려야 한다. 교육위원회와 학구가 능동적으로 협력할 경우, 갈등을 일으키거나 관여하지 않는 교육위원회에 비해 상당한 발전을 이룰 수 있다(LaRocque & Coleman, 1989). 9장에서 살펴보겠지만, 학교 수준에서는 지난 10년간 성공적인 변화를 이룬 학교들 거의 대부분이 학부모와 학교의 관계가 긴밀했다. 이들은 매우 힘든 과정을 거쳐 이런 관계를 구축한 것이다(Coleman, 1998; Epstein et al., 2002). 교육위원회의 기능이 시(市) 또는 주(州)에 의해 통합되는 경우도 점점 늘어나고 있다.

교육위원회의 역할에 대해서는 헤스(Hess, 1999)의 '헛도는 쳇바퀴, 요동치는 정책(spinning wheels and policy churn, 교육위원회는 개혁을 위해 교육감을 고용했다가도 현저한 개선이 없다는 이유로 교육감을 해고하고 새로운 교육감을 다시 고용한다. 새로운 교육감은 다시 조직을 개편하고 개혁을 시도하지만 그것은 새로운 개혁이 아니다. 이런 식으로 도시의 학교개혁은 근본적인 진전 없이 쳇바퀴처럼 반복해 돌아갈 뿐이며 정책만 요동친다는 것을 나타낸 표현-옮긴이)'에 대한 묘사가 정황상 진실에 가깝다. 물론 필자가 말한 것처럼 학구 전체의 효율적인 개혁도 존재하지만 말이다. 모든 성공 사례는 학구와 교육위원회 간의 친밀한 관계 그리고 이들 간의 파트너십을 포함하고 있다. 캘리포니아 주 애너하임의 가든그로브는 특별히 학구·지역사회·교육위원회 간의 강력한 관계가 만들어내는 힘을 잘 보여준다(Knudson, 2013). 여하튼 지역사회와 교육위원회의 역할은 무관심에서 적극적 참여에 이르기까지 다양하며, 후자는 여건에 따라 갈등에서 협력적인 상태까지 다양한 스펙트럼을 보인다.

• **교장**│ 학구에서 학교 차원으로 내려오면 '학교가 변화의 단위 또는 중심이다'라는 표현의 의미가 자명해진다. 혁신과 학교의 효율성에 관한 연구사례들은 하나같이 교장이 변화의 가능성에 큰 영향을 끼친다고 밝히고 있다. 그러나 동시에 대부분의 교장이 솔선해서 수업지도를 한다거나 변혁적 리더십을 행사하지는 않는다고 언급한다. 버먼과 맥러플린(Berman & McLaughlin, 1977)은 "교장의 *적극적* 지원을 받는 프로젝트가 가장 좋은 성과를 거둘 가능성이 높다."(p.124)고 발표했는데, 이는 지난 30년간 반복된 연구결과이기도 하다. 교장의 대처방식은 참여자들이 변화를 대하는 진지함의 정도(모든 변화가 진지하게 다뤄지지는 않음)와 교사들에 대한 심리적 후원 및 자원의 지원을 결정한다.

최근에는 교장을 수업지도 리더(instructional leader)로 자리매김하려는 움직임이 일고 있다. 7장에서는 이 역할의 의미가 무엇인지 부정적인 예와 긍정적인 예를 함께 들어 명확히 설명한다. 긍정적인 예는 교장을 '학습선도자(lead learner)'로 보는 개념이다(Fullan, 2014b).

교장의 주관적 현실이라는 프레임으로 보자면 교장은 변화의 촉진자라는 새로운 역할을 수행하는 데 애를 먹는다. 이는 교사들이 새로운 교수법을 도입하고자 할 때 겪는 것과 마찬가지다. 학교 수준에서의 변화관리는 매우 복잡하며 교장들은 대개 이에 대한 준비가 매우 미흡하다. 교장이 직면하게 되는 변화의 심리학적 · 사회학적인 문제는 교사들이 겪는 어려움만큼이나 크다. 다른 이들의 사회학적인 공감 없이는 교장도 교사와 마찬가지로 자신이 직면한 문제를 타인이 이해하지 못한다고 느낄 것이다.

• **교사의 역할** │ 교사의 개인적인 특성과 집단적 혹은 동료들 간의 문화적 요인은 변화의 실행 결정에 영향을 끼친다. 휴버먼(Huberman, 1988)과 동료연구자들의 연구결과에 의하면, 개인적인 차원에서는 교사의 심리상태가 변화에 동참하는 성향을 강화하거나 약화시킨다고 한다. 교사들 중에는 개인의 성격과 기존의 경험 또는 경력단계에 따라 잠재력을 잘 발휘하고 더 높은 효능감을 갖게 되며, 이로 인해 조치를 취하고 끈기 있는 노력으로 실행에 성공하는 경우도 있다.

교사들이 미시적인 부분(학교 환경)과 거시적인 부분(정책 및 잘못된 동인)에 점점 더 불만을 갖게 되면서 직업만족도가 낮아지고 있음을 우리는 알고 있다. 필자는 이와 관련하여 방향제시형 해결책의 개념과 긍정적인 사례를 언급할 예정인데, 이는 좋은 지도자와 협력하는 교사들의 '전문성 자본(professional capital)' 확대에 관한 내용이다.

35년 전 주디스 리틀(Judith Little, 1981)은 교사와 교장이 협력하여 의미 있는 개혁을 이루어낼 방안을 다음과 같이 정리했다.

학교의 발전은 아래의 3가지 경우에 가장 확실하고 철저하게 이루어진다. (1) 교사들이 교수법에 관해 자주, 지속적으로, 구체적이고 정확하게 *대화를 나눌 때*(교사 개인의 특성이나 실패, 사회생활, 학생 및 가족들의 약점이나 실패, 학교에 대한 사회의 유감스러운 요구들과는 별개로)이다. 논의를 통해 교사들은 교수지도상의 복잡성에 적합한 언어를 공유하게 되고 개별적인 교수법과 각 교수법의 장점을 구분할 수 있게 된다.

(2) 교사들과 행정가들(교장—옮긴이)이 서로의 수업을 자주 *관찰하고* 서로에게 유용한(두렵더라도) 피드백을 제공할 때이다. 이러한 과정을 통해서만 *무엇을 가르칠 것인가*에 대해 교사들 간에 합의가 가능하다. 아울러 정확성과 구체성을 요구하고 또 제공할 수 있으며 이로써 가르침에 대한 논의가 더욱 유용해진다.

(3) 교사와 행정가들이 교수자료를 함께 계획·설계·연구·평가·준비할 때이다. 가장 선견지명 있는 의견도 그것을 실천할 조직 없이는 탁상공론(단지 '이론')일 뿐이다. 자료를 함께 준비함으로써 교사들과 행정가들은 장기적인 발전에 요구되는 부담을 나누어 짊어지고, 접근방식에 대한 이해를 높이며 본인들과 학생들이 달성할 수 있는 기준을 만들게 된다. 즉, 교수법을 *교사와 행정가들이 서로에게 가르쳐주는 것*이다.(pp.12-13)

리틀의 연구(Little, 1981)에 나온 6개 학교 중 단 두 곳만이 이와 같은 관행을 매우 높은 비율로 실천했다. 그러나 앞에서 인용한 내용만큼 교사와 행정가 개개인을 위한 *의미* 도출에 적합한 여건을 잘 설명해 놓은 것이 또 있을까 싶다. 위의 관행을 상호작용을 통해 실천하는 공동체의 양성이 교육개혁의 가장 주요한 전략 중 하나인 것으로 판명되면서 리틀의 연구결과는 선견지명을 담은 것이 되었다. 관련 성공사례는 6장에서 살펴보겠다.

| C. 외부 요인 |

• **정부 및 기타 기관** | 변화의 실행단계에 영향을 주는 마지막 요인들이 있는데 이는 학교와 학구를 좀 더 큰 사회적 관점에서 바라보게 한다. 여기서의 큰 관점이란 캐나다의 경우 주로 각 주의 교육청이나 교육부, 관련 직원들, 지역기관을 의미한다. 미국에서는 주(州) 교육부와 연방 소속 정부기관이 이에 해당된다. 비정부 민간기관의 역할을 이 책에서 크게 다루지는 않지만, 지역의 연구개발기관이나 센터, 자선재단, 대학, 외부 파트너 역시 국가적인 차원에서 교육의 실행을 돕는 기관들이다. 최근 미국에서는 효과적인 시스템 전반의 개혁을 위한 여건 개발에 있어서 주 차원의 역할을 중요하게 본다. 그 예는 11장에 나와 있다. 마지막으로, 사회적 트렌드는 대개 개혁을 위한 지속적인 자극제가 된다. 인구통계학적인 변화와 글로벌 트렌드, 무한한 기술과 채용 유형 등이 이에 해당된다.

지속성에 영향을 주는 요인

전통적인 변화모델의 세 번째 단계는 혁신이 전개되면서 발생하는 일에 관한 것이다. 변화의 실천이라는 차원에서 볼 때, 실행은 큰 난관이지만 한번 시작된 개혁을 지속시키는 문제도 별도로 고려해봐야 한다. 어떤 면에서 무엇을 지속시킨다는 것은 또 다른 도입의 결정을 의미하고 이는 부정적인 것일 수도 있다. 심지어 긍정적인 것이라 해도 실행되지 않을 수 있다. 버먼과 맥러플린(Berman & McLaughlin, 1977)은 효과적으로 실행되지 못한 프로젝트는 중단된다는 사실을 발견했고, 제대로 실행된 프로젝트라도 소수만이 연방기금의 지원을 받는 시기를 거쳐 유지되었다는 점을 밝혀냈다. 즉, 프로젝트가 지속되지 못하고 중단된 이유는 실행에 영향을 준 이유와도 같았다. 다만 그 역할이 더욱 뚜렷해졌을 뿐이다. 관심이 부족하다거나, 지역기금에서 '특별 프로젝트'를 지원할 재정능력이 없다거나, 지속을 위한 전문성 개발 혹은 직원에 대한 지원이 부족하다거나, 새로운 교사들이 시행프로그램을 종료시킨 경우 등이었다. 교육청의 관심과 지원이 부족(기회주의적인 이유로 프로젝트를 도입했던 이들의 측면에서)한 것도 지속이 중단된 이유였다. 학교 차원의 상황은 다음과 같았다.

교장이 실행과 지속의 열쇠를 쥐고 있었다. 연방기금의 지원이 종료된 후 교장은 프로그램의 지속에 직접적인 영향을 끼쳤다. 만약 교장이 새로운 직원을 영입하려는 적극적인 노력을 하지 않았다면, 프로젝트 리더들의 높은 이직률 때문에 프로젝트는 서서히 막을 내리고 말았을 것이다. 교사들이 새로운 프로젝트의 방법이나 자료를 지속적으로 사용하는 것도 교장의 명백한 지원 없이는 매우 어려웠다.(Berman & McLaughlin, 1977, p.188)

버먼과 맥러플린은 프로젝트가 지속된 소수의 사례들도 들여다보았다. 앞서 인용했던 특정 요소(능동적 리더십, 전문성 개발 등) 외에도 다음과 같은 사실을 발견했다.

학구의 행정직원들은 혁신을 위한 폭넓은 지원을 동원하는 데 일찍이 관심을 기울였다. 연방기금의 지원이 종료되자 특수한 위치에 놓여있던 프로젝트를 학구의 핵심 운영분야인 예산과 인사배정, 교육과정 지원활동, 지도프로그램 등으로 통합 이관되게끔 노력을 기울인 것이다. 요약하자면, 변화프로젝트를 유지하는 기초작업과 계획에는 일찍부터 학구관리자들의 능동적이고 지속적인 관심이 있었다.(p.20)

지속이라는 것은 외부의 계획에서 시작되었든 내부적으로 개발되었든 모든 신규 프로그램이 안고 가는 문제이다. 휴버먼과 마일즈 (Huberman & Miles, 1984)는 지속이나 혁신의 제도화가 다음에 달려있다고 말한다. (1)변화가 프로그램의 구조 속에 붙박이로 내장된다(정책, 예산, 시간표 등을 통해). (2)변화가 제도화 단계에 이를 즈음이면 변화에 능숙하고 헌신적인 교사와 행정가의 수가 변화의 바람직한 결과를 얻기에 충분할 만큼 확보된다. (3)지속적인 지원, 특히 신임교사와 행정가에 대한 지속적인 지원 절차가 마련된다(훈련된 보조인력 등).

지속의 문제는 초반의 성공적인 실행에도 불구하고 오늘날까지 이어지고 있다. 댓나우와 스트링필드(Datnow & Stringfield, 2000)는 종단연구를 통해 '개혁의 수명(longevity of reform)'이라는 주제를 살펴보았다. 연구결과에 의하면 개혁모델을 실행한 8개 학교 중 세 곳만이 '개혁을 제도화하는 단계로 진입'(p.196)했다. 또 다른 학구에 대한 연구결과 이들이 발견한 사실은 다음과 같다.

> 4년 단위의 연구에서 3년 차에 접어들자 13개 학교 중 한 곳만이 그들이 선택한 개혁디자인을 지속적으로 실행하고 있었고, 6개 학교에서는 개혁이 만료되었다. 개혁을 지속하는 데 있어 가장 큰 난점은 학구 리더십의 불안정성과 그에 따른 정치적인 문제였다. 1995-1996년 당시의 교육감이 외부에서 개발한 개혁모델을 적극적으로 활성화시켰다. 그의 임기 동안 이 모델의 실행을 위해 수업지도 리더십 운영실(Office of Instructional Leadership)을 따로 만들었을 정도였다. 하지만 이듬해에 새로운 자치부가 출범하면서 이 운영실을 없애버리자 개혁모델에 맞춰 구조조정을 하던 학교에 대한 지원도 급격히 줄어들었다.(p.198)

앞서 트리플 I 모델을 '전통적'인 틀이라 부른 바 있다. 이는 혹평이 아니다. 전통적인 모델은 목표와 우선순위, 정책, 특정 구상의 진전을 밝혀내는 데 유용하다. 하지만 디지털시대에 이르러 혁신은 자생적으로 일어나는 경우도 많고 예측 불가능성이 높아졌다. 따라서 21

세기에 변화를 이루기 위해서는 좀 더 역동적인 모델이 필요하다.

린 스타트업 모델

세 단계로 구분되는 트리플 I 모델도 유용하지만, 이 전통적인 모델의 세 단계와 연관된 비교적 선형적인 사고방식은 어떤 힘에 의해 흔들리고 있다. 필자의 연구팀은 교육의 새로운 전략 개발에 열중하고 있는데, 이들 전략은 교육자들과 학생들에게 새로운 에너지를 실어줄 전망이 매우 크다. 먼저 '린 스타트업(lean startup, 아이디어를 빠르게 시제품으로 제조한 뒤 시장의 반응을 통해 다음 제품 개선에 반영하는 전략—옮긴이)' 모델의 논의를 통해 이러한 진전상황을 살펴보고, '성층권 의제(stratosphere agenda, 이중적인 뜻으로 이전에 달성하지 못한 높이까지 닿는다는 의미를 담고 있음; Fullan, 2013b)'라고 일컫는 주제를 논의할 것이다.

변화가 빠르고 예측이 불가능한 시대에는 새로운 패러다임이 필요하다. 그것을 패러다임이라 부르든 다르게 표현하든 교육에 대한 우리의 기존 관점을 뒤흔들어놓을 무언가가 필요하다. 디지털시대에 걸맞은 것으로 말이다. 입증되지 않은 혁신안들이 디지털조류를 타고 매우 빠른 속도로 기존의 권태와 불만족의 영역으로 흘러들어오면, 힘이 축적되고 결국 이 힘에 의해 기존의 질서는 무너지고 말 것이다. 이런 조건에서 의미를 찾는 것은 난제이면서 동시에 기회가 되기도 한다. 변화를 계획할 여지가 그만큼 커지기 때문이다. 무언가 강력하고 피할 수 없는 것이 있을 때 필자는 *위험*을 *정면으로 마주하*

는 *전략*을 택한다. 바로 이 지점에서 린 스타트업 전략이 요구된다 (Ries, 2012). 리스(Ries)는 빠른 변화의 시대에 만들어지는 혁신은 완성된 형태가 아니며, 특히 인터넷과 소셜미디어의 시대에는 이용자들의 혁신에 대한 요구가 감당하기 어려운 수준이라는 근본적인 변화를 강조한다. 이러한 여건에서는 변화의 계획안을 사전에 연구실에서 완벽하게 만들어 활용하기보다는 반복적으로 고안하고 시도하고 다듬고 적용하면서 지속적으로 현장에서 개선해나갈 수밖에 없다고 주장한다.

리스는 세 부분으로 나뉜 모델을 제안하는데 '비전, 방향잡기, 가속화'의 세 단계이다. 방향을 제시하는 비전은 변화의 중요한 출발점이 된다. 그러나 실제 어디에 이르게 될지는 참여자들이 실험하고 다듬고, 리스가 방향잡기라 부르는 행위를 통해서만 알 수 있다. 어떤 경로가 효과적이고 유력한지 파악하고 나면 가속화의 단계를 밟는다. 한마디로 기술을 완벽하게 만들려는(또는 기술이 학교로 유입되는 것을 막기 위해, 예컨대 개인용 기기의 학교 내 반입 금지와 같은) 시도로 몇 년의 시간을 보내는 것보다는 '최소기능제품(minimal viable product, MVP, 신제품 조기수용자들을 만족시킬 정도의 최소 기능만을 갖춘 제품을 출시한 다음 피드백을 받아 최종 완결제품을 출시하는 개발기법─옮긴이)'을 만들어야 한다는 것이다. 리스는 "린 스타트업 형태야말로 빠른 반복과 소비자 이해, 큰 비전과 전망 등 이 모든 것을 한꺼번에 강조하는 혁신제품 개발을 바라보는 새로운 방식이다."라고 말한다(Ries, 2012, p.20).

린 스타트업은 백지상태에서 시작한다는 의미가 아니다. 집단의 구성원들이 이미 알고 있는 많은 지식에서 출발한다. 이와 같은 새로운 프로세스는 다소 두서가 없긴 하지만, 목표와 전략을 명확히 하고 효율을 높이는 최선의 방식이다. 바로 이것이 우리가 '성층권 의제'에서 취하는 방식인 것이다(Fullan, 2013b). 우리 역시 리스의 공식과 유사한 모델을 사용한다. 가능성이 있는 새로운 방향을 고려해보고 실제 현장의 사례를 조기에 발굴하여 어떤 모델이 되어야 할지 감을 잡는다. 필자와 랭워시(Fullan & Langworthy, 2014)는 「신규 교수법의 시각에서 본 심층학습(A Rich Vein: How New Pedagogies Find Deep Learning)」이라는 보고서에서 성층권의 개념을 제시한 바 있다. 모델은 상호작용하는 3가지 요소로 구성된다. 방향을 제시하는 비전, 초점이 있는 혁신, 통제 또는 통합이다. 이 세 요소는 지속적인 순환 속에 동시에 일어난다. 더욱이 린 스타트업에 대해 중요한 사실은 초창기에는 혁신이나 제품의 *질이 낮다*는 것인데 이것은 초기 단계이기 때문이다. 혁신의 성과는 '비전—초점 있는 혁신—통합'이라는 순환과 지속적인 개선을 통해 빠르게 향상된다.

초점이 있는 혁신, 새로운 것에 대한 도전을 격려하기(letting go)의 단계는 무엇이든 허용된다는 의미가 아니다. 이것은 오히려 사람들이 새로운 것을 시도하고 시행착오로부터 배우며 앞으로 나아가야 한다는 인식에 더 가깝다. 적절한 통제(reining in)라는 것은 앞으로 나아가면서 지금까지의 추이를 검토하고, 좋은 아이디어는 보유하고 효과가 없는 아이디어는 버리는 과정이다. 이런 절차에 규율을 갖출 효과적인 방법은 현장의 학교들과 실시간으로 일하는 것이다.

적용과 개선을 통해 배우고 이를 이끌어줄 수 있는 프로세스를 갖춰야 한다. 우리는 '깊이 있는 학습을 위한 새로운 교수법(NPDL)'이라는 세계적 프로젝트에 바로 이 모델(초점 있는 혁신, 도전 격려하기, 적절한 통제)을 사용 중인데, 이에 관해서는 8장에서 더 자세히 살펴보겠다(New Pedagogies, 2014).

우리는 NPDL프로젝트를 통해 7개 각국의 평균 100개 학교와 협력 중이다. 이 프로젝트는 성층권 모델의 세 요소인 교수법, 기술, 변화에 관한 지식을 통합하는 데 중점을 두고 있다. 교수법은 학생·교사·가족 간 새로운 배움의 협력관계에 초점을 맞추는데, 이는 8장에서 살펴볼 6Cs의 개념에서처럼 보다 깊이 있는 학습의 결과와 관련되기 때문이다. 기술, 즉 디지털의 역할이 무엇이며 또 무엇이 되어야 하는지를 살펴보고, 어떻게 학습을 가속화하고 심화시킬 수 있을지의 문제를 다룬다. 이 책의 궁극적인 주제는 변화에 관한 지식인데, 필자는 이를 역량 및 주인의식을 구축하면서 좋은 아이디어를 다듬어가는 변화 프로세스의 확립으로 간명하게 묘사한 바 있다. 우리는 의미 있는 '실천'을 통해 이러한 힘들의 작동원리를 계속 배우게 된다.

요약하면, 새로운 린 스타트업 전략, 즉 '역동적 변화 모델'은 우리 교육의 현 주소에 매우 어울리는 모델이다. 하지만 특정 혁신을 포함하는 특정 목적에는 트리플 I 모델이 여전히 유용할 것이다.

만약 이 시점에 등장하는 변화의 이론으로 인해 우리가 더 나은 계획안과 계획자들이 필요하다고 결론을 내린다면, 우리는 끊임없이

'변화의 실행이론'만 좇으며 퇴행을 이어갈 것이다. 좀 더 효과적인 변화를 가져오려면 무엇이 그것을 촉발하는지 설명할 수 있어야 할 뿐 아니라 그러한 원인에 영향을 주는 방법을 알아야 한다. 좋은 아이디어가 있고 거의 모든 구성원들을 참여시키는 좋은 변화 프로세스를 수립해야 한다. 린드블롬(Lindblom, 1959)은 의사결정을 두고 '그럭저럭 중간 수준은 되는 해법을 찾는 과학'이라 부른 바 있다. 변화를 다루는 문제만큼은 지나친 자신감보다 겸손함으로 접근하는 것이 낫지만, 우리는 적어도 '그럭저럭 중간 수준은 되는 해법을 찾는' 수준보다는 잘 해낼 수 있다. 그러려면 먼저 계획수립 과정의 역동성을 이해해야 한다. 전략을 이해하는 것, 더 정확히 말해서 '전략화'의 역할을 파악하면 교육변화의 의미에 대해 더욱 많은 식견을 얻을 수 있을 것이다. 5장에서는 이 영역을 자세히 살펴볼 것이다.

5

변화 계획과
실천, 대응하기

전략이 있다 해도 순수하게 심사숙고를 통해 도출되는 것은 거의 없다.

또한 100% 자연적으로 나타나는 것도 거의 없다.

전자는 학습이 부재하고 후자는 통제가 어렵다.

— 민츠버그(Mintzberg, 1994, p.25)

교육변화를 한번쯤 시도해본 이들은 '다루기 힘듦'이라는 표현을 교육변화의 대명사처럼 받아들이게 된다. 하지만 다루기 힘든 상태는 어떤 영향을 아예 받지 않는 상태와 동일한 말은 아니다. 우리가 개혁하고 싶은 상황을 *모두* 이상적으로 변화시킬 수 없다고 해서 *어떤 상황*도 바꿀 수 없다는 뜻은 아니다. 간략히 말하자면, 결과지향적으로 역량구축에 초점을 맞추고 실천적 행동을 추구하며 증거기반의 결정으로 현장과 긴밀히 소통하면서 혁신전략을 다듬고 강화하는 것이 계획단계의 역할이다. 이 주제는 '계획이 실패하는 이유'와 '계획의 리포지셔닝' 두 부분으로 나누어 다루겠다.

계획이 실패하는 이유

우리는 열심히 훈련했지만 팀을 결성할 때마다 또다시 재조직되는 느낌이었다. 삶을 좀 더 살아본 후 알게 된 것은 사람들은 어떤 상황이든 재조직으로 대응하며 이것이 발전을 위해 얼마나 멋진 방법일 수 있을까라고 기대하지만, 이는 착각이며 실제로는 종종 혼란과 비효율, 사기저하만 초래한다는 것이다.

—가이우스 페트로니우스(Gaius Petronius, A.D. 66) (Gaynor에서 인용, 1977, p.28)

대부분의 교육개혁이 실패하는 이유는 좋은 자료(예: 교육과정, 교과서 등—옮긴이)가 부족했다거나 교사의 전문성 개발이 효과적이지 못했다거나 행정지원이 부족했다와 같은 특정 기술적 문제를 훨씬 넘어선다. 더 근본적으로 표현하면, 교육변화의 실패는 한편으로는 기획자들이 내린 잘못된 가설 때문이고, 다른 한편으로는 큰 문제를 해결한다는 것 자체가 매우 복잡한 사안이기 때문이다.

　대부분의 계획이 실패하는 데에는 두 가지 상호 연관된 이유가 있다. 지역적 맥락과 문화를 고려하지 못하는 것이 첫 번째 이유이고, 역설적이게도 실행보다 계획 부분에 지나치게 공을 들인다는 점이 두 번째 이유이다. 간단히 말하면 정책입안자들의 가정은 종종 *극단적인 합리성*을 띤다(Pfeffer & Sutton, 2000, 2006; Wise, 1977, 1988). 많은 사례를 통해 확인할 수 있듯이 사람들은 의지를 갖고 실천에 옮기는 과정에서 수많은 것들을 배우게 되는데, 이는 초기 계획단계에서는 예측할 수 없는 것들이다.

문제 발생의 초기에 그 원인의 하나는 원하는 특정 변화를 실행에 옮기고야 말겠다는 개혁가의 집념이다. *'무엇이 바뀌어야 한다'*는 개혁가의 집념 강도와 *'변화의 절차를 어떻게 밟아야 하는지'*에 대한 지식의 양은 흔히 반비례한다. 사실, 특정 변화에 대한 강한 집념은 효과적인 변화 프로세스 수립에 오히려 장애가 될 수 있다. 어떤 경우에도 이 두 요소(집념, 프로세스 수립)는 사회적 변화에서 별개의 측면으로 다루어져야 한다. "뜻이 있는 곳에 길이 있다."는 속담은 교육변화의 계획에 있어서는 항상 적합한 표현은 아니다. 변화에 대한 강한 의지는 길을 안내하기보다 *방해*가 되기 쉽다. 지금까지 보았듯이 특정 변화를 위한 명확성과 에너지를 제공하려면 그에 걸맞은 비전이 필요하다. 그러나 그 비전이 조급함이나 상대방의 의견을 경청할 줄 모르는 쪽으로 귀결된다면 비전 자체가 방해물이 된다. 좀 더 균형 잡힌 표현을 빌면, 변화 주도자들은 변화 자체만큼이나 *변화의 프로세스*에 전념하고 이를 다루는 데 능숙해야 한다.

새로운 개방형 초등학교(교실이 없는 학교-옮긴이)의 실패에 대한 저명한 사례연구(Smith & Keith, 1971)를 신랄하게 비판한 라이트홀(Lighthall, 1973)은 다음 가설을 강력하게 뒷받침한다. 특정 형태의 변화에 전력하는 리더십은 그 변화를 실행할 수 있는 능력과 부정적인 관계가 있다는 것이다. 라이트홀도 변화의 실행과정에서 주요 참여자들이 처한 *다중적* 현실을 이해하고 제대로 다루는 과정을 교육변화로 여긴다. 변화가 이러저러한 모습이 되어야 한다고 미리 가정한 채, 다른 이들의 현실을 배제하는 리더는 반드시 실패하게 되어있다.

라이트홀은 켄싱턴학교 교직원들을 상대로 한 스판만(Spanman) 교육감의 첫 연설을 다음과 같이 설명했다.

스판만이 켄싱턴학교를 방문한 이유는 21명의 교직원에게 발표를 하기 위해서였지 완전히 새로운 교육을 창조해내자는 공동의 이슈를 그들과 함께 논의하기 위한 목적이 아니었다. 그를 둘러싼 현실의 일부를 교직원들에게 설명하기 위해서였지 그들이 처한 현실을 들어주고 자신의 현실을 공유하기 위해서가 아니었다. 하지만 그의 현실에 담긴 교육적 목표와 현실에 대해 받은 인상을 직접 실천으로 옮겨야 하는 이들은 정작 교직원들이었으므로, 즉 스판만의 현실만큼이나 그들의 현실 역시 중요했으므로 또한 본인만큼 자신의 현실에 잘 응대하는 이가 없으므로, 그가 선택한 일방적인 소통방식은 자멸이 불가피했다. 자신의 현실을 교직원들의 현실의 일부로 삼기 원했다면 스판만은 그들의 현실도 자신의 현실로 참고했어야만 했다.(Lighthall, 1973, p.263)

라이트홀(Lighthall, 1973)은 켄싱턴학교의 교육감과 교장이 다른 이들에게 어떻게 자신들의 현실만을 지속적으로 내세웠으며, 그런 태도가 비교적 단기간에 어떻게 처참한 결과로 이어졌는지를 상세히 기록했다. 다음은 그가 관찰한 내용이다.

문제해결자들이 사적인 계획을 바로 공적인 실행으로 옮기려는 경향은 넓게 퍼져있다. 계획을 실행하는 데에는 타인의 에너지와 지능이 필요한데도 다른 이들이 느끼는 문제의식에 따라 현실을 헤아려보려는 노력이 부족했다.(p.282)

문제는 조지 버나드 쇼(George Bernard Shaw)가 말했던 것처럼 "개혁가들은 냉철한 합리성 발휘를 통해서 변화를 달성할 수 있다고 믿는다."는 것이다(www.azquotes.com/author/13418-George_Bernard_Shaw/tag/sanity). 그러나 옳은 것(더 정확히는 자신이 옳다고 생각하는 것)만으로 이를 변화의 전략으로 삼을 수는 없다.

미클스웨이트와 울드리지(Micklethwait & Wooldridge, 1996)는 정책입안자들이 종종 지역적 맥락을 고려하지 않고 아이디어를 도입하고 미봉책에 기대는 경향이 있다고 지적한다. 센게 등(Senge et al., 1999)도 다음과 같이 유사한 지적을 한다. "혁신가들이 주장하는 대부분의 전략은 근본적인 허점이 있다. 시행하려는 혁신에 지나치게 초점을 맞추어 그보다 큰 문화나 구조, 관습이 어떻게 반응하는지에 관한 이해를 소홀히 하는 점이 바로 그것이다."(p.26)

혁신을 계획하는 이들이 실행에 앞서 모든 계획을 올바르게 세우려고 하는 모습은 18세기의 전술전략에서 그 유래를 찾을 수 있다. 프리드먼(Freedman, 2013)의 저서는 '전략의 새로운 과학'이라고 일컬어지는 내용의 결정판이다. 필자(Fullan, 2015) 역시 전략에 대한 질문을 『변화의 자유(Freedom to Change)』에서 살펴본 바 있다. 여기서 발견한 점은 사람들은 전략이란 이름으로 변화의 과정을 훨씬 복잡하게 만드는 경향이 있다는 것이다. 전략적 계획을 복잡하게 만들수록 상황은 더 복잡해진다. 이런 면에서 전략이라는 개념의 역사를 살펴보는 것은 참으로 흥미롭다. 전략의 본래 취지는 어려운 상황에 처한 개인이 자신의 여건과 불확실성에 맞추어 최상의 성취를 이루기 위해 실행계획을 세우고자 한 것이다. 이것은 좋은 발상이다. 다만 현실의 상황이 계속해서 바뀐다는 것이 문제일 뿐이다.

전략이라는 것은 원래 군사적인 개념에서 나왔다. 군사전략의 초기 이론가인 카를 폰 클라우제비츠(Carl von Clausewitz)는 1780년에 태어났으며, 프로이센 군대에 있을 때 나폴레옹의 군대를 상대로 전략이 무엇인지를 배웠다. 클라우제비츠의 결론은 우리의 분석이 나아갈 방향을 보여주고 있다.

전쟁의 모든 것은 단순하다. 그러나 가장 단순한 것이 어려운 것이다. 어려움이 쌓이다 보면 전쟁을 직접 경험해보지 않고서는 상상할 수 없는 마찰이 발생한다. 셀 수 없는 사소한 사건들, 미리 예측할 수 없는 종류의 사건들이 모여 성과의 전반적인 수준을 낮추고, 원래 의도했던 목표에 늘 미치지 못하게 되는 것이다.(Freedman, 2013, p.87)

프리드먼(Freedman, 2013)은 나폴레옹의 또 다른 적수였던 러시아 노장 미하일 쿠투조프(Mikhail Kutuzov)(톨스토이의 『전쟁과 평화』에 놀랍게 묘사되어 있음)를 인용하며 예측불능의 상황에 접근하는 태도를 정확하게 담아낸다. 쿠투조프가 전쟁에 임하는 부하들에게 준 최선의 조언은 전날 밤 잠을 푹 자두라는 것이었다. '사전 계획보다는 전개되는 현실에 즉각적인 집중력을 발휘하는 것이 더 가치 있을 것'(p.102)이라는 말이다.

이론적인 전략보다 실천하는 현실에 집중하자는 이 개념은 클라우제비츠의 부하 폰 몰트케(Von Moltke)도 설명하고 있다. 그는 1870

년에 "적과 교전이 시작되면 계획대로 돌아가는 것은 *하나도 없다.*" (Freedman, 2013, p.104)라고 언명했다. 좀 더 현대적인 인물의 발언으로는 권투선수 마이크 타이슨(Mike Tyson)의 다음과 같은 표현이 있다. "누구나 계획이 있다. 하지만 그 계획은 입을 한방 맞기 전까지만 존재한다."(Freedman, 2013, p.9)

세부적인 계획이 복잡해질수록 모든 여건을 고려해 합리적인 해결책이 나올 가능성은 더욱 낮아진다. 다음은 프리드먼(Freedman, 2013)이 미육군대학원의 해리 야거(Harry Yarger) 교수를 인용하면서 결론을 내리는 부분이다.

> 진정한 전략가들에게는 기대되는 바가 너무나 많았다. 구체적으로 말하자면, 현재의 학생들은 과거를 알아야 하고 미래의 가능성을 염두에 두면서 편견의 위험을 인식하고 모호함에 주의하며 혼란 속에서도 깨어 있어야 하고 대안적인 행동의 결과를 생각할 수 있어야 했다. 또한 전략을 직접 실행해야 하는 이들을 위해 충분히 예리하면서도 조리 있게 이 모든 것을 설명하는 능력이 있어야 했다.(p.238)

한 개인이 이 정도의 능력을 모두 갖추기란 매우 어렵다. 다시 말해서, 온전한 통제는 환상이며 상황을 완벽히 통제하려는 시도는 상황을 더 악화시킬 뿐이다. 잘 자두라는 조언은 얄팍하게 들릴 수 있지만 그렇게 나쁜 조언이 아니었을 수 있다(하지만 우리라면 좀 더 나은 대안을 생각해내고 동시에 잠도 푹 잘 수 있을 것이다).

사회는 점점 복잡해지고 있으며 우리는 더욱 더 복잡한 전략과 계획으로 상황을 통제하려 한다. 그러나 복잡한 상황에 복잡함을 더하는 것은 결국 표류로 이어진다. 시작단계에서 너무 공들여 계획을 자세하게 짜는 것은 도움이 되기보다 혼란만을 초래하는 경우가 많다.

이와 같은 계획의 문제를 '모션리더십(motion leadership)'에 관한 연구(Fullan, 2010b)에서 다룬 바 있다. 우리가 발견한 바로는 리더들에게는 천성적으로 '문서상' 과도하게 계획을 짜는 경향이 있다. 더그 리브스(Doug Reeves, 2009)는 "계획이 거창하고 번지르르할수록 이후의 실행과 학습에 미치는 영향은 부정적이다."(p.81)라는 말로 이 치명적인 문제를 지적했다. 필자 또한 "두툼한 계획서를 조심하라."고 언급하기도 했다(Fullan, 2010b, p.24).

우리는 41개 학교로 이루어진 학구와 작업을 하면서 이 문제를 직접적으로 경험했다. 이 학구의 교육감이 연락을 해왔는데, 필자의 아이디어를 현장에 적용하려고 시도하고 있지만 너무 힘이 부쳐 사람들이 포기하기 시작한다는 내용이었다. 그는 나에게 학구로 직접 와서 계획안을 함께 진행해줄 수 있는지 물었다. 나는 학구의 계획을 보내줄 수 있는지 되물었다. 받아본 31페이지 분량의 문서에는 16개 목표와 각 목표마다 8가지 실행안이 있었다. 계획안에는 전혀 문제될 게 없었지만 좀 더 현실적으로 생각해보면, 41명의 교장과 수천 명의 교사들이 계획을 수용하는 문제는 차치하고라도 그들에게 어떻게 계획을 알리고 이해시킬 것인지 의문이 들었다. 나는 교육감에게 목표를 크게 3가지로 줄이고 내용도 3페이지 정도로 줄이라고 말했다. 교육감 측에서는 이를 훌륭히 해냈다. 린 섀럿(Lyn Sharrat)과 나는 직접 학교와 학구를 방문하여 한 달에 하루씩 총 6회에 걸쳐 작업했다. 해당 팀은 집중도를 높였고 관련 역량을 키웠으며(이미 어느 정도 보유하고 있었음), 변화를 시도한 지 5년만인 그 이듬해 처음으로 성과 향상을 이뤘다. 이 사례가 주는 교훈은 계획이란 '빠져들게 하는 힘'이 있어야 한다는 사실이다. 명료하고 초점이 있고 실천으로 옮길 수 있고 기억하기에 좋은 내용으로 말이다. 우리가 보는 의미의 관점에서는 계획이 실행자들을 위한 것이라는 사실(계획자들을 위한 것이 아니라)을 깨닫는 순간 변화의 현상학(사물을 바라볼 때 각각의 사태에 충실해서 '의도'와 같은 경험의 핵심특징 분석을 통해 사물 그 자체의 본질이 드러나게 하는 연구-옮긴이)을 참여자 중심으로 옮긴 것이다. 여기서 계획의 성공이 판가름 난다. 계획과 실행은 하나로 묶여야 한다.

계획 리포지셔닝

긍정적인 측면, 다시 말해서 '해결책'은 학습조직을 구축하는 것이다. 센게(Senge)와 동료들이 기록한 현장노트에 따르면, 명령이나 지시로는 결코 복잡한 문제를 풀 수 없고 학습을 지향할 때만 문제를 해결할 수 있다(Senge et al., 2000).

학습을 지향한다는 것은 시스템에 속한 모든 이들이 장래 포부를 명확히 밝히고 이를 모두가 인식하며 함께 역량을 개발하는 것을 뜻한다. 학습하는 학교에서는 부모와 교사, 교육자와 지역 사업가, 행정가와 노조, 학교 내부와 외부의 사람들, 학생과 어른 등 기존에 서로를 의심하던 관계에 있던 이들이 변화한다. 즉, 이들은 학교시스템의 미래에 걸린 공동의 이해(利害)를 인식하고 서로에게 배울 수 있는 부분들을 자각하기 시작하는 것이다.(p.5)

계획의 한계를 인식하는 것과 변화를 효과적으로 달성할 수 없다고 결론 내리는 것은 다르다. 그러나 계획된 교육변화가 가능한지를 판별하려면 변화가 성공했던 상황을 알아보는 것만으로는 충분치 않다. 이전의 상황에서 명백한 개선을 보이며 계획적 의도에 따라 환경을 새로운 상태로 *완전히 탈바꿈한* 사례를 찾아야 하고, 그러한 사례에서 변화의 동인과 역동성에 대해 알아야 한다. 뒤에 이어지는 장에서는 학구 및 시스템 변화의 구체적인 사례들을 통해 이 계획된 변화 프로세스가 작동하는 방식을 살펴볼 것이다. 지금으로서는 다음 두 가지 유형의 상황을 살펴보자. 하나는 변화를 수용하는 쪽에, 다른 하나는 변화를 계획하는 쪽에 적용된다.

변화에 대응하기

우리 대부분이 그렇듯이 변화의 수용자적 입장에 처해 있다면 변화에 대한 대응기제가 필요할 것이다. 특정 변화에 대응해야 하는 상황에 처한 이들은 변화가 이로울지 소용이 없을지 미리 재단하거나 사전 분석으로 모든 걸 알고 있다고 생각해서는 안 된다. 초반에는 주로 변화계획을 *비판적*으로 *평가*해야 하는데 이는 특정 목표와 관련해서 변화가 바람직한지 그리고 '실행 가능한지', 즉 노력할만한 가치가 있는지를 따져보는 것이다. 왜냐하면 정말로 가치 있는 변화라면 상당한 노력이 *들어갈 것이기* 때문이다. 이 평가에는 다음 몇 가지 기준이 적용된다. 충족되지 않은 욕구를 해결하는 변화인가? 그 욕구는 다른 충족되지 않은 욕구에 비해 우선순위가 높은가? 바람직한 비전이 있고 이것이 많은 정보를 제공하고 있는가? 실행을 뒷받침할 충분한(최적은 아니더라도) 자원(기술적 지원 또는 리더십 지원 등)이 있는가? 비교적 괜찮은 조건이라면 앞 장에서 기술한 변화 프로세스에 대한 지식을 유용하게 쓸 수 있을 것이다. 기술적 지원이나 교사들 간의 소통기회 마련을 요구하는 것 등이 그 예이다. 하지만 여건이 그다지 좋지 않거나 좋아질 가능성이 없다면 최선의 대응전략은 변화 프로세스를 충분히 이해하는 일이다. 그래야 프로세스가 제대로 작동되지 않는 이유를 이해할 수 있고 애꿎게 우리 자신을 탓하지 않을 수 있다. 또한 다른 이들도 대부분 실행하지 못하는 상황이라는 사실을 알고 위안을 얻을 수 있다. 어떤 이들은 변화로 인해 업무가 과도해질까 두려워 의도적으로 변화를 거부하기도 하고, 더 중요한 우선순위의 일에 치중하느라 외부의 변화요구에는 최소한으로만 반응하기도 한다. 외부로부터의 변화요구에 능숙히 대응한 사례로는 애너하임 가든그로브 통합학구의 성공한 교육감인 로라 슈발름(Laura Schwalm)을 들 수 있다(상세한 내용은 Fullan[2015] 참조).

전반적으로 볼 때 핵심은 변화와 관련해 충분한 의미를 도출하는 일이다. 그래야 변화를 효과적으로 실행에 옮기든가 거부하든가 입장을 취할 수 있기 때문이다. 필자와 동료들은 지역사회의 교육자들과 함께 노력했을 때 다음과 같은 해법에 도달했다. 현장실천자의 입장에서 보면 첫째, 말 그대로 공공정책 실행은 당신의 임무가 아니다. 다만 선제적인 자세로 국가정책을 지역의 목표달성을 위해 어떻게 이용할 것인지 고민해야 한다. 이것은 표현처럼 과격하게 기존의 체제를 부정하자는 말은 아니다. 대부분의 국가정책은 좋은 목표를 지니고 있다(정책입안자들이 실수하는 것은 잘못된 동인 등으로 정책을 추진하는 방식에 문제가 있기 때문임). 우리는 대부분의 국가정책들이 타당하고 바람직한 우선순위를 갖고 있다는 점을 알 수 있다. 둘째, '중간리더십(LftM)'의 전략(Hargreaves & Braun, 2012)이 좋은 평가를 얻고 있다. 이 전략의 핵심은 해결책을 같이 모색하는 동료관계자들(주 차원에서는 학구 리더, 학구 차원에서 학교 리더를 말함)에 의해 더 큰 일관성과 역량이 개발될 수 있다는 것이다(10장 참조). 이 경우 가장 잘 풀린 사례를 보면 상위 단위(학구 또는 주)에게 이들은 훌륭한 파트너가 된다. 이보다 더 좋은 점은 중앙의 리더들이 중간리더십을 시스템 변화의 가치 있는 방식으로 생각한다는 점이다. 시스템 상의 이런 리더들이 볼 때 이는 잘못된 동인을 올바른 동인으로 전환함으로써 더 많은 것을 이룰 수 있다는 것을 의미한다.

요컨대, 우리는 통제의 중심(locus of control)을 중간 지자체와 지역 단위로 더 많이 옮기고 싶은 것이다. 그러나 이런 상황이 특히 권력의 실행 자리에 있는 이들(구청의 중간관리자, 교장, 도 또는 주정부의 중간관리자)에게는 어려울 수 있다. 이들에게는 실행을 주도하거나 관리할 책임이 있기 때문이다. 변화가 아직 충분히 진전되지 않았기 때문이 건(그래서 말 그대로 이해할 수 없거나), 어떤 변화를 선택할 것인가의 의사 결정에 참여하지 않았거나 충분한 오리엔테이션이나 훈련을 받지 않 았기 때문이건, 이들이 변화를 원하지도 않고 이해하지도 못할 때 그 어려움은 더 클 것이다. 심리분석학자인 로널드 랭(Ronald Laing)은 이 상황을 '엉킨 매듭(knot)'이라 칭하며 다음과 같이 묘사한다.

> 내가 알아야 하는 무언가
> 모르는 것이 있다네.
> 내가 모르는 그 무엇이 뭔지 모르는데
> 알아야만 한다네.
> 그래서 바보처럼 느껴지고 바보처럼 보이지
> *무얼* 모르는지 내가 모른다는 것이.
> 그래서 난 아는 척 한다네.
> 이건 참 힘든 일이지.
> 내가 무엇을 아는 척 해야 하는지 모르니까.
> 그래서 난 모든 걸 알고 있는 척 한다네.
>
> 『엉킨 매듭(Knots)』(Ronald Laing, 1997)

이런 상황은 성공적이지 못할 뿐더러 고통스럽고 터무니없기까지 하 다. 권력의 자리에 있는 이들(이 경우에는 중간관리자들)도 의미를 공유 할 필요가 있다. 그들이 의미를 다른 이들에게 전달하지 못하면 변화 에 성공할 수 없기 때문이다.

계획과 실행은 행동이론(theory of action, 모든 개인이나 집단의 의도적인 행동은 어떤 이론에 따라 결정된다는 것-옮긴이), 즉 효과적인 변화를 일으키는 방안에 대한 가설과 관련된 것이다. 똑같은 도구나 수단이라도 어떤 상황에서는 큰 성공을 거두는가 하면 또 다른 상황에서는 실패를 맞기도 한다. 이는 단순히 상황이 다르기 때문이 아니라 변화를 이끄는 이들의 철학이나 변화에 대한 생각 때문이다. 예컨대, 실패를 거듭하는 학교나 학구에 대해 리더가 성장관점을 기반으로 역량구축에 초점을 맞춘다면, 단순히 무능력한 교사들을 해고하는 접근방식보다 성공률이 월등히 높다. 믿음은 강력한 힘을 발휘할 수 있고 종종 행동의 무의식적 근원이 된다. 사람들이 실제 경험하면서 변화란 무엇인지를 이해하기 시작하면, 변화를 계획하는 이들이 내린 가설이 중요하다는 점 역시 알게 된다. 사람들은 이런 과정을 통해 실행과정에서 마주할 현실에 대응할 것인지 무시할 것인지를 결정하게 된다. 아래의 가설, '할 것'과 '하지 말 것'의 십계명은 교육변화에 대한 성공적인 접근의 기초가 될 수 있다.

1. 자신이 원하는 버전에 따라 변화가 실행되어야 하고 실행에 옮길 수 있다고 생각하지 말라. 오히려 실행과정의 주된 목적 중 하나는 당신이 이루어져야 한다고 생각하는 현실을 상호작용을 통해 실행자 및 다른 관계자들이 처한 *현실과 교환*하는 것이라고 생각하라. 바꾸어 말하면, 변화의 성공적인 실행이란 어떤 근본적인 변화를 추구하든가 아니면 초기 구상을 지속적으로 진전시켜가는 일이라

고 생각하라. 좋은 아이디어를 내고 영감을 불러일으키게 하라. 그러나 다른 이들도 참여시켜 그들의 현실문제를 다루게 하라.

2. 어떤 중요한 혁신안도 그것이 실제 변화로 이어지려면 실행자 각자가 자신만의 의미를 발견할 수 있어야 함을 잊지 말라. 중요한 변화는 그 의미에 관해 어느 정도의 모호함과 양면성, 불확실성을 동반한다. 따라서 효과적인 실행이란 이러한 모호함을 *명확히 하는 과정*이다. 또한 초기 단계에서 필요를 파악하거나 계획하고 문제를 정의하는 활동에 지나치게 많은 시간을 쓰지 않는 것이 중요하다. 교직원의 시간은 제한되어 있다. 명확화는 대부분 일어난 일을 반추해보는 과정에서 드러나기 마련이다. 주어진 변화에 대해 깊이 이해하고 이를 공유하는 과정은 어떤 집단에게나 중요한 목표가 된다.

3. 갈등과 의견 불일치는 성공적인 변화에 불가피할 뿐만 아니라 반드시 필요하고 중요한 기본 요소임을 받아들여라. 온갖 집단의 사람들이 다양한 현실에 처해있기 때문에 어떤 집단적 변화의 시도도 갈등을 포함할 수밖에 없다. 가설 2번과 3번의 내용을 함께 고려해보면 이들이 암시하는 바가 있다. 즉, 성공적인 노력이 아무리 잘 계획되었다 할지라도 실행의 초기 단계에서 슬럼프를 겪을 수밖에 없다는 사실이다. 실행과정이 너무 매끄러우면 이것은 별다른 변화가 일어나고 있지 않다는 신호인 경우가 많다.

4. 변화에 성공하려면 압력이 필요하다고 생각하라. 다만 이것의 효과가 나타나려면 조건이 있다. 사람들에게 반발도 허용하고 그들

만의 입장을 취할 수 있게 하며 다른 실행자들과 상호작용할 수 있게 하고, 또 필요할 경우 도움을 청하고 새로운 역량을 쌓을 수 있도록 허용하는 것이다. 변화의 실행자인 당신이 가치를 두는 내용에 대해 실행기준과 책무성의 형식으로 목소리를 내도 좋고 이는 실제 도움이 된다. 그러나 여기에는 반드시 역량구축과 문제해결의 기회가 수반되어야 한다.

5. 변화의 성과가 나기까지는 시간이 걸린다는 점을 명심하라. 이를 '사용하면서 발전시키기(development in use)'의 과정으로 여기라. 이런 과정에는 현실적이거나 명확한 시간표가 필요하다. 이것이 없으면 실행이 단계적으로 발전하며 일어난다는 것을 인지할 수 없기 때문이다. 특정 혁신의 실행형식에 중대한 변화가 일어나기까지는 2-3년이 걸리고, 제도의 개선이 일어나려면 5-10년이 걸린다. 동시에 인프라(정책, 장려금, 각 기관의 역량 등)를 바꾸어라. 그래야 의미 있는 성과가 지속되고 이것이 다음 성과의 발판이 된다. 하룻밤 사이에 변화가 일어나길 기대하지 말되 예측가능한 시일(선거기간이 한 번 지나갈 동안) 내에 상당한 성과를 내도록 노력하라.

6. 실행이 미흡하다고 해서 이를 변화에 대한 거부나 노골적인 저항으로 받아들이지 않도록 하라. 여기에는 수많은 이유가 있을 거라고 가정한다. 예를 들면, 변화에 담긴 가치에 동의하지 않을 수도 있고 실행을 뒷받침해줄 자원이 부족하거나 역량이 부족할 수도 있다. 또는 시기가 이르거나 저항하는 이들이 반대할 만한 충분한 근거가 있을 수도 있다.

7. 개인이나 집단의 대부분 혹은 모두가 변할 것이라고 기대하지 말라. 변화는 단계적 조치를 취해(여기에 명시된 가정들을 하나하나 따름으로써) 공감하는 사람들의 수를 *증가시킬* 때 일어난다. 목표는 우리가 닿을 수 있는 수준보다 높아야 하지만 완패로 끝날 만큼 너무 높아서는 안 된다. 해야 할 일들을 보며 낙심하기보다는 실천적 행동으로 이룬 발전을 보면서 힘을 얻도록 하라.

8. 앞에 나열한 내용에 바탕을 두고 실행에 영향을 주는 요소들을 어떻게 할 것인가에 대한 *계획*이 필요하다고 생각하라. 그러나 이 계획은 간결하고 초점이 있으며 실천 지향적이어야 한다. 변화 프로세스에 대한 지식을 기초로 단계별 계획을 세우고 문제대응 모델을 만들어두는 것은 필수이다. 페퍼와 서튼(Pfeffer & Sutton, 2006)이 정의한 지혜, 즉 '가진 지식을 의심하면서 동시에 가지고 있는 지식을 실천으로 옮길 용기'(p.174)를 잊지 말라.

9. 아무리 많은 지식을 갖추어도 어떤 조치를 취해야 하는지 명확히 알 수 있는 길은 없다는 점을 고려하라. 실행을 위한 결정은 유용한 지식과 정치적 고려, 즉흥적인 결정, 직관 등의 조합이다. 변화 프로세스에 대해 보다 나은 지식을 갖출수록 꺼내 쓸 수 있는 자원의 조합은 많겠지만, 그것만이 결정의 유일한 근거가 되어서는 곤란하다.

10. 장애물 제거는 치를 전쟁의 절반에 불과하다는 점을 명심하라. 제약으로부터 자유로워진 후 만들어진 자유로운 공간에 새로운 기회를 만들어라. 개별적인 혁신의 실행보다는 기관의 문화를 바꾸

는 작업이 중요한 의제이다. 달리 표현하면, 특정 혁신을 실행할 때는 각각의 기관과, 기관 및 개인 사이에 새로운 관계가 형성되고 있는지 주목해야 한다. 변화를 선택하고 그 변화를 이루어낼 수 있는 역량을 갖추는 것이 변화를 유지시킬 수 있는 힘이며 성공의 핵심이다.

다시 말해서, 묘책을 바라는 유혹에 빠지지 말라. 문제해결이 급할 경우 기성의 해결책에 의존하기 쉽다. 하지만 외부로부터 들여온 해결책은 대부분 실패했다. 외부 아이디어에 대해 비판적 소비자가 되는 것이 바로 해결책이다. 문제해결은 지역의 고유한 맥락을 이해하고 바꾸는 것에서부터 출발해야 한다. '여기가 아닌 저 다른 곳에' 완전한 답이 있기를 기대하지 말라.

동료인 라일 커트만(Lyle Kertman)은 지난 20년간 성공적인 교육지도자들을 연구한 뒤 그들의 특징인 7가지 역량을 파악했다(Kirtman & Fullan, 2015). 이 중 몇 가지 역량은 명확한 소통을 통한 신뢰 쌓기와 팀 구축 등 의미의 도출에 초점을 맞추고 있다. 커트만이 꼽은 첫 번째 역량인 "현 상황에 대해 의문을 품어라." 역시 '새로운 의미' 찾기에 관한 것이다. 커트만은 계획의 수립에 있어서 최고의 지도자들은 '성공을 위해 모두가 공유할 수 있는 계획을 세우도록' 돕는다는 점을 발견했다. 이들은 명확성, 역량, 주인의식을 키울 수 있는 우수한 변화 프로세스를 활용한다. 이런 훌륭한 계획은 흔치 않다. 대개 지나치게 복잡하거나 일반적이거나 부정적이거나 시간낭비인(효과가 없으므로) 계획들이 많기 때문이다. 파편화된 계획은 불필요한 업무를 양산하여 매번 같은 관계자들을 수많은 회의와 업무시간으로 꼼짝 못하게 만든다. 추상적인 목표나 모호하고 암묵적인 전략의 작성과 수정에 시간을 전부 다 보내게 만든다. 그러나 계획은 명확해야 하고 수시로 변하는 상황에 따라 업데이트하기 쉬워야 한다. 경로의 수정이 필요한지 파악하려면 진도를 쉽게 모니터할 수 있어야 한다. 만약 상황을 측정하는 게 너무 복잡하고 번거로워서 재빨리 평가할 수 없다면, 취할 수 있는 변화와 전략은 미미하거나 한발 늦게 될 것이다. 아예 처음부터 프로세스를 간소화하고 상호작용을 늘려 실행으로부터 배우는 것이 더 낫다. 이 책의 후반부에서도 살펴보겠지만 효과적인 리더들은 바로 이렇게 하고 있다.

우리의 결론은 민츠버그 등(Mintzberg et al., 1998)이 내린 결론처럼 "전략이 수립되는 공간에는 많은 요소들이 개입된다."는 것이다.

전략수립은 분별력을 요하는 설계이자 직관적 추리이고 돌연적인 학습이다. 변형과 지속, 개인적 인식과 사회적 소통, 협력과 갈등을 모두 담아내야 한다. 사전 분석과 사후 프로그래밍, 중간의 협상도 필요하다. 이 모든 일들을 만만치 않은 환경 속에서 해내야만 한다. 이 중 하나라도 빼놓으면 어떤 일이 발생하는지 보기 바란다!(pp.372-373)

간단하게 다시 정리하자면, 현장의 실행자들은 정책입안자들이 갖지 못한 정보를 갖고 있다. 리더들이 연대와 협력의 문화를 통해 현장과 소통하지 않으면 그 정보를 접할 수 없는 것이다. 그런 상황에서는 계획이 실패할 수밖에 없다.

이제 복잡한 공간의 일부를 사람들로 채울 때가 되었다. 2부에서는 교육개혁으로부터 가장 직접적인 영향을 받는 이들의 사회적 현실과 가능성을 들여다볼 것이다.

THE NEW MEANING
OF
EDUCATIONAL CHANGE

2부
단위학교 수준에서의 교육변화

6

교사

사기가 저하되어 있고 우울하다. 학교를 향한 비난은 공정하지 않다고 느낀다.
학교교육이 직면한 어려움은 병든 사회를 반영한 탓이기 때문이다.
이렇게 생각한다면 당신은 교사인 것이 분명하다.

— 교육전문지 「Times Educational Supplement」(1997, p.1)

교육변화는 교사들이 무엇을 생각하고 행하는지에 달려있다. 그런
만큼 단순하고도 복잡한 문제이다. 개인의 생각의 변화를 법제화할
수 있다면 변화는 너무나 쉬울 것이다. 학교가 효과적으로 운영되려
면 두 가지가 갖춰져야 한다. (1) 우수한 인력을 교직에 채용하는 것
(2) 교원에게 활기를 불어넣는 근무환경 및 성과에 대한 보상이다. 이
두 가지는 서로 밀접한 관련이 있다. 성과에 대한 보상이 있는 근무
환경은 좋은 사람들을 끌어들이고 유지하는 데 도움이 된다. 이번 장
에서는 지속적인 개선을 판단기준으로 삼아 대부분의 교사들이 부정
적으로 느끼는 상황을 긍정적으로 바꿀 수 있는 사례를 소개하려 한
다. 제4판이 출간된 이후 지금까지(이 책은 2016년에 개정된 제5판임—옮
긴이) 몇 단계를 뛰어넘는 진전을 보여준 일부 교사를 제외하면 대부

분의 교사들은 오히려 두세 단계 퇴보했다고 말할 수 있는데, 이 모든 것이 교사들의 근무여건에 달렸다. 먼저 나쁜 소식부터 살펴보자.

미국의 교원만족도는 2008년 이래 24%나 급격하게 떨어졌다. 2008년 당시 '매우 만족'이라고 답한 비율은 전체 응답자의 62%였지만, 2013년에는 32%에 불과했다(Metropolitan Life Insurance, 2013). 최근 갤럽조사 결과는 더욱 좋지 않다. 자신의 직무에 '적극적으로 참여한다'고 답한 사람은 33%뿐이다. '적극적으로 불참한다(결구—옮긴이)'고 답한 사람도 13%나 되는데, 이런 교사들이 동료교사의 사기를 꺾어 놓을 것임은 말할 것도 없다. 교사들의 이러한 태도는 부정적인 미시적 요인(지역학교의 여건)과 거시적 요인(정책 및 직업에 대한 태도)의 탓일 가능성이 높다. 거시적 요인은 12장에서 다루기로 하고 이 장에서는 교사들의 근무여건을 집중적으로 살펴보기로 한다.

어떤 교육개혁이든 그 진지한 노력의 중심에는 교사들의 불만족과 불참의 흐름을 바꾸려는 시도가 있어야 하고 거기에 초점을 둬야 한다. 먼저 대부분의 교사들이 처한 현주소를 들여다보고 거기에서 한 발 더 나아가 변화의 도입이라는 현상을 살펴보기로 하자. 교사세계에 관한 한 십중팔구는 미스매치 상태, 즉 전반적으로 상황에 맞지 않는 변화의 도입일 것이다. 그러나 변화란 양날의 검과 같으므로 10가지 사례 중 한 가지의 성공사례에서 그 성공 원인에 관해서도 알아볼 것이다. 그리고 해결책으로 제시되는 대규모 교사학습공동체의 가능성과 문제들을 살펴볼 것이다. 하지만 궁극적인 주요 해결책은 교사들의 전문성 자본과 집단적 자신감의 개발이다.

교사의 현주소

교사들이 처한 현주소에서 시작하려면 다면적 다양성, 과부하가 걸린 상황, 개혁의 한계로부터 출발해야 한다. 이런 상황은 대부분의 교사들에게 해당되기 때문이다. 앞으로 보게 되겠지만 이러한 양상의 패턴에 몇몇 주목할 만한 예외도 있는데, 이는 무슨 일이 벌어질 수 있는지를 암시해준다. 어쨌든 대부분의 교사들은 일상의 업무부담으로 인해 상황을 개선하는 데 지속적으로 신경 쓸 겨를이 없다.

전 세계는 고사하고 북미지역으로만 한정하더라도 갖가지 환경에서 근무하는 교사 3백만 명의 삶을 단 몇 페이지로 설명하기란 불가능하다. 아래 글은 한 고등학교 교사가 쓴 내용인데, 다소 과격한 표현도 있지만 교사의 복합적인 현실을 잘 묘사하고 있다.

교사들은 매일 140명이 넘는 학생들을 가르쳐야 한다. 여기에 점심급식 관리, 통학버스 관련업무, 복도감시 업무, 담임교사로서의 업무가 있다. 나아가 학부모회의, 교사회의, 현장회의, 교육과정회의, 부서별회의, 전국교사회의, 교육위원회회의, 주정부 교사컨퍼런스 등에도 참석해야 한다. 축구경기와 농구경기가 열릴 때는 티켓판매부스와 구내매점 근무도 맡아야 한다. 교내연극공연, 졸업앨범제작, 신문제작, 댄스공연, 스포츠행사, 토론회, 체스경기, 졸업식행사를 관리하는 것도 교사의 몫이다. 졸업반 여행에도 동행한다. 주요 청사나 감옥, 자연센터, 동물원, 법원 등에 현장학습도 나가야 하며, 점심시간이면 치즈마카로니와 미국농무성표 땅콩버터(우리가 돈도 내야 함)를 꾸역꾸역 먹고 있다. 폭탄의 위협이 있을 때는 사물함을 뒤지는 역할을 맡고, 화재대피 훈련과 토네이도 경보 시에는 학생들을 안내한다. 홀패스(hall pass, 수업 중에 화장실이나 양호실 등 개인용무를 볼 수 있도록 발행해주는 수업이탈권 혹은 복도통행증—옮긴이)도 발행해줘야 하고, 교장·교감·학부모·교사를 대상으로 한 공지도 작성해야 한다. 또한 학생들 상담도 해주어야 한다. 교사는 매일아침 잠에서 깰 때 대부분의 학생들이 학교에 맞지 않는 아이들이라는 생각을 이겨내며 일어난다. 그뿐이 아니다. 주 의회와 학부모들은 교사를 야단친다. SAT점수에 관해서까지 말이다. 설상가상으로 대학은 고등학교 교사들이 학생들을 제대로 준비시키지 못한다고 비난을 쏟아낸다. 대체 그들은 누가 교사들에게 교수법을 가르쳐 주었다고 생각하는 걸까? 대학들은 교육대학원에 얼마나 많은 지원과 명성을 부여하고 있는가?(Wigginton, 1986, p.191)

초등학교 교사의 상황은 이와 다르지만 크게 나은 것도 아니다. 예컨대, 북미 대부분의 교사들은 점점 더 다양한 인종과 언어를 경험하고 있으며, 특수교육이 필요한 아동, 한부모가족, 교실에 대해 당혹스러울 정도로 다양한 사회적·학문적 기대치에 직면한다. 굿래드(Goodlad, 1984, 2장)는 기초스킬 숙달, 지적 발달, 진로교육, 대인관계 이해, 시민권 참여, 문화적 적응, 도덕 및 윤리성 발달, 정서적·신체적 웰빙, 창의력과 미학적 자기표현, 자아실현 등을 아우르는 현대 교육목표를 보며 "우리는 모든 것을 원한다."라고 결론 내렸다.

전 세계 교사들은 사면초가에 몰린 심정이다. 예컨대, 잉글랜드의 교사들은 학교감사를 앞두고 요구받은 세세한 서류업무에 대해 다음과 같이 표현했다.

감사단이 어떤 비판을 하든, 그것이 아무리 터무니없는 것이더라도 지난 20년 세월이 무색해지는 느낌일 것이다. 감사단은 지난 15년간 학교가 이뤄낸 발전은 들여다보지 않는다. 무조건 "학교는 실패했다."라고 한다. '교장을 교체해야' 하고 '특별 감찰단을 투입해야' 한다는 식이다. 무엇을 보든 마찬가지다. 무조건 학교의 실패에 초점을 맞춘다.

나는 낙관론을 잃고 싶지 않다. 사람들은 늘 내게 낙천적이라 말하지만 나 역시 낙천성을 잃어가고 있다. 교사라는 직업을 일정 부분 즐기기 때문에 부정적이고 싶지는 않지만, 동료교사들의 고통이 커지는 걸 보면 리더로서 내가 지원하는 데에도 한계가 느껴져 걱정이다. 교사는 마치 징징대는 집단처럼 대중에게 각인된 느낌이지만 우리의 진짜 모습은 그게 아니다.(Jeffrey & Wood, 1999, p.330)

지난 10년간 미국은 근본적이며 지속적인 개혁의 여건을 조성하지는 않은 채, 아동낙오방지법(NCLB) 도입, 표준화시험 및 책무성 강조, '학교개혁을 통한 성취도 향상' 정책 도입 및 실패하는 학교에 대한 요구조건을 강화해왔다. 그 결과 교사들의 고통은 더욱 커졌다. 이와 같은 외부 지원을 하면서 정부가 실패한 학교를 공개적으로 지명하고, 긴급한 개혁이 필요한 학교(turnaround school)를 감시하자 고통이 증폭되었다. 비록 일시적인 개선은 일부 이루어졌으나 실패 학교의 교사와 학생들에게 오래 지속될 해결책을 제공해주지는 못했다(Fullan, 2006; Minthrop, 2004).

교사들의 여건은 책무성 증대와 함께 과도한 일일업무와 학생의 성공에 대한 기대치에 짓눌려 있는 형편이다. 반면에, 계획수립과 건설적인 논의, 생각, 마음을 추스를 시간은 거의 허용하지 않는다(보상은 바랄 것도 없이). 이런 여건은 단연 부정적인 결과를 낳는다(이 말은 압력이 아예 없어야 한다는 게 아니라 동기부여가 되는 '긍정적 압력'과 적절한 조화를 찾아야 한다는 말임. 3장과 11장 참조).

교사들의 행동과 사고에 대해 가장 널리 인용되는 신뢰할 만한 연구로는 40년 전 로티(Lortie, 1975)가 펴낸 책『교직사회: 교직과 교사의 삶(School Teacher)』이 있다. 로티의 결론에 대하여 다음과 같은 질문을 던지고 싶다. "지난 세월 동안 바뀐 것이 있다면 무엇인가?" 보스턴 지역의 초등 및 중등교사를 대상으로 진행한 94회의 인터뷰, 플로리다의 데이드카운티(county, 한국의 군에 해당되는 자치단위―옮긴이)에 있는 6,000여 명의 교사들에게 실시한 설문조사, 이 외에도 전국·지역 차원의 여러 연구를 바탕으로 로티는 계층별 추출 표본(5대 타운 표본이라 불림)을 만들었다. 그의 연구결과는 다음과 같이 요약할 수 있다.

1. 교원연수(12장 참조)는 교실의 현실에 맞는 연수라고 보기 어렵다. 교사로의 보직 전환이 예측불허 식으로 이루어지는 상황에서 제대로 된 연수를 기대할 수도 없다. 9월의 신임교사(6월에는 학생이었던)는 25년 경력의 베테랑 교사와 동일한 업무를 맡게 된다. 두 교사 모두에게 학급경영과 생활지도가 가장 큰 과제 중 하나이다. 대부분의 교사들은 과제의 통제와 관련된 역할 측면과 학생에게 다가가기 위한 관계 측면 사이에서 항상 긴장관계

를 경험한다고 한다.

2. 학교는 그 구조가 세포조직과도 같아서 교사는 동료들과 분리된 채 홀로 문제나 고민거리와 씨름한다.

3. 교사들은 공동의 조직문화를 만들어내지 못한다. 이는 물리적 고립 때문이기도 하고, 교사들이 함께 정보를 공유하거나 관찰하며 서로의 성과를 논의하지 않기 때문이기도 하다. 결과적으로는 서로를 '쓸모 있고 일반화된 지식과 실천적 노하우를 공유하는 동료'(Lortie, 1975, p.79)로 보기 어렵게 된다. 여러 방면에서 학생의 학습은 교사의 통제 밖 요소(가정환경 등) 또는 예측불가능하고 영문을 알 수 없는 영향력에 좌우되는 것으로 여겨진다. 로티에 의하면 전문적 문화(technical culture, 역사적 시기마다 풍미했던 가치 —옮긴이)와 분석의 부재, 교사들 간의 진지한 공유 및 고찰이 부족하여 모호함과 임시방편적 대응만이 발생한다는 것이다. 즉, "교사의 지도기술은 본받을 만한 구체적 모델이 없고, 영향력을 발휘하는 방식이 불분명하며, 여러 논쟁적인 기준이나 모호한 평가 시기, 불안정한 성과라는 특징을 띤다."(p.136) 교사는 나쁜 교사이거나 좋은 교사이고, 좋은 하루를 보내거나 나쁜 하루를 보낸다. 이 모든 게 그때그때 다르다.

4. 교사들이 도움을 받기에 가장 효과적인 첫 번째 통로는 동료교사이고, 두 번째는 행정가 및 전문가들이다. 그러나 도움을 받는 일은 자주 있지 않으며 있다 해도 매우 까다롭다. 예를 들면, 교사들은 흔히 학습목표(objectives)를 지도원리나 도달하려는 학

습의 최종 결과와 결부시키지 않는다. 로티는 다음과 같이 말한다. "수업활동의 바탕이 되는 더 폭넓은 개념보다는 현장경험에서 얻은 얄팍한 요령(tricks)이 학습목표의 중심이 되는 경우가 많다."(Lortie, 1975, p.77) 동료교사와의 접촉빈도에 관해서는 5대타운 교사들의 45%가 업무상으로 다른 교사들과 '접촉하지 않는다'라고 답했고, 31%는 '다소 접촉한다', 24%는 '자주 접촉한다'(p.193)라고 답했다. 교사들이 동료교사와 더 자주 교류하기 원한다는 사실은 이미 언급된 바 있다. 54%의 교사들은 타인과 나누기 원하는 이를 좋은 동료(p.194)로 꼽았다. 이는 교사들이 교수법의 기반이 되는 원리나 지도와 학습과의 관계를 배우기보다는 '요령'에 더 많은 관심을 갖고 있음을 보여준다.

5. 지도의 효과성은 비공식적이고 일상적인 학생관찰을 통해 측정된다. 데이드카운티의 교사 50%가 이런 식으로 응답했다. 교육의 효과성을 측정하는 방식 중 두 번째로 높게 나온 답변은 시험성적이었는데 이렇게 답한 교사는 13.5%에 불과했다. 다시 말해서, 교사들은 성취도평가를 자신들의 비공식적인 관찰에 크게 의존하고 있는 것이다.

6. 교사들이 꼽은 가장 큰 보상은 로티가 말한 일명 '정신적 보상'이다. 이는 '개인별이든 집단별이든 모든 학생들에게 학습이 일어났을 때'(Lortie, 1975, p.104)를 일컫는다. 데이드카운티 소속 5,900명의 교사 중 5,000명(86%) 이상의 교사들이 이 점을 만족감의 요인으로 언급했다. 그 다음으로 꼽은 보상은 타인으로부터 존

경받는 것이었고 이를 선택한 교사들은 2,100명(36%)에 달했다.

7. 로티는 또한 교사들의 자부심의 주요 원천이 '이 학생은 여기서 저 학생은 저기서 식으로 개별 학생의 괄목할 만한 성공을 보는 것'이라는 사실도 발견했다(전체 집단의 시험점수를 올리는 것과는 별개였음; Lortie, 1975, p.121). 중학교 교사들의 경우에는 졸업생들이 감사를 표하기 위해 모교를 방문하면서, 학생들이 졸업한 지 1년 혹은 몇 년이 지난 후에야 비로소 성공사례들이 나타나기도 했다. 교사만족도에서 개인의 성공과 집단의 성공을 비교했을 때, 5대 타운 교사들의 64%는 개별 학생의 성공사례로부터 만족감을 얻는다고 답했고, 29%만이 집단 전체의 향상으로부터 만족감을 얻는다고 답했다.

8. 교사들이 가르치면서 경험하는 심리적 특징 중 하나는 *불확실성*이다. 교사들은 어떤 긍정적 변화를 일으켰는지 바로 알아내기가 힘들다. 이런 불확실성은 성과를 정확히 양적으로 설명할 수 없는 특성과 복잡성, 오랜 시간이 지난 후에야 지도의 성과가 나타나는 특성, 기타 영향력(가족·동료·사회)에 기인한다(Lortie, 1975, 6장). 5대 타운 교사 중 64%는 자신의 성과를 평가하는 데 어려움이 있었다고 말했고, 그 중 3분의 2는 문제가 심각하다고 답했다(p.142).

9. 혁신과 특별히 관련성 있는 질문으로서 교사들에게 만약 매주 10시간의 업무시간이 추가로 주어진다면 어떻게 사용할 것인지 물었을 때, 교사 6,000명 중 91%가 교실 관련 활동(보다 철저

한 준비, 모둠학습의 증가, 더 많은 상담)에 사용하겠다고 응답했다. 로티는 "가장 많이 선택한 답변의 91%가 *개별적인* 성향을 띤다는 점, 교사들이 홀로 수행하는 업무라는 점이 흥미롭다."(Lortie, 1975, p.164)라고 평가했다. 시간부족으로 일을 끝내지 못하는 것은 교사들이 반복적으로 경험하는 문제였다. 자신이 원치 않는 또는 비생산적인 방해요인은 '특별히 짜증날 수밖에 없을 것'(p.177)이라고 로티는 덧붙였다. 또한 교사들이 불만스러운 요인으로 꼽은 98가지 중 62가지가 '시간부족과 업무흐름의 방해'임을 발견했다(p.178). 원치 않는 혁신이 짜증의 또 다른 원인이 될 수 있다는 점을 알 수 있는 대목이다.

결국 지난 40년간 일어난 변화는 무엇인가? 상황은 더욱 악화되었다! 예를 들면, 로티의 연구가 있은 지 10년 만에 굿래드(Goodlad)와 동료들은 미국의 교사 1,350명과 교실수업에 대한 전국 단위의 표본을 연구했는데(1984), 교실수업의 변화에 대해 내린 결론은 고무적이지 않았으며 다음과 같다.

- 수업할 때 모둠의 구성 방식은 학급 전체를 대상으로 하는 경우가 압도적으로 많았다.
- 집단학습의 경우라도 학생들은 개별적으로 활동을 하고 목표를 이룬다.
- 수업과 관련된 모든 의사결정—예컨대, 학습자료의 선택, 모둠

의 구성 방식, 교수법의 선택 등을 실제적으로 교사가 주도한다.

- 대부분 교사는 교실의 맨 앞에 서서 가르치고 각자 책상에 앉아 공부하는 학생들을 감시하거나 문제를 내고 풀게 한다. 학생들이 또래를 통해 서로 배우거나 교사와 상호작용을 하는 경우는 드물다.

- 학생의 수행에 대한 칭찬과 교정이 부족하며, 다음에 어떻게 하면 더 잘할 수 있는지에 대한 지침 역시 부족하다.

- 학생들은 대개 좁은 범위의 학급활동에 참여한다. 교사의 설명 듣기, 질문에 대한 답 쓰기, (쪽지)시험 보기 등이 주를 이룬다.

- 대단위 설문결과에 의하면, 대부분의 학생은 교실 내 수업활동에 대해 그럭저럭 만족하는 것처럼 보인다.

- 관련된 확실한 증거에 의하면, 초등학교 저학년 수업에서조차 요구하는 것을 마치기에는 시간이 부족하고, 교사의 지시를 알아듣지 못하는 경우도 많다.

- 교사의 영향력이나 참여가 전반적으로 부족하다. 특히 학교 전체가 참여하는 활동이나 방과 후 활동에서 그러했다.(pp.123-124, 186.)

굿래드(Goodlad, 1984)는 나아가 교사들의 근무여건을 분석했다. 그의 분석 중에서 자율적인 고립(autonomous isolation)이라는 주제가 눈길을 끈다. 교사들은 독립적으로 일하는 듯 보이지만, 굿래드의 관찰에 의하면 '그들의 자율은 동료와의 풍부한 대화보다는 고립된 상태라는 특징을 갖는 것 같다'(p.186)고 한다. 또한 학교 내에서는 '교사들이 연대하여 상호 지원하거나, 학교 발전을 위해 협력하는 관계는 미약하거나 아예 존재하지 않았다'(p.186)고 한다. 대다수의 교사들이 동료교사의 수업을 관찰할 기회가 없다고 답했고, 전체 학년 교사의 75%가 수업관찰을 원한다고 답했다(이에 대한 가능성은 이 장의 후반부에서 다룸). 교사들은 학교 전체의 문제를 해결하는 데 거의 참여하지 못한다고도 답했다. 학교 밖에서는 직무워크숍이나 회의에서의 가벼운 접촉을 제외하고는 "학교 간, 교사와 집단 간, 심지어 같은 학교 내 개인 간에도 능동적이고 지속적인 아이디어와 수업노하우의 교환이 거의 없다."(p.187)라고 밝혔다.

굿래드의 이와 같은 관찰은 몇 년 후 로젠홀츠(Rosenholtz, 1989)가 테네시 주의 78개 학교를 연구하면서 상당수 확인되었다. 로젠홀츠는 교사와 학생의 관점에서 보았을 때, 대다수의 학교(78개 중 65개)를 '정체 상태' 또는 '학습의 질 저하 상태'로 분류했다. 이 학교들은 학생 전체의 전반적인 성취도 향상이라는 목표에는 아무런 관심을 보이지 않았다. 교사들은 섬처럼 고립되어 일하고 있었고 직무를 통해 학습이 일어나는 일도 드물었다. 무엇을 어떻게 가르칠지에 대해서도 교사 자신의 확신이 없었을 뿐더러 업무와 학교에 대한 헌신도 기대할 수 없었다. 이런 복합적인 요인들 때문에 학생의 성취 욕구나 교사의 바람은 이루어질 수 없었다. 한마디로 악순환의 연속이었다. 로젠홀츠는 '정체된' 학교의 특징을 다음과 같이 설명한다.

조직에 대한 어떤 믿음도 타인과의 끈끈한 관계도 없다. 교사들은 공동체 의식의 공유보다는 자신의 정체성 혹은 독자성에 더 많은 관심이 있는 듯 했다. 교사 자신에게 부여되는 사명을 심사숙고해서 수행하는 것이 아니라 자신의 임의적인 판단과 직관에 따랐다. 특히 학생들의 문제 행동을 어떻게 다룰지에 대해 학생들과 의견을 나누며 결정하는 경우가 없기 때문에, 교사가 관심을 더 많이 기울여야 할 학생들은 그 수가 더욱 증가한 듯 보였다. 교사들은 좌절과 실패, 권태감에 대해 말했고, 그러한 부정적인 감정을 그들이 평소 불만스럽게 여겨왔던 학생들에게 옮기는 것이 고작이었다.(p.208)

로젠홀츠는 교사가 처한 고립된 상황과 성과의 불확실성은 교사가 처한 환경과 연관되어 있다고 설명한다. 즉, 동료교사로부터 서로 배울 수 있는 기회가 거의 없는 환경이 문제인 것이다. 학교에서 새로운 실험과 이를 통한 개선이 일어나기 어려운 것은 바로 이런 이유에서이다.

굿래드(Goodlad)가 교사의 근무여건을 조사한 지 10년 뒤 이번에는 하그리브스(Hargreaves, 1994)가 '교사들의 업무부담 증가'를 지적한다. 그 사이 교사들의 업무수요가 감당하기 어려울 정도로 늘어났기 때문이다.

- 업무강도 증가는 근무 중 휴식시간을 줄인다.
- 업무강도 증가는 교사 자신의 수업기술을 다듬거나 전문영역의 최신 지식을 습득할 시간을 빼앗는다.

- 업무강도 증가는 만성적이고 지속적인 업무과중을 낳는다.
- 업무강도 증가는 서비스 *질*의 저하로 이어진다. 시간절약을 위해 지름길로 가기 때문이다.(pp.118-119)

4개국 교사(호주, 뉴질랜드, 영국, 미국)를 연구한 결과 스코트(Scott)와 스톤(Stone), 딘햄(Dinham)은 교사들이 '아이들의 성장을 확인'하거나 '청소년의 삶에 긍정적 변화를 만들어내는' 것을 여전히 정신적 보상으로 거론하고 있다는 사실을 발견했다. 동시에 저자들 자신이 '전문직업의 쇠퇴'라 명명한 부정적인 주제가 4개국에서 공히 발견되었다(Scott, et al., 2000, p.4). 이 주제는 교직에 대한 위상과 인정의 하락, 외부로부터의 간섭, 전문교사가 아니더라도 수업을 지도하는 문화, 교육변화의 속도와 성격, 업무량의 증가 등을 포함한다. 교사들은 다음과 같이 말한다.

"교직은 예전 같지 않고 우리가 매일같이 감당해야 하는 학대 수준의 업무에 비하면 임금도 너무 낮다."(호주)
"우리는 과도한 서류업무에 시달리고 있다. 의미 없는 서류작성에 너무 많은 시간을 쓰는 나머지 계획하고 평가하고 가르치는 시간에 심각한 영향을 받고 있다."(미국)
"마치 꼭두각시 인형이 된 느낌이다. 다른 사람들이 우리를 조종한다. 교직에서 비전을 찾기는 매우 어렵다. 지난 10년간 비전은 다 고갈되었기 때문이다."(영국) (p.8)

잉글랜드 교사들의 진로 순환에 대한 몇몇 사례연구 중에 데이와 구(Day & Gu, 2010)의 연구는 *교사들의 새로운 생활*을 자세히 묘사한다. 교사들의 직업헌신도를 어떻게 유지하고 쇄신하는가? 소위 '잘못된 동인'을 행동의 기반으로 삼는 정책입안자들의 해결책은 금전적 인센티브와 상벌체제이다. 그러나 데이의 연구는 다음과 같이 다른 요인을 해결책으로 꼽았다(이어지는 내용은 Hargreaves & Fullan, 2012, pp.59-60의 내용을 일부 수정해 인용함).

- **경력 축적 단계** | 교사의 직업효율성이 최고치에 달하는 시점은 근무연수가 8-23년 사이일 때다. 이렇게 볼 때 열정적인 젊은이를 교직으로 많이 유입하는 것이 교원의 수준을 높이는 전략이라면 이 전략은 문제가 있다. 일반적으로 젊은 교사들은 3-5년 뒤 그들의 역량이 최대치에 도달하기 전에 교직을 떠나버리기 때문에 돈과 시간의 투자 대비 수익을 극대화할 수 없게 되는 것이다.

- **리더십** | 교직에 지속적으로 헌신해온 교사들 중 75% 이상이 좋은 리더십 덕분에 업무에 전념할 수 있었다고 밝혔다. 이들은 리더가 '명확한 비전'을 갖고, 교사들을 '성인답게' 대해주며, 학교에 헌신적이고, 업무처리가 투명하며, 열린 태도를 갖고, 다가가기 쉽고, 교사들을 신뢰하고, 인간적인 대우를 해주는 것이 중요하다고 말했다. 반면에 헌신적이지 않은 교사들의 58%는 그 핵심 원인으로 좋지 못한 리더십을 꼽았다. 이들의 리더는 '교사들이 하는 일을 인정'해주지 않고, '지원받지 못하고 있다'는 느낌을 주

며, '괴롭힘을 당하고' 있다거나 '홀로 내버려진' 느낌을 준다. 심지어 '의심스런' 직원들은 무조건 쫓아냈다. 이를 보더라도 좋은 교사를 양성하려면 좋은 리더가 필요한 것이다. 나쁜 리더를 채용해놓고 이로 인한 금전적 피해는 왜 고스란히 교사가 져야 한단 말인가?

• **동료** | 교사들이 헌신적일 수 있는 요인으로 그들 주위의 훌륭한 동료들을 꼽는다. 데이와 구의 연구(Day & Gu, 2010)에서는 지속적인 헌신을 보인 교사의 63%가 동료를 결정적인 요인으로 언급했다. 유치원 및 초등학교 교사들은 특히 팀워크의 중요성을 강조했고, 일이 잘못되었을 때 터놓고 얘기할 수 있는 누군가의 필요성과 모든 이들이 같은 방향으로 나아가고 있다는 의식의 공유를 중요하게 꼽았다. 물론 동료의 지원이 없어도 이에 굴하지 않고 여전히 헌신적일 수 있는 교사들도 몇몇은 있을 것이다. 무관심과 역경 따위는 문제가 안 되는 별난 괴짜라든지 영웅적인 인습타파주의자, 용감하지만 고독한 전사 등의 유형이 여기에 해당된다. 이들에게도 감사해야 하겠지만, 일반적으로는 같은 목표를 향해 협력할 수 있고 그럴 의지가 있는 좋은 동료들을 곁에 둠으로써 좋은 교사들이 양성된다.

• **업무량과 정책** | 이 부분은 최대의 이슈이다. 특히 헌신도가 떨어지는 교사들에게 그러하며 교사의 60%가 여기에 해당된다. 정치 지도자들에게 이런 말을 하는 게 유감스럽기는 하지만, 교사들은(실제 일반인들도) 성공적인 정책에 대해서는 칭찬한다거나 호들

갑을 떨지 않는다. 반면에, 형편없거나 불만스러운 정책에 대해서는 금방 알아채고 영향을 받는다. 교사들은 '과도한 업무부담'에 대해 불평을 쏟아낸다. 지나치게 많은 서류업무, 사전에 위에서 자세히 결정해서 현장으로 내려 보내는 상명하달식의 관행, 정부가 추진하는 정책에 맞춘 연수 등에 대해서 이는 '교사의 삶을 서서히 파괴하는' 일이라고 불평한다. 이런 상황에서는 교사들이 가르치는 일에 집중할 수 없다. 교사로서 학습하고 성찰할 수 있는 시간을 확보할 수 없기 때문이다.

결국 누적된 증거는 다음과 같이 명백하다. 말하자면, 2015년의 교직은 1960년대보다 훨씬 힘든 일이 되어버렸다. 『우리 아이들(Our Kids)』의 저자 로버트 퍼트넘(Robert Putnam)은 1959년 미국에서 학생, 부모, 교사로서 산다는 것이 어떤 것인지 2015년과 대조하여 설명한다. 퍼트넘은 부유층과 빈곤층 아이들의 자원 및 삶을 통한 경험의 질적 격차가 더욱 크게 벌어지고, 빈곤층 아이들의 경우 방과 후 활동 기회나 일일학습 시간이 더 적고, 가정과 지역공동체 여건이 훨씬 악화되었으며, 개인의 출발점에서 앞으로 나아가는 데 훨씬 많은 어려움을 겪고 있다는 사실을 발견했다.

종합해보면, 꽤나 암울한 그림이지만 일부 긍정적인 메시지도 얻을 수 있다. 동료들과 초점이 있는 협업과 우수한 리더십 아래 있을 때 교사들의 동기와 자신감이 극적으로 변한다는 사실이다. 이 장의 나머지 부분에서 이 주제를 좀 더 자세히 살펴보겠다.

변화의 시작

변화는 이미 시작됐다. 질문은 그 변화를 우리가 어떻게 다루고 유리하게 전환할 것인가이다. 변화는 피할 수 없는 것이기도 하지만 필요한 것이다. 변화가 필요한 이유는 오늘날 상당수의 학생들이 학교생활에서 유리되어 있고 낮은 성취도를 보이며 학교에서 자퇴하고 있기 때문이다. 그들이 응당 누려야 할 학교생활보다 훨씬 못한 수준을 누리고 있는 것이다.

이 장의 주제는 교사에 관한 것이다. 단도직입적으로 말해서, 변화가 필요한 이유는 많은 교사들이 의욕을 잃고 지루해하며 지칠 대로 지쳐있기 때문이다. 로티(Lortie)의 연구에서 교사들은 심리적으로 그다지 보람을 느끼고 있지 못했는데, 주된 이유는 새로운 아이디어를 접하거나 성장할 기회가 적기 때문이었다. 퍼트넘(Putnam)이 설명한 2015년의 교사는 학생들에 대한 열정을 갖기엔 그리고 그들과 성공적으로 지내기에는 더욱 큰 어려움에 직면해 있었다. 새러슨(Sarason, 1971)은 다음과 같은 질문을 던진다. "만약 대다수 교사들에게 가르치는 일이 더는 흥미롭지도 신나지도 않는다면, 그들이 과연 학생들의 학습을 흥미롭게 만들어줄 수 있을까?"(pp.166-167)

교사들은 변화에 대응하는 역량을 키워야 한다. 그렇지 않으면 외부로부터 변화 압력을 끊임없이 받는 피해자가 될 것이기 때문이다.

교사들의 상호소통 살피기

교사의 고립과 이와는 정반대 개념인 동료의식은 효과적인 교수법을 찾는 최고의 출발점이다. 교사 차원에서 4장의 내용을 상기해보면, 얼마나 변화할 수 있는가는 교사들의 *상호작용* 정도, 기술적 도움, 동료들의 지원과 압력이 제공되는 정도와 밀접한 관련이 있다. 학교 내에서는 교사들 간의 동료의식이 실행의 성공을 나타내는 중요한 지표가 되었다. 이런 동료의식은 소통의 빈도나 상호지원, 도움 등으로 측정된다. 이 주제에 대한 거의 모든 연구가 똑같은 결론에 도달했다. 이 책이 지지하는 변화의 이론적 관점에서 봐도 이는 충분히 일리 있는 내용이다. 중요한 교육적 변화를 위해서는 신념·교수법·학습자료의 변화가 필요하며, 이는 사회적 맥락에서 개인의 역량향상이라는 절차를 통해서*만* 이루어질 수 있다. 40여 년 전 워너(Werner, 1980)는 앨버타(Alberta) 주의 사회과목 교육과정의 실패를 다음과 같은 사례를 통해 설명했다.

> 이상적으로, 실행의 과정에는 최소한 참여자들 간에 이해의 공유가 필요하다. 특히 프로그램이 내포하고 있는 전제조건, 추구하는 가치, 가설들이 공유의 대상이 된다. 이런 요소들을 참여자들이 이해하고 나면 학교나 지역사회, 학급의 상황과 관련해 프로그램을 거부, 수용 또는 수정할 근거를 갖게 되기 때문이다. 다른 방식으로 표현하면, 실행이란 프로그램 내에서 집단 구성원들이 소통을 통해 공유할 수 있는 현실을 지속적으로 구성해가는 과정이다.(pp.62-63)

*개인적 접촉이 으뜸*이란 점은 누구도 부인하기 어렵다. 교사들은 기술연수워크숍에도 참여해야 하지만, 개인 간에는 물론이고 집단 간에 서로 도움을 주고받을 기회를 가질 필요가 있다. 더 단순하게 말하면, 변화의 의미에 대한 *대화*가 필요한 것이다. 이러한 조건 하에서 교사들은 핵심 사례를 어떻게 사용할지에 대해서뿐만 아니라 더 많은 정보를 기반으로 적합성을 판단하는 방법까지 배울 수 있다. 따라서 변화를 수용, 수정, 거부할 근거를 알 수 있는 더욱 유리한 위치에 있게 된다. 이는 외부에서 개발한 아이디어와 내부에서 다른 교사들이 낸 혁신안 양쪽 모두에 해당된다. 계획적인 소통은 꾸준한 발전에 필수적이다.

다행히도 지난 20년간의 연구를 보면, 성공적인 학교에서 계획적인 소통이 어떻게 이루어지는지 좀 더 구체적으로 나와있다. 이때 핵심어는 '협력적으로 일을 처리하는 문화' 또는 오늘날 우리가 '전문성 자본'이라 부르는 것이다(Hargreaves & Fullan, 2012).

먼저 로젠홀츠(Rosenholtz, 1989)가 연구한 13곳의 '실천을 이끄는' 또는 '배움이 풍성한' 근무환경의 협력적 학교문화를 보자. 도표 6.1은 로젠홀츠의 연구에서 정리한 것으로 성공하는 학교들의 공통적인 요소를 보여준다. 여기에 소개된 6가지 요소에 영향을 미치는 다른 요인들도 물론 있겠지만, 도표에서 보듯이 각 요인은 서로에게 다중적으로 영향을 끼친다. 상호 영향을 미치는 이 6가지 요인들은 성공적으로 협력하는 학교들이 어떻게 작동하는지 명확하게 또 설득력 있게 보여주고 있다.

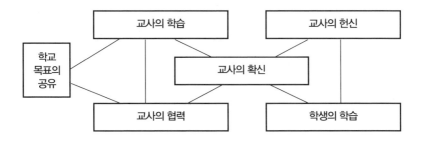

도표 6.1 학습이 효과적으로 일어날 수 있는 학교

로젠홀츠가 관찰한 것처럼 교사의 불확실성(또는 낮은 자기유능감)과 자존감을 위협하는 요인은 교직에서 반복적으로 등장하는 주제이다 (Ashton & Webb, 1986). 학습이 다양한 방식으로 이루어지는 학교는 학습환경이 빈곤한 학교에 비해서 교사와 교장이 함께 목표설정(또는 비전설정) 활동을 하는 경우가 많았다. 이런 활동은 '지도를 통해 이루고자 하는 학습목표를 강조하고, 이는 교사로 하여금 성취도 향상을 위한 노력을 배가'(p.6)시켰다. 이처럼 목표를 공유하게 되자 노력의 투입과 자원의 동원을 합의된 방향으로 집중시킬 수 있었다. 또한 다음과 같이 교장과 선임교사들은 동료의 참여를 적극적으로 강화했다. "협력적 문화 속에서 학생들의 학습에 쏟는 집단적 헌신은 매우 중요하다. 이는 수업을 지도하는 동료교사들이 지닌 모든 가능성을 일깨워주는 리더십을 발휘하게 만들기 때문이다."(p.68) 성취도가 높은 학교에서는 협력이란 요소가 지속적인 발전과 평생학습을 위한 규범(norms) 및 기회와 연관되어 있으며, 이는 다음 내용을 가정한다. "수업의 질 향상은 개인적인 과업이라기보다는 집단적인 과업이며, 동료교사들과 분석·평가·실험을 협력해서 할 때 교사의 역량도 향상된다."(p.73) 그 결과 교사들은 학교 안팎에서 전문성을 나누고 조언을 구하고 도움을 주는 것을 신뢰하며, 이를 가치 있고 합리적인 것으로 여기게 된다. 이럴 때 교사들은 점점 더 직무를 잘 할 가능성이 커진다. 말하자면, "이런 과정을 통해 교수법을 더 쉽게 배울 수 있고, 더 잘 가르치는 법을 배우는 학교와 그렇지 못한 학교가 극명하게 갈리게 되는 것이다."(p.104)

더 좋은 교사가 된다는 것은 교육적 이슈에 대한 결정이나 문제해결에 자신감과 확신이 커진다는 것을 의미한다. 로젠홀츠는 다음과 같은 발견을 했다.

교사들이 전문적 지원(technical assistance, 정보, 전문지식, 기술훈련, 실무지식의 이전 등 학교 안팎의 전문가들에 의해 받는 비재정적 지원—옮긴이)을 서로 주고받는 학교와 학생의 행동에 대해 일관된 기준을 적용하는 학교에서는 학생 및 학부모에 대한 교사의 불만이 적다. 또한 교사들이 서로 협력하며 아동의 발달상황에 대한 정보를 학부모에게 지속적으로 알리고 그들을 교육에 참여시킨다. 교사와 교장은 학생의 행동에 대해 일관된 기준을 적용하기 위해 협력한다. 교사들은 학생과 학부모, 교장, 동료교사, 그리고 스스로의 자각으로부터 긍정적인 피드백을 받고 성취를 자축한다. 교사들이 전문적 문화(technical culture)와 효과적인 수업지도 사례를 좋게 생각하는 것은 집단적 경향이다.(p.137)

로젠홀츠의 발견처럼 교사의 확신과 헌신은 서로를 강화시키는 요인이 되면서 교사의 잘 가르치고자 하는 동기를 더욱 확대시킨다. 이 모든 요소로 인해 교사는 온전히 학생의 성취도 향상에 에너지를 집중하게 된다. 학습이 풍성하게 일어날 수 있는 환경을 갖춘 학교의 교사들은 주 또는 지역의 정책이 잘못된 것이거나 교실수업을 최우선시하는 것에서 김을 빼는 정책이라고 판단되면 이를 그대로 따르려 하지 않았다. 오히려 학생들에게 미치는 실질적인 영향력으로 혁신을 평가하는 경향이 강했다.

뉴먼과 동료들(Kruse, Louis, & Bryk, 1995; Newmann & Wehlage, 1995)은 여기서 한 단계 더 나아가 교사학습공동체와 교사의 학습, 학생의 성취도 간의 관계를 추적했다. 이들이 발견한 핵심은 학교 안의 교사학습공동체가 성공적인 학교변화를 만들어낸다는 것이었다.

- 교사는 모든 학생의 학습을 위해 도덕적이고 분명한 목적의식을 추구한다.
- 교사는 그 목적의식의 실현을 위해 협력적 활동에 참여한다.
- 교사는 학생의 학습을 위해 공동의 책임을 진다.
- 학교 수준에서 교사학습공동체가 실제적 교수법의 수준을 높이고, 이것이 다시 학생의 성취도에 영향을 미친다.
- 학교 수준에서 교사학습공동체가 학생의 학습에 대한 사회적 지지(Social Support, 개인이 정서나 행동에 유리한 결과를 갖도록 제공하는 정보조언, 구체적 원조—옮긴이)의 정도에 영향을 미치며, 이는 다시 학

생의 성취도에 영향을 미친다.(Newmann & Wehlage, 1995, pp.30, 32)

이런 학교에서는 교사들이 하나의 집단과 여러 개의 하위 집단으로 나뉘어 학생들이 얼마나 잘 배우고 있는지를 살피고, 이를 본인들의 지도방식에 적용하며 개선한다. 우리는 이를 교사들의 '평가소양 갖추기' 과정이라고 표현했다(Hargreaves & Fullan, 1998; Black Harrison, Lee, Marshall, & Wiliam, 2003; Stiggins, 2005). 평가소양(assessment literacy)은 다음을 포함한다.

1. 학생들의 성취도 데이터와 결과를 검토하고 이를 비판적으로 이해할 수 있는 역량
2. 이러한 이해를 바탕으로 행동하는 역량 – 성취도 향상에 필요한 변화를 만들어내기 위해 교실 및 학교의 개선안을 마련하는 능력
3. 책무성 영역에서 효과적인 역할을 할 수 있는 역량 – 학교 성취도 데이터에 대해 전향적이며 열린 태도를 취하고, 고부담시험 (high-stakes testing)의 시대에 성취도 데이터의 사용과 오용에 대한 논쟁에서 입장을 잘 견지할 수 있는 역량

교사들이 성취도 향상에 집중해서 협력할 경우 이것이 큰 힘을 발휘한다는 사실은 수십 년간 여러 연구에서 지속적으로 발견되고 있다. 브릭 등(Bryk et al.,1998)은 시카고 학교의 시스템 개혁이 어떻게 발

전했는지 추적하고 그 결과를 10년간 모니터하면서, 성공을 거두는 초등학교의 수가 늘어나는 것을 본 후 다음과 같이 결론을 내렸다.

시스템 전반에 걸친 변화를 시도하고 있는 학교에서는 상호작용이 잘 일어날 수 있는 구조가 이미 만들어져 있다. 교사들이 학교의 의사결정에 있어 발언권이 커질수록 협업을 통한 문제해결 등의 새로운 실험이 증가한다. 교사들의 직무 재구조화는 교사학습공동체의 활동을 넓혀주고, 이 안에서 교사는 아이디어를 보다 수월하게 교환하며 학생의 발달에 대한 집단적 책임감을 갖게 될 가능성도 더 높다. 이렇게 시스템 전반에 걸쳐 진행되는 구조조정 방식은 전통적인 학교에서 수업이 이루어지는 방식과 대조적인 특징이 있다. 전통적인 학교에서는 교사들이 좀 더 독립적으로 일하고, 동료들 간에 의미 있는 전문적 교류는 거의 없다.(p.128)

브릭과 슈나이더(Bryk & Schneider, 2002)는 '학교 내 신뢰'에 관한 시카고에서의 연구를 통해 협업의 결과와 그 반대의 경우를 더욱 깊이 검토했다. 이들은 종단연구 자료를 활용하여 '신뢰'를 중대한 변수로 파악하고 신뢰가 존중, 역량, 타인에 대한 배려, 정직하고 높은 도덕성이라는 4가지 요소로 구성되어 있다고 정의했다. 또한 신뢰가 어떻게 전개되는 것인지를 핵심적 관계, 즉 교장과 교사 간, 교사 간, 교사와 학생 간, 학교전문가와 학부모 간에서 살펴보고자 했다. 수년간의 자료축적에 힘입어 브릭과 슈나이더는 신뢰의 높낮이에 따른 영향을 평가하고, 다음과 같은 사실들을 밝혀냈다.

1994년에 높은 신뢰도를 보인 학교는 매우 낮은 신뢰도를 보인 학교보다 읽기 및 수학점수가 향상된 학교로 분류될 가능성이 3배 이상 높았다. 1994년과 1997년에 신뢰도가 낮게 나온 학교들은 읽기나 수학점수가 향상될 가능성이 거의 없었다.(p.111)

브릭과 슈나이더(Bryk & Schneider, 2002)는 관계적 신뢰가 '조직에 대한 강력한 개인적 애착과 조직의 사명에 대한 신념을 형성'해주기 때문에 교사들의 다음과 같은 노력을 촉진한다는 사실을 보여준다. 혁신적인 교실수업을 하고, 학부모들에게 다가가며, 문제해결능력을 강화하고, 집단책무성이라는 시스템을 지지하며, 개선을 위해 필요한 높은 도덕성 향상을 보이려는 노력 말이다.

실제로 동일한 발견이 영국 웨일즈의 '매우 효과적인 초등학교' 12곳에 대한 심층연구(James, Connolly, Dunning, & Elliot, 2006)에서도 나타났다. 이에 따르면 취약계층의 학생들을 성공적으로 다루어 교육효과가 매우 높은 학교는 '핵심적인 특징'과 '이를 지원하는 6가지 요소'를 지니고 있다. 이 핵심적 특징은 "생산적이고 강력하며 다양한 문화권 출신의 아이들을 포용하는 문화로서, 이러한 학습문화는 효과적이고 학습이 풍성하게 일어날 수 있는 지도에 초점을 맞춘다. 아울러 모든 학생에게 성공적인 학습이 이루어지도록 교수법을 개선하고 풍부한 자극을 줄 수 있도록 학습환경을 향상시키는 데 초점을 맞춘다."(pp.78-79)라고 묘사되어 있다. 6가지 지원요소는 리더십의 깊이와 강도, 자신감 있고 적극적이며 긍정적인 태도, 티칭팀의 활용방식, 학생과 학부모의 참여, 대단히 효율적이고 효과적인 조직관리, 학교와 지역공동체 간의 상호지원, 존중과 인정, 가치부여였다. 최종적인 효과는 함께 일에 대한 열정을 갖고, 성과를 낼 변화를 지속적으로 만들어 가기 위해 모두가 집중하는, 고도로 동기부여가 되는 협업문화였다. 특히 이 연구에서 두드러진 부분은 '시스템 리더십(system leadership, 시스템 수준의 변화를 촉진하고 지원하기 위해 모든 이해 당사자와의 수평적 사고와 협업으로 조직을 이끄는 리더십-옮긴이)'이 12개 학교 모두에서 활성화되어 있다는 점이었다. 학교, 지역단체, 학구, 그리고 더 높은 단위까지 공히 발휘되는 리더십 말이다.

근본적인 개혁의 핵심은 시스템 전체를 참여시키는 데 있다(Fullan, 2010a; Fullan & Quinn, 2015). 협업과 우수한 리더십 등 개별적인 학교에서 시작된 요인이 학교와 학구, 주 차원의 전반적인 성공에 필요한 주요 전략이 된다. 이 부분은 나머지 장에서 자세히 살펴보겠다.

여기에서 공통적인 메시지를 얻기는 하지만, 핵심은 이와 같은 강력한 생산적 문화는 개발하기도 유지하기도 힘들며 여전히 소수 사례일 뿐이라는 것이다. 맥러플린과 탈버트(McLaughlin & Talbert, 2001)는 캘리포니아와 미시간의 고등학교 16곳에서 교사학습공동체의 역할을 연구했다. 이들은 고등학교의 복잡한 내부적 현실을 다른 연구자들보다 구체적으로 살펴본 후, 확증적이고 의미 있는 결론을 내놓았다. 다음은 이들이 제안한 3가지 유형의 수업지도 방법이다.

1. 전통적 수업지도 관행을 유지하는 교수법(과목 단위로 가르치는 전통적 교수법이며, 전통적인 학생들만 성공하는 방식)

2. 교육목표와 표준을 하향 조정하는 교수법(동기가 낮은 학생들을 위해 교사가 교과내용의 수준을 낮추며 이로써 제한된 성공을 거두는 교수법)
3. 학습자들의 참여를 유도하기 위한 혁신적 교수법(모든 학생의 참여를 이끌어내기 위해 역동적인 관점으로 과목과 교수법을 바라보며, 결국 모든 이들의 학습이 개선됨)

교사들은 기대수준(성취수준-옮긴이)을 낮추는 문제에서는 아래 수학교사의 발언처럼 학생에게서 문제를 찾는 경향이 있었다.

"때로는 그저 학생을 바라보며 '어떻게 저렇게 멍청할 수 있을까?' 생각합니다. '어떻게 저리도 멍청하단 말인가!' 학생 자체가 문제인 겁니다. 교육과정에는 아무런 문제가 없어요. 배우고자 하는 학생들만 있다면 저도 가르칠 수 있고 그럼 모든 것이 훌륭하게 돌아갈 겁니다."(McLaughlin & Talbert, 2001, p.13)

반면에, 학생들의 참여를 이끌어내기 위해 혁신을 추구하는 교사의 모습은 다음과 같다.

정해진 지도의 틀에서 벗어나 학생들이 핵심 과목의 개념을 익힐 수 있도록 내용과 전략을 개발하는 교사. 예를 들면, 수업시간에 글쓰기 그룹을 활용하는 영어교사, 세 명씩 조를 짜서 수업을 진행하는 수학교사('그 이상의 인원은 안 됩니다'라고 조언함), 텍스트를 거의 쓰지 않고 실험실 기반의 그룹프로젝트를 통해 학생들을 연결하는 과학교사 등이

다.(pp.17, 20)

이 장에서 다루고 있는 내용과 잘 맞는 주제를 하나 소개하겠다. 맥러플린과 탈버트(McLaughlin & Talbert, 2001)는 '교사들이 협력적 실행공동체를 만들어 지도에 필요한 자원들을 공유하고 성찰의 시간을 갖는 것, 이것이 교실수업의 혁신과 지속에 핵심적인 요소'라는 사실을 발견했다. 다시 말해서, 모든 학생(전통적인 학교가 외면해버리는 학생들까지)에게 성공적인 교사들은 어떤 방식이 더 효과적인지 끊임없이 연구하고 이를 다른 교사들과 공유하고 있었다(Stigler & Hiebert, 1999의 일본교사들에 대한 연구결과와 동일). 더욱 핵심적인 내용은 이 교사들은 '강력한 *교사학습공동체*가 존재하는 학교나 학과에 근무하고 있었으며, 이러한 공동체는 혁신활동에 참여하여 학생과 교사의 학습을 돕고 성공적인 결과를 만들어내고 있었다'는 것이다(p.34).

맥러플린과 탈버트(McLaughlin & Talbert, 2001)가 발견한 바에 의하면, 대부분의 고등학교에서는 공유의 문화와 서로 협력해서 실천 사례를 만들어내는 문화가 부족했다. 그러나 같은 학교 *내에서도* 부서 간의 차이와 같이 몇몇 예외는 있었다. 오크밸리고등학교를 예로 들면, 이 학교의 영어과는 이들이 검토한 사례 중 가장 강력한 전문적 문화를 보인 반면, 사회과는 가장 약한 것으로 나타났다(p.47). 오크밸리고등학교의 베테랑 영어교사는 다음과 같은 말을 했다.

"학생들을 지도한 샘플레슨 자료나 과제를 동료들과 나누는 것, 시도한 방식이 의미 있는 효과를 거두었을 때와 그렇지 않은 경우 다음에는 어떤 점을 달리할 것인지 등의 정보를 공유하는 것은 일상적 관행입니다. 새로운 교사가 들어오면 기존의 교사를 두 명 정도 붙여주고 (…) 파일 서랍이나 컴퓨터 디스크 등 모든 것이 완전하게 준비되는 거죠."(p.50)

반면에, 사회과의 교사들은 '나의 자료'만을 얘기할 뿐 동료교사를 수업향상에 필요한 자원으로 언급하지 않았다. 매우 흥미로운 점은 이 두 집단에 속한 교사들이 학습에 관해 극단적으로 다른 가정을 바탕으로 학생들에 대해 말한다는 점이다. 영어교사들의 평은 하나같이 긍정적이다. 즉, "학생들은 협조를 잘하고 훌륭한 아이들이며 교사와 좋은 관계가 형성되어 있습니다." 반면에, 사회교사들은 다음과 같이 말한다. "학생들은 지식에 대한 호기심이 없습니다. 모두가 그런 건 아니지만 대부분은 그것을 중요하게 여기지 않아요. 한마디로 말해서, 아이들은 배우고 싶어 하지 않습니다." 이 교사들이 *동일한* 학생들에 대해서 평하고 있다는 것에 주목하라!

맥러플린과 탈버트는 오크밸리고등학교의 두 학과에 대해 다음과 같이 요약했다.

사회과에서 자율이란 고립을 뜻하고 개인주의와 보수주의 관습의 강화를 의미한다. 영어과에서는 전문적 자율성과 강력한 공동체라는 개념이 서로 대치되지 않고 오히려 서로를 강화하는 역할을 한다. 교사 개개인은 동료의 지원과 그들과의 상호작용으로 인해 자신감을 갖고 교수법을 재고하며 수정하게 된다. 왜냐하면 공동의 협의와 공감을 바탕

으로 학과의 규범을 정해나가기 때문이다.(p.55)

이러한 경험들이 교사의 동기부여와 직업헌신도에 얼마나 극적인 차이를 만들어내는지 맥러플린과 탈버트는 다음과 같이 밝힌다.

> 오크밸리고등학교의 영어교사들과 사회교사들이 자신들의 경험에 대해 애기할 때 같은 학생들에 관해 말하고 있다고는 믿기 어려웠다. 다양한 교수법을 추구하는 영어교사들은 과목에 대한 자부심과 교직에 대한 만족감을 표시했다. 한 교사는 이렇게 말했다. "이곳에서 일하는 게 너무 멋지다고 하루도 빠짐없이 누군가 말합니다." 반면에, 사회교사들은 교실에서 겪는 긴장감을 혼자서 감당해야 한다며 불만을 토로했고 전문성 향상에 대한 투자가 없다고도 지적했다. 이들 중 일부는 학교나 교직 자체를 떠날 생각도 하고 있었다.(pp.83-84)

맥러플린과 탈버트는 이와 비슷한 분석을 계속 내놓는다. 예를 들면, 다른 학교에서도 두 수학과를 비교했는데 한 곳은 교사학습공동체가 잘 발달되어 있었지만 다른 한 곳은 고립주의에 빠져 있었다. 그리고 16개 학교 중 세 곳만이 학습공동체를 두고 있었다.

간단히 말해서, 취약한 교과부서는 일과 분리된 교사들이 있었고 강력한 교과부서는 스스로를 평생학습자로 바라보는 교사들이 있었던 것이다. 교사학습공동체라고 해서 무조건 좋은 것은 아니다. 물론 협업의 힘은 강력하다. 그러나 강력한 이익을 줄 수 있는 만큼 강력한 해악이 될 수도 있다. 리틀(Little, 1990)은 이 문제에 대해 25년 전 다음과 같이 경고했다.

교사들의 상호작용 및 소통의 규범에 대한 연구에서 교사들이 무엇을 믿고 가치 있게 여기느냐는 가볍게 취급할 일이 아니다. 일부 상황에서는 교사들 간의 잦은 접촉이 학생의 성공가능성을 높일 수도 있지만, 다른 경우 학생에게 바람직하지 못한 관습을 강화할 수도 있다.(p.524) 직설적으로 표현해서, 교사들은 협업을 통해 식견 있는 선택을 창의적으로 하고 있는가? 아니면 전문성이 떨어지는 관행을 강화하고만 있는가? 교사들이 함께 시간을 보내면 업무에 대한 이해와 상상력이 증진되는가? 아니면 현재의 관행을 단순히 확인하는 것에 그치고 있는가? 교사들은 함께 일하며 어떤 교과철학과 교수법을 추구하는가? 서로에게 그 지식이 얼마나 명백하고 접근가능한가? 협업이 실제로 교사의 도덕적 헌신과 지적 우수함을 서서히 떨어뜨리기도 하는가?(p.525)

맥러플린과 탈버트(McLaughlin & Talbert, 2001)는 동일한 주장을 펴고 있다(도표 6.2 참조). 어떻게 표현하든지 간에 약한 교사공동체는 좋지 않다. 강한 공동체의 경우 효과적일 수도 있고 그렇지 않을 수도 있는데, 이는 함께 학습의 돌파구를 찾느냐 아니면 바람직한 성과를 내지 못하는 방법만 강화하느냐에 달려 있다. 달리 말해, 교사들이 질적으로 우수하지도 않고 효과적이지도 않은 수업관행을 강화하는 데 협력한다면 결과적으로 상황은 악화될 뿐이다.

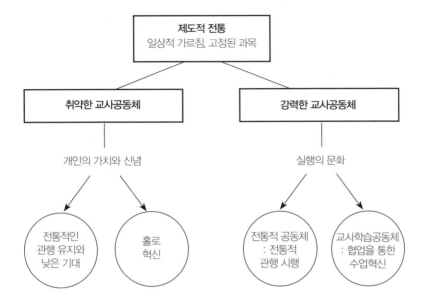

교사학습공동체 구축

이제 교사학습공동체(professional learning communities, PLCs)를 자세히 들여다보자. 크루제 등(Kruse et al., 1995)은 교사학습공동체에 관한 가장 명료한 연구결과를 내놓았다. 효과적인 교사학습공동체를 뒷받침하는 5가지 요인에 주목한 것이다. (1) 성찰적 대화 (2) 실행을 통해 배운 내용의 공유(수업공개−옮긴이) (3) 공동체 전체가 학생의 학습에 초점 두기 (4) 협업 (5) 규범과 가치의 공유가 그것이다. 여기에 추가적으로 두 가지 주요 여건을 언급한다. 하나는 '구조적'인 것으로 교사들이 직접 만나 대화하는 시간, 물리적인 근접성, 상호의존적인 지도, 의사소통 구조, 교사의 권한 증대와 학교의 자율성 등이다. 다른 여건은 크루제 등이 '사회적·인적 자원'이라 명명한 것(이른바 *문화*라는 것)으로 향상에 대한 열린 접근, 신뢰와 존중, 인지 및 기술 기반, 지원 중심의 리더십, (현 직원과 입사할 직원의)사회화이다. 필자와 마찬가지로 이들 역시 문화적 여건보다 구조적 요건이 다루기 더 쉽다고 말하며, 다음의 관찰로 마무리한다. "학교 안의 교사학습공동체는 1960년대 이후 여러 교육개혁의 부차적인 주제로 다루어져 왔다. 이제는 부차적인 위치에서 벗어나 주요 개혁의제로 삼아야 할 시점이다."(p.6)

사실상 2005년 이후 교사학습공동체는 많은 이들이 외치는 구호가 되었고, 릭 뒤푸르(Rick DuFour)와 동료들의 연구(DuFour, DuFour, Eaker & Karhanek, 2010) 덕분에 인지도 역시 높아졌다. 이를 계기로 두 가지 충돌요소가 수면 위로 올라왔다. 이제 교사학습공동체가 어떠한 모습이어야 하는지(또한 소수의 경우에 어떻게 보이는지) 알게 되었지만, 이를 대규모로 확산시키는 작업이 얼마나 어려운 일인지 깨닫기 시작했다. 좀 더 세부적으로 들여다보기 전에 교사학습공동체가 왜 어려움을 겪고 있는지 3가지 이유를 살펴보고자 한다. 첫 번째, 정책 입안자들은 교사학습공동체 개발의 중요성을 믿지 않거나 투자하지 않거나 여기에 초점을 맞추지 못한다. 물론 책무성 관리의 대상을 너무 좁게 설정하기 때문에 유행 중인 특정 정책이 교사의 협업을 방해한다는 주장을 펼 수 있다(Hargreaves, 1994). 두 번째, 많은 교사들이 실제로는 남의 눈에 띄지 않게 개인주의를 추구한다. 동료들에게 교실을 개방하기보다는 개인주의를 고수하는 것이 덜 위험하다고 느끼는 것이다. 세 번째, 앞에서 제시한 두 가지 이유를 고려할 때 교사학습공동체를 대규모로 구축하기란 매우 어렵다. 왜냐하면 적어도 1세기 동안 이어져온 문화를 바꾸는 일이기 때문이다.

실질적인 사례를 보면 교사학습공동체의 전망과 어려움이 명백해진다. 여기서는 현장의 교사학습공동체 개발의 실용적인 자료(DuFour, Eaker, & DuFour, 2005; DuFour, Eaker, & Many; DuFour & Fullan, 2013; Stoll et al., 2006; Stoll, Harris, & Hanscomb, 2012)와 두 가지 사례(McLaughlin & Talbert, 2006; Supovitz, 2006)를 살펴보겠다.

맥러플린과 탈버트(McLaughlin & Talbert, 2006)는 교사학습공동체를 운영하는 학교들을 연구한 결과, 이들 학교의 문화가 상호 연관된 3가지 기능을 발달시킨다는 점을 알게 되었다. (1) 지식을 구축하고 관리하는 기능 (2) 학생의 성과 및 실행에 대한 공동의 언어와 표준을 설정하는 기능 (3) 일관된 규범과 수업지도에 적합한 학교문화를 유지하는 기능이다(p.5). 이들은 성과를 내는 교사학습공동체의 명백한 사례를 들면서 "왜 교사학습공동체가 드문가?"(p.113)라며 결국 학습공동체의 부족에 대해 유감을 표한다. 이들이 내놓은 답은 필자의 답과 비슷하다(교사학습공동체 구축은 문화를 바꾸는 복잡한 작업이며, 빠른 대처를 원하는 정책입안자들에게는 매력적인 대안이 되지 못한다는 인식이 존재함). 다른 점이 있다면 이들 두 사람은 교사들의 수업개방에 대한 저항문제에는 그다지 관심을 기울이지 않는 것 같다.

수포비츠(Supovitz, 2006)가 진행한 플로리다 듀발카운티학구 연구는 교사학습공동체가 오랜 기간에 걸쳐 강력하고 뚜렷하게 활성화되던 무렵인데도 교사학습공동체의 위험성에 대한 또 다른 면밀한 관찰결과를 내놓았다. 듀발카운티의 '실행체계'를 구성하는 5가지 요소는 성취기준을 활용한 높은 성취도 관리, 안전한 학교, 데이터 이용, 학습공동체, 책무성이며 이들은 상호 보완적이다. 5년간의 지속적이고 집중적인 노력 끝에 학생의 성취도는 듀발학구 소속 150개 학교 대다수에서 그런대로 증가했지만, 실행과정에서 학습공동체의 전략이 어떤 역할을 했는지는 제대로 알 수 없었다. 어느 한 시점에 이르면 수포비츠는 교사의 자율성이 '상당히 놀라운' 현상임을 알게 된다 (p.123). 아래 발언을 교사를 탓하는 말로 해석해서는 안 된다.

교사들이 자율적으로 행동하는 영역은 모하비 사막만큼이나 넓다. 교사의 자율성을 합법적이냐 비합법적이냐로 구분하는 경계선은 현재로서는 없다. 이러한 환경에서는 모든 자율성의 표현이 합법적이 된다. 왜냐하면 어떤 뚜렷한 구분점도 없기 때문이다.(p.123)

학습공동체가 학구에서 명백한 전략이 됨에도 불구하고, 또 교수법 개선을 위해 실천사례를 공유하고 데이터를 이용하는 전략을 실행에 옮기는 여러 구조적 메커니즘이 존재함에도 불구하고, 5년 후 수포비츠는 다음과 같은 사실을 발견한다. "교사학습공동체가 만들어낸 가능성들, 이를테면 실행에 따르는 문제나 도전적 과제를 해결하기 위한 치열한 탐구와 이를 실천에 옮기기 위한 지원 등은 해당 학구의 영향력 내에서만 일어나는 것 같았다."(p.174)

교사학습공동체에 관해서는 그것의 가치가 강력하고 명확히 언급된 바 있지만, 이는 소수의 사례를 제외하면 실질적이기보다는 규범적인(어떻게 되어야 한다는) 한계에 머문 듯하다. 다행히도 교사학습공동체의 질을 높이고 이를 위해 자원을 더 투자하라는 압력이 점점 분명해지고 있다. 방금 언급한 뒤푸르 등의 연구(DuFour et al., 2008)는 특히 강력하다. 이들은 초·중등학교 수준에서 공히 교사학습공동체의 구축을 이끈 경험과 타지역과 달리 전(全) 학년에서 성공사례를 남긴 소지역과의 연계로 정책입안자들과 교육종사자들이 핑계를 댈 여지를 없애고 있다. 교사학습공동체 구축을 위해 위 연구자들이 제시한 행동지침은 지금 우리들에게는 아주 익숙한 교사학습공동체의 핵심 요소들을 정의하는 일로부터 시작한다. 이들의 정의에 의하면 교사학습공동체는 상호 연관된 다음의 6가지 요소로 구성된다. (1) 학습에 대한 집중 (2) 모두를 위한 학습에 초점을 두는 협업문화 (3) 성공사례에 관한 집단적 탐구 (4) 실천의 중시(실천을 통한 학습) (5) 지속적인 발전을 위한 열정과 헌신 (6) 성과에 대한 집중이다. 뒤푸르 등(DuFour et al., 2008)은 이 요소들이 개별적이고 상호의존적으로 작동하는 법을 보여주고 평가기준까지 제공한다. 이 기준은 도입 이전, 도입, 개발, 지속의 4단계에 따라 12가지 차원(위 6가지보다 세부적인)에서 각 문화를 평가하려는 의도로 개발되었다. 뒤푸르 등의 연구에서 가장 중요한 점은 협업문화의 형성이라는 현실을 심도 있게 분석했다는 것이다. 이들은 또한 갈등은 불가피한 요소이며 이를 어떻게 건설적으로 대응할 것인지에 대해서도 시사점을 준다. 무엇보다도 이들의 연구는 두 가지 결론을 이끌어내는데, 교사학습공동체의 구축과 유지는 어려운 작업이지만 그렇다고 해서 이 작업을 멈추려는 핑계는 있을 수 없다는 것이다.

대규모의 효과적인 교사학습공동체를 구축하는 것은 힘든 싸움이다. 게이츠재단이 의뢰하고 보스턴컨설팅그룹이 진행한 새로운 연구에서 교사들에게 전문성 개발에 대한 설문을 추진한 적이 있다. 이 연구의 주요 결론은 "학구와 학교의 리더들이 교사학습공동체나 코칭 등의 형태로 전문성 개발을 강력히 지원하지만, 현재 교사들의 필요를 충족시키지는 못하고 있다."(Boston Consulting Group, 2014, p.3)는 것이었다. 이 책은 특히 교사, 교장, 학구 리더, 정책입안자들의 공동의 노력에 관해 종합적인 의제를 제공하고 있는데, 교사들의 집단적 자신감을 직접 개선할 수 있는 방안에 관한 것이다.

마지막으로 주의사항이 있다. 첫째, 필자는 축약어인 'PLCs'(professional learning communities, 교사학습공동체)를 썼는데 이로 인해 혼동되지 않기 바란다. 즉, '교사학습공동체'라는 혁신안이나 프로그램을 실행해야 한다고 얘기하는 것이 아니다. 우리는 이 용어를 자주 쓰지 않는다. 오히려 학교와 지역사회, 학구, 주 차원의 역량구축이나 협업문화, 전문성 자본 등으로 부르는 것을 선호한다. 학교의 *문화*와 학교의 시스템을 근본적으로 바꾸는 일이 핵심이기 때문이다. 교사학습공동체는 하나의 혁신과제를 실행에 옮기는 일이라기보다는 새로운 문화를 구축하는 일이다.

둘째, 우리는 교사학습공동체라는 용어가 개념 자체보다 훨씬 더 빨리 확산된다는 사실을 발견했다. 용어의 확산이 개념보다 빠른 것은 혁신에서 자주 일어나는 현상이다. 교사학습공동체는 깊은 이해를 필요로 하는 개념으로서 이를 완벽히 학습하려면 인내와 주의력이 필요하다. 실천과 문제해결의 과정에 성찰이 필요한 것이다.

셋째, 교사학습공동체를 학교 내 현상으로만 생각하면 큰 오해이다(DuFour & Fullan, 2013). 교사학습공동체의 협업문화가 고립적이어서는 안 되지만 아이러니하게도 현실은 그렇다. 필자는 학구에 교사학습공동체를 운영하는 학교가 여럿 있는데도 학교 간에 소통이 없다고 한탄하던 교육감들을 알고 있다. 10장에서도 살펴보겠지만 학구의 모든 학교는 함께 발전해야 한다. 학구는 협업문화, 학교 간의 교차학습, 소위 *수평적 역량구축*을 강화하고 있는데 이는 매우 중요하다. 대규모 단위의 개혁에서 *교사학습공동체가 고립적으로 운영되는 일은 절대 없어야 한다. 사실 수평적 역량구축은 대규모 교사학습공동체 구축의 전략으로 사용되는 것이다. 시스템 전반의 변화를 이루기 위해서는 학교 내 학습은 물론이고 학교 간 학습도 필수적이다.

지난 10여 년간의(이 책의 마지막 판이 출간된 후로) 연구와 활동으로 인해 이러한 지식기반은 지속적으로 강화되어왔다. 오클랜드대학의 헬렌 팀펄리(Helen Timperley) 교수는 교사의 학습과 학생성취도의 관계에 대한 연구를 검토한 후 저서 『전문학습의 힘(Realizing the Power of Professional Learning)』(2011)에서 다음과 같이 결론을 내렸다.

전문학습을 위한 환경을 일관되게 유지하는 것은 체크리스트를 만들고 이를 확인하거나 원고를 읽는 수업으로 완성되는 것이 아니라 학교 전체에 탐구적 마음습관(habit of mind, 문제에 직면했을 때 현명한 사람들이 취하는 특질—옮긴이)을 장려하는 학습환경을 조성함으로써 가능해진다.(p.104)

카네기교육진흥재단 대표인 토니 브릭(Tony Bryk)은 연구원들과 교육계 종사자들을 불러 모아 교수학습법 개선방안을 연구하고 있다. 브릭 등(Bryk et al., 2010)은 시카고지역 477개 초등학교에 대한 종단연구를 통해 상당한 발전을 이룬 100개 학교와 그렇지 못한 100개 학교를 비교했다. 이들이 내린 결론에서 우리는 익숙한 장면을 보게 된다. 양자의 핵심적 차이는 '변화의 동인으로서의 학교 리더십'(p.62)이 학교에 있는가에 있었다. 이는 다시 4개의 밀접한 요소로 이어졌다. (1) 교사들의(개인 및 집단의) 전문적 역량 (2) 학교 분위기(학습을 지원하는 안전과 질서 보장) (3) 학부모와 지역사회의 연대 (4) 연구자들이 '수업지도 지침'(핵심 학습목표에 학생들의 활발한 참여를 이끌어내기 위한)이라고 부르는 것들이다. 이 모든 요소가 각각의 교실에 영향을 미쳤다(p.62). 동시에 이 요소들은 열악한 도심 여건에도 불구하고 효과적으로 운영되고 있는 학교의 핵심적인 특징이다. 문제는 이런 요소를 보인 초등학교가 시카고 전체 초등학교의 20%에도 못 미치는 100여 곳에 불과했다는 사실이다. 큰 차이를 만들어낸 것은 학교 리더십과 학교의 교사문화였는데 소수의 학교만이 이러한 요소를 갖고 있었다.

요컨대, 교사들이 처한 '현재 상황에 적합한' 학습만이 교실수업의 변화를 이끌 수 있다. 이는 구호가 아니라 모든 이들에게 효과를 거둘 수 있는 교육변화의 *새로운 의미*의 핵심이다. 이와 관련하여 엘모어(Elmore, 2004b)는 다음과 같이 설파한다. "개선이란 당신이 근무하는 환경 속에서 *당연히 해야 할 일을 하는* 역할 그 이상을 말한다."(p.73) 그의 결론은 다음과 같다.

> 문제는 교사들이 *자신이 일하는 여건 속에서* 업무에 관한 지속적인 학습에 참여할 기회가 거의 없다는 점이다. 유사한 문제를 겪는 다른 학교 교사들의 수업을 관찰하고 자신의 수업도 동료들에게 개방하는 기회 말이다.(p.73)

협업문화에 대한 메시지는 크고 분명하지만, 이상하게도 정착이 되지 않고 있다. 부분적으로는 이전 장에서 언급한 '잘못된 동인'으로 작용하는 정책이 지배하기 때문인데 이 정책들은 집단이 아닌 개인에 초점을 맞춘다. 이 문제에 대해서는 『교직과 교사의 전문적 자본: 학교를 바꾸는 힘(Professional Capital: Transforming Teaching in Every School)』(Hargreaves & Fullan, 2012)에서 다루었다.

교사의 전문성 자본

하그리브스와의 공저 『교직과 교사의 전문적 자본: 학교를 바꾸는 힘』(Hargreaves & Fullan, 2012)에서는 *사업을 위한 자본(business capital)*과 *전문성 자본(professional capital)*을 구분하고 후자를 학생지도에 연결시킨다. 우리가 정의하는 전문성 자본이라는 개념은 교사를 위한 변화의 심층적 의미를 다루는 좀 더 근본적이고 통합적인 접근방식이다. 이 전문성 자본은 인적 자본(개인의 자질), 사회적 자본(집단의 자질), 결정 자본(증거기반 결정과 전문가 수준의 판단)이라는 3가지 요소로 구성되어 있다. 문제는 그간의 정책이 인적 발달에만 관심을 가져왔다는 사실이다(기준, 인센티브, 평가 등). 일견 옳은 선택처럼 보이기 때문에 이해할 만한 현상이긴 하다.

그러나 인적 자본에 초점을 맞추는 것으로는 문화를 바꾸지 못한다. 이 장에서는 사회적 자본이 다른 자본에 비해 강력한 영향력을 끼친다는 연구결과를 얘기하고 있다. 인적 자본이 사회적 자본을 낳는다기보다는 사회적 자본이 인적 자본을 낳는다고 할 수 있다. 물론 상황이 진행되면 양측이 서로 맞물리며 간다. 사회적 자본은 개인을 발전시키고 개인은 집단을 더욱 강하게 만든다. 집단이 더욱 강해질 때, 좋은 사람들이 와서 좋은 동료들과 일하기를 원하기 때문에 집단과 개인은 더욱 힘을 키우게 된다.

결정 자본도 필수적인 요인이다. 이는 집단의 상호작용만이 중요한 것이 아니라 집단이 무엇을 하느냐의 질도 중요하기 때문이다. 예를 들어, 어떤 집단의 교사들이 최신 지식을 갖고 있지 못하면 이때의 사회적 자본은 사실상 효과적이지 못한 실천사례를 서로 배우기 위해 소통하는 것이 되고 만다. 그러한 피상적인 소통은 표면적인 수준에만 머무르기 때문에 교사학습공동체가 추진력을 갖지 못하는 이유가 된다. 요약해서 말하면, 교사들의 전문성은 정확성과 질을 담보해야 하고, 교사들이 집단적 전문성을 개발하기 위해 장기간 노력할 때에만 대규모로 개발될 수 있다.

몇 가지 예외적인 경우를 제외하면 교직은 교사들의 학습이 집단적으로 매일 일어나는 곳은 아니다. 그러나 우리가 살펴본 것처럼 교사들의 학습은 '상황에 적합한' 것만이 교실변화에 궁극적으로 적합한 형태의 학습이 될 수 있다. 이 책에서 주장하듯이 이는 단지 개인적인 차원의 문제가 아니라 시스템 차원의 문제인 것이다. 교사 자신 이외에도 시스템 안의 다른 역할들이 교사의 학습을 촉진해줄 수 있는 열쇠가 된다. 이어지는 장에서는 관련된 폭넓은 인프라를 하나씩 살펴볼 것이다. 먼저 교사의 학습에 도움이나 방해가 되는 가장 직접적인 요소인 교장부터 살펴보려 한다. 교장의 역할은 협업문화의 구축에 아마도 가장 중요할 텐데 최근까지도 잘 충족되지 않은 역할로 밝혀졌다. 전문성 자본은 상황에 적합한 의제이다. 이를 만들어낼 수 있을지 묻는 과정에서 가장 핵심이 되는 교장부터 살펴보기로 하자.

7

교장

유능한 교장은 연계성이 부족한 지점을 공략한다.

— 브릭 등(Bryk, Sebring, Kerbow, Rollow, & Easton, 1998, p.287)

교장을 학교의 수장(首長)으로 생각하는 것을 잠시 멈추고, 일반 교사만큼이나 자신의 의사와 관계없는 변화의 풍파에 시달리는 이로 생각해보라. 거기에 그치지 않고 *바로 이 변화를 이끌어야 한다는 기대를 받고 있는* 이로 생각해보라. 변화 작업은 교장이 주목해야 할 여러 사안 중 하나일 뿐이며 일반적으로 가장 강력한 사안은 아니다. 요즘처럼 변화가 강력하게 요구될 때에도 교장이 효과적인 개혁에 필요한 작업에 집중하고 이를 유지하는 것은 어렵다. 그러나 일부 교장은 학교의 지속적인 발전을 시작하고 조력하며 변화에 능동적으로 참여한다. 그들은 교사, 외부 아이디어, 사람들의 중간적 위치에 존재한다. 이 관계는 대부분의 삼각관계처럼 끊임없는 갈등과 딜레마를 수반한다. 교장이 이러한 갈등과 딜레마에 어떻게 접근하느냐(또는 피하느냐)에 따라 삼각관계가 혁신을 빚어낼지의 여부가 결정되며 그 영향력은 상당하다.

*사람들이 맡은 역할의 관점*에서 현실을 이해하는 것은 변화를 위한 중요한 출발점이다. 그래야 변화의 시도와 관련해 그 의미와 결과를 실용적으로 분석할 이론적 기반을 만들 수 있기 때문이다. 이런 현상학은 사람들이 흔히 내뱉는 "아무도 나를 이해하지 못해."라는 탄식의 해결을 위해 사회과학이 취하는 접근법이기도 하다. 교육변화라는 영역에서는 모든 이들이 이해받지 못한다고 느낀다. 교육변화의 어려움을 가장 잘 드러내는 실망스러운 지표 중 하나는 참여자들이 자신의 의도가 오해를 받거나 심지어 정반대로 해석되고 있다는 느낌을 종종 받는다는 것이다. 이런 점에서 교장 역시 어려움을 호소할 이유가 충분하다. 지난 10년간 교장의 역할은 더욱 복잡해지고 과중해졌기 때문이다. 긍정적인 소식은 교육변화를 효과적으로 다루는 교장의 변화와 관련된 특정 행동이 최근 연구에서 밝혀졌다는 점이다. "교장은 변화의 문지기(gatekeeper)로서 변화 여부를 결정짓는다."라는 공허한 문구만 존재하던 시기를 넘어설 때가 된 것이다.

지난 50여 년간 학교 발전에 대한 연구가 진행되었음에도 불구하고 교장이 실제로 하는 업무에 대하여, 또 이것이 안정과 변화에 어떻게 연관되어 있는지에 대하여 체계적으로 살펴본지는 얼마 되지 않았다. 초창기의 실행에 관한 연구는 교장이 변화를 장려하거나 방해하는 핵심적인 역할을 한다고 보았는데, 이는 심층적이거나 균형감 있는 시각으로 바라본 게 전혀 아니었다. 1990년대에 이르자 교장이 학교와 지역사회 수준의 변화를 이끄는 핵심적인 역할을 한다는 연구결과가 축적되었다. 오늘날에는 어떤 진지한 변화의 노력도 교장의 역할을 빼놓고서는 말할 수 없다. 대부분의 진지한 변화는 직업적인 전문성 개발과 함께 현장의 변화를 이끄는 교장의 역할변화를 포함하고 있다. 아이러니한 것은 변화에 대한 기대가 높아지면서 *교장의 역할* 자체가 너무도 과중해져 폭넓고 지속적인 개혁의 약속을 지키는 게 불가능해질 정도가 되었다는 것이다.

먼저 오늘날 교장의 현주소를 설명한 후 독자들이 가장 큰 관심을 가질 교장의 역할 부분으로 넘어가겠다. 교장이 변화와 관련해 무엇을 하고, 하지 않는지, 그리고 성공적인 교장들은 학교의 성과 극대화를 위해 어떤 행동을 하는지 이에 대한 명백한 결론으로 마무리하겠다. 초반에 얘기해둘 점은 성공적인 교장은 교사와 리더십을 공유하고 발전시킨다는 점이다. 여기서 언급하는 학교 리더십이란 교감, 학과주임, 학년별 코디네이터, 갖가지 유형의 리더교사들을 포함한다. 교장은 본연의 역할은 물론 학교의 다른 잠재적 리더들을 이끄는 방식으로 인해 그 중요성이 더 크다.

교장의 현주소

영국의 교육전문주간지(Times Education Supplement, TES)에 다음과 같은 기사 제목이 실렸다. "교장들, 스트레스로 음주하다."(2000) 당시

이 기사는 전년도 한 해 동안 워릭셔(Warwickshire) 주(250개 학교가 있는 지역)의 교장과 교감 중 40%가 스트레스 관련 문제로 병원을 방문했고, 30%는 약물을 복용하고 있다고 보도했다. 워릭셔 주가 선정된 이유에 대해서는 이곳이 모범적으로 학교가 운영되는 지역으로 간주되었기 때문이라고 기사는 밝혔다. 메트라이프 보험사에서 2013년에 실시한 설문조사 역시 교사의 만족도와 참여가 하락 중임을 밝히고 있다. 참여한 교장들 중 75%는 자신의 업무가 지나치게 복잡해졌다고 답했고, 절반은 주중 '3-4일' 정도는 스트레스를 크게 받고 있다고 답했다. 만족스럽다고 답한 이들의 비율은 이전의 68%에서 59%로 떨어졌다(Metropolitan Life Insurance, 2013).

『학교를 개선하는 교장(What's Worth Fighting for in the Principalship?)』(Fullan, 1997)에는 토론토의 교장과 교감 137명에 대한 연구가 언급되어 있다. 지난 20년간 교장의 업무량 체감도는 꾸준히 증가해왔다. 이들의 90%가 지난 5년간 자신의 시간에 대한 요구가 늘었다고 밝혔다. 또 신규 프로그램 요청, 위원회의 우선순위와 지시, 교육부의 지시사항이 증가했다고 말했다. 교장의 시간에 대한 요구가 증가한 이유는 학부모 및 지역단체에 대한 응대(92%가 증가했다고 언급), 이사의 요청(91%), 행정활동(88%), 직원참여와 학생서비스(81%), 사회서비스(81%)와 위원회의 계획(69%) 순으로 나타났다.

효과성 인식에 대한 교장과 교감들의 답변을 살펴보자. *교장의 역할에 대한 효과성이 하락했다*는 답변은 61%, 동일하다는 13%, 증가했다는 26%였다. 직속상사 또는 행정부서로부터 효과적인 지원을 받는 경우가 줄어들었다는 답변도 61%나 된다. 교장의 권위가 하락했다는 84%, 교장의 리더십에 대한 신뢰가 하락했다는 답변은 72%였다. 76%는 시스템 차원의 의사결정에서 교장의 역할이 줄어들었다고 답했다. "교장이 맡겨진 책임을 효과적으로 해낼 수 있다고 보는가?"라는 질문에는 91%가 "아니오"라고 답했다(Fullan, 1997, p.2).

모든 일에 관여하고 준비해야 한다는 부담감으로 교장들이 얼마나 위축되어 있는가는 다음 인터뷰를 보면 잘 알 수 있다. 이는 듀크(Duke, 1988)가 퇴임을 고려하고 있던 교장들과 진행한 것이다.

> "문제는 매일 밤 어떤 일을 끝내지 못했는지 정확하게 인식하면서 집에 가는데, 6년이 지났는데도 이보다는 잘해야 한다고 되뇌고 있다는 점이지요."
> "교장의 자리를 떠나면 '마음으로 하던' 모든 일을 못하게 되는 겁니다. 저는 그런 일들과 교장이라는 자리에서 경험하던 업무의 속도감에 중독되어 있어요. 하루에 2천 번은 소통하던 자리이죠. 저는 회의에 들어가면 안절부절 못하는 경우도 있는데, 회의의 속도가 너무 느려서이기도 하고 대개는 사람들과 소통이 이루어지지 않을 때 그렇게 됩니다."
> "교장이라는 자리는 모든 이에게 모든 것이 되어주어야 하는 자리예요. 초반에 성공적으로 업무를 수행하면 잘한다는 피드백을 받아요. 그러면 계속 그 상태를 유지해야 할 의무감에 시달리는데 사실상 그건 불가능한 거죠. 그게 죄책감을 유발해요."(p.309)

듀크가 교장들의 '중도하차율(dropout rate)'에 관심을 갖기 시작한 것은 1984년 가을에 채용된 버몬트 주 교육행정가의 22%가 그 이듬

해인 1985년 가을 무렵에 그만두었다는 기사를 접한 후부터이다. 왜 그만두려 하는지 교장들을 인터뷰하면서 그는 불만족 요인이 정책과 행정, 성과의 부족, 사생활 희생, 성장기회의 부족, 인정 부족과 지나치게 적은 책임, 부하직원들과의 관계, 상사의 지원 부족 등임을 알게 되었다. 이들은 직무 자체에 대해 많은 우려를 표했다. 예를 들면, 일반적으로 교장에게 기대되는 모든 것을 해내야 한다는 부담, 일상적이고 지루한 업무특성, 심신을 지치게 하는 무수한 상호작용, 다양한 유권자들의 이해관계를 다뤄야 할 정치, 관리자 자리에 있는 사람들이 갖는 리더십 역할의 대체에 대한 우려 등이다. 듀크(Duke, 1988)는 교장들이 퇴임을 고려하는 이유로 피로, 개인의 한계 및 진로선택의 한계 인식을 꼽았다. 교장들이 경험한 현실의 충격은 '몇 년에 걸쳐 업무를 준비한 끝에 이제 준비가 다 끝났다고 생각한 신입직원이 현장에 뛰어들었을 때 느끼는 충격'과도 같다(p.309)고 밝혔다. 듀크는 다음과 같이 결론을 내린다.

> 교장들이 표현한 어려움은 그들이 근무하는 환경에 기인했다. 그들의 코멘트가 감독자들에게 주는 메시지는 명확했다. 교장은 자율과 지원이 필요하다. 자율이 필요하다는 것은 상급 감독자가 각각의 교장을 다르게 대우해야 한다는 것이며, 지원이 필요하다는 것은 교장마다 자신의 업무에서 의미 있게 여기거나 중요시 하지 않는 부분에 대해서는 상급 감독자의 세심한 배려가 필요하다는 것이다.(p.312)

교장의 역할에 대한 수요가 지난 10년, 5년, 그리고 최근 1년 동안 더 강화되었다는 점은 분명하다. 대부분 서구 국가의 교장은 점점 더 일찍 은퇴하고 있다. 학교 리더십을 떠맡을 가치가 없다며 교장 되기를 포기한 잠재적 리더교사도 늘어나고 있다.

> **구인** : 적은 것을 가지고도 많은 것을 이루어내며, 경쟁단체를 진압할 수 있고, 결정사항에 대해 이러쿵저러쿵하는 뒷말을 견뎌내며, 업무에 대한 지원 부족을 참아낼 뿐만 아니라 다량의 서류를 처리하고, 이부제 (1년 중 75일)로 일할 수 있는 기적의 근로자를 찾습니다. 혁신에 대한 전권을 갖지만 막상 쓸 수 있는 예산은 별로 없고, 맘에 들지 않는 직원을 교체하거나 유권자들을 화나게 해서도 안 됩니다.(Evans, 1995, p.5)

여기에서 소개한 바와 같이 교장의 역할적 한계는 캐나다교장협회 (Canadian Association of Principals)에서 2014년에 수행한 「캐나다 교장직의 미래(The Future of the Principalship in Canada)」라는 보고서에 좀 더 세부적으로 기술되어 있다. 이 조사에서 교장들은 학생인구의 다양성이 커지고 있는 점을 인식하고 이 문제를 여러 면에서 중요하게 여겼다. 그러나 이로 인한 과제에 대한 지원이 부족한 점을 안타까워했다. 특히 다음과 같은 현상이 있었다.

> 많은 교장들이 직무에 고립감을 느끼고 있다. 시간부족과 업무의 복잡성, 일과 관련된 학교와 지역사회 간의 특정한 상황 때문이었다.(p.8)
> 교장들은 당장 요구되는 관리자 역할에 몰두하느라 리더십 개발을 하지 못하고 있다.(p.10)

이 보고서가 내놓은 '성공으로 가는 길'이라는 권고사항은 우리의 분석과 일치한다.

다양성을 위해 가르치고 배우라. 협업하고 전문적 역량을 개발하라. 가족 및 학부모와의 관계를 구축하라. 창의적 학습과 시민의식 함양에 기술을 활용하라. 지속적인 학습을 장려하라.(pp.9-10)

교장직은 불가능한 업무인가? 이 직무에 따르는 어려움과 손해를 감내할 가치가 없는 일인가? 어느 중학생의 다음 말에서처럼 심지어 학생들도 교장직의 어려움을 인식한다. "대표가 된다는 것은 좋은 일이 아닌 것 같아요. 지나치게 일해야 하니까요. 어떤 날은 교장선생님이 기진맥진하신 것처럼 보입니다. 죄송한 말이지만 너무나 지쳐보이시거든요."(Day, Harris, Hadfield, Toley, & Beresford, 2000, p.126)

현재의 교장직은 어쩌면 이런 어려움들을 감내할 가치가 없을지도 모른다. 바로 거기에서 해결책을 찾을 수 있다. 어려운 시기에 유능한 교장이 교사들에게 활력을 불어넣어준다면, 교장에게는 무엇이 기운을 내게 해줄 것인가? 최근에는 성공적인 교장의 사례를 보다 명확하게 볼 수 있다. 여기에서 얻은 통찰력을 이용하여 기존 교장들의 효율성을 높여주고, 더 나아가 책임감 있는 학교 리더들을 채용·양성·지원하며 책임을 묻는 시스템 설립의 기반을 세울 수 있다(12장 참조). 또한 '*학습선도자*로서의 교장'이라는 역할이 등장하는 것도 생생히 볼 수 있다.

잘못된 시작

이 부분에서 다룰 내용을 먼저 언급하자면, 정책입안자들은 교장의 중요성을 인정하기 시작한 후, 기존의 연구결과를 확대해석한 나머지 교장을 자율성을 갖는 주체(예컨대 '규제를 줄이고 학교를 자율적으로 운영하도록 하는') 또는 사소한 일까지 챙기는 관리자(예컨대 '주어진 일이나 확실히 바르게 수행하도록 하는')로 취급해왔다. '학습선도자'로서 소속집단의 발전을 돕는 학습자의 역할을 할 수 있다는 점을 간과한 것이다. 이 부분을 좀 더 자세히 들여다보자.

최근까지도 교장은 개혁전략의 수립에서 소외되었다. 교장이 개혁의 결과에 미치는 중요한 영향력에 대한 연구결과가 축적되면서 정책입안자들은 학교 리더들의 역할을 변화계획에 포함시키기 시작했다. 이것은 쉬운 일이 아니었고 학교문화를 바꾸는 작업의 근본적인 어려움을 사실상 드러내는 것이었다. 성장하는 학교 중에 변화관리 리더십을 갖추지 못한 교장이 있는 학교를 필자는 지금까지 한 번도 본 적이 없다. 새먼즈(Sammons, 1999)는 '학교 효과성에 대한 대부분의 연구는 1인자와 2인자 리더가 핵심 요소'라는 것을 보여주었다고 말하고 있다. 교장을 변화의 리더로 조명할 때 어떤 일이 일어나는지 살펴보자.(힌트: 어느 정도 명료함이 드러나는 잘못된 첫 단계)

브릭 등(Bryk et al., 1998)은 1988년 이후 시카고 학교들의 개혁사례를 추적해왔다. 시간이 흐를수록 성장한 학교들의 경우(473개 학교 중 약 3분의 1) 다음과 같은 모습을 보였다.

교장은 계획을 지지해주는 학부모, 교사, 지역사회의 일원들과 함께 일했다. 이들은 크게 두 가지 측면에 초점을 맞추어 노력을 기울였다. 하나는 지역의 학교전문가들과 의뢰인 간의 관계를 강화하기 위해 학부모와 지역단체에 손을 내미는 것이고, 나머지 하나는 각 교사의 직업적 역량 신장, 결속력 있는 전문공동체 구성, 지도법 개선을 위해 자원을 결집시키는 노력이었다.(p.270)

유능한 교장들이 공통적으로 보여준 모습은 다음과 같다. (1) 포용적이며 촉진자 역할 담당 (2) 학생의 학습에 초점을 두는 제도 운영 (3) 효율적 관리 (4) 적절한 압력과 지원이다. 이런 모습의 교장들에게는 전략적인 방향이 있었고 학교개선계획을 이용하고 있었으며 일관성이 떨어지는 부분을 집중적으로 개선하는 경향을 보였다.

성장하는 학교의 교사들은 일단 프로그램이 도입되고 나면 학교 측에서 프로그램이 제대로 시행되고 있는지, 프로그램이 바뀔 때 잘 유지되는지 확인하는 후속조치가 존재한다고 답할 확률이 높았다. 초창기 연구에서 우리는 정책 연계성이 떨어지는 학교를 '크리스마스트리 학교'라고 불렀다. 이런 학교는 자랑하는 프로그램이 너무 다양했기 때문에 쇼케이스와도 같다. 그러나 프로그램은 대개 조직적이지 않았고 철학역시 일관성이 없었다.(Bender Sebring & Bryk, 2000, pp.441-442)

브릭과 슈나이더(Bryk & Schneider, 2002)는 앞에서 언급한 시카고 연구를 통해 '학교 내 신뢰' 형성에 있어서 교장의 중대한 역할을 발견했다. 학교 내 신뢰는 6장에서 밝힌 대로 학교의 효과성에 직·간접적인 영향을 미쳤다. 브릭과 슈나이더는 교장의 리더십이 관계적 신뢰의 구축과 유지에 *핵심적인 역할*을 하는 것과 이러한 신뢰가 성공의 여건을 마련한다는 점을 언급했다(p.137). 그들은 "참여자들이 개선에 초점을 두고 헌신적으로 참여하려는 의지를 보일 때, 그리고 다른 이들이 똑같이 발전에 동참하고 있는 모습을 볼 때 관계적 신뢰를 기초로 한 진정한 전문공동체가 탄생할 수 있다. 이런 면에서 교장이 변화를 주도해야 한다."라고 결론 내린다(p.139).

브릭 등(Bryk et al., 2010)은 시카고의 성공적인 초등학교 100곳과 그렇지 못한 학교를 비교한 후속연구에서 좀 더 구체적인 내용을 밝혔다. 학교가 성취도 차이를 보이는 핵심 이유는 '변화의 동력으로서의 학교 리더십'(p.62)이며 결과적으로 학교 리더십은 서로 연관된 4가지 힘의 개발에 초점이 놓여 있었다. 즉, 교사들의 전문적 역량(개인 및 집단), 학교 풍토(학습을 지원하는 안전과 질서 보장), 학부모와 지역사회의 연대, 수업지도 지침체계(instructional guidance system)(핵심 학습목표에 학생들의 활발한 참여를 이끌어내기 위한)라고 부르는 요소들이었다. 이 모든 요소가 각 교실에 영향을 미쳤다(p.62). 성공적인 학교는 학부모 및 지역사회와 강한 연대를 맺고 있다는 점에 주목하길 바란다. 경험에 의하면 교사는 자신의 개인적인 역량을 개발하지 않을 때 자신감이 떨어지고 학부모와 거리를 둔다. 교사가 자신의 전문성을 개발하게 되면 학부모를 문제의 일부가 아닌 해결책의 일부로 보기 시작한다. 그 결과 공동체와 학교의 집단적인 노력이 더해지므로 학교의 성

과는 더욱 좋아진다. 브릭과 동료들은 시카고의 핸콕(Hancock)초등
학교를 언급하면서 집단이 함께 강해지는 부분에 대해 다음과 같이
말한다.

> 핸콕초등학교 교장의 강한 리더십은 학부모에게 능동적으로 다가갈 뿐
> 만 아니라 수업지도 방법을 개선하는 강력한 전문공동체를 구축해냈
> 다. 반면, 알렉산더학교의 개혁 시도는 허술한 관리와 후속조치의 부족
> 으로 해체된 상태에 머물렀다.(p.40)

최근 들어 수업지도 리더십의 중요성에 관한 아이디어가 부상하
는 가운데 정책입안자들은 잘못된 판단을 내리기 시작한다. 교장
이 열쇠가 된다는 생각에 사로잡혀 학교 자율성과 수업의 미시관리
(micromanagement of instruction, 수업지도에 관한 교사의 직무를 미세한 부
분까지 관찰하고 통제하는 관리방식−옮긴이)라는 양극단적인 관점으로 아
이디어를 잘못 해석한 것이다. 일부 지역에서는 특정 학교에 자율성
을 확대하기도 했다(호주에서는 '독립형 공립학교'라고 부름). 학교는 관료
주의로부터 해방되어 자유를 얻는 대신 큰 책무성을 갖게 된다. 그러
나 이러한 학교들은 많은 경우 발전하지 못하고, 발전한다 하더라도
나머지 학교로부터 분리되어 시스템 전체를 약화시킨다.

학교를 홀로 내버려두면 대부분은 특정 영역의 지속적인 개선을
위해 집중해서 협력하지 못한다(학교 안팎에서). 특정 영역에 초점을
둔 협력과 자율을 대조한 좋은 예는 데이비드 커프(David Kirp)가 뉴

저지 주 유니온(Union) 시의 교육시스템에 대해 진행한 연구(2013)에 잘 나와있다. 유니온 시는 라틴계 이민자들이 모여 사는 빈곤층 밀집 지역으로 2000년대 이전까지는 뉴저지 주에서 학업성과가 가장 형편없던 학구였다. 그랬던 것이 지난 10년간 바뀌었다. 2011년에 유니온 시 학생들의 89.4%가 고등학교를 졸업했는데 이는 전국 평균보다 무려 15%나 더 높은 수치였다. 무엇보다도 유니온 시 학구는 세부적인 면까지 철저히 통제하는 관리와 과도한 자율 사이에서 생산적인 지점을 찾아냄으로써 학교장의 리더십을 제대로 발휘하게 했다. 커프는 인근의 트렌턴(Trenton) 시에 대해서도 언급했는데 이 도시는 '탁월한 리더 이론'(필자의 표현으로 옮기자면 과도한 개인주의라 할 수 있는)을 적용한 곳이다. '슈퍼스타' 교장을 고용하고 성과를 담보로 자율을 허락한 경우였다. 그러나 원하던 결과는 나타나지 않았다. 1999년부터 2008년까지 8학년 수학시험을 통과한 학생의 비율이 트렌턴 시에서는 18.2%에서 21.9%로 소폭 상승하는 데 그친 것이다. 이와 대조적으로 같은 기간 동안 유니온 시에서는 42%에서 71%까지 상승했다.

유니온 시가 성공한 이유는 교사, 교장, 그리고 학교의 전문성 자본을 개발하고 활용하는 데 초점을 맞추었기 때문이다. 커프(Kirp, 2013)는 이와 같은 교장의 역할을 제대로 이해하지 못했던 교장 레스(Les)에 대해 다음과 같이 언급한다.

레스 교장은 교사들을 관찰하고 평가하는 것 외에 그들이 발전할 수 있도록 도와주어야 한다. 한 가지 전략은 고립된 교실의 벽을 허물고 들어가서 교사들이 함께 협력하고, 학생들을 위한 프로젝트를 공동으로 개발하며, 효과적인 수업방식을 공유하도록 장려하는 것이다. 이러한 협업이 수업지도의 질을 현격하게 개선한다는 증거가 이미 나와있다.(p.54)

지나친 자율의 반대는 교장을 교사들의 수업지도에 세세하게 관여하는 수업(교수)리더로 정의하고 관리하는 것이다. 필자는 이것을 세부적 광기라고 부른다. 교장을 변화의 열쇠로 본 나머지 수업참관으로 연수를 시킨 후 교원평가도 맡기고 교장을 지도 감독할 학구 수준의 직책까지 만드는 것이다. 좀 더 구체적인 대안을 마련해보자는 합리적 아이디어로 시작한 것이 끔찍한 일이 되어버리고 만다. 전직 교장이었던 뒤푸르와 마토즈(DuFour & Mattos, 2013)는 최고를 향한 경쟁(Race to the top, RTTT, 오바마 정부에서 인센티브의 수단으로 도입한 교육정책−옮긴이)의 도입이 테네시(Tennessee) 주에 어떤 결과를 몰고 왔는지 연구를 통해 밝히고 있다. 테네시 주는 이 정책의 실시로 정부로부터 보조금을 따낸 첫 번째 주였다. 이 주가 제안한(그리고 재정지원을 받아 실행한) 모델은 '교원평가의 50%는 교장의 관찰을 기반으로 하고, 35%는 학생의 성장, 15%는 학생 성취도 데이터에 기반하도록 요구'(p.36)하고 있다. 뒤푸르와 마토즈는 새로운 역할을 다음과 같이 요약한다.

교장과 평가자들은 신규교원에 대해서는 1년에 6회 관찰해야 하며 교사자격증을 지닌 교사의 경우에는 1년에 4회 관찰한다. 이때 평가는 지도, 전문성, 교실환경, 계획 등 적어도 4가지 영역에서 이루어져야 한다. 이 4가지 영역은 116개의 하위 목록으로 자세히 분류된다. 관찰하기 전에는 사전 회의를 해야 하며 교장과 교사는 단원에 대해 논의하고, 관찰 후에는 사후 회의를 통해 교사의 수행에 대한 느낌을 나눈다. 교장은 주정부가 만든 교원평가 기준에 따라 데이터를 기입해야 한다. 교장들은 한 번의 관찰과정에 총 4-6시간이 소요된다고 보고했다.(p.36)

위와 같이 모든 과제수행에 대해 엄격한 감시가 이루어지는 제도 하에서 교장직을 수행한다면, 과로로 탈진하거나 업무를 피상적으로 처리할 수밖에 없다는 사실쯤은 쉽게 추측할 수 있을 것이다. 어떤 경우든 이로 인해 실질적인 향상은 일어나지 못하게 된다.

또 다른 사례를 살펴보자. 「학생성장목표: 학생의 학습결과 측정을 위한 실용적 수단의 개발과 활용」(New Jersey Department of Education, 2013)이라는 뉴저지 주의 최근 정책문서이다. 이 문서는 사전 학습을 바탕으로 시차를 두고 측정된, 성취기준에 연결된 구체적이고 측정 가능한 목표에 대한 양질의 합리적 논의를 담고 있다. 교사는 학생성장목표(student growth objectives, SGOs)를 설정하여 11월까지 교장의 승인을 받고 그 후의 수정사항은 2월까지 모두 승인을 완료한다. 마지막으로 교사의 감독관이 학생성장목표(SGO)의 점수를 매기고 연례회의에서 순위를 정한다.

학생 개개인을 파악하고 그에 맞는 지도를 제공하자는 합리적 제안으로 시작된 것이 교사와 교장에게는 그대로 준수해야 할 일로 변하고 만다. 이는 악몽이 아닐 수 없다. 좋은 아이디어가 끔찍한 일이 되고 만 것이다. 주어진 그대로 준수하기 바라는 요법이 책무성이라는 이름으로 전국에 복제되고 있다. 모든 관계자들의 시간과 에너지가 낭비된다. 치료법 자체가 질병이 되어 교장과 학생의 학습을 망치고 있다. 마치 시스템은 무한한 감독능력이 있고 교장은 교사를 한 명씩 바꿀 시간을 무제한으로 갖고 있는 것처럼 설정한 제도이다. 더군다나 교장이 이 업무를 성실히 이행하고자 하면 교사들과의 관계는 소원해진다.

결론은 학교의 자율경영도 세부적인 영역까지 관찰하는 일도 대규모로 성과를 내기에는 효과적이지 않다는 것이다. 그렇다면 해결책은 무엇인가? 수업지도에 더욱 초점을 두되 *모든 교사*를 참여시키고 동기를 부여할 수 있는 모델이 필요하다.

학습선도자로서의 교장

학습선도자로서 교장의 역할은 두 가지 중요한 차원이 있다. 하나는 학교 내부적인 것이고, 다른 하나는 외부적인 것으로 소위 '시스템 플레이어'라는 것이다.

| 학교 내부 |

앞서 교장이 교사를 한 명씩 바꾸는 식으로는 학교를 개선할 수 없다고 말했다. 교장은 학교의 문화를 바꾸어 핵심 목표에 초점을 맞추고 협업을 더 발전시키는 방향으로 나아가야 한다. 학습선도자로서의 역할로 이를 실현할 수 있다. 비비안 로빈슨(Vivianne Robinson)과 동료들은 대규모 단위의 '최적의 증거기반 분석(best-evidence synthesis, BES, 협업에 의한 지식의 구축전략으로 교육정책의 도입과 실행을 위한 증거를 강화하기 위해 이용됨-옮긴이)' 연구를 통해 학생의 성취도에 교장이 미치는 영향력을 살펴보았다. 먼저 로빈슨이 확인하지 못한 것부터 보자. 놀랍게도 로빈슨은 *변혁적인 리더*(transformational leader, 비전을 제시하여 구성원들의 열정을 북돋우고 동기를 부여함으로써 높은 사명감을 갖고 업무를 수행하게 하는 리더-옮긴이)가 학생의 성취도에 상당한 영향을 미칠 것이라 생각했지만 이의 확인에 실패했다(효과크기=0.14; 효과크기가 0.40 이상이면 유의미한 수치로 간주됨). 이 리더들은 최근 존 해티(John Hattie)의 요약처럼 '비전을 설정하고, 학교의 공동목표를 개발하고, 영감을 주는 방향을 설정하며, 외부 요청에 대해 직원들의 방패막이가 되어주고, 공정하고 평등한 직원채용을 실행하고, 교사들에게 높은 자율성을 부여'했다(2015b, p.37). 사실 이런 행동은 근본적으로 학생의 학습성취도에 영향을 줄 만큼 충분하거나 강력하지는 않다.

반면에 교장의 '수업지도 리더십'은 더 효과적이다. 교사들이 학생의 학습에 영향을 미치는 방식에 초점을 맞추고, 특정 행동이 일어나기 쉬운 환경을 조성함으로써 교사와 학생의 협업하는 방식에 영향을 준다(효과크기는 0.42). 로빈슨(Robinson, 2011)은 『학생중심 리더십(Student-Centered Leadership)』이라는 책에서 학생의 성취도에 유의미한 효과크기를 가진 리더십의 5가지 영역을 다음과 같이 기술했다.

1. 목표와 기대(성취수준-옮긴이) 설정 (0.42)

2. 자원의 전략적 활용 (0.31)

3. 학생의 학습을 극대화할 수 있는 질 높은 수업지도 (0.42)

4. 교사의 학습과 역량 개발 기회 제공 (0.84)

5. 규율이 있고 안전한 환경 보장 (0.27)

변혁적 리더십과 겹치는 요소도 일부 있지만 4번 항목의 '교사의 학습과 역량 개발 기회 제공'은 다른 요소보다 두 배 이상 큰 영향력을 미치는 강력한 요소이다. 이는 학습선도자의 역할을 뜻하기도 한다. 4번 항목까지 봤을 때 로빈슨은 학습에 가장 큰 영향을 주는 교장은 학교의 발전을 위해 교장 자신이 교사와 함께 '학습자로 참여하는' 교장이라는 것을 알게 되었다. 교사의 학습을 이끈다는 것은 교장이 교사들 속에 능동적으로 참여하여 함께 배우는 것이다. 로빈슨은 이를 '수업지도 리더'라 불렀지만 필자는 '학습선도자'라는 표현을 선호한다. 왜냐하면 전자는 지나치게 협소한 의미로 해석되어 세부적인 면까지 관리하고 통제하는 것(micromanaging)으로 이어질 수 있기 때문이다.

이런 식으로 생각해보라. 교장의 역할이 비전을 설정하고 교사들을 위해 자원을 확보하며 교사 개인을 돕고 기타 이와 유사한 활동에만 그친다면, 교장은 조직이 지속적으로 발전하는 데 구체적으로 무엇이 필요한지 굳이 *학습하지*는 않는다. 이것이 가능하려면 교장은 자신과 교사의 학습을 우선순위에 두어야 한다. 교사의 학습과 역량

개발이라는 영역에서 로빈슨은 두 가지 중요한 사항을 발견했다. 하나는 집단적 노력(이 책의 핵심 주제)을 이끌어내는 교장의 능력이고, 다른 하나는 전문학습을 이끄는 기술이다. 로빈슨의 말을 빌자면 이 두 가지 요소 모두 교장이 학습자로 존재해야 가능한 일이다. 학습자의 *위치*에 서지 않는 교장은 수년간의 '경력'을 쌓는다 하더라도 교장 자신의 *학습*을 목표로 하지 않았기에 날마다 배우는 것이 별로 없다. 따라서 교장도 리더십을 개선하고 싶다면 자신의 학습과정을 도표상에 표시하고 그래프의 모양에 신경써야 한다. 이렇게 하면 리더십이 향상된다. 사실 이것은 교장이 교사들의 학습을 도우면서 가장 잘할 수 있는 일이다.

학습선도자로서의 명확한 실천사례는 온타리오 주 엘미라(Elmira) 지역의 파크매너공립학교(6-8학년)가 잘 보여주고 있다. 교장의 이름은 제임스 본드(James Bond)이다. 제임스 교장이 학교에 처음 도착했을 때 2-3년 정도의 경력만 지닌 교사들이 각자의 방식으로 학생들을 가르치고 있는 것을 보았다. 그는 학습문화를 정착시키고 실행하기 위한 몇 가지 핵심 조치를 취했다. 교사들에게 교수법 개선에 집중할 것이라고 알리고(혁신) '실수해도 되는'(과정의 일부) 학습문화를 만들겠다고 말했다. 또한 교장 자신과 교사들 사이, 교사들 상호 간에 편하게 지내기를 원한다고 말하고(학생들 앞에서도), 교사들이 무엇을 할지 모를 경우에는 이러한 열린 태도와 학습을 위한 지원을 선보이겠다고 했다. 예를 들면, 그들은 함께 문해력과 수학성적을 올릴 수 있는 특정 교수법에 집중했다. 측정 가능한 학습성과로 각 학생의 학습진도를 진단하는 시스템도 만들었다. 자신들의 '속성학습의 틀'을 만들고 서로에게 유용한 수업방식을 배우고 점진적으로 심화학습을 도울 기술을 도입했다. 제임스 교장은 학습선도자로서 이러한 과정에 참여했지만 학습에 관해 세부적으로 지시하지는 않았다(예컨대, 회의를 이끄는 역할도 거의 맡지 않음) 새로운 문화의 구축에 이렇게 조직적인 접근법, 즉 모델이 될 새로운 과정을 만들고, 위협적이지 않은 학습 풍토를 조성하고 측정 가능한 학습성과에 연계된 특정 교수법에 집중하고, 진전상황을 모니터하고, 효과적인 사례를 공유하고, 기술을 도입해 학습을 지원한 결과 제임스 교장은 학교의 극적인 발전을 이루어냈다. 일례로, 까다롭고 수준 높기로 유명한 온타리오 주의 평가시험에서 파크매너공립학교 6학년 학생 중 쓰기 영역의 고득점자 비율이 지난 5년간 42%에서 83%까지 올라간 것이다(파크매너학교와 유사한 사례는 Fullan(2014b) 참조).

학습선도자는 모호한 개념이 아니다. 교장은 학습을 개선하기 위해 매우 구체적인 행동을 취한다. 교장이 미치는 영향은 문화에는 간접적이지만, 교사와 학생의 학습을 증진시키는 데는 '*명시적이고 직접적*'이다. 교사 한 명 한 명에게 미칠 수 있는 교장의 영향력은 제한되어 있지만, 집단을 통해서라면 여러 교사에게 다가갈 수 있다. 변화의 전제를 하나 소개하겠다. "집단을 변화시키고 싶다면 그 집단을 이용하여 변화를 꾀하라." 교장은 이렇게 해서 학교의 성과를 내는 효율성을 꾀하고 책무를 다할 수 있다.

엘모어(Elmore, 2000)는 예전에 이 주제를 다음과 같이 파악했다.

행정을 담당하는 리더의 역할은 조직 구성원들의 스킬과 지식을 향상시키고, 그러한 스킬과 지식을 둘러싼 높은 기대의 공동문화를 구축하며, 조직의 여러 측면을 서로에게 생산적인 관계로 통합시키고, 각 개인들로 하여금 집단적 결과에 어떻게 기여했는지 설명하게 하는 것이다.(p.15)

다른 방식으로 표현하면, 교장은 학교 내부적으로 전문성 자본의 3가지 요소, 즉 인적·사회적·결정 자본을 구축하는 데 집중해야 한다(Fullan, 2014b). 핵심은 리더십을 발휘해 협업문화를 형성하고 이를 통해 모든 학생의 상이한 학습욕구에 초점을 맞추는 일이다. 이러한 사회적 자본은 우리가 '결정 자본의 전문성 키우기'라고 부르는 것과 연관되어 있다. 이는 증거기반의 결정을 내릴 수 있는 역량, 그리고 학습에 관련된 난제에 대해 전문가적인 판단력을 보일 수 있는 능력 등을 말한다. 이러한 문화는 구성원들의 인적 자본을 강화하며 유능한 신규인력을 채용하는 절차에 의해 보강된다. 실제로 훌륭한 교사들은 이런 문화를 갖춘 학교를 선호한다.

| 시스템 플레이어 |

학교와 외부 세계의 경계선은 더 희미해지고 있다. 이런 환경의 변화는 교직들에게 흥미로운 신세계를 열어주었다. 우리의 주된 목표는 학생들이 더 잘 배울 수 있도록 학교 외부의 자원까지도 활용하여 교사의 전문성 자본을 구축하는 것이라는 점을 잊지 않도록 하자. 그렇게 하려면 교장은 '시스템 플레이어'가 되어야 한다. 여기서 시스템 플레이어란 학구의 다른 학교들과 시스템 전체의 성과향상에 기여하고 그로 인한 혜택을 함께 누리는 학교 리더를 말한다. 시스템 향상을 위해 교장이 이러한 새로운 형태로 참여하는 것은 아직 초기 단계라서 제대로 발달되지 않은 측면이 있다.

교장이 모든 것을 혼자 하려 들면 좋은 학교를 만드는 데 한계에 부딪친다. 학교가 속한 학구의 수준이 좋지 않아도 우수한 학교가 되는 것은 가능하다. 하지만 감히 말하건대, 전체적인 시스템이 그 안에 속한 *모든* 학교의 역량을 키워주지 않는다면 개별 학교가 단독으로 우수하다고 해도 그 우수성이 *지속*될 수는 없다.

시스템이 매우 중요하다는 깨달음 때문에 게이츠재단도 학교와 학구의 개혁을 포함하도록 전략을 바꾼 듯하다. 지난 4년간 게이츠재단은 교사의 수행능력을 측정하기 위해 MET(Measuring the Effectiveness of Teachers, 교사 효과성 측정)프로그램에 대규모로 투자해왔다. 아마도 재단은 개인적인 차원의 피드백은 시스템을 개혁하는 데 불충분한 동력이라는 사실을 깨달았을 것이다. 현재 재단은 iPD(innovative Professional Development, 혁신적 전문성 개발)이라는 새로운 구상을 내놓았다. 학구 전체가 지속적으로 학습하는 문화와 관행을 만들 수 있고 학구 간 배움을 주고받을 수 있다는 아이디어를 담은 구상이다. 교장은 학구 내에서 그리고 학구 사이에서 이 공동의 학습에 핵심적인 역할을 하게 된다.

시스템적 관점은 사회학적인 이해를 돕는다. 만약 내가 나쁜 사회에서 살아가고 있는 좋은 사람이라면, 좋은 사회로 이사하거나 내가 사는 사회를 더 좋은 곳으로 만드는 것에 비해서는 그만큼 좋은 삶을 누리지 못할 확률이 높다. 교장직의 현주소를 봐도 마찬가지다. 학교 안에서 집단을 바꾸려면 집단을 이용해야 하는 것처럼 학구 전체나 전국적인 개혁을 실행할 때에도 같은 접근법을 써야 한다는 사실을 여러 지역에서 깨닫고 있다. 집단의 지식을 학교가 함께 시스템 전체 의 발전을 위해 연마하고 강화해야 하는 것이다.

학구나 주라는 거대한 조직에서 작은 일원처럼 느껴질 교장 개개 인에게 하고 싶은 말은 큰 시스템에서는 선제적인 행동이 유익하다 는 것이다. 또 점점 더 그렇게 할 수 있는 기회도 늘어나고 있다.

'시스템 플레이어'로서 교장은 다른 학교와의 관계(학교 간 네트워크) 와 더 큰 시스템(학구나 주)에서 핵심적인 역할을 한다. 또한 지역사회 와 강력한 협력관계를 맺으려 노력한다. 라일 커트만(Lyle Kirtman)은 고도로 유능한 리더들(학교와 학구 차원)이 지닌 핵심 역량 중 하나를 '외부 네트워크와 파트너십을 구축하는 능력'(Kirtman & Fullan, 2015) 이라고 꼽은 바 있다. 학구와 시스템이 학교네트워크를 강력한 전략 으로 삼아 학습과 그 영향력을 학생들에게 확산시키고 심화하면서 이런 외부적인 역할이 확대되고 있는 것이다(Rincón-Gallardo & Fullan, 2016).

이러한 역량은 오늘날 교육계에서 소홀하게 다뤄지고 있다. 최고 의 리더들은 자신의 지원네트워크를 구축할 시간을 어떻게 찾는지 보여준다. 기술과 사회적 인맥 쌓기는 우리에게 힘을 실어줄 수 있지만, 많은 교육자들이 이를 갈등과 책임 돌리기의 수단으로 여기며 두려워한다. 그러나 리더가 세상을 자신의 지원네트워크로 볼 수 있는 능력은 오늘날과 미래를 결정짓는 역량이다. 대부분의 교장은 이런 네트워크나 교육시스템을 구축할 수 있는 리더십을 확장할 시간이 없거나 방법을 모른다고 생각한다. 하지만 교장은 전문대학이나 4년제 대학, 지역단체, 민간기업 및 다양한 영역의 전문가들과 협력관계를 맺어 자신의 자원을 확대할 수 있다.

그렇다면 학교 개선은 조직의 문제이며, 실제로는 시스템 현상이라는 점이 명백해진다. 교장은 핵심 리더 중 한 명으로 학교 안팎에서 중대한 역할을 담당하게 된다. 현재까지 교장직은 변화를 이끄는 가장 중요한 리더의 역할 중 하나로 판명되었지만, 실망스럽게도 실제적인 역량 발휘는 교장이 갖고 있는 잠재력에 훨씬 못 미쳤다. 이제 우리는 그 역할이 *어떠해야 하는지*에 대해서 명확한 그림을 가지고 있다. 이 책의 나머지 부분에 나오는 아이디어는 교장직을 원래의 중심적인 역할로 돌려놓는 데 필요한 연결점들을 밝혀낼 것이다. 이 변화는 교장직을 좀 더 매력적인 자리로, 학교와 전체 시스템에 더 가치 있는 역할로 만들어줄 것이다. 이 연결고리에 대해서는 마지막 장에서 다시 살펴보도록 하겠다. 교장의 상황은 이러한데 학생들은 어떠한가?

8

학생

왜 민주주의 사회에서 공교육 기관과 개인의 실질적인 첫 접촉이
이토록 비민주주의적이어야 하는가?
– 보울즈와 진티스(Bowles & Gintis, 1976, pp.250-251)

교육혁신의 현장에서 교사와 학생들이 절박한 나머지 "그런데 학생
들은 어떻게 할 거예요?"라고 외치는 경우가 얼마나 많은지 알면 놀
랄 것이다. 혁신에 따라오는 갈등은 종종 그 자체가 해결해야 할 목
표가 되어버려 그 과정에서 학생들은 잊히고 만다. 어른들은 학생을
변화의 잠재적 수혜자로 여기며 성적, 스킬, 태도, 직업과 같은 것을
떠올린다. *학생을 변화과정의 참여자로, 조직생활에서 구성원으로
생각하는 경우는 드물다.* 1980년대의 연구부터 학생을 교육의 능동
적인 참여자로 보기 시작했고 어떻게 해야 하는지에 대해서도 더 명
확해지긴 했지만, 학교 구성원으로서의 학생 역할 증진에 있어서는
진전을 이룬 것이 거의 없다.

이번 장에서도 이 책의 핵심 주제를 계속해서 다룬다. 교육변화는 무엇보다도 각 개인의 입장에서 볼 때 사람과 관련된 현상이다. 가장 어린 학생도 당연히 사람이다. 그들이 의미 있는 역할을 갖지 못하면 대부분의 교육변화와 교육은 실패한다. 독자들에게 감히 부탁하건 대, 학생들이 학교운영에 참여하고 있다고 생각하지 말고 다음 질문을 던져보았으면 한다. "만약 학습이 이루어지는 방식과 목적에 대해 학생의 의견을 우대한다면 무슨 일이 일어날까?" 교사와 교장의 성공에 의미가 중요하다면, 학생의 성공에도 의미가 핵심적이라는 사실을 깨닫는 데에는 별다른 상상력이 필요하지 않을 것이다. 핵심은 *참여*이다. 모든 교육의 성공 여부는 학생의 정서적·지적 몰입을 이끌어 내느냐 못하느냐에 달렸다. 학생인구의 50%만이 계속해서 교육을 받기로 선택했을 때 이들을 학습에 참여시키는 것과 95% 이상의 학생을 의미 있는 학습에 참여시키고자 할 때 그 복잡성(변화의 어려움과 정도-옮긴이)은 차원이 다른 것이다.

1982년 이 책의 초판이 출간된 이래 학생을 학교의 구성원으로 진지하게 대우하는 문제는 별다른 진전이 없었다. 인지과학자들과 사회학자들이 학습에서 차지하는 학생의 보다 근본적인 역할을 강조하긴 했지만 아직까지도 이는 가능성으로만 남아있다. 처음부터 이 주장을 명확히 하자면, 인지과학자들은 전통적으로 교수활동이 "편협하게 정보암기에만 집중해왔고 주제에 대한 비판적 사고나 개념적 이해, 깊이 있는 지식은 무시하며 관심을 주지 않았다."고 주장한다 (National Research Council, 1999, p. 25). 이러한 심층적 이해(결과적으로 학습자들은 그들이 알고 있는 것을 새로운 문제와 상황을 이해하고 해결하는 데 비판적으로 적용할 수 있음)를 목적으로 하는 교수·학습이 지금은 새롭고 급진적인 교수법의 목표가 된 것이다(Bransford, Brown, & Cocking, 1999; Gardner, 1999).

한편, 완전히 독립적으로 연구를 진행해온 사회학자들은 학교가 처음부터 부유층과 빈곤층의 격차를 실질적으로 확대하는 현 상황의 수직적 위계를 재생산한다고 오랫동안 비판해왔다. 이와 같은 불공정한 상황은 사회의 구조와 문화에 깊이 침투되어 있으며, 학교시스템에서도 그대로 반영되어 나타난다고 주장한다(Oakes, Quartz, Ryan, & Lipton, 1999).

인지과학자들과 사회학자들이 새삼 공감하는 분야는 *동기부여와 관계*라는 주제이다. 다시 말해서, 학교가 학생들에게 유의미하고 매력적이며 가치 있는 경험에 연결시키는 방식으로 운영될 때만 실질적인 학습이 일어난다는 주장이다. 극소수의 학생만이 학교수업에 몰입하는 모습을 보이는 것은 문제의 심각성을 잘 나타내는 징표이다.

학생이 학습의 수동적인 수용자로 취급되는 문제는 이제 개인과 사회의 필요와 전혀 부합되지 않기에 현 체제를 *이대로 둘 수는 없다*는 것이 대세이다. 아이들은 더 이상 기다릴 수 없고 기다리지도 않을 것이다. 학생들의 현 상황에서 시작하자. 그런 다음 빠르게 전개되고 있는 희망적인 새로운 추세(trends)로 나아가게 하자.

학생의 현주소

한마디로 표현해서, 학생들은 전통적인 학교에 *지루함*을 느낀다. 리
젠킨스(Lee Jenkins, 2013)는 각기 다른 학년의 교사 3,000명에게 학생
들이 학교에 대해 느끼는 관심도에 관해 물어보았다. 예상 가능한 결
과지만 그래프로 보면 더욱 놀랍다(도표 8.1 참조). 유치원생일 때는 행
복했던 학생들의 관심도가 한없이 하락하여 중학교 3학년이 되면
37%만이 학교교육에 깊은 관심을 보인다. 고등학교 1학년에서 3학
년 사이에 다시 관심도가 올라가는 이유는 졸업을 위해 학교에 남아
있는 학생들만 조사에 응했기 때문이다. 그마저도 한 반의 절반 이하
밖에 되지 않는 수치이다.

도표 8.1 **학년별로 살펴본 흥미도 변화**

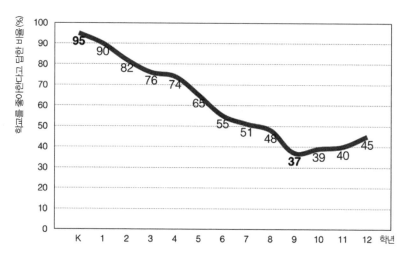

학생들에게 직접 물어보아도 그 결과는 같다(Quaglia & Corso, 2014). 초등학교 6학년과 고등학교 2학년을 비교했을 때 학교생활에 최선의 노력을 다했다고 답한 학생의 비율은 87%에서 69%로 하락했다. '교사가 학습을 흥미롭게 만들어준다'라는 문항에는 처음부터 긍정적인 대답의 비율이 높지 않기도 했지만, 60%에서 30%로 곤두박질쳤다 (도표 8.2 참조).

도표 8.2 **초등 6학년과 고등 2학년의 노력 및 참여**

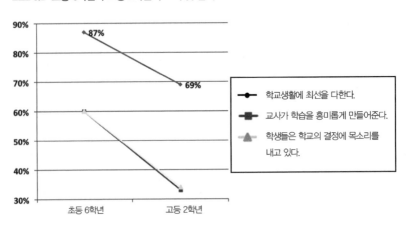

콰글리아와 코르소(Quaglia & Corso, 2014)는 학생들의 목소리를 좀 더 자세히 들어보았다. 두 학자는 이를 상세하게 묘사하는데 일부 긍정적인 사례와 권고사항을 이어서 살펴보겠지만, 이 역시 앞에 제시한 두 자릿수 수치와 별로 다를 바 없다. 이른바 '포부의 틀(aspirations framework)'이라는 것을 활용하면서 이들은 설문조사를 통해 발견한 사실을 나열한다(괄호 안의 퍼센트는 명제에 동의한 학생들의 비율임).

- 선생님은 나의 문제와 기분에 관심을 갖는다. (51%)
- 선생님은 나를 알려고 노력한다. (57%)
- 나는 우리 학교의 소중한 일원이다. (45%)
- 선생님은 내가 결석하면 신경을 쓰신다. (51%)
- 학생들은 선생님을 존경한다. (42%)
- 선생님은 학생들을 존중한다. (62%)
- 선생님은 내가 최선을 다할 때 그 사실을 안다. (60%)
- 나는 학교에 있는 게 좋다. (54%)
- 선생님은 학생들과의 학습활동을 즐거워한다. (64%)
- 학교는 지루하다. (44%)
- 나는 교실수업에서 편안하게 질문할 수 있다. (64%)
- 학교는 나에게 학습동기를 부여해준다. (65%)
- 학교는 내 미래를 잘 대비해주고 있다. (65%)
- 선생님은 나에 대한 믿음이 있으며 성공할 것이라는 기대를 갖고 있다. (76%)

학생의 관점에서 실행한 연구는 많지 않지만 지난 20년간 발견한 것들을 돌아볼 때 이 결과는 놀라울 것이 없다. 이 작업은 동료학자인 데니스 티센(Dennis Thiessen)이 『초·중등학교 학생들의 경험(International Handbook of Student Experience in Elementary and Secondary Schools)』(2008)이란 저서에 발표한 것이다. 총 28장(章), 1,300페이지에 달하는 이 책자는 학생을 실질적으로 참여시키려는 관심의 부족을 보여주지만, 학생의 활기를 되찾아주는 한 가닥 정보도 있다. 티센은 학생의 경험과 교육과정에 초점을 맞추었던 에릭슨과 슐츠 (Erickson & Shultz, 1992)의 결론으로 글을 시작한다. 이 연구에서 학생들은 '*교실에서 생각하거나 의도하거나 관심을 기울이는 것보다 단순히 무언가를 하고 있는 존재로 보여진다*'(p.480). 에릭슨과 슐츠의 결론은 다음과 같다.

요약하면, 학생의 경험을 관심의 중심에 둔 연구는 지금껏 없었다. 우리는 학생들의 관심사와 두려움(알려진 것이든 알려지지 않은 것이든)을 알지 못한다. 학생과 교사의 공동 관심사 또한 알지 못하고, 안다 하더라도 그 공동의 관심사를 갖는 과정 동안 양측이 무엇을 생각하고 관심을 갖는지 알지 못한다. 비록 학생이 연구에 등장한다 해도 언제나 성인 교육자의 관심사와 시각에서 조명된다. 실패한다거나, 성공한다거나, 동기가 유발되어 있다거나, 숙달중이라거나, 동기가 유발되어 있지 않다거나, 반응한다거나, 오해를 하고 있다거나 등의 평가가 그렇다. 학생 자신의 관점은 거의 조사되지 않는다. 학생 경험의 다양성에 대한 연구가 이루어져야 한다. 특히 교과목 내에서 또 교과목 간에, 아울러 학년 내에서 또 학년 간에 존재하는 차이를 알 수 있는 연구가 필요하다. 우리의 제안은 교육과정과 관련된 학생의 경험이 어떻게 변화하고 있는지에 대해 학교생활 전 기간에 걸친 연구가 필요하다는 것이다. 학생이 교육과정을 경험하는 시회적 및 인지적 생태학에 대해 우리가 알고 있는 것은 상대적으로 너무 적다. 교육과정과 더불어 학생의 경험이 변화하고 진화해가는 이런 생태적 경험이 학생과 교사의 사회적 배경에 따라 또한 그들이 배우고 가르치는 학교 유형에 따라 어떻게 다른

가? 현재 우리는 지성·의지·문화·정치가 교육과정에 따른 학습자료와 교실 내 좌석의 배치, 교수법 및 주관적 경험을 통해 학습하게 될 학생들과 만날 때 어떤 변화가 일어나는지 알지 못한다.(pp.467-468)

1970년부터 1977년까지 필자는 온타리오 주 학교 학생들의 역할을 집중적으로 살펴보려는 연구프로젝트에 참가한 적이 있다(Fullan & Eastabrook, 1973; Fullan, Eastabrook, & Biss, 1977). 동료들과 함께 대도시와 중간 규모의 도시, 교외, 지방 등 온타리오 주 학교 46곳의 학생들을 설문조사하는 것으로 연구를 시작했었다. 초등학교 5학년부터 고등학생에 이르기까지 무작위 표본추출 방식으로 조사했고, 교실에서 질문지를 나눠주고 직접적으로 정보를 수집했다. 총 표본은 3,972건으로 그중 3,593건을 회수해서 응답률은 90%였다. 질문 형태는 객관식과 서술형이었다. 우리는 답변을 초등학교(5-6학년, 일부 학교는 5-8학년), 중학교(7-9학년), 고등학교(9-13학년, 또는 10학년 이상)의 3가지 레벨로 분류했다. 결과는 다음과 같았다.

1. 소수 학생만이 교사가 자신의 관점을 이해한다고 생각했고, 학년이 올라갈수록 이 비율은 낮아졌다. 교사가 이해한다고 답한 비율은 초등학교, 중학교, 고등학교 각각 41%, 33%, 25%였다.
2. 교사가 무엇을 어떻게 가르칠지에 대해 자신들에게 의견을 구한다고 응답한 학생들은 5분의 1미만이었다(19%, 16%, 13%). 타 학교의 다수 학급을 대상으로 한 후속연구에서도 동일한 결

과가 나왔다.

3. 교장과 교감은 학생들의 목소리를 경청하지 않거나, 설령 경청 하더라도 그것으로 끝이었다.

4. 초·중·고 학생의 상당수 비율(29%, 26%, 50%)과 고등학생 두 명 중 한 명꼴로 '대부분의 수업은 지루하다'고 답했다.

서술형 질문에 대한 답변을 통해 객관식 답변의 의미가 더 정교해 질 수 있었다. 약 1,000명(3,600명의 학생들 중)이 서술형 질문에 답했 다. 아래와 같이 긍정적인 답변을 한 학생은 30% 정도이다.

- "선생님은 친절하다." (초등학교)
- "학교가 좋다." (중학교)
- "학교의 지금 그대로가 좋다. 변화는 필요 없다." (중학교)
- "현대적 기술과 교수법, 시설 때문에 우리학교가 좋다. 깨끗한 최신형 학교이다. 현재 상태를 유지했으면 한다." (고등학교)

나머지 70%의 답변은 우리가 일반적으로 '소외를 겪음'이라고 부 르는 주제와 관련된 유형이었다.

- "학교는 학생들이 스트레스를 겪지 않고 편안한 장소가 되도록 해주어야 한다." (고등학교)
- "선생님은 월급만 받으면 되기에 우리에게 어떤 일이 일어나는

지에 대해서는 별로 신경을 쓰지 않는 것 같다."(초등학교)

- "학교가 중요하다는 점, 성공적인 삶을 살려면 학교가 필요하다는 점을 안다. 하지만 이런 이유만으로는 충분치 않다. 현 시점에서는 학교생활이 즐겁지 않다. 학교에 다니는 게 정말 싫다. 내가 이렇게 수줍은 성격만 아니라면 선생님에게 이런 느낌을 표현할 수 있겠지만, 단 한 명에게도 말해본 적이 없고 추가적인 도움도 요청해본 적이 없다."(고등학교)

- "내가 자퇴하지 않고 학교에 다니는 유일한 이유는 대학 졸업 후 돈을 벌기 위해서이다. 학교를 그다지 좋아하지도 않고 간혹 정말 싫을 때도 있지만 가난해지긴 더 싫다."(고등학교)

교장과 교감에 대한 질문에 중·고등학교 학생들은 다음과 같은 답변을 했다.

- "교장선생님과 한 번도 말해본 적 없고 교감선생님은 누구인지도 모른다."

- "교장선생님에 대해서는 어떤 말도 할 수가 없다. 늘 보이지 않는 곳에 계시기 때문이다."

- "교장선생님을 전혀 못 본다. 선생님이 아는 학생은 전교회장뿐일 것이다. 좋은 분 같지만 늘 교장실에만 계시기 때문에 아무도 교장선생님에 대해 알지 못한다."

끝으로 설문지와 프로젝트에 대해 어떻게 생각하는지 서술형으로 물었다. 엄청난 답변이 쏟아졌다. 학생의 3분의 1이상이 답변했고, 이를 통해 학생들이 해당 주제에 관심이 있을 뿐만 아니라 뭔가 할 말이 있다는 것을 알 수 있었다. 다음은 1,200개에 달하는 답변 중 일부이다.

- "이 프로젝트는 여러 면에서 아주 흥미롭다. 내가 한 번도 들어보지 못한 질문들이 많다." (초등학교)
- "어른들이 우리에게 의견을 물어봐주니까 좋다. 그동안 어른들이 우리를 어린애로 취급한다고 느꼈다." (초등학교)
- "전혀 생각해보지 못한 것을 생각하게 해줬고, 우리가 학교에 관해 어떤 생각을 하는지 교사들에게 알려주는 과정이란 생각이 든다." (중학교)
- 할 말이 없다. 교사와 기획팀이 이 한마디로 수업과 과목이 얼마나 형편없는지 알았으면 한다. (고등학교)
- "멋진 프로젝트이다. 가장 말단에 있는 아이들이 형편없는 학교에 대해 감정을 털어놓을 수 있는 기회를 준다." (고등학교)

젠킨스(Jenkins, 2013)와 콰글리아 및 코르소(Quaglia & Corso, 2014)의 연구에서 보았듯이 학생들 대부분의 삶이 이전보다 더 복잡해졌다는 사실 외엔 몇 년 동안 바뀐 것이 거의 없다. 전국적인 연구결과를 바탕으로 굿래드(Goodlad, 1984)는 "학습은 학생들이 자신에게 무엇을 기대하는지를 이해할 때, 성취를 인정해줄 때, 실수한 것에 대해 빠른 피드백을 받을 때, 그리고 개선을 위한 상담을 받을 때 향상되는 게 분명하다."(p.111)라고 말했다. 그러나 그는 '초등학교 상위 학년의 절반 이상이 답하기를, 대다수 학생들이 교실에서 무엇을 해야 할지 모른다'는 사실을 발견했다(p.112). 고등학생의 경우엔 적어도 20%가 교사의 지시사항과 코멘트를 이해하지 못했다. 굿래드는 이 책의 주제와 관련해 다음과 같은 관찰결과를 내놓았다.

초등학교 5-6학년 즈음이면 미묘한 변화가 일어나는 것 같다. 이 시기에 학생과 교사 사이에 교과목, 주제, 교과서, 문제지 등의 교육과정이 소개된다. 이 어린 친구들이 각자 고유한 삶의 상황과 단계에 맞는 신체적·사회적·개인적 필요를 지닌 개별적 인간으로보다는 주로 학업 적성과 근면성으로 가치를 인정받는 학생으로만 평가받는 것이다 (p.80).

굿래드(Goodlad, 1984)에 의하면 학생들은 학년이 올라갈수록 '교사의 칭찬이나 학습에 대한 지원도 별로 소용이 없었고, 오류를 고쳐주는 안내(corrective guidance)도 줄었으며, 지도 유형의 폭과 다양성도 줄어들고, 교육활동 관련 결정을 할 때 학생들의 참여도 줄었다'(p.125). 굿래드는 '저학년에서 고학년으로 올라가면서 교사의 지원이 줄어드는' 현상(p.126)도 밝혀냈다.

새러슨(Sarason, 1982)도 이와 유사한 주장을 했는데 교실수업을 어떤 식으로 운영할지 결정하는 데 초등학생들이 참여하지 못하고 있다는 것이다. 그는 학급의 규칙(그가 '학급의 헌법'이라 부르는)이 어떻게 만들어지는지, 그리고 그 과정에서 학생들에 대해 깔린 전제는 무엇인지 알아보기 위해 비공식적인 관찰연구를 진행했다. 새러슨의 표현을 빌자면 "결과는 꽤나 분명했다. 규칙은 일관되게 교사가 정했고, 규칙을 도출하는 과정에서 교사는 결코 학생들의 의견이나 소감을 경청하지 않았다."(p.172) 새러슨은 초등학생의 행동관찰에 숨어있는 몇 가지 전제를 암시했는데 다음과 같다.

1. 교사가 가장 잘 안다.
2. 규칙을 도출하는 데 학생은 건설적으로 참여할 능력이 없다.
3. 학생은 이러한 논의에 관심이 없다.
4. 규칙의 제정 대상은 학생이지 교사가 아니다(규칙은 학생에게 허용되거나 허용되지 않는 행동은 명시하지만, 교사에게 허용되거나 허용되지 않는 행동을 규정하지는 않는다). 기타 등등(pp.175-176)

새러슨의 관찰에 의하면 교사들은 계획과 학습에 대한 자신의 생각을 학생들과 거의 논의하지 않는다. 학습과 사고력 향상에 대한 교사의 가정과 이론에 대해서는 결코 논의되지 않았다. 아이들이 어떤 주제에 관심이 있는지, 또 그런 주제에 관해 논의할 수 있는지에 대해서도 마찬가지였다. 학생에게 부여되는 과제는 답을 찾고 사실을 아는 일에 그쳤다. 새러슨은 교사들이 "부지불식간에 자신들 스스로도 지루해하는 여건을 만들었다."(1982, p.182)라는 관찰의견도 내놓았다. 그러나 핵심적인 문제는 다음 글에 나온다.

강조하고 싶은 부분은, 교사가 학급에 대해 어떻게 생각하는지, 말하자면 무엇을 고려하는지, 생각하는 대안은 무엇인지, 아이들과 학습에 대해 혼란스러운 부분은 무엇인지, 자신이 무엇을 해야 할지 모를 때 어떤 행동을 하는지, 무언가 잘못할 때 어떻게 느끼는지, 아이들은 이에 대해 상대적으로 잘 모른다는 것이다.(p.185)

앞서 학생들의 삶이 더 복잡해지고 있다고 말한 바 있다. 드라이든(Dryden, 1995)은 온타리오 주의 한 고등학교에서 1년간 교실수업을 관찰한 후 "너무나 많은 일이 학생 각자의 삶에 일어나기 때문에 모든 학생의 라이프 스토리가 지나치게 복잡하다."(p.84)라는 결론을 내리기도 했다. 학생들은 자신의 학습에 관심이 없는 경우가 많아 교사가 그들의 세계에 접속하는 것은 매우 어렵다. 드라이든에 따르면 결국 많은 교사들이 30명 정원의 학급에서 '앞줄에 앉은' 10명 이하의 학생들만 가르치고 만다는 것이다. 노딩스(Noddings, 2005)는 교사와 학생 간의 관계에서 발생하는 어려움을 다음과 같이 조명했다.

학생들이 학교에 대해 제기하는 가장 큰 불만은 "교사들은 (학생들에게) 신경 쓰지 않는다."라는 점이다. 학생들은 학교수업에서 배제된 느낌, 자신들을 가르치는 교사들로부터 분리된 느낌, 혼란스럽고 적대적인 세상에서 표류하는 느낌을 받고 있다. 그러나 동시에 대부분의 교사는 아주 열심히 가르치고 있으며 학생들에 대한 깊은 관심을 가지고 있다.

결국 교사들은 신경을 쓰지만, 학생들이 충분히 관심을 받고 있다는 느낌을 받을 정도로 교사와 학생 간의 유대관계를 만들어내지는 못하고 있는 것이다.(p.2)

그렇다면 논의의 출발점은 학생이 학습에서 관심이 멀어진 근본적인 이유가 무엇이고, 이로 인한 결과는 어떻게 될 것인지를 파악하는 것이다. 학생들의 의견을 물어본 극히 소수의 연구사례 중 러덕 등(Rudduck et al., 1996)의 연구는 학생들이 학습에 관심을 갖지 못하게 될 때 어떤 결과를 가져오는지 다음과 같이 요약했다. 이는 학습에서 관심이 멀어진 학생들의 인식을 바탕으로 한 것이다.

1. 학생 자신에 대한 인식

- 학습에 참여하는 또래들보다 자아상(像)과 자존감이 낮다.
- 학교 공부를 쉽게 포기하는 등 학업적인 성과를 내기 어려운 성향이 있다.
- 학교에 싫증을 느낄 때가 많다.

2. 학교 공부에 대한 인식

- 수업과 숙제를 어렵게 여긴다. 수업을 따라가지 못해 힘들어하는 점을 감안하면 당연한 것이다.
- 쓰기가 많이 포함된 과목(영어)을 싫어한다.
- 이해하지 못하는 과목(특히, 외국어)을 싫어한다.
- 시험이 가까이 다가올수록 자신의 능력에 대해 불안해한다.

3. 또래와의 관계

- 괴롭힘에 연루되어 있을 가능성이 높다.
- 가까운 친구가 성취지향적 행동을 보일 경우 압력을 받는다.
- 또래들로부터 교실수업 활동에 방해되는 골칫거리로 간주된다.

4. 교사와의 관계

- 대개 교사가 학생들을 불공평하게 대한다고 인식하며, 특히 자신에게 불공정하다고 느낀다.
- 교사가 자신에게 언어적·비언어적으로 부정적인 행동을 보인다고 생각한다.
- 신뢰할 수 있는 교사가 있다면 마음을 터놓고 대화하고 싶어 한다.
- 학교생활에 적응하지 못하는 것은 상당 부분 교사에게 책임이 있다고 생각한다.

5. 미래에 대한 인식

- 미래의 직업세계에서 가질 수 있는 기회에 대해 높은 불안을 보인다.
- 학교에서 끊임없이 받는 부정적인 메시지에도 불구하고 시험점수를 잘 받고 싶어 한다.
- 시험성적과 취업이 직결된다고 생각한다.
- 15세(고교 졸업 직후—옮긴이)에 취업을 계획할 가능성이 높다.(p.111)

취약계층 학생들과 이들에 대해 신경을 쓰는 사람들이 걱정하는 이유는 또 있다. 6장에서 소개한 로버트 퍼트넘(Robert Putnam)의 『우리 아이들(Our Kids)』(2015)이라는 책이 그 근거를 제공한다. 취약계층 학생들은 1960년대와 비교할 때 더 많은 장벽에 직면해 있다. 1910-1970년까지는 미국의 사회계층 간 소득분배가 비교적 공평했다. 그러다 1970년대 초반에 이르자 이전 10년간 유지되었던 비슷한 소득분배 추세가 바뀌기 시작했다. 최근 퍼트넘의 언급에 따르면 '급격한 가속도'(p.35)가 붙은 것이다. 1979-2005년까지 25년간 미국 하위계층의 가계 세후소득이 연간 900달러 정도 올랐는데, 중산층에서는 8,700달러, 상위 1% 계층에서는 745,000달러가 증가했다(Putnam, 2015, p.35). 2009-2012년 사이에는 거의 모든 이들(하위 99%)의 실질소득이 사실상 침체기였지만, 상위 1%의 소득은 33%나 증가했다. 이러한 소득편중 현상과 함께 개인의 생존과 삶의 기회를 위협하는 일들이 늘어났는데, 퍼트넘은 이것을 '아동기의 부정적 경험'이라고 부른다. 퍼트넘은 학생 자신의 회복력, 돌봐주는 어른, 영웅적인 교사 등의 도움으로 통념적인 확률을 깨고 성공하는 학생들의 사례를 소개한다. 하지만 빈곤층 학생들이 이러한 상황에서 3가지 'MYs'(이 개념은 도표 8.3에서 소개)를 발견하기란 훨씬 더 어렵다. 어쨌든 지난 50년간 점점 더 악화된 슬픈 역사이다.

학교교육의 수월성 위기를 극적으로 보여주는 보고서 「위기에 처한 국가(A Nation at Risk)」(National Commission on Excellence in Education, 1983)와 *지난 몇십 년간 상황을 호전시키기 위한 어떠한 효과적 대책*

도 *없었다는 사실*은 학생의 삶(그리고 그 문제에 관한 교사의 삶)의 악화와 상관관계가 있지 않을까? '학생과 변화'라는 주제가 강력하고 시급한 이유이다. 교육변화의 의미를 생각해보면 학생을 학습의 파트너로 내세우는 것만큼 중요한 것이 없다.

학생과 변화

어쩌면 우리는 한계점에 이르렀는지도 모른다. 맞지도 않는 학교교육을 '강요하는(push)' 제도와 디지털세계의 '이끌어내는(pull)' 힘이 맞물려 복합적으로 작용하면서 현재의 상태를 더 이상 유지할 수 없는 지점에 이르렀다고 생각되기 때문이다. 어떤 경우이든 간에 우리는 학생들의 학습을 근본적으로 바꿀 수 있는 가능성의 초기 신호를 목도하고 있다(비록 앞의 분석을 보면 갈 길이 멀지만). 이 문제를 두 가지 방식으로 풀고자 한다. 하나는 3개의 힘을 이용해서 학생들을 더 종합적으로 학교에 참여시키는 접근이고, 나머지 다른 하나는 발전 중인 '새로운 교수법'의 특별한 힘을 이용하는 접근이다.

| 꿈 · 학습 · 소속감 |

학생중심 학습은 상호 연관된 3가지 방식으로 개선할 수 있다. 이는 'MY'가 붙는 새로운 방식으로서 필자가 고안한 것이다(도표 8.3).

'나의 꿈(My Aspirations)'은 자신에 대한 학생들의 미래 목표와 기대를 뜻한다. '나의 학습(My Learning)'은 학생들 각자가 어떤 방식으로

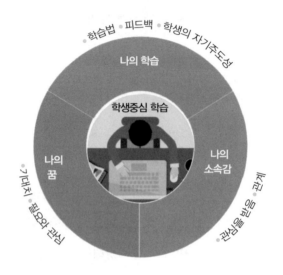

가장 잘 배울 수 있는가에 관한 것이다. 학생들에게 이 질문으로 대규모 설문을 한 연구는 거의 없다. '나의 소속감(My Belonging)'은 학생들 자신이 관심을 받고 필요한 존재로 인정받는다고 느끼는지 아니면 그들을 가치 있는 존재로 여기는 공동체의 구성원이라고 느끼는지에 관한 것이다. 이러한 연대감의 부족은 주류에 들지 못하는 학생들의 주된 자퇴 원인이 된다. 중요한 사실은 이 3가지 요소가 불변적인 것이 아니라 언제든 *바뀔 수 있다*는 것이다.

　콰글리아와 코르소(Quaglia & Corso, 2014)는 '꿈을 이룰 수 있다는 영감을 현재의 순간에 받으면서 미래의 꿈과 목표를 설정할 수 있는 능력(p.13)'을 포부로 정의한다. 단순한 희망사항이 아니라 실천을 수반한 꿈이라는 것이다. 이런 실천적 행동의 일부는 동기 및 역량과 관련되는데, 이 두 요소는 소속감과 학습에 관한 개인적 특성으로부터 나온다.

소속감은 좋든(끌어들이는 경우) 나쁘든(겉돌게 되는 경우) 강력한 변인이 된다. 콰글리아와 코르소(Quaglia & Corso, 2014)는 이러한 소속감을 두고 '자신의 고유함에 대한 가치를 인정받으며 공동체의 일원이 되는 것, 자신에게 관심을 보여주고 현재의 모습 그대로 존중해주는 누군가가 있는 것, 자신의 노력·인내·시민의식·재능을 인정받는 것(p.54)'이라 말한다. "학교에서 나 자신이 있는 그대로 받아들여지고 있다는 느낌을 받는다."라는 문항에 긍정적인 답변을 한 학생들은 자신이 성공할 수 있다고 믿을 가능성이 8배나 높았고, 교실에서 질문하는 데 편안함을 느낀다고 답할 확률은 4배, 더 좋은 학업성적을 내기 위해 노력한다고 답할 확률은 3배 높았다(p.59).

앞에서 언급한 대로 소속감은 하나의 변수이다. 온타리오 주의 고등학교 900여 곳에서 학생들의 능동적인 참여를 이끌어내기 위한 조치를 실시하여 큰 성공을 거둔 적이 있다. 온타리오 주가 실시한 첫 번째 조치는 전통적인 학교가 자신에게 맞지 않는다고 생각하는 학생들에게 선택의 기회를 제공한 것이었다. '고급기술 전문가코스(Specialist High Skills Majors, SHSM)'라는 혁신적 과정을 만들어 그에 따라 11학년과 12학년을 위한 대안적 프로그램을 별도로 개설한 다음 학교들이 영역별로 제안서를 내도록 했다. 이 프로그램은 학생들이 하루의 절반은 수업을 듣고 나머지 절반은 사전에 확보된 직업현장에 배치되는 방식으로 구성되었다. 물론 이 개념이 완전히 새로운 방식은 아니다. 하지만 잘 개발된 전문프로그램이 일반 학교에서 선택사항으로 제공되어 대규모로 확대된 경우에 해당된다. 첫 해(2006-2007)에는 27개의 프로그램(예컨대, 건설, 관광, 제조, 임업)만이 운영되어 44개 학교에서 학생 600여 명이 등록했다. 3년 후(2009-2010)에는 프로그램의 수가 740개로 급격히 늘어났고(정보통신기술, 법과 공동체 등의 주제 추가), 335개 학교에서 20,000명의 학생이 등록했다. 2013-2014년에 이르러서는 660여 개(온타리오 전체 학교 수는 900개) 학교에서 1,600여 개의 프로그램이 운영되었으며 20,000명의 학생들이 등록했다. 거의 35배에 달하는 이 엄청난 증가는 그냥 가만두었더라면 고교 졸업 전에 자퇴했을 게 분명한 수많은 학생들을 끌어들였다(SHSM 에 대한 상세한 자료는 Gallagher, 2014 참조).

이어서 교육부는 대상별로 개입을 시작했는데 "11학년에 진학하는 학생은 몇 명이나 되고 12학년을 마치지 못한 학생, 즉 졸업하지 못하는 학생 수는 얼마나 되는가? 이 학생들은 누구인가?"라는 질문을 던졌다. 아무도 답을 몰랐기에 교육부는 이 학생들(지난 2년간 자퇴한) 모두를 파악할 수 있는 명단을 모았다. 그런 학생들은 7,000명이 있었다. 정부는 각 고등학교로 이 명단을 보내 이름과 학생을 확인하게 했다. 각 학교는 소액의 재정을 지원받아 은퇴교사(예컨대, 생활지도 상담교사)를 채용한 다음 이 학생들을 개인적으로 찾아 나섰고, 그들이 학교로 다시 돌아오기 위해 무엇이 필요한지 묻고 복학을 권했다. 그 결과 3,500명의 학생들이 학교로 돌아왔고 그 중 2,500명이 무사히

졸업했다. 예측컨대, 이 학생들은 자신이 돌아와도 학교의 어느 누구도 신경 쓰지 않을 것이라고 생각했던 것 같다. 위의 조치가 아니었다면 그들은 계속 방황했을 것이다. 이런 전략을 통해 누군가가 자신에게 관심을 기울이고 있다는 점을 깨닫게 함으로써 기존의 관성을 타파할 수 있었던 것이다. 이런 것도 일종의 소속감일 수 있다.

덧붙이자면, 앞서 언급했듯이 온타리오 주는 2004년부터 현재까지 900개 고등학교 전체에서 졸업률이 68%에서 84%로 향상되었다. 꿈·학습·소속감이라는 3가지 'MY'를 도입함으로써 일어난 일이었다. 콰글리아와 코르소의 연구(Quaglia & Corso, 2014)에 따르면 "선생님은 개인적으로 나에 대해 관심을 가져주신다."라고 답한 학생들의 경우 학교에서 배우는 것이 자신의 미래를 준비시켜준다고 믿을 확률이 5배, 스스로를 독려하며 열심히 공부할 확률이 3배나 높았다(p.67). '나의 학습', 혹은 교수법이라는 측면에서 "선생님 덕분에 학교가 즐겁게 배우는 곳이다."라고 답한 아이들은 즐겁게 수업에 참여한다고 답할 확률이 7배, 창의적이 되도록 교사가 격려해준다고 답할 확률도 7배, 실수로부터 배울 수 있도록 교사가 도와준다고 답할 확률 또한 7배나 되었다(p.92).

교수법(학습내용과의 관련성)과 관련해서는 "수업에서 배우는 것이 일상적인 삶의 세계를 이해하는 데 도움이 된다."라고 답한 학생의 경우 교사가 학교를 더 즐거운 배움의 장소로 만들어준다고 답할 확률이 4배, 개인으로서 자신들에게 관심을 보인다고 느낄 확률이 4배, 교사가 학생을 존중한다고 느낄 확률도 역시 4배나 높았다(p.98).

창의적이 되도록 학교가 용기를 북돋워준다고 답한 학생들은 실수로부터 배울 수 있도록 교사가 도와준다고 답하는 비율이 6배 높았고, 교사가 학생들 자신을 믿어주고 성공할 것으로 기대한다고 느낄 확률은 6배 높았으며, 학교가 학생들의 미래를 잘 대비시켜주고 있다고 대답할 확률도 5배 높았다(p.101).

마지막으로 "높은 목표를 정하는 것은 중요하며 그 목표를 달성하기 위해 노력한다."라고 답한 학생들은 자신들이 성공할 수 있다고 믿을 확률이 11배나 높았다. 이들은 미래에 대한 기대로 흥분을 감출 수 없다고 답할 확률도 10배나 높았다(p.138).

콰글리아와 코르소(Quaglia & Corso, 2014)는 도표 8.3에 나온 3가지 'MY'의 존재와 영향력을 확대하는 *전략*에 그다지 집중하지 않는다. 그러나 다음과 같은 접근법이 갖는 *힘*은 누구나 쉽게 상상할 수 있을 것이다. 즉, 학생들은 어떻게 할 때 가장 잘 배우는가에 대한 토론에 교사와 학생을 참여시키는 일, 학생·가족·교사를 조직해서 장래 포부와 이를 향한 실천적 행동에 대해 논의하는 일, 학교와 학생은 어떻게 학생(특히 소외계층 자녀의)의 소속감을 개발할 수 있을까에 대해 확인하는 일 등이 그 대표적인 예가 될 것이다.

프로그램이 실제적이란 점과 학생에 대한 돌봄만으로는 21세기의 학습을 변혁하는 데 충분치 않을 것이다. 좀 더 온전한 대책을 마련하려면 학생·교사·지역사회 간에 급진적일 정도의 새로운 협력관계가 필요하며, 심층학습을 통한 성과를 목표로 해야 한다. 이는 현시대의 성공과 생존에 필수적일 뿐만 아니라 우리가 이루어야 할 진정한 배움의 혁명이다. 우리는 이를 *심층학습을 위한 새로운 교수법* (NPDL; New Pedagogies, 2014)이라고 부른다. 이 새로운 교수법이 우리에게 빠르게 다가오고 있으며 불가피할 것이다. 그러나 이것이 학생들의 미래의 기회를 담보해줄지는 아직 확실치 않다(디지털기술의 발전과 그 영향력이 걷잡을 수 없을 만큼 크고, 예측불가능하며, 어느 정도까지는 통제 불가능하기 때문임).

심층학습을 위한 새로운 교수법

우리 팀이 겨냥하는 해결책은 학습과 관련해 학생·교사 간의 관계 변화를 요구한다. 이 새로운 교수법은 향후 10년간 빠르게 확산될 것이다. 우리는 이미 이러한 방향으로 변화하는 중이고, 전 세계 여러 지역과 협력하며 관련 아이디어를 현실로 옮기고 있다. 현 시점에서는 호주, 캐나다, 핀란드, 네덜란드, 뉴질랜드, 우루과이, 미국 7개국 총 600여개 학교와 함께 연구를 진행하는 중이다. 이 연구는 혁신적이고 구체적인 작업단계에 있으며, 우리의 입장에서만 추진될 수 있는 성격의 것은 아니다. 앞에서 언급한 것처럼 교육변화의 '밀어붙이고(push)' '이끌리는(pull)' 요인, 그리고 사회적 학습네트워크의 확대로 인해 다른 사례들이 생겨나고 있으며 이는 불가피하다. 이 장에서는 이러한 진전이 어떤 것인지 맛보기를 제공하겠다.

2장에서 언급한 바 있는데 전통적인 학교가 대부분의 학생과 교사에게 지루하며, 디지털 발전이 모두 좋은 것은 아니지만 매력적인 것도 사실이다. 한 단계 더 높은 *성층권*에 이르기 위해서는 학습을 위한 어떤 해결책이든 다음의 4가지 기준을 충족해야 한다.

- 학생과 교사 모두에게 거부할 수 없을 정도로 매력적일 것
- 효율적이고 이용하기에 쉬울 것
- 언제 어디서나 24/7(하루/일주일 내내-옮긴이) 기술의 접근이 가능할 것
- 생활 속 문제해결을 충분히 다룰 것(Fullan, 2013, p.33)

우리의 모델(NPDL, 심층학습을 위한 새로운 교수법)은 5가지 구성 요소들이 개발되어야 하고 통합적으로 작동되어야 한다. 이 5가지 요소는, 학습의 최종 결과로부터 역순으로 나열하면, 원하는 학습의 최종 결과, 그러한 결과를 내는 새로운 교수법, 바람직한 학교문화 및 여건, 우수한 클러스터 리더십(cluster leadership, 집단 전체를 몇 개의 작은 집단으로 분리하고 각각이 리더십을 발휘하게 하는 경영기법-옮긴이), 지원중심의 정책과 인프라로 구성된다. 마지막 3가지 요소는 일단 제쳐두고, 이 장에 가장 중요한 2가지 요소인 교수법과 교육의 결과에 초점을 맞춰보자.

바람직한 학교문화는 우리가 6장과 7장에서 다룬 것처럼 초점이 있는 협업과 학습선도자로서 교장의 리더십이 발휘되는 것을 말한다. 유일한 차이는 심층학습을 위한 새로운 교수법(NPDL)에서는 내용의 초점이 교수법과 학습성과에 있다는 점이다. 클러스터 리더십은 우리들만의 특별한 운영전략이다. 우리의 지원을 받는 소위 클러

스터 리더라는 지정된 지역 코디네이터들이 직접적으로 이를 지원한다. 인프라는 디지털자원의 정책과 투자를 뜻하는데, 보편적 무선 주파수 대역폭, 지속적인 혁신과 실행을 위한 전문성 신장과 지원도 포함한다. 학교여건, 클러스터 리더십, 질 높은 인프라의 3가지 요소는 이 장의 주된 관심사가 아니다.

학생들에게 직접적인 연관성이 가장 큰 부분은 새로운 학습결과와 관련 교수법이 무엇을 의미하는가이다. 우리가 목표로 하는 학습의 결과는 이른바 6Cs라는 것들로 인성(Character) (또는 양심Conscientiousness), 훌륭한 시민자질(Citizenship), 협업능력(Collaboration), 의사소통능력(Communication), 창의력(Creativity), 비판적 사고능력(Critical thinking)이다. 뒤의 4가지는 21세기 학습역량이라고 불리는 것들이며, 앞의 2가지는 21세기의 삶에 필수적인 성향과 자질이다. 이 6가지 역량은 모두 수정 가능하며(그것들을 더 많이 만들어낼 수 있음) 측정 가능하다. 사실상 이런 부분(개념화와 측정)에 대해서는 경제협력개발기구(OECD)의 도움도 받고 있다. OECD는 국제학업성취도평가(PISA, 문해력·수학·과학 평가)에서 나아가 15년 기간의 계획으로 '글로벌 역량'을 평가하는 이른바 프로젝트2030을 진행 중인데, 우리도 함께 참여하고 있으며 우리 팀이 제시하는 개념은 도표 8.4에 간략하게 묘사되어 있다.

6Cs는 정의하고 평가하기 어렵지만 가장 어려운 영역은 교사와 학생의 역할 측면에서 교수학습법을 변혁하는 문제로, 이는 아직 초기단계에 있으며 개발 중이다. 이 개발은 4장에서 본 '린 스타트업 모

인성 (Character)	의지, 끈기, 인내, 회복탄력성이라는 핵심적 성격 특성을 구비하고 심층학습법을 배우는 것. 학습과 삶의 통합적 접근능력
훌륭한 시민자질 (Citizenship)	세계시민답게 사고하기. 다양한 가치관과 세계관에 대한 깊은 이해를 바탕으로 글로벌 이슈에 관심을 가짐. 모호하고 복잡한 실생활 문제를 해결할 진정한 관심과 능력의 구비를 통해 인간과 환경의 지속가능성을 높임
협업능력 (Collaboration)	상호 도움을 주고받으며 일하는 능력. 대인관계기술과 협업능력을 통해 시너지 내기. 팀 내 역학관계와 도전적 과제를 효과적으로 관리하기. 실질적으로 의사결정 함께하기. 타인으로부터 배우고 타인의 학습에 기여하기
의사소통능력 (Communication)	다양한 상대에게 맞는 여러 스타일, 방식, 수단(디지털수단 포함)으로 효과적인 의사소통하기
창의력 (Creativity)	사회경제적 기회에 대한 '기업가적 시선' 갖추기. 새로운 아이디어 창출을 위한 올바른 질문 던지기. 리더십 발휘를 통해 아이디어를 행동으로 옮기기
비판적 사고능력 (Critical thinking)	정보와 주장을 비판적으로 평가하기. 그 속의 패턴과 연결점 보기. 의미 있는 지식 구성과 실제 사회에 적용하기

델'의 유형을 따르고 있기 때문에 빠르게 진전될 것이다.

새로운 교수법의 초기 버전이 이미 현실에 등장하고 있다. 7장에서 소개한 파크매너공립학교는 '심층학습을 위한 새로운 교수법(NPDL)' 학교는 아니지만 이 방향으로 움직이고 있는 수많은 학교 중의 하나이다. 우리가 만든 영상에는 이 학교가 보여주는 새로운 교수학습법이 아주 분명하게 반영되어 있다. 즉, 파크매너공립학교는 6Cs에 초점을 둔다. 이 학습모델은 학습목표, 성공기준, 학생들의 팀 구성, 자신이 어떻게 배우고 있는지에 대한 학생들의 인식, 진척정도를 평가하는 방법 등으로 구성되는데, 상당히 명백하며 교사와 학생 모두에게 논리정연하게 받아들여진다. 또한 디지털기술을 활용하여 학습의 심화와 가속화를 꾀하고 있으며, 교사와 학생들은 이 과정에서 서로에게 배운다(www.michaelfullan.ca).

학습효과가 높은 교수학습 활동을 항목별로 자세히 조사한 존 해티(John Hattie, 2012)도 '학습촉진자로서의 교사'란 이름의 한 클러스터에서 이 새로운 유형의 교육 특징에 대한 증거를 제시한다. 해티는 효과크기(effect size, 평균치들 간의 차이 크기를 표준편차와의 비율로 나타낸 것. 값이 크다는 것은 효과가 높다는 것을 의미함—옮긴이)가 0.40 또는 그 이상인 경우가 유의미하다고 언급하고 있다. 학습을 활성화하는 다음 요소들은 통합적으로 사용될 때 효과크기가 0.72나 된다: 피드백, 교사와 학생 간의 구두 상호작용, 메타인지(학생과 교사가 무엇을, 어떻게, 왜 배우는지 명확히 설명할 수 있는)의 활용, 도전적인 목표, 지도의 효과에 대한 빈번한 조사, 분석 등의 요소가 그렇다. 이러한 경우의 특징은 모두 학생들이 자신의 학습에 대해 스스로 책임을 지며, 다른 교사와 학생들의 도움과 안내를 적극 활용한다는 점이다.

더 종합적인 사례는 놀라운 성공을 거둔 노스캐롤라이나 주의 무어스빌(Mooresville) 학구에서 찾아볼 수 있다. 무어스빌은 노스캐롤라이나 주에서 학생 1인당 재정지출이 가장 낮음에도 불구하고 대부분의 학생성취도 기준은 다른 모든 학구를 앞선다(Edwards, 2016). 우리는 이 성공사례에서 리더십이 잘 발휘되고 학생의 학습에 초점을 맞춘 협업이 잘 이루어졌음을 확인했다. 이에 대해서는 이미 이 책의 여러 장에 걸쳐 설명한 바 있다. 우리가 보기에 특별한 사항은 학생들에게 자신의 학습을 주도하게 했다는 점이다. 물론 자극, 지원, 책무성을 강조하는 환경도 한몫했다. 무어스빌에서 학생들은 교사와 함께 개발한 체계 속에서 자신의 학습을 스스로 관찰하도록 지도받는다. 한 교장은 "가장 어린 학생들도 아이패드로 데이터를 불러내 본인의 학습발달과 진도를 볼 수 있습니다."[읽기의 경우](Edwards, 2016, pp.104-105)라고 말한다.

무어스빌에서는 그리고 우리 팀이 일하고 있는 여러 지역에서는 학생들이 선정한 프로젝트를 팀 단위로 몇 주 동안 추진하며 자신의 학습을 학생 스스로 이끌어간다. 무어스빌을 예로 들면 '모든 학년 수준에서 협업의 형태로 프로젝트를 수행하도록 학생들을 장려한다. 이때 학생들은 리더십 과제를 부여받은 후 다른 이들을 이끌어나가면서 주제를 탐색한다'(Edwards, 2016, p.30). 3학년, 5학년, 8학년, 12학년 때는 게이트웨이 프로젝트(Gateway Project)라는 학생들이 주도하는 대규모 프로젝트를 진행한다.

이렇게 심층적이며 학생주도적인, 몇 주 이상 소요되는 학습방식이 점점 더 많은 학교에 도입되고 있다. 일례로, 토론토의 퀸알렉산드라(Queen Alexandra) 중학교는 8학년 학생 모두가 팀작업을 통해 토론토 시에서 개선해야 할 문제를 선정하고 1년 동안 이를 연구한 후, 개선할 수 있는 대안을 제시한다(최근 사례로는 지하철 접근성 높이기, 공원위생 개선, 노숙자들을 위한 음식공급 등이 있음). 이 학생팀들은, 즉 8학년 120명의 학생들은 교사의 감독 아래 활동하면서 1년에 6회의 모임을 통해(금요일 종일 세션) 진전도를 검토하고 아이디어를 교환한다 (schoolweb.tdsb.on.ca/queenalexandra/참조).

자기주도형 프로젝트를 성공적으로 완료하려면 학생들은 6Cs의 거의 모든 C를 발휘해야 한다. 책임감과 신뢰성(인성), 차이의 인정과 공동선에 대한 기여(훌륭한 시민자질), 팀워크(협업능력), 명확한 메시지 전달(의사소통능력), 모험가적인 해결책(창의력), 정보찾기와 평가(비판적 사고능력), 그리고 수학과 역사 및 사회지식도 활용해야 한다.

이미 언급한 것처럼 이러한 발전은 초기 단계이지만 린 스타트업과 비슷한 유형의 활동이 폭발적으로 증가하고 있다. 이 모든 현상은 학생들(그리고 교사들)에게 좋은 전조가 되고 있다. 학습혁명의 요소를 지닌 것이다. 마찬가지로 혁명적인 점은 비용이 크게 들지 않을 것이라는 점이다. 대부분의 학습에너지는 오전 9시부터 오후 3시까지의 학교 일과시간 내에 *그리고 그 이후까지도* 학생과 교사가 그들 자신의 학습에 더욱 참여함으로써 나온다. 새로운 학습동반자 관계에서 더 풍성해질 교육자들의 창의력은 말할 필요도 없다. 무엇보다도 교육변화의 새로운 의미라는 주제를 고려해볼 때, 진행 중인 이 혁신은 대부분의 영역에서 의미를 갖는다. 새로운 의미는 시스템의 모든 수준에서 분명해야 하지만, 특히 학생 수준에서 *대부분의 학생에게* 그 의미가 명확히 느껴지지 않는다면 모든 것이 유명무실해진다. 마냥 긍정적으로 보기엔 아직 시기상조이고 위험하지만, 신중한 낙관주의는 여전히 유효하다.

9
학부모와 지역사회

도대체 누구의 학교란 말인가?

– 골드와 마일즈(Gold & Miles, 1981)

『거기에서 무엇을 얻기 위해 싸워야 하는가?(What's Worth Fighting For Out There?)』라는 책(1998)에서 하그리브스와 필자(Hargreaves & Fullan)는 제목에 담긴 '거기에서'가 이제 '바로 여기에서'(교육을 책임지는 곳을 학교 안과 밖으로 구분하는 사고에서 이를 통합적으로 보는 것을 함의-옮긴이)로 바뀌었다고 주장했다. 우리의 관찰에 의하면, 학교의 경계는 점점 더 흐려져 내부가 투명하게 드러나고 있다. 이러한 현상은 *불가피할 뿐한 아니라 바람직하기까지* 했다. 그 이유는 공공기관으로부터 책무성에 대한 끊임없는 압력이 들어오고 있으며, 디지털사회의 정보접근성 향상처럼 이제 관심만 있으면 이를 행동에 옮길 수 있는 수단이 다양해졌기 때문이다. 포스트모던사회에서는 서로의 힘을 결집하지 않으면 교육이라는 일을 해낼 수 없는데, 이는 바람직한 현상이다. 단지 한 집단(교사들 같은)에게만 맡기기에는 교육이 너무 복잡해졌기 때문이다. 이렇게 새로운 형태의 협력관계를 활용해야 하는 것은 위협적이면서도 복잡성을 증가시킨다. 그러나 '거기에서'가 어차피 제 방식대로 우리에게 성큼성큼 다가오고 있다면, 우리가 그 위험 곁으로 다가가 우리의 방식대로 맞이해보는 것은 어떨까? 이번 장은 학부모와 지역사회에 관한 내용이자 한편으로는 서로의 거리를 점점 좁혀오고 있는 행정가와 교사들에 관한 것이다. 거리가 좁혀지는 이 프로세스는 일단 진행이 되었을 때보다는 초반이 훨씬 위험하다(서로에 대해 무지한 관계일 때).

교육현장에서 매주 40-60시간을 보내는 교사와 행정가들이 교육 변화의 의미를 잘 이해하지 못한다면 학부모는 어떨지 생각해보자. 고학력 학부모들도 교육현장에서 일어나는 변화에 당황하기는 마찬가지인데, 학교에 늘 불편함을 느껴온 저학력 학부모들의 경우에는 어떻겠는가?

지난 50년간 학부모와 지역사회의 학교 참여라는 주제로 수백 권의 책과 기사가 쓰였다. 얼핏 보기에 이 문헌들은 모순과 혼란, 지역사회와 학교 간의 관계를 다루기는커녕 그 자체도 이해하지 못하는 쓸모없는 내용 같다. 그러나 이 연구들은 놀라울 정도로 일관된 메시지 한 가지를 전달한다. 즉, *학부모가 자녀의 교육에 가까이 할수록 아동의 발달과 교육성취에 대한 영향이 크다*는 사실이다. 물론 가깝다는 것이 어느 정도를 말하는 것인지 수많은 변수가 있기 때문에 말처럼 쉬운 내용은 아니다. 또한 가까움 그 자체가 아동의 성장에 오히려 해가 되는 경우도 상상해볼 수 있다. 더구나 학부모 참여라는 바로 그 특성에 관한 결정은 문화적·인종적·계층적 차이뿐만 아니라 학생의 나이 및 성별과 관련된 변수들도 고려해야 한다.

학부모와 지역사회의 참여가 어떤 조건 하에서 가장 유익할까를 결정하려면 먼저 이해해야 할 사항이 있다. 학부모마다 참여의 형태가 다르고 이런 참여가 학생과 학교의 교원들에게 미치는 결과도 다를 수 있다는 점이다. 다른 말로, 왜 어떤 형태의 참여는 긍정적인 결과를 내는 반면에 어떤 형태는 낭비로 보이거나 비생산적인 걸까? 윌라드 월러(Willard Waller, 1932)가 75년 전 다음과 같은 말을 했을 때 그는 옳았던 것일까?

> 이상적인 관점에서 학부모와 교사는 양쪽 모두가 아동에게 최선의 일들이 일어나길 원한다는 점에서 상당한 공통점이 있다. 그러나 사실 학부모와 교사는 상호 불신과 적대감의 여건 속에 살아간다. 양쪽 모두가 아이에게 좋은 것을 원하지만, 너무나 다른 형태의 것을 원하기에 필연적으로 갈등이 발생할 수밖에 없다. 사실, 교사와 학부모는 서로의 실패를 위해 태어난 천적과도 같다.(p.203, Hargreaves, 2000에서 인용)

월러의 말은 여전히 옳은 것일까? 필자가 생각하기에는 그렇다. 다만, 교사와 학부모 둘의 관계를 자연적 경향대로 흘러가게 방치할 때에만 그렇다. 이 책은 결국 '변화'에 관한 것이므로 이미 '태어날 때부터 결정된 대로 되는' 것들이 너무 많은 상황을 우리는 원하지 않는다. 따라서 상황을 개선시키려면 얼마간의 에너지와 역량이 필요하다. 그리고 방향의 수정은 교육자들이 적어도 초반에 시작해야 한다. 이번 장에서는 학부모와 지역사회가 밀접한 관계를 맺는 일의 어려움을 논하고, 그 후 학부모·지역사회·학교의 협력관계가 성공적으로 이루어지는 여건을 이야기하겠다.

학부모 참여의 어려움

학부모·지역사회·학교의 관계만큼 상호 간에 배움의 통로가 황폐해지고 관계의 재구축이 필요한 곳도 없다. 교사와 교장은 학부모와 지역사회에 다가가려는 노력을 해야 한다. 특히 초기 여건이 이러한 노력을 뒷받침해주지 않을 때라면 더욱 그렇다. 헨리(Henry, 1996)는 빈곤지역 학부모와 학교의 협력에 대한 연구에서 다음과 같이 말한다. "교육자들은 공감능력을 갖고 지역사회로 들어가서 의미 있는 상호작용을 해야 한다. 전문가라는 말은 더 이상 학교에서 고립된 상태로 살아가는 존재를 의미하지 않는다."(p.132)

이러한 변화는 힘과 영향력의 이동을 포함할 것이다. 그러나 중요한 것은 힘 자체가 아니라 힘의 새로운 배열로 성취할 수 있는 것이 무엇인가이다.

힘을 추구한다는 것은 다음의 질문을 묻고 답하는 것을 뜻한다. 즉, 무엇을 바꾸기 위해 힘을 추구하는가? 힘의 발휘를 변경하는 것만으로는 다른 어떠한 변화도 보장해주지 않는다. '무엇'에 관한 질문을 하지 않고 힘을 추구하는 일은 초점을 흐리는 일이고 질문을 회피하는 것이 된다. 결국은 허울뿐인 변화에 가담하고 마는 결과를 낳는다.(Sarason, 1995, p.53)

'무엇'에 관한 질문은 결국 "모두를 위한 교육서비스에 사람과 자원을 동원하려면 무엇이 필요한가?"라는 질문이다. 교사 혼자서는 할 수 없다는 것을 이미 수많은 연구결과가 입증한 바 있다. 학부모와 지역사회 구성원은 교육변화를 위한 협력관계에 필수적인 자산과 전문지식을 지닌(또는 지니도록 도울 수 있는) 미개발 자원과도 같은 중요한 존재이다. 교육을 아무리 잘하든 못하든 학부모는 자식의 첫 번째 교육자이다. 그들은 자녀에 대해 누구보다도 잘 알고 있다. 자녀의 성공에 대한 이권과 헌신성뿐만 아니라 여기에 기여하기 위해 필요한 가치 있는 지식과 스킬을 가지고 있다. 아울러 자녀의 흥미, 취미, 원하는 직업, 지역사회에서의 위상 등도 속속들이 알고 있다.

연구에 의하면 학부모 참여가 유익하고 필요한 것임에는 분명하다. 콜먼(Coleman, 1998)은 두 학구에 대한 연구에서 '셋의 힘(학부모·학생·교사의 협력)'이라는 표현을 쓴다. 그리고 학부모·학생·교사 이 셋에 관한 인터뷰와 설문조사를 바탕으로 다음과 같이 주장한다.

학생이 학교교육에 성실히 임하는 자세(또는 학습에의 참여)는 부모의 '가정교육'을 통해 먼저 형성된다. 그러나 이런 학부모의 참여는 가변적인 변수로 학교와 교사의 관습으로부터 영향을 받을 수 있다.(p.11)

콜먼은 이에 대하여 다음과 같이 덧붙인다.

학생의 책임감 발달은 3주체의 태도와 관습이 작용한 결과이다. 핵심 요소는 (a) 교사의 경우 학부모 참여와 학생의 역량에 대한 신념, 교실에서 책임감 가르치기에 대한 투자 (b) 학생의 경우 학교에 대해 부모와 의사소통하기, 과제에 대한 자신감, 미래에 대비하여 학교가 갖는 중요성 인식하기, 교사와의 협업 (c) 학부모의 경우 학교에 다니는 것에 대한 의미부여, (학부모를) '초청하는' 식의 교사의 태도, 학교에 관한 학생과의 의사소통이다. (p.14)

콜먼(Coleman, 1998)은 "학생이 학습에 전념하는가 전념하지 않는가는 협업을 중시하는 교사의 태도로 유지되고 강화될 수 있으며 활동을 통해 표현될 수 있다. 가정과의 강한 유대감은 필수이다."(p.139)라고 결론 내린다. 그는 다음과 같이 주장한다. "교사는 몇 가지 단순한 행동을 통해 학부모의 협력을 이끌어내고 장려할 수 있다. 이는 잘 알려져 있지만 어떤 학교에서도 *일관되게 실행되지 않는* 관행들이다. 대부분의 부모는 교실과 집에서 자녀들의 학습을 위해 더 많은 도움을 줄 수 있다는 사실을 알고 있다."(p.150)

학부모와 지역사회 참여의 필요성에 대한 연구는 몇 년 사이에 더욱 강력해졌다. 본래 '학교교육의 효과성과 관련 있는 대상'에는 학부모를 포함시키지 않았지만, 이제는 학부모의 참여를 핵심으로 다룬다. 모티모어 등(Mortimore et al., 1988)은 학교교육 효과성에 대한 대규모 연구에서 효과적인 학교와 덜 효과적인 학교를 구분하는 12가지 핵심 요소 중 하나로 학부모의 참여 활동을 발견했다. 다음은 그들의 논문 중 일부이다.

우리는 학부모의 학교생활 참여가 학생의 향상과 발달에 긍정적인 영향을 끼친다는 점을 발견했다. 학부모의 참여는 교실 및 교육탐방에서의 보조 역할, 학생의 발달 논의를 위한 회의 참석 등을 포함한다. 교장실이 학부모에게 얼마나 열려있는가도 중요했다. 학교의 비공식적인 문호개방 정책이 더욱 효과를 거둘 수 있었다. 가정 안에서 이루어지는 학생의 교육발달에 대한 학부모의 참여도 유익했다. 자녀에게 책을 읽어주는 부모, 자녀가 읽는 것을 귀 기울여 들어주는 부모, 책을 사주거나 빌려다주는 부모는 자녀의 배움에 긍정적인 효과를 끼쳤다.(p.255)

우리에게 익숙한 로젠홀츠(Rosenholtz, 1989)의 연구를 보면 '개선 중'인 학교와 '난항상태'의 학교 교사 간에는 중요한 차이점이 존재한다. 난항상태인 학교의 교사는 '학부모 참여에 대한 목표가 없는' 반면, 개선 중인 학교의 교사는 학습할 내용과 관련해 학부모를 참여시키는 데 힘쓰는 것은 물론, 가정에서의 학습과 학교에서의 학습 간에 심한 격차를 좁히려고 노력'했다(p.152). 난항상태인 학교의 교사는 학부모와 할 수 있는 일이 없다고 생각할 확률이 월등히 높았고, 개선 중인 학교의 교사는 학부모를 해결책의 일부로 보았다.

브릭 등(Bryk et al., 1998)이 진행한 시카고 평가를 보면 성공적인 학교들은 '학부모와 지역사회의 참여'를 강화하는 데 전념했다.

사안을 시스템적으로 다루는 학교는 '고객중심의 성향이 있다. 이들은 학교 및 자녀의 학교교육에 학부모의 참여를 강화하는 데 초점을 두고 꾸준히 노력한다. 또한 지역사회와 유대를 강화하기 위해 적극 노력한다. 특히 아이들의 돌봄에 영향을 미치는 인적 자원과의 유대관계 강화에 노력한다. 이렇게 개인 간 상호작용이 증가하고 이것이 학교에서 제도로 굳어지면 지역 전문가들과 지역사회의 관계의 질이 달라진다. 이런 접촉을 통해 더 큰 신뢰와 상호 참여가 강화되는 것이다. 반면, 뚜렷한 계획이 없는 학교는 이웃과의 선을 더 확실히 긋는다. 이렇게 되면 이들 관계에 존재하는 문제는 직접적으로 다루어지지 않을 수 있다. 학교의 개선 노력을 도울 수 있는 더 큰 지역사회의 자원이 활용되지 못하는 것이다. 이런 학교는 학부모와 지역사회로부터 더욱 고립된다.(pp.127-128)

'학교에 대한 신뢰'에 관한 브릭과 슈나이더(Bryk & Schneider, 2002)의 연구는 위의 주제를 자세히 다루며 그 중요성을 입증한다. 또한 학교와 지역사회 간의 신뢰를 구축하는 것이 얼마나 어려운지도 언급한다. 6장에서 본 것처럼 브릭과 슈나이더가 말하는 관계적 신뢰는 4가지 요소로 구성된다. 존중, 역량, 타인에 대한 배려, 정직함과 도덕성이다. 높은 신뢰도와 낮은 신뢰도를 보인 학교는 낮과 밤만큼이나 달랐다. 낮은 신뢰도를 보인 학교의 모습은 다음과 같다.

교사는 교육에 대한 부모의 관심부족과 가족의 약물의존성, 실업상황 등을 비판했다. 학생의 집안 상황 자체가 구조적으로 학습을 방해한다고 불평했고, 대체로 양육의 질에 대해 부정적인 관점을 보였다.(p.48)

신뢰도가 높은 학교(취약계층의 비율은 유사하나 학교 리더와 교사들이 다른 문화를 조성한)의 경우는 다음과 같았다.

교사는 부모의 배경이나 학력과 상관없이 학부모를 존중하는 것의 중요성에 대해 끊임없이 얘기했다. 문제가정 출신의 학생들이 많았지만, 교사들은 그것을 이유로 학생이나 학부모에게서 거리를 두지 않았다.(p.84)

교사가 부모를 적극 격려하고 아이에게 개인적으로 관심을 갖자 아이의 교육에 대한 보완적 역할을 학부모와 논의할 수 있게 되었다.(p.86)

브릭과 슈나이더(Bryk & Schneider, 2002)가 강조하듯이 가난한 학부모처럼 학교와의 관계에서 자신감이 부족하여 힘의 비대칭이 일어나는 상태에서는 교장과 교사가 먼저 손을 내밀고 공감하여 학부모가 안정적으로 참여할 기회를 만들어줘야 한다. 이렇게 할 때 학생·학부모·학교 간에 더 큰 유대관계가 형성되고 성취도 또한 높아진다.

이러한 발견은 제임스 등(James et al., 2006)이 진행한 웨일즈의 '매우 효과적인 초등학교' 12곳에 대한 연구에서도 나타났다. 어려운 지역에서 매우 효과적으로 운영되고 있는 이 학교들은 학부모와 지역사회를 해결책의 일부로 보았다. "학교들은 이 사실을 알고 학생의 직계가족 및 확대가족과 협력하여 학교 일에 대한 협조를 이끌어내고 학생들의 학습을 돕도록 했다. 학부모와 가까이 협력하여 접촉을 늘리고 그들의 참여를 온전히 이끌어내고자 했다."(p.112) 여기에서는 무엇보다도 다음과 같은 특성이 나타난다.

- 학교가 학부모와 의사소통하는 방식은 전문적이었고 직접적이 었으며 유용성에 가치를 두는 방식이었다.
- 학부모를 존중했다.
- 학교는 *모*든 가족과 협력하려고 애썼다.
- 학부모의 지원 수준이 높았다.
- 학부모와 학생 양측을 위한 공동학습계획을 중시했다. 가족 문 해력 확대안, 가족 수학능력 확대안, 학습계획을 진전시키는 파 트너십(Partnership Accelerates Learning Scheme, PALS) 등이 그 예 다.(p.113)

앞서 6장과 7장에서 언급한 바 있는, 효과적인 학교들이 실천하는 일련의 조치가 이런 집중의 시너지를 일으킨다. 일관성 있게 실천하 는 학교는 학부모에게 손을 내밀 자신감과 역량을 갖게 되고, 이러한 특성이 없는 학교는 교실 문과 벽 뒤에 숨어 몸을 사리며 결과적으로 는 학부모와 더욱 더 거리를 두게 된다.

지역사회의 유형에 관해서는 다음 섹션에서 좀 더 다루겠지만, 지 금은 교사학습공동체의 핵심이 학부모와의 친밀한 관계라는 것으로 결론을 내리고자 한다. 추가적인 자원에 관해서는 엡스타인(Epstien) 과 동료들이 지난 30여 년에 걸쳐서 가장 체계적인 연구 및 개발을 진 행했다. 1988년에 엡스타인은 다음과 같은 결론을 내린 바 있다.

학부모의 격려, 활동, 가정에서의 관심, 그리고 학교에의 참여가 자녀의 성취에 영향을 미친다는 일관된 증거가 있다. 학생의 능력과 가정의 사회경제적 위치를 고려해도 그렇다. 가족이 자녀에게 학교교육을 강조하고 지속적으로 그 중요성을 일깨워주면 자녀의 개인적·학문적 발달에 도움이 된다.(Epstein, 1988, 1장)

엡스타인은 학교와 학부모/지역사회의 참여에 6가지 유형이 있다는 사실을 파악했다. 이들 유형이 조합을 이루어 학생의 학습을 향상시키며 아울러 자녀교육에 대한 학부모의 참여를 향상시킨다.

- 유형 1 – 자녀양육능력
- 유형 2 – 의사소통
- 유형 3 – 자원봉사
- 유형 4 – 가정에서의 학습
- 유형 5 – 학교의 의사결정
- 유형 6 – 지역사회 기관과의 협업(Epstien, 1995; Epstien et al., 2002)

주목할 점은 학교 거버넌스(유형 5. 학교의 의사결정)는 6가지 유형 중 하나에만 해당될 뿐 가장 중요한 요소가 아니라는 점이다. 대부분의 학부모는 자신이 학교를 운영하고 싶어 하는 것이 아니라 단지 자녀가 공부를 더 잘하기를 바랄 뿐이다. 바꾸어 말하면, 학생의 학습에 상당한 영향을 끼칠 수 있는 것은 오직 다수의 교사가 다수의 학부모와 협력할 때뿐이다. 그리고 이것은 실제로는 그다지 실행되고 있지 않지만 100% 이치에 맞는 말이다.

시간이 지나면서 엡스타인은 학부모의 참여가 학교의 성공에 중요하다는 것을 발견했지만, 학교와 학부모가 실질적으로 가까워졌다는 증거는 전혀 없다(외부 연수와 지원을 통해 이를 의도적으로 실행하고자 한 소수의 사례를 제외하면). 엡스타인(Epstein, 1986)이 주 전역에 걸쳐 시행한 설문 결과, 학부모 중 58%는 가정에서 자녀의 학습 활동을 도와달라는 요청을 교사로부터 받아본 적이 전혀 없거나 거의 없다고 답했다. 반면, 학부모의 80%는 구체적인 학습 활동을 하는 방법을 알려주면 가정에서 아이들의 학습을 돕는 데 더 많은 시간을 쓸 수 있다고 답했다.

엡스타인이 연구를 통해 밝혀낸 사실은 학부모의 참여에 대해서 리더교사(리더십 발휘의 역할을 추가로 맡은 선임교사—옮긴이)군과 대조군 교사 간에 상당한 차이가 있다는 점이다. 두 교사군은 지역사회의 특성과 유형에서 동일한 집단인데도 그렇다. 예를 들어, 리더교사는 통제집단에 비해서 다양한 교육배경을 가진 학부모를 참여시켰는데, 이들은 저학력 부모에 대해 '집에서 자녀를 도울 수 없거나 도와주지 않으려 한다'고 보고했다. 반면에, 리더교사가 담당하는 학생들의 학부모는 12가지 학부모 참여방식 중 9가지를 더 자주 활용한다고 보고했다. 학부모에게 발휘되는 효과는 긍정적이고 다양했다. 교사가 학부모 참여활동을 자주 허용할수록 학교에 대한 학부모의 이해는 높아졌다. 엡스타인(Epstein, 1986)은 다음과 같이 언급했다.

우리가 발견한 중요한 사실은 교사가 학부모의 참여를 자주 허용할수록 자녀의 수업지도 프로그램에 대한 부모의 이해 정도가 향상되었다는 점이다. 자녀의 학년과 학급의 인종 구성, 학급의 학부모 학력배경과 상관없이 말이다(pp.288-289).

엡스타인(Epstein, 1986)은 다음의 결론을 추가한다.

학부모들은 가정에서 학습이 이루어지도록 그들을 참여시키려는 교사의 노력을 알고 있었으며 여기에 긍정적으로 반응했다. 정규수업 활동에 학부모의 참여를 포함시킨 교사가 담당하는 반의 학부모들은 교사의 노력을 더 잘 인식하고 있었고, 교사로부터 더욱 많은 아이디어를 얻었으며, 자녀의 수업지도 프로그램에 대해서도 더 많이 알고 있었다. 또한 교사의 대인관계능력과 교수의 질을 전반적으로 더 높이 평가했다. 교사의 활동은 학교프로그램에 대한 학부모의 반응에 지속적으로 긍정적인 효과를 가져왔고, 교사의 장점에 대한 학부모들(모든 학력 수준의)의 평가에도 마찬가지 효과를 냈다. 학교에서 가정에 보내는 통신문이나 학교의 학부모 지원보다 교사가 학부모를 자녀교육에 참여시키는 관행이 훨씬 더 학부모들의 긍정적인 반응을 이끌어냈다.(p.291)

엡스타인과 다우버(Epstein & Dauber, 1988)는 볼티모어의 도심에 있는 8개 학교(초등학교 5개, 중학교 3개)에 대한 연구에서 *교사의 태도와 학부모 참여 지원활동, 학부모의 태도와 활동*을 집중적으로 살펴보았다. 171명에 이르는 교사의 태도와 관행을 살펴본 그들은 다음과 같은 발견을 했다.

- 대부분의 교사들은 학부모 참여에 대해 매우 긍정적이다. 그러나 학교프로그램의 우수성과 교사의 실질적인 수업활동은 상당히 다양했다. 초등학교의 프로그램들이 중학교보다 더욱 강력하고 긍정적이며 종합적이었다.
- 특정 학년과 특정 과목 교사들의 개별적인 관행이 우수한 학부모참여 프로그램의 초석이 되었다.
- 교사 개인만이 우수한 프로그램을 만드는 유일한 요소는 아니다. '(IQ와 학업성취도)불일치 점수'를 분석한 결과 교사 자신과 교장, 교사 자신과 동료교사, 교사 자신과 학부모의 차이가 학교의 학부모참여 프로그램의 우수함과 큰 관계가 있었다. 학부모의 참여를 중요하게 여기는 교사와 학부모가 있는 학교의 프로그램과 활동들은 그렇지 못한 학교보다 더 효과적이었다.
- 자녀를 돕는 학부모의 지식과 행동은 학교의 지원이 없는 상태에서는 학부모의 사회적 계층이나 학력에 크게 좌우되었다. 그러나 학교는 심지어 도심 속의 어려운 학교들까지도 가정이 자녀교육에 대한 지식을 갖도록 강력한 학부모참여 프로그램을 개발할 수 있다.(pp.11-12)

엡스타인과 다우버(Ebstein & Dauber, 1988)는 학부모 참여에 보다 긍정적인 태도를 지닌 교사들이 '직장을 나가는 부모, 학력 수준이 낮은 부모, 편부모, 또래보다 나이 많은 학생의 부모, 어린 부모, 새롭게 학교에 온 부모 등 다가가기 어려운 부모와 이 밖에 자녀들과 같이 사는 여타 어른들'(p.5)의 참여를 이끌어내는 데 더 성공적이었다고 보고한다.

엡스타인과 동료들이 설립한 전국협력학교네트워크(National Network of Partnership Schools, NNPS)는 가정과 학교의 유대관계 강화에 필요한 연구지식 기반과 개발전략을 발전시키는 데 크게 기여했다. 1996년에 설립된 NNPS에는 현재 미국 11개 주 1,000곳 이상의 학교가 가입되어 있다(Epstein & Sanders, 2000; Sanders & Epstein, 2000). 이 조직의 회원들은 6가지 참여 유형에 따라 학교를 개선할 수 있는 도구와 전략을 전수받는다. 엡스타인 등(Epstein et al., 2002)은 협력학교를 위한 소책자 제2판에서 다음의 방법을 기술하고 있다.

- 지역사회를 끌어들여 학교·가족·지역사회 간의 협력관계를 구축한다.
- 협력관계를 구축하기 위해 더 효과적인 실행팀을 조직한다.
- 중학교와 고등학교의 협력관계를 강화한다.
- 상호작용이 필요한 숙제를 내줘서 학생이 숙제를 가족 구성원들에게 보여주고 공유할 수 있도록 한다.
- 8-12세 학생들을 위한 자원봉사 프로그램을 제공한다.
- 주와 학구 리더십 활동을 통해 협력관계 프로그램을 가진 학교들을 돕는다.

성공은 결국 신뢰를 형성하고 특별한 조치를 취하는 것을 목적으로 하는 전략의 문제이다. 이런 조치를 통해 학업성취도의 향상에 관계되는 모든 당사자들에게 의미가 만들어지고 효과성이 결정된다. 이런 현상은 과거에 린 섀럿(Lynn Sharratt)과 함께 문해력 개선작업을 위해 학교와 학부모를 이어주었을 때 명백하게 나타났다. 학부모 참여는 문해력 개선에 영향을 미치는 13가지 요인 중 하나이다('교장 리더십'과 '문해력 코치' 등 대부분의 다른 요인은 학교 내부에 있음). 학부모의 참여에 대해서는 다음과 같은 표현을 쓴 바 있다.

> 학교의 문해력팀이 지역사회·가정·학교 간의 관계를 맺어주려고 노력했다. 여러 팀이 교사 및 컨설턴트와 함께 지역사회에 미취학 아동을 위한 문해력프로그램을 만든다. 이들은 문해력 향상 수업과 미취학 아동을 위한 여름 문해력프로그램의 진행을 위해 지역사회센터와 저소득층 대상 주택 건축현장으로 간다. 이들 프로그램은 정교하게 설계한 학교준비 프로그램으로서 학부모들이 가정에서 아이들에게 책을 어떻게 읽어줄지 그 모델을 보여준다.(Sharratt & Fullan, 2009, p.19)

자녀의 학교교육에 참여하는 가정이 학생의 성취도를 크게 증가시킨다는 점은 이미 널리 알려진 사실이다. 그렇다면 질문은 학부모를 준비시키기 위해 어떤 조치를 취할 수 있겠는가 혹은 학부모의 참여가 이런 식으로 쉽게 이루어지도록 하려면 무엇을 할 수 있는가이다. 『성적자료, 학생 참여와 성장을 위해 사용하기(Putting Faces on the Data)』(Sharratt & Fullan, 2012, 개별 학습자의 학습경험 향상을 위한 데이터 사용에 관한 책—옮긴이)에서 필자는 학교들이 발견한 다양한 형태의 학교

기반 사례를 몇 가지 제시했다. 학생이 주도하는 회의나 학구 리더와 떠나는 공동체 산책, 지역사회 연락담당자의 채용 등을 통해서 학생의 학습에 대한 학부모와 지역사회 일원의 중요한 역할을 이끌어내는 것이다.

모든 협업이 그렇듯이 지역사회와 학교 간 협력을 맺는 과정은 닭이 먼저냐 달걀이 먼저냐의 문제이다. 협업하는 관계는 성과를 내기 마련이고, 이는 다시금 지속적인 협력관계를 촉진한다. 그러나 두 주체 간에 양질의 관계가 맺어져 있지 않을 때라면 어떻게 협력을 시작해야 할까? 이 책『학교개혁은 왜 실패하는가(The New Meaning of Educational Change)』(Fullan, 2016)는 긍정적인 순환을 위해 부정적인 순환을 깨뜨리는 다양한 사고와 행동에 관한 내용을 담고 있다. 개인이 행동으로 초래한 상황은 말로써 벗어날 수 없다고 한 스티븐 코비(Stephen Covey, 1989)의 발언이 생각난다. 그러한 상황을 벗어나려면 새로운 형태의 신뢰와 협력을 위한 행동을 보여주어야 하며, 이는 5장에서 조명한 성찰적 행동의 기초가 된다.

6장에서는 로버트 퍼트넘(Robert Putnam)의『우리 아이들(Our Kids)』(2015)에 담긴 역사적 기록을 통해 지난 50년 동안 가정과 학교의 연계가 점점 더 어렵고 복잡한 일이 되었다는 것을 알 수 있었다. 육아 자체는 더욱 도전적인 일이 되었다. 지난 50여 년간 미국의 세대 간 계층이동 현상은 꾸준히 감소하여 부모가 자녀에게 성공의 길을 찾아줄 가능성은 더욱 희박해졌다. 또한 태아기부터 8세 사이의 초기 아동발달이 구체적으로 어떠했느냐가 그 이후의 삶의 기회에 막대한 영향을 미친다는 연구결과가 잘 알려진 바 있는데, 이런 여건은 악화되고 있다. 점점 더 높은 수준의 스트레스에 시달리는 빈곤층 부모는 자녀가 이에 영향을 받고 있다는 사실 때문에 스트레스가 더욱 커지고 있다. 퍼트넘(Putnam)이 10가지 항목(집안 어른의 위협, 성적 학대, 알코올 중독자 혹은 이용자 가족, 수감된 가족 등)으로 구성한 '유년기 부정적 경험 척도'를 보면 많은 아동이 최소 8가지의 스트레스성 사건을 경험한 적이 있고, 이로 인해 인지적·정서적 기능에 직접적인 영향을 받아 피해를 입었다는 사실을 알 수 있다. 역경을 극복할 수는 있지만 점점 더 어려운 일이 되고 있다.

물론 이러한 문제는 개인이 어떤 동네에서 성장했는지에 따라 더욱 확대된다. 퍼트넘(Putnam, 2015)은 사례 제시와 더불어 통계학적으로 "빈곤한 아동은 신뢰할 수 없는 환경에서 사는 경우가 늘고 있다."라고 밝히고, 이것이 그들의 발전과 생존에 부정적인 영향을 미친다고 했다(p.219). 이 말은 개인에게 성장의 기회가 아예 없다는 뜻이 아니라 부모와 지역사회가 이런 어려움을 극복하기 위해 엄청난 노력을 해야 한다는 뜻이다. 그리고 이토록 심각한 상황을 다루려면 미국 사회에 깊이 뿌리내린 추세를 바꿀 수 있는 새로운 사회 및 교육정책을 활용해야 한다는 결론에 이른다.

사회정책에 관한 질문은 이 책의 마지막 장에서 다시 다루겠지만, 현 단계에서는 학교의 역할을 좀 더 강조하려 한다(10장에서 보겠지만, 위의 어려움을 극복하고 있는 일부 학교와 지역도 있음). 학교와 학구 중 자신들의 여건에 맞는 참여 방식을 찾으려 한 곳은 많지 않다. 따라서 대부분의 학교와 지역사회 내에서 학생·학부모·교사라는 3주체의 힘은 충분히 발휘되고 있지 못하다. 핵심을 말하자면, 학교와 학구는 기준을 높이고 격차를 줄이는 도덕적 책무에 헌신해야 하며, 행동의 실천으로 역량을 쌓아 학부모에게 다가갈 수 있는 자신감을 기르고, 학부모들을 해결책의 일부로 동참시켜야 한다. 만약 학교가 바로 앞장(8장)에서 논의한 학생중심의 주제, 3MYs(나의 꿈, 나의 학습, 나의 소속감)에 학부모들을 연계시킬 수 있다면 긍정적인 현상이 일어날 것이다.

교육위원회와 지역단체

교육위원회(미국의 교육위원회는 학구 내 학교를 감독하는데, 대개 해당 지역에서 선출된 3-9명의 위원으로 구성됨)의 역할에 모호한 면이 있다. 단츠버거 등(Dantzberge et al.,1987)은 위원회를 '교육팀의 잊혀진 선수들'이라고 부른다. 이들은 미국의 지역교육위원회에 대한 전국적인 연구에서 도시학구의 지역위원회 위원장 450명과 지방학구의 위원장 50명을 조사했다. 또한 다양한 지역 리더들을 인터뷰했다. 단츠버거와 동료들이 발견한 것은 주정부는 소통하기보다는 지시하는 성향을 띠어가고, 지역위원회의 역할은 불분명했으며, 위원회 위원들은 역할에 맞는 준비나 연수를 거의 받지 못하고 있는 상황이었다. 설문조사에 참여한 위원회 위원장의 3분의 1만이 위원회의 역할을 평가하거나 모니터하는 절차를 갖고 있었다. 연구진은 위원회가 학교 발전을 위한 핵심 주체가 될 수 있다고 평가하고, 주정부 개혁은 지역위원회의 역량강화를 통해 변화를 일으키고 모니터하는 데 관심을 가져야 한다고 제언했다. 이들은 또한 위원회가 현직 연수와 조직의 효과성을 평가할 수 있는 시스템을 설립하여 자기계발에 힘써야 한다고도 조언했다.

교육위원회가 어떤 활동을 하느냐에 따라 변화를 만들어낼 수도 있고 그러지 않을 수도 있다. 라로크와 콜먼(LaRocque & Coleman, 1989)은 브리티시 컬럼비아 주의 10개 학구 중 상대적으로 성공한 곳과 그렇지 않은 곳(학생의 성취도에 따른)의 위원회 역할을 조사했다. 겉으로 보기에는 많은 정책과 프로그램이 위원회마다 비슷했다. 라로크와 콜먼은 위원회의 특정 활동 관찰과 인터뷰를 통해 성공적인 교육위원회 위원들의 특징이 다음과 같다는 것을 발견했다.

a. 학구프로그램과 활동에 대해 더 많은 지식을 보유
b. 확실한 가치와 신념을 기반으로 달성하고자 하는 바를 분명하게 인식
c. 상기 가치와 신념을 설명할 기회가 주어지는 활동에 참여(p.15)

성공적인 교육위원회는 교육감 및 지역 행정가들과 더 적극적으로 상호작용하며 일했다. 센게 등의 연구(Senge et al., 2000)에서 인용된 그릴리(Greeley) 역시 '학습하는 교육위원회'에 관해 언급한다. 또한 다음의 항목처럼 학습에 방해가 되는 장애물에도 주목한다.

- 프로그램을 분열시키고 '지시와 명령'의 태도를 낳는 연방 및 주 정부의 외부 기금
- 지역사회 전체의 이익 관점에서 투표하지 않는 위원회 위원(유권자들에 의해 선출됨)
- 위원회 위원들의 대규모 이직(2년에서 4년마다 위원회가 재구성됨)
- 교육위원회 위원은 자주 공적·정치적인 환경에 놓이기 때문에 팀 학습의 어려움 발생(p.432)

그릴리(Greeley)는 이러한 영향력에 맞서는 수단으로 몇 가지를 언급한다.

- 사적인 기관과의 관계에 대한 내용도 공적인 기록으로 남긴다.
- 비즈니스 사례를 개입시키고 싶은 유혹에서 벗어난다.
- 관찰 가능한 데이터를 지속적으로 활용한다.
- 대안이 되는 회의 형식을 만든다.
- 가치에 관해 말하는 관례를 만든다.
- 학교가 취하기를 원하는 행위의 모범을 보인다.(Senge et al., 2000, pp.436–438에서 인용)

헤스(Hess, 1999)의 학구 정책입안에 관한 연구는 현재의 시스템이 발전할 가능성이 적다는 점을 보여주고 있다. 힐 등(Hill et al., 2000)이 언급한 것처럼 교육위원회는 보통 '정책의 격동'을 겪고 있다. 다음은

헤스의 발언이다.

학구 정책입안자들은 정치적으로 매력적이게 보이는 변화를 끊임없이
도입하여, 효과적인 실행에 방해되는 속도로 엄청난 양의 개혁을 추진
한다. (…)
　　계획을 재탕하고 끊임없이 이전 계획을 수정한다. 다른 학구에서는
혁신적 개혁안이라며 계획 A를 계획 B로 대체하는 상황인데도 오히려
계획 B를 계획 A로 대체하는 식이다. (…)
　　준 자치도시는 여러 계획을 중단하고 다시 시작하는 혼란스러운 방
식을 일삼는데, 이는 학교 성과의 특정 요소를 개선하는 데 어떠한 명
확한 전략도 되지 못한다.(p.5)

엘모어(Elmore, 2000)는 헤스의 말을 다음과 같이 요약했다.

상대적으로 불안정한 정치적 요소는 선거구 유권자들을 만족시키는 방
법으로 새로운 '개혁안'을 내세우고, 새로운 행동을 취한 공을 인정받기
위해 한숨 돌렸다가 개혁안의 제도화나 실행에는 신경도 쓰지 않고 다
른 새로운 개혁안으로 금세 옮겨간다. 헤스는 다원적인 구조 속의 정치
적 보상은 개혁의 시작과 입법으로 상징되고 실행에는 없다고 말한다.
정치 및 행정 리더의 잦은 이직은 보상의 구조가 만들어내는 병리적 현
상 중의 하나이다. 당파가 이합집산하고 정치적인 기회주의자들은 넘
쳐난다. 교육위원회의 대다수 위원들은 교육감이 위원회의 개혁안을
지지해주는 동안만 교육감 곁에 붙어있고 자신들의 개혁안을 반대하는
순간 다음 교육감에게로 이동한다.(p.19)

좀 더 긍정적인 사례를 보자면, 맥아담스(McAdams, 2006)는 학구 수준의 모든 성공사례에는 교육위원회와 교육감의 친밀한 관계가 존재한다는 모델과 데이터를 제시했다. 그는 위원회가 학구의 학교 발전을 어떻게 도울 수 있는지 사례들로 뒷받침한 모델을 제시한다. 위원회와 교육감이 성공적인 협력관계를 맺은 것은 다음의 항목에 집중한 경우이다.

- 핵심 신념과 헌신
- 변화에 대한 명백하고 안정적인 행동이론
- 개혁정책
- 정책개발과 감독
- 개혁을 뒷받침할 거버넌스의 실행
- 역할, 책임, 관계의 명확화에 이어 시민역량과 전환계획을 촉진하고 좋은 방향의 지속가능성을 높임

맥아담스(McAdams, 2006)의 견해에 따르면 이와 같은 필요역량을 밝혀내 학습해야 하고, 이를 위해 교육위원회 위원들은 각자의 역할에 맞는 연수를 받아야 한다. 거버넌스와 관리의 차이를 이해하는 것, 그리고 학구 리더십과 교육위원회 리더십의 쌍방 협력관계가 성공의 핵심이다. 따라서 교육위원들을 위한 연수 및 능력개발, 그리고 교육위원회와 학구 간의 협력관계의 구축은 필수이다.

학교업무를 관장하는 법적 기관이 학구 내에 존재하는 지역(잉글

랜드처럼)에서는 같은 원칙이 적용된다(예를 들면, 위원회와 학교 리더간의 친밀한 관계는 성공의 핵심임). 웨일즈 지역에서 큰 성공을 거두고 있는 초등학교 12곳에 대해 제임스와 동료들이 진행한 연구(James et al., 2006)를 보면 이런 친밀한 관계가 아주 명확하다. 저자들은 "위원회는 헌신적이었고 지원을 마다하지 않았으며 활발한 참여를 하고 있었다."(p.96)라고 말했다. 구체적인 특성에 대해 연구진들은 위원회가 다음과 같은 특성을 보였다고 보고했다.

- 상황을 지속적으로 보고받음
- 연수 및 코스 참여를 장려받음
- 학교의 업무처리에 대한 사려 깊은 이의 제기와 비준. 특히 학생의 성과 향상을 촉진할 때 두드러짐
- 다른 속셈이나 목적이 없음
- 교사들과의 관계가 원만함
- 일반적으로 학교에 대한 관심이 많음(pp.96-97)

10장에서 논의할 지역을 포함하여 일부 학구는 열악한 상황에도 불구하고 성공적인 결과를 거두었다. 이 모든 성공사례는 학구와 교육위원회 간의 끈끈한 관계가 존재할 때 발생한 것이다. 이러한 성공이 양측 리더의 역량 덕분이었는지 단순한 운이었는지는 잘 모르겠다. 단, 학교·학구·위원회가 강력한 연대를 맺고 있는 경우는 흔치 않은 게 사실이다. 어떤 관계는 정책 혼란, 소란스러운 동요, 간헐

적 교착상태를 보이기도 한다. 또 어떤 관계는 자유방임주의의 피상적인 관성으로 어려움을 겪는다. 그러나 어떤 관계는 학생들의 지속적인 발전을 위해 학교와 위원회가 각자의 강점을 발휘해 상호 보완적이 되도록 운영된다. 학구와 위원회의 관계의 질은 지역 차원의 성공에서 중요한 변수 중 하나이다. 최근 캘리포니아 교육위원회연합(California School Board Association, CSBA)이 교육위원회의 역할에 관해서 필자를 인터뷰했는데 내용은 다음과 같다.

CSBA 질문 : '크게 볼 때' 교육위원회 위원들이 중단해야 할 행동은 무엇입니까? 학교환경을 개선하고 지속되는 성취도 격차를 줄이려면 무엇을 해야 합니까?

필자의 답변 : 교육위원회는 학습선도자이자 집단 내에 협업문화를 구축하고 개선의 시급함을 아는 교육감을 고용할 특별한 책임이 있습니다. 이 세 가지 자질이 모두 필수적입니다. 일례로, 단지 현 상태에 이의만 제기하는 교육감을 원치는 않을 것입니다. 그런 교육감은 강력한 리더십팀을 만들어서 학구와 학교 간의 강력한 유대관계 구축에 힘쓰고 학교 간의 네트워크를 도울 필요가 있습니다. 이런 과정을 통해 학교 리더들은 동료 간에 효과적인 관계를 맺을 수 있고, 이는 다시 시스템에 책임감을 강화하게 됩니다. 교육위원회는 진전상황을 모니터하겠다는 내용도 확실하게 알려야 합니다. 이는 초반에 때이른 판단을 하기 위해서가 아니라 앞으로의 진전에 필요한 바를 파악하기 위해서입니다. 따라서 진전상황을 이해

하기 위해서는 투명성이 매우 중요한 요소가 됩니다. 핵심 문제가 발생했을 때 교육위원회가 결단력 있는 행동을 취해야 함은 물론입니다.

시사점

학부모와 지역사회는 동질집단이 아니며 획일적인 참여 방식이 양쪽 모두에게 맞지 않는다. 지역사회의 차이를 엿볼 수 있는 두 가지 중요한 특성은 인종과 빈곤/부의 요소이다(많은 집단에서 이 둘이 겹침).

『위기의 학교 구출 리더십(Turnaround Leadership)』(Fullan, 2006)에서 필자는 미국의 부유층과 빈곤층 간의 성취도 격차가 적어도 2000년 이후부터 확대되어왔다고 밝혔다. 페드로 노구에라(Pedro Noguera, 2003)는 미국 도심지역 학교와 지역사회가 직면하고 있는 뿌리 깊은 문제들에 대해 매우 설득력 있는 주장을 펼쳤다. 그는 "열악한 '도심의 여건' 등 학교교육을 둘러싼 사회적 환경을 해결하려는 진정한 의지를 보이지 않는 한 도심 속 공립학교의 중요하고도 지속가능한 개선은 불가능하다."(p.62)라고 말한다. 노구에라는 인종 불평등, 학교 안팎의 폭력 근절, 소외된 청소년들의 동기부여, 학부모 및 지역사회의 사회적 자본 증대 등 근본적인 문제들에 대한 대처를 주장하는 것이다. 그는 이러한 환경에 놓여있는 학교들을 개선하기 위해서는 벌써 가해지고 있는 책무성 압력만으로 안 되며, 이에 상응하는 더 많은 지원이 필요하다고 말한다. 인종이라는 요소와 뒤섞여 있기는 하지만 우리는 빈곤/부의 요소가 학부모 참여에 어떤 영향을 주는지도 생각해야 한다.

허버드 등(Hubbard et al., 2006)이 공동으로 수행한 샌디에이고 지역의 세부적인 사례연구 역시 지역사회를 단일 집단으로 보는 것은 실수라는 결론을 내놓았다. 이들은 부유층 부모는 빈곤층 부모와는 다른 관심사와 전략이 있다는 것을 발견하고 다음과 같이 밝힌다.

> 부유층 지역의 집단은 정치적 압력을 행사하려 할 때 주로 면대면 만남을 통해서 한다. 그런 방식으로 그들은 원하는 결과를 얻어냈다. 학구의 중앙집권적인 개혁으로부터 면제되는 것도 이에 포함된다. 덜 부유한 지역의 집단은 자신들의 요청에 행정가들이 시큰둥하게 반응하기 때문에 법적 수단이나 법 이외의 전략에 의존한다. 그들이 그런 수단을 통해 원하는 결과를 얻는 경우는 매우 드물었다.(p.206)

지니 옥스(Jeannie Oakes)와 동료들도 몇 년간 이와 비슷한 결과를 발견했다. 즉, 부유한 학부모는 개혁이 자신들의 사적 이익에 도움이 되지 못할 것으로 판단될 경우 지속적인 비판을 통해 이를 무력화하거나 원천봉쇄한다는 것이었다(Oakes & Lipton, 2002). 필자가 농담처럼 하는 말이지만, 이런 현상들을 보면 빈곤층 부모의 참여는 확대하고 부유층 부모의 영향력은 *줄이는* 전략이 필요할 것도 같다. 빈곤층과 부유층의 이해관계가 상호 배타적이라고 생각하지는 않지만, 모두를 위한 형평성과 수월성이 둘 다 실현될 수 있도록 개혁을 조정해야 할 필요성은 분명히 있다(Fullan, 2006).

우리의 관심이 필요한 것은 빈곤층의 요구(needs)만이 아니다. 부유층 학부모가 자녀의 교육과 성장에 무관심하거나 동떨어져 있다는 증거도 있다. 슈타인버그(Steinberg, 1996)는 좋은 의도에도 불구하고 미국의 학부모 셋 중 하나는 결국 자녀에게 관심을 갖지 않게 된다며, 다음과 같이 지적한다.

> 자녀교육에 참여하지 않는 부모는 이런저런 이유로 자녀양육에서 '손을 뗐다'. 부모로서 훈육의 책임을 놓아버리고, 자녀의 학교생활이 어떤지, 친구들은 누구인지, 자유시간을 어떻게 보내는지 모른다. 자녀에 대한 믿음이나 지원도 모두 놓아버렸다. 이들은 자녀와 보내는 시간이 거의 없으며, 그날 있었던 일에 대해 청소년 자녀와 대화하는 일도 드물다.(p.188)

이 모든 상황은 학구(10장)와 정부 차원(11장)에서 더 큰 인프라를 바꿀 기회를 갖고 있는 정책입안자 및 리더들에게 시사하는 바가 크다. 개인(또는 여러 명) 또한 시스템에 대한 관점을 가지고 자신의 방식대로 노력할 수 있을 것이다. 다시 말해서, 자신의 관점에서 지역사회와 학교 간에 새로운 관계를 형성하려는 노력을 할 수 있다는 말이다. 그 지점에 도달하려면 새로운 유형의 관계가 형성될 때까지 서로의 존재가 주는 불편함이란 장애물을 해결해야만 한다.

특히 학교는 빈곤지역에서 주도적인 역할을 해야 한다는 점을 조명한 적이 있다. 브릭과 슈나이더(Bryk & Schneider, 2002), 브릭 등(Bryk et al., 2010), 제임스 등(James et al., 2006)도 이 점을 지적한다. 콜먼

(Coleman, 1998)은 이 문제를 다음과 같이 요약하고 있다.

교사는 (1)자녀지도와 관련해서 참여(협업)에 대한 부모의 자신감이 교사의 초청에 좌우됨을 깨달아야 한다. (2)협업에 대한 학부모의 권리와 책임감을 강조함으로써 협업을 당연시해야 한다. (3)학부모와 교사 간에 다양한 형태로 대화의 장을 열고, 학부모에게 교육과정과 방법론에 대한 지식을 제공하여 협업을 촉진해야 한다. (4)부모와 자녀가 함께 할 수 있는 활동을 제공하여 협업을 장려해야 한다. 다시 말해서, 부모와 자녀 사이에서 수업지도의 중재자로서의 역할을 맡아야 한다. (5) 학생의 성과에 대한 충분하고 시의적절한 정보를 제공하여 협업의 결과를 알려야 한다.(p.61)

학부모의 입장에서 볼 때 학교가 자녀의 학습에 대한 관심이나 지식을 충분히 활용하지 못한다고 얘기한 바 있다. 또한 많은 부모들이 자녀의 교육에 충분히 참여하지 못하는 것도 사실이다. 빈곤층 학부모나 부유층 학부모나 양측이 다 마찬가지다. 학교가 학부모의 참여를 쉽지 않게 하거나 그들의 참여를 거부하기도 했지만 부모들 역시 행동을 바꾸어야 한다. 하그리브스와 필자(Hargreaves & Fullan, 1998)는 다음 4가지 지침을 부모들에게 제시했다.

1. *정부에 압력을 행사해 원하는 교사 양성을 요구한다.* 교육이 진부한 구호를 넘어서는 세련된 선거 의제가 되도록 하라. 교수법을 향상시켜 학습의 개선으로 이어지도록 하는 방법을 모색하기

위해서이다. 그와 같은 목적을 달성할 수 있기 위해 어떤 자원을 동원할지 답을 요구하라. 이를 위해 다음과 같은 질문을 던져라. 우수한 교사를 어떻게 모집하고 보유하며 그 자질을 계속 유지 시킬 것인가? 더 나은 학습은 더 나은 지도방법을 필요로 한다. 더 정확히 말해서, 정부가 이를 어떻게 정확하게 실현할 것인가? 답을 요구해야 한다.

2. *과거의 향수는 잊는다.* 오늘날 학교가 성취하려는 바를 이해하기 위해 더 노력하라. 자녀의 학교가 하고 있는 일들에 대해 직접 알아보고 경험하라. 자녀가 미래의 시민과 노동자로서 살아갈 때 필요할 지식과 기술을 생각하고, 이를 길러주려면 어떤 교수·학습이 필요할지 생각하라. 단순히 부모 자신이 받았던 교육 방식이 익숙하다고 해서 자녀가 똑같은 방식으로 교육받기를 원하지 말라. 오늘날의 학습과학은 매우 다르다. 새로운 발전에 대해 알아가라. 크리스토퍼 래쉬(Christopher Lasch)가 한 말을 기억하라. "과거의 향수는 새로운 기억을 포기하는 일이다."(1991)

3. *학교가 당신에게 해줄 수 있는 것을 묻는 동시에 당신이 학교를 위해 무엇을 할 수 있는지 묻는다.* 학교를 지원하기 위해 제공하고 기여할 수 있는 것이 무엇인가? 가장 좋은 출발점은 집이다. 학교가 당신의 자녀에게 학습윤리를 함양해주길 기대한다면, 집에서도 잔디 깎기, 눈 치우기, 과제 마치기 등의 활동을 통해 동일한 윤리를 가르치는가? 학교와 교사에게 주는 것이 많을수록 당신이 그들로부터 어떤 것을 원할 때 그들의 적극적 관심과 호

응을 통해 얻는 것도 많을 것이다. 다시 말하지만, 관계 개선이 핵심이다.

4. *비난보다 칭찬을 많이 한다.* 자녀의 교육에 대해 비판할 게 많다면, 교사들도 당신을 만나는 것에 대해 당신만큼이나 긴장할 것이라는 점을 기억하라. 교사들을 편하게 해주어라. 비난보다 칭찬을 많이 하라. 학교가 무엇을 하고 있는지 직접 관찰하라. 그래야 근거를 가지고 학교교육을 비판할 수 있다. 적기라고 생각될 때 교사들에게 연락해서 고마움을 표시하라(나중에 어려운 만남을 불편하지 않게 해주고 균형 잡힌 시각으로 보게 해줌). 문제가 일어나기 *전에* 자녀의 교사와 관계를 맺어라. 이는 학부모로서의 책임이다.(pp.124-135)

이 장의 단순하고도 강력한 결론은 3가지이다. (1) 학부모 대다수는 학교 전체 또는 시스템 전체에 관심을 갖기보다 자신의 자녀와 관련된 활동에 더 의미를 둔다. (2) 교육개혁은 가정과 학교의 공동의 노력을 요한다. 학부모와 교사는 학생의 삶에 서로가 보완적인 역할을 하고 있으며, 이것이 매우 중요하다는 점을 알아야 한다. 특히 사회가 더 복잡해지고 미래가 예측 불가능해짐에 따라서 더욱 그렇다. 이와 같은 중요성을 인식하지 못하면 개선하는 데 한계가 있으며, 이 한계는 극복할 수 없는 수준에까지 이르게 될 지도 모른다. 학부모 및 지역사회와의 연대를 능동적으로 추구하는 학교와 학구가 늘어남에 따라 학교·학생·가정이 관계를 맺을 수 있는 기회가 많아지고 있다. (3) 가장 근본적인 것은 사회가 시스템 변화를 시도해야 한다는 점이다. 이 책 전체를 통해서 서술하고 있듯이 교육시스템 자체의 전면적 변화가 요구되고 있다. 사회적·지구적 발전을 주요 의제로 삼으려면 경제 및 사회정책이 교육정책과 함께 가야 한다는 점을 강조할 필요가 있다. 변화의 성공을 위해서는 광범위한 인프라를 튼튼하게 하는 것이 필수적이다. 우리는 이 책에서 이 주제의 물꼬만 틀 수 있을 뿐이지만, 이것이 전체 시스템을 변혁하는 기초로 작동할 수도 있다. 10장에서 이 인프라를 살펴보고, 3부에서는 더 큰 그림으로 이동할 것이다.

10
학구 행정가

세상(사람들) 전체를 침대에서 깨워 씻기고 갈아입히고
따뜻하게 하고 음식을 먹이려면 엄청난 비용과 고통을 치러야 한다.
정말 그렇다!

— 골드와 마일즈(Gold & Miles, 1981)

개별 학교는 소속 학구와 상관없이 고도로 협력적일 수 있지만, 그
협력이 계속 *유지될* 가능성은 크지 않다. 학구가 학교의 집단적 역량
을 계획적으로 강화하지 않으면 자동적으로 역량은 약화된다. 경험
상 학교란 그냥 내버려두어서는 스스로 발전하지 못하며, 이것은 사
실이다.

모든 시스템에 학구가 존재하는 것은 아니다. 미국의 지방정부는
캐나다나 잉글랜드, 스웨덴, 호주의 행정체계와 다르다. 그렇지만 학
구가 큰 학교시스템의 한 기능으로 존재한다면, 그 역할이 좋든 나
쁘든 중대한 역할을 할 수 있다는 점은 분명하다. 교장을 다룬 7장의
내용이 학교 리더십에 관한 간단한 참고자료가 되는 것처럼 학구 행

정가들(교육감, 교육장-옮긴이)에 대한 이번 장 역시 좀 더 일반적인 학구 리더십을 포함하는 내용이다. 먼저 학구 행정가들의 현주소에 대해서 평하고, 학구의 역할에 관해 우리가 발견한 사실을 부정적인 것에서부터 긍정적인 것까지 논할 것이다. 우리는 확실히 많은 것을 배우고 있다.

학구 행정가의 현주소

북미의 학구 행정가들은 전교생이 100명 이하부터 30만 명 이상까지 되는 다양한 규모의 학교시스템 속에서 일하고 있다. 캐나다 각 주에 있는 학구들은 미국 대부분의 주와 비교할 때 규모가 훨씬 크다. 예를 들어, 캐나다 온타리오 주에는 72개 학구가 있는 반면에, 온타리오 주와 비슷한 수의 인구가 사는 미국 일리노이 주와 오하이오 주는 주마다 학구가 600개 이상씩 있다. 따라서 학구의 여건과 업무도 매우 다양할 수 있다. 잉글랜드는 더 복잡하다. 교육개혁안 「모든 아동은 소중하다(Every Child Matters, ECM)」(Department for Education and Skills, 2005)가 나오기 이전에도 지방 교육당국은 시 당국의 일부였고 각 학교에는 법적으로 구성된 상당한 권한을 지닌 이사회가 있었다(예를 들면, 교장 및 교사 채용 담당). 2005년 ECM이 도입되면서 교육과 모든 아동서비스(보건·사회복지 업무 등)는 지역당국(local authority, LA)의 소관이 되었다. 아동서비스 국장이라 불리는 최고 책임자가 학교교육과 아동의 지원 및 발달서비스를 통합할 권한을 가지고 전체 운영을 맡는다. 이 밖에도 지난 15년간 잉글랜드는 소수 몇 개부터 25개 정도의 학교가 뭉친 연합회나 아카데미를 통해 학교가 지역당국에서 상대적으로 분리되도록 많은 투자를 했다. 이 학교들은 자체적으로 운영되며 상호 협력하도록 겉으로는 이상적인 체제를 도입했지만 실제로는 주먹구구식으로 운영되고 있으며, 서로 연대하지 않고 독자적으로 운영되는 학교도 수백 개에 이른다.

전체 시스템의 변화가 계속해서 진행되고, 잘못된 또는 올바른 정책 동인이 우위 다툼을 할 때 학구는 정책의 혼란을 겪는다. 만약 미국의 일반적인 학구 교육감에게 어떤 문제가 있느냐고 묻는다면, 지나치게 많은 계획안과 과중한 업무, 변덕스러운 정책과 일관성 부족을 예로 들 것이다. 최고의 행정가들은, 곧 살펴보겠지만 이 부분을 파악하고 잘 대처한다. 이를 넘어 우리는 좀 더 집단적인 접근을 통해 크게 성공한 사례를 보기 시작하고 있다. 이 장의 후반부에서, 그리고 정부에 관한 다음 장에서 그러한 성공사례를 살펴볼 것이다.

북미의 소규모 학구를 보면 그곳의 행정가들은 자원이 거의 없이 몇몇 기능을 수행한다. 반면에 대규모 학구는 전문가들로 구성된 정교한 관료주의를 통해 갈등과 위기, 광범위한 재정 및 인사문제를 끊임없이 다룬다. 교육감은 지역적으로 선발된 이사회가 임명(또는 해고)한다. 행정가의 역할과 변화(다음 부분의 주제)에 대한 상당한 증거가 있지만, 행정가들이 자신의 전체적인 역할 속에서 어떤 생각을 하고 무엇을 하는지에 관한 정보는 적다. 골드해머(Goldhammer, 1977)는 1954년부터 1974년까지 20년 동안 미국 교육감의 역할이 어떻게 달라졌는지 살펴보고 나서, 교육 대변인이자 상대적으로 단일한 시스템의 관리자 역할을 맡던 것에서 다양한 이해와 집단의 협상 및 갈등 관리자로 그 주된 역할이 바뀐 것이 지난 20년간 일어난 큰 변화라고 언급했다. 교육위원회는 정치적으로 더 활성화되었고 교원노조와 지역사회, 특별 이익단체도 마찬가지였다. 지역사회는 좀 더 동질화되었다. 미국의 연방정부와 주정부, 법원은 재정 및 법적 수단을 통해 교육프로그램의 주요 참여자로 떠올랐다. 골드해머에 따르면 교육감은 목표 설정자라기보다는 협상가이자 다양한 이해관계를 조정하는 반응적 리더 및 조정자의 역할을 맡게 되었다. 동시에 전문가팀을 이끌고 참여시키는 역할도 맡게 되었다.

블럼버그(Blumberg, 1985)는 25명의 교육감에 대한 연구에서 그들의 역할과 책임, 영향력에 대한 인식을 인터뷰했다. 그가 인터뷰한 교육감들은 한결같이 자신의 역할이 매일의 업무에서 파생되는 '갈등'과 모호함을 중재하는 것이라고 묘사했다. 블럼버그는 교육감들이 다음과 같은 상황에 직면해있다고 말한다.

매일같이 갈등 또는 잠재적 갈등상황에서 살아야 하며, 이 속에서 교육감은 의사결정자, 중재자, 혹은 그저 갈등을 끌어들이는 인간 피뢰침으로서 중추적 역할을 한다. 어떤 갈등은 거대한 시스템적 차원의 것으로 학구 전체에 영향을 준다. 심각하지만 개인에게만 영향을 주는 갈등이 있고 사소한 갈등도 있다. 교육감의 인간성과 관련이 있는 갈등이 있는가하면, 어떤 갈등은 업무나 경력, 또 어떤 갈등은 교육감의 가족과 관련이 있기도 하다. 초점이나 내용과는 상관없이, 교육감이 처한 절대적

여건이란 갈등을 유발할 수 있는 결정을 내리도록 요청받거나, 자신이 만들어낸 갈등에 어찌어찌 연루되지 않고는 지나가는 날이 없는 것 같다. 이 모든 것은 교육감 자리에 있는 사람과는 상관이 없는 것처럼 보인다. 교육감이라는 자리는 '이것이 일상적인 일이다.'(p.1)

블룸버그(Blumberg, 1985)에 따르면, 교육감의 역할이 여타 최고 행정관과 다른 이유는 다음과 같다.

성스러운 공공기관의 수호자인 교육감이라는 공공의 인식과 지역사회 아이들의 교육, 교육감과 교육위원회 간 관계의 정치성, 한때 그 자신이 교사였으나 이제 그들을 대상으로 권위를 행사해야 하는 상황, 학교와 이해관계가 얽혀있는 엄청난 수의 지역공동체 또는 정부단체, 공인으로서 교육감이 갖는 가시성과 접근성 등이다.(p.188)

한 교육감은 교육감의 역할을 다음과 같이 묘사했다.

교육감의 업무는 너무나 많은 압력단체가 있기에 균형을 맞춰야 하는 일이다. 흥미로운 것은 예전보다도 더 그렇게 되도록 우리가 이런 상황을 자초했다는 사실이다. 모든 이들이 학교문제에 참여해야 한다는 생각을 펼쳤기 때문이다. 이제 너무나 다양한 이해관계를 지닌 수많은 유권자들이 있기 때문에 그들을 진정시키는 것이 업무가 되었다.(p.67)

블룸버그가 광범위하게 들여다본 직업인으로서의 교육감 생활 중 가장 흥미로운 점은 인터뷰에서 교육과정과 수업지도에 대한 주제가 등장하는 것은 매우 '자연스러운' 일인데도 그런 경우는 드물었다는 것이다. 교육감은 정치, 교육위원회, 교원노조, 스트레스, 공적인 노출, 갈등 등에 관해 얘기했다. 교육과정이나 수업지도, 전문성 개발에 관한 주제가 두드러지게 등장하는 경우는 드물었고, 심지어 블룸버그의 저서(Blumberg, 1985) 색인에는 아예 나오지 않는다. 이것은 25명의 교육감들이 교육과정이나 관할 학구의 학생성취도에 대한 영향력이 전혀 없었다는 얘기가 아니라 그들이 특별한 노력을 하지 않는 한 갈등관리가 그들의 지배적인 업무라는 말이다.

필자는 몇 년 전 동료들과 함께 온타리오 주의 '관리·감독 행정관들'(supervisory officers, 교육위원회가 교육정책 임무를 잘 수행할 수 있도록 관리·감독하는 행정관—옮긴이)(교장직급 위부터 교육장 또는 수석교육감의 직급까지 포함하는 위치)을 광범위하게 연구한 적이 있다(Fullan et al., 1987). 온타리오 주 26개 학구(전체의 4분의 1)의 200명이 넘는 행정관을 인터뷰했는데, 이를 통해 이들의 스타일을 총괄적으로 짐작할 수 있도록 3가지 차원에서 분석했다. 시스템 주도 대 학교 주도, 성찰적 접근 대 임시방편적 접근, 제너럴리스트 대 스페셜리스트가 그것이다. 예상할 수 있듯이, 교육장은 기타 중앙부처 교육감과 비교했을 때 시스템 주도적, 성찰적, 제너럴리스트 측면에서 일관되게 높은 점수를 획득했다.

22명의 교육장에 대한 데이터를 추가로 분석한 앨리슨(Allison, 1988)은 확실히 구분되는 업무영역 3가지를 발견했다. 이사회, 시스템, 지역사회였다. 미국과 온타리오 주 행정관들의 상황을 비교했을 때에는 온타리오 주 교육장직이 더욱 안정적인 전통에서 진화했다고 밝혔다. 이와는 대조적으로 미국 교육감의 역할은 '갈등, 불안정, 불확실성'의 문화가 특징이라고 밝혔다(p.5).

몇 가지 구체적인 특징들이 앨리슨(Allison)의 관찰을 뒷받침한다. 미국과 비교했을 때 온타리오 주의 교육감, 더 나아가 캐나다의 교육감은 더욱 큰 규모의 안정적인 학교시스템을 이끌 확률이 높았고 수평적 이동 가능성이 적었다. 또한 조직 내부에서 임명되는 경우가 더 많았으며 최고 행정관으로서의 임기도 더 길었다(Allison, 1988; Fullan et al., 1987). 우리가 연구한 온타리오 주의 교육감들은 평균적으로 7년간 재임했다. 미국의 경우 보통 3년이지만 호지킨슨과 몬테네그로(Hodgkinson & Montenegro, 1999), 맥아담스(McAdams, 2006)는 5년이 더 정확하다고 보고한다. 어쨌든 미국 학구의 이직률은 매우 높아서 혹자는 미국의 가장 큰 이주노동자 집단은 교육감이라는 농담을 하기도 한다.

존슨(Johnson, 1996)은 교육감에 대한 연구에서 신규 임명된 교육감 12명의 첫 2년을 살펴보았다. 그리고 학구 리더십의 혼란과 복잡성에 관해 말한다. 과거의 경험에 의거해 교사와 교장은 '새로운 교육감의 약속과 의도, 역량에 대해 미심쩍어했다. 새 행정가가 지지를 받을 자격이 있다고 확신을 갖기 전까지는 지지하지 않았고, 일부 교육감은 지지를 받을 가치가 있지만 일부는 그렇지 않다고 결론 내렸다'(p.23).

존슨은 모든 영향력 있는 교육감의 업무에서 3가지 유형의 리더십이 보였다고 밝혔다. 교육적 리더십(교수법과 학습에 집중), 정치적 리더십(자원 확보, 연대 결성), 관리자 리더십(참여·감독·지원·계획을 위해 구조 활용)이 그 유형이었다. 존슨은 다음과 같이 요약한다.

교육적 리더십이 약할 때 교사와 교장은 교육감이 상황을 잘못 판단하고 잘못된 것에 집중한다고 의심했다. 정치적 리더십이 약하면 학교는 과도한 재정삭감에 시달렸고, 교육위원회의 특정 관심사항의 포로가 되거나 다른 우선순위를 지닌 시민들의 각축장이 되었다. 관리자 리더십이 약하면 사람들은 교육감의 관료적 조직관리 실수에 집착했고, 교육자들 간에 의사소통이 소홀해지거나 잠재적 학교 리더들이 건설적으로 행동하지 못했다.(p.24)

12개 학구 중 2곳은 대규모 변화를 일으킬 수 있는 리더를 추구했고 4곳은 지속성을 제공해줄 수 있는 리더를 추구했다. 나머지 6곳은 이전에 너무나 큰 규모의 붕괴를 겪은 터라 '시스템을 안정시킬 수 있는' 후보를 우선적으로 물색했다(Johnson, 1996, p.41). 이것은 학구들이 일반적으로 취하는 선택은 아니다. 이와 같은 상황은 거의 대부분 복잡한 환경변화를 포함한다. 붕괴 끝에 안정을 추구하는 학구도 정교한 변화의 절차를 거쳐야 하며, 결국 학생의 실력향상이라는 문제와 씨름하게 된다. 이는 더욱 어려운 일이 되는데, 보통 진전시킬 기본적인 역량이 없기 때문이다.

존슨(Johnson, 1996)은 교육감이 3가지 영역(교육적·정치적·관리적)에서 '교사'가 되어야 한다고 말한다. 교장, 리더교사, 학교이사회 등의 모범이 되어주고 그들을 코칭하며 역량을 키워주어야 하기에 그렇다. 다시 말하지만, 어떠한 깊이의 변화라도 관계를 구축하며 추진되어야 한다. 발전하는 학구의 경우 "교육감은 변화 프로세스에 능동적인 참여자였으며, 우려되는 바를 제기하고 기대치를 언급하고 질문하고 격려하며 제안하고 변화가 일어나야 한다"고 강조했다(p.280).

2000년 이후에 일어난 큰 변화는 학생성취도 향상에 대한 노골적인 책무성 관리의 강화와 성취목표에 대한 기대치 향상이다. 미국에서 2002년 서명된 아동낙오방지법(NCLB)은 이렇게 변화된 상황을 강력하게 반영한다. 주정부가 요구하는 기준과 (NCLB에 의해 요구되는) 책무성이 추가되고, 학교 개선의 책임을 맡은 지역교육위원회가 *매년* 충분한 연간성과를 내면, 즉 연간적정향상도(AYP)를 달성할 때면 결국 빚어지는 상황은 '정책혼란'이다. 이 표현은 헤스(Hess, 1999)가 NCLB 도입 이전 교육위원회의 세계를 설명하던 용어이다.

NCLB가 통과된 후 학구가 해야 할 일은 더 강화되었다. 전교생이 시험을 봐야 하고, 학교의 연간 성과가 연간적정향상도로 측정되며, 학교의 *어떤* 하위 집단(예컨대, 특수교육 대상 학생)이라도 발전을 보이지 못하면, 그 학교는 실패한 것으로 간주된다(이 기준으로 보면 미국의 학교 중 50%는 실패했음). 국가공통핵심성취기준(CCSS)의 도입은 새로운 기회를 제공했지만 교원평가는 말할 것도 없고 이슈를 압도해버렸다. 3부에서 이 주제를 다시 살펴보겠지만 이 장에서 주목할 점은 학구 행정가들의 업무과중과 혼란스러움이다. 그러나 일부 행정가들은 이러한 여건에서도 성공을 거두고 있다. 그 성공이 어떻게 이루어지는지 보자(또한 이를 시스템 혁신의 기초작업의 일부로 볼 필요가 있음).

학구 행정가와 변화

정량적 관점에서 보자면 학구 대다수는 변화에 효과적이지 않다. 공정하게 말해서, 학교의 '일관된' 발전을 꾀하고 조정하고 지속하는 것은 굉장히 어려운 일이다. 하향식과 상향식 힘의 균형을 맞춰야 하기 때문이다. 학교개혁에서 학구가 맡은 역할의 진화를 일상어로 추적해보겠다. 3가지 주제인 이른바 '목표 도달하기', '조급하지 않기', '새로운 희망'이라는 단계들은 최근 연구의 초점이 교육감 개인에서 학구의 성공 또는 실패 방식으로 옮겨가는 추세와도 부합된다.

| 목표 도달하기 |

1990년 이래 성공적인 학구가 학생의 성취도를 향상시키기 위해 활용하는 공통적 특성과 전략에 관한 연구가 늘어났다. 6장에서 로젠홀츠(Rosenholtz, 1989)가 '난항상태', '개선 중', '중간'으로 분류한 78개 초등학교에 대한 연구를 언급한 바 있다. 로젠홀츠는 난항상태에 처한 많은 학교가 특정 학구에 모여 있었으며, 개선 중인 학교는 다른 특정 지역에 밀집되어 있다고 밝혔다. 이에 대해 로젠홀츠는 난항상태와 개선 중인 지역(8개 학구 중 2개 학구가 후자 유형에 속함)을 자세히 다루기 위해 한 장 전체를 할애했다. 다음은 그의 발췌문 일부이다.

난항상태와 개선 중인 학구가 보여주는 극명한 대조는 교장이 어떻게 유익한 지도조언자가 될 수도 있고 서투른 관리자가 될 수도 있는지를 보여준다. 난항상태 지역의 교육감은 낮은 성과를 교장의 책임으로 돌리고, 이들이 학습을 통해 성과를 향상시킬 수 있도록 도울 책임도 지지 않는다. 이는 그들의 기술적 지식의 부족 및 그로 인한 자존감에 대한 위협을 의미하는 것일 수도 있다. 만약 학구가 교장들의 학교경영에서 부족한 부분을 지원하는 책임을 지지 않는다면, 당연히 교장은 능력이 떨어지고 동시에 문제해결능력도 떨어지게 되어 외부 지원의 요청을 위해 중앙부처에 학교문제를 의뢰하는 데 주저할 것이고, 자신의 기술적 지시 부족으로 인해 더욱 움츠러들게 될 것이다. 무엇보다도 교사들에게 줄 수 있는 도움이 적어진다. 게다가 또 다른 중요한 문제는 난항상태의 교육감은 유익한 도움을 거의 받지 못한 채 자립과 직업적 고립의 일상성을 상징적으로 전달하게 된다는 것이다. 즉, 상황개선이 가능하지 않을 수도 있고 자신의 시간과 노력을 들일 가치가 없다든지 교장이 직접 본인의 학교문제를 해결해야 한다든지 등 이런 침울한 교훈을 교장 역시 성과가 낮은 교사들에게 부지불식간에 전달할 수 있다. 이는 또 교사를 통해 고스란히 학생들에게 전달된다.(p.189)

비슷한 결과가 라로크와 콜먼(LaRocque & Coleman, 1989)의 브리티시 컬럼비아 주 학구의 '학구 기풍'과 수준에 대한 분석에도 나와있다. 이들은 주 전체의 성취도평가 성적에 대한 결과를 수집하여 데이터를 만들고, 높은·중간·낮은 단위로 학구의 등급을 매겼다. 그리고 더 세부적인 분석을 위해 학교의 규모와 유형을 고려하여 학구 10곳을 선택했다. 라로크와 콜먼은 긍정적인 학구의 기풍은 높은 수준의 흥미와 관심이라는 특성을 보일 것으로 가정했다. 이들은 이런 맥락에서 '집중해야 할' 6가지 활동과 태도 요소를 다음과 같이 설정했다.

1. 변화활동의 관리(학습 초점)

2. 성과 모니터링(책무성 초점)

3. 정책·관행 변경(변화 초점)

4. 이해관계자들에 대한 배려와 관심(배려 초점)

5. 공유할 가치 도출(헌신 초점)

6. 지역사회 지원(지역사회 초점)(p.169)

학구 10곳 중 3개 학구가 학교에 강한 존재감을 나타내는 학구로 분류되었다. 다음은 이를 묘사한 내용이다.

학구 행정가들은 교장에게 다양한 학교의 성취도 데이터를 제공했고 논의를 통해 데이터를 활용할 기대치를 정했다. 알려진 절차를 따라 학교가 성취도 데이터를 활용하는 방법과 거둔 성공을 모니터링했다. (…) 학구 행정가들은 시간을 내서 학교 성취도 데이터, 개선안, 실행안과 같은 특정 주제에 대해 교장과 논의했다. (…) 학교의 성적결과에 대한 강조에도 불구하고 논의의 성격은 지시가 아닌 협업의 성격을 띠었다. 학구 행정가들은 좋은 성과를 인정해주었다. 교장들의 데이터 해석과 강약점 파악을 도왔고 필요할 때 조언과 지원을 제공했다. 그러나 궁극적으로는 개선안을 각 학교의 교장과 교직원의 재량으로 남겼다. 교장들은 바로 이 점을 강조했다. 비록 개선안을 발전시키고 실행할 때 그들의 진척상황이 모니터링 되었지만 말이다. 협업의 특징과 학교의 상대적 자율성은 교장의 역할에 대한 존중과 각 학교를 고유한 독립체로 대하는 것의 중요성을 일깨워줬을 것이다.(LaRocque & Coleman, 1989, p.181)

이 3개 학구는 성취도평가에서 높은 성취도등급이 매겨졌다. 한편, 반대편 극단에 있는 3개 학구는 책무성 압력이 없다는 특성을 보였다. 학교에 제공되는 데이터는 거의 없었고 진척상황을 모니터링하거나 논의하기 위한 구조나 절차도 수립되지 않았다. 이 학구들은 성취도 결과가 낮았다.

새로운 세기로 접어들면서 학구 전체의 성공을 이루기 위해 필요한 것에 대한 증거가 모아졌다. 조언은 더욱 명확해지고 있었지만, 문제는 핵심 요인들을 단지 '나열'하는 데 그쳤고, 그 요인을 어떻게 해결할 것인지에 관한 조언이 없었다. 토그네리와 앤더슨(Togneri & Anderson, 2003)이 연구한 빈곤율이 높은 학구의 성공사례는 전자(좋은 요인 나열)의 좋은 예다. 이들은 현장에서 작동되는 명백하고 일관된 전략 6가지를 발견했는데 이 학구들은 다음의 특성을 나타냈다.

1. 낮은 성과의 공개적 인정 및 해결책 모색(개선을 위한 의지 강화)
2. 철저하게 수업의 질 개선 및 성취도 향상에 초점
3. 수업지원을 위한 시스템과 인프라 구축
4. 학구의 모든 수준에서 리더십의 재정의와 분산 리더십 구현
5. 적절하고 유용한 교사전문성 개발
6. 미봉책은 없다는 인식(p.13)

비슷한 결과가 스나입스 등(Snipes et al., 2002)의 공동 연구에서도 나왔다. 이들은 빈곤율은 높지만 성공적인 학구 4곳을 분석했는데, 효

과적인 개선전략에 관한 다른 연구들(Council of Chief School Officers, 2002)도 이를 뒷받침한다. 동료학자인 스티브 앤더슨(Steve Anderson, 2006)은 학교의 효과성에 대한 연구를 검토했고, 그 결과를 다음과 같이 12가지의 핵심 전략으로 정리했다.

1. 성과를 내는 데 필요한 학구 전체의 능력과 자신감
2. 학구 전체가 학업성취도 향상과 수업지도 질 개선에 초점을 둠
3. 학구 전체의 표준 도입과 이행
4. 학구 전체의 교육과정 및 지도방식 개발 및 도입
5. 관련 기준에 맞춘 교육과정, 교수학습자료, 평가
6. 관행에 영향을 주고, 결과에 대한 학교 리더 및 학구 리더들의 책임을 묻고, 진척상황을 모니터할 수 있는 다중 측정 책무성 시스템과 시스템 전체의 데이터 활용
7. 초점이 있는 목표를 세우고 단계적으로 개선
8. 학교 및 학구 차원의 수업지도 리더십 개발에 투자
9. 학구 전체의 전문성 개발과 교사 지원
10. 팀워크와 교사공동체(몇 가지 경우에는 노조와의 긍정적인 협력)에 대한 학구 전체 및 학교 차원의 강조
11. 교육위원회와 학구 및 학구 내 관계에 대한 새로운 접근방식
12. 주정부의 개혁정책과 자원에 대한 전략적 관계

어떤 이는 공감대가 확산되고 있어서 우리가 알고 있는 것에 대해

열성만 다하면 되는 문제라고 생각한다. 그것은 잘못된 생각이다. 목록을 가지고 있는 것과 실행하는 것은 같지 않다.

| 조급하지 않기 |

학구는 표준을 제대로 설정하고, 교육과정을 이에 일치시키고, 새로운 표준에 맞춰 평가하고, 교육과정 및 수업지도에 대한 견실한 전문성 개발 훈련을 지속적으로 제공하며, 학습을 '위한' 평가 (assessment FOR learning, 형성평가─옮긴이)와 학습'의' 평가(assessment OF learning, 총괄평가─옮긴이)에 쓰일 수 있는 데이터 시스템을 수립하고, 지역공동체와 주정부의 개혁정책을 다룬다. 그러나 이러한 단계들만으로는 충분하지 않다. 이와 같은 노력이 자원낭비가 되거나, 최악의 경우 득보다 피해를 끼친다는 사실이 독자들을 놀라게 할지도 모르겠다.

샌디에이고 도심학군의 개혁사례는 '조급하지 않기'라는 주제와 관련하여 좋은 출발점이 된다. 토니 알바라도(Tony Alvarado)는 1988년부터 1996년까지 뉴욕 시 2학구에서 거둔 성공적인 경험 덕분에 1997년에 지도 총책으로 채용되어 샌디에이고의 저명한 교육감 앨런 버신(Alan Bersin)과 함께 일하게 되었다. 어떤 면에서 궁극적인 질문은 "만약 최고의 지식에 자원과 정치적 영향력을 더하면 대규모 도심지역에서 4년 이내에 성과를 내고 이를 지속시킬 수 있겠는가? 이경우에는 45개 학교(2학구)의 성공을 175개(샌디에이고)로 확대시킬 수 있겠는가?"였다. 이에 대한 답은 '그렇다'이지만 좋은 전략과 상당한 수완을 필요로 한다.

샌디에이고 개혁은 도심학교 개선 역사상 가장 면밀하게 관찰된 개혁안이다. 여기서 허버드 등(Hubbard et al., 2006)의 뛰어난 설명을 이용해보겠다. 샌디에이고 사례의 전략은 상세하고 명확했다. 이들은 다음 3가지 구성 요소를 지니고 있었다.

- 학생의 학습 개선: 성취도 격차 줄이기
- 수업지도 개선: 전문성 개발을 통한 교사의 학습
- 학생의 학습 및 수업지도 지원을 위한 조직개편

개혁의 초점은 문해력에 맞춰졌고 접근 전략은 상당히 구체적이었다. 교사들은 문해력 코치와 '수업지도 리더' 역할을 하는 교장의 지원을 날마다 받았고, 교육감(수업지도 리더 역할) 진행의 전일제 직무연수 세션에 매달 참석했다.

샌디에이고 사례의 세부적인 이야기를 여기에 모두 적을 수는 없지만, 주된 결과와 원인은 설명할 수 있다(사례 전체를 알고 싶으면 허버드 등의 연구Hubbard et al., 2006 참조). 핵심만 말하자면, 1997년부터 2001년 사이에 문해력 성취도는 초등학교 수준에서는 증가했지만 중학교에서는 그 효과가 제한적이었고 고등학교에서는 실패였다. 2001년 즈음부터 추진력이 떨어지자 알바라도는 결국 2002년에 자리를 떠나야 했다. 2003년에서 2004년 사이에 개혁의 성격을 바꾸고 속도를 낮춘 버신 교육감은 2005년 6월에 임기가 끝나자 위원회의 결정에 따라 다른 이로 대체되었다. 무슨 일이 일어난 걸까?

혹자는 정치적인 문제라고 말할 수도 있겠다. 위원회는 초반부터 갈라져 있었고(개혁안을 지지하는 비율 3:2), 개혁을 반대하던 교원노조가 결국 승리한 것이다. 아예 틀린 말은 아니지만 좀 더 심층적인 해명을 하자면, 우리가 관심을 가진 주제와 관련이 더 깊다고 봐야 할 것이다. 변화를 만들어내기 위해 요구되는 속도, 지나치게 엄격하거나 느슨한 문제, 이와 관련된 의미와 동기, 요구되는 수업지도 변화의 깊이와 사고 등에 대한 관심이 특히 그렇다. 허버드 등(Hubbard et al., 2006)은 기본적인 문제를 언급했는데 이는 전략이 먹히지 않았던 다음 3가지, 즉 '제한된 시간 내에 심층학습을 달성해야 할 필요, 가르칠 내용에 대한 교장과 코치의 제한적인 내용 이해, 학교 리더와 교사 간에 이루기 어려운 합의점에 관한 것'이었다(p.128).

샌디에이고 개혁은 수없이 많은 교실방문, 모든 학교를 참여시킨 리허설, 빈번한 문제해결 세션, 교사공동체의 전문적 학습에 대한 강조에도 불구하고 실패했다. 샌디에이고 사례는 딜레마 속의 활동이었다. 리더들은 도덕성 회복의 시급성, 교실수업을 어떻게 바꾸어야 하는지에 대한 상당한 지식에도 불구하고 변화를 일으키기에는 역부족이었다. 하지만 동시에 이 사례는 심층적인 변화가 어떻게 일어나는지 더 깊이 이해하고 그에 걸맞은 전략을 구사해야 한다는 필요성을 일깨워준다. 전략은 초등학교의 문해력 성취도 향상에 상당한 효과를 거두었지만 상위 학년에 효과를 거둘 만큼 충분히 깊거나 정착되지는 않았다. 변화 속도는 지나치게 빨랐고, 전략은 상부에서 지나치게 한 방향으로만 움직였으며, 교사와 교장 간의 관계가 형성되지 못한데다, 무엇보다도 역량구축에 실패했다. 여기에서 역량은 아동 각자의 필요를 충족시키는 수업지도 개선을 위한 집단적 지식과 이해의 개발을 말한다. 이것은 우리가 생각하는 것보다 훨씬 어렵다 (Fullan, 2006; Fullan, Hill, & Crévola, 2006; Fullan & Quinn, 2015에서 역량구축 전략 설명).

샌디에이고의 개혁은 훌륭한 시도에도 불구하고 실패한 사례 중 하나이다. 대부분의 학구는 학구 전체 수준의 개혁에 집중하지 않는다. 집중한다 하더라도 제약 때문에 그들은 상당한 노력과 자원에도 불구하고 성취의 한계에 맞닥뜨리게 된다.

'조급하지 않기'와 관련된 우리의 우려는 앞서 언급했던 도심학교 개혁을 위한 크로스시티 캠페인(Cross City Campaign for Urban School Reform, 2005)에서도 확인된다. 이 캠페인은 시카고, 밀워키, 시애틀의 대규모 개혁사업을 면밀히 살펴보았다. 이들 3곳의 학교시스템은 모두 시스템의 각 수준에서 정치 리더의 관심을 샀고 이른바 '바람직한 전략들', 즉 문해력이나 수리력 향상 등에 초점을 맞췄다. 모든 시스템은 '학습을 위한 평가' 데이터에 집중한 것처럼 현재의 선택 전략을 활용했고 전문성 개발에 큰 투자를 했으며 새로운 리더십을 발굴하고 시스템 전체의 변화에 집중했다.

이들에게는 풍부한 재원도 있었다. 시애틀은 외부 기금으로 들어온 3천5백만 달러가 있었고, 밀워키는 추가자원과 여유자금이 있었으며, 시카고는 수백만 달러를 보유하고 있었다. 개선에 대한 엄청난 압력이 존재했지만 하룻밤 사이에 성공할 거라는 기대는 없었다. 의

사결정자들이나 대중은 5년 내지 심지어 10년의 기간에 걸쳐 성공했다고 해도 만족했을 것이다. 앞서 언급했듯이 사례연구 평가자들의 솔직한 결론은 다음과 같았다. 즉, 인터뷰했던 교장과 교사들 대다수에게 있어서 "학구는 대규모로 변화하거나 관행을 개선할 수 없었다."(Cross City Campaign for Urban School Reform, 2005, p.4)

시카고, 밀워키, 시애틀의 개혁이슈는 필요했으나 빠뜨린 요소들을 확인하는 데 도움이 되었다. 이 지역들은 겉으로 보기엔 대부분의 필요한 요소를 갖춘 것 같았다. 예를 들어, 시카고는 인상적인 전략을 구사한 것처럼 보였다. 교실수업을 개선하기 위한 도구들로는 학업을 위한 표준과 지도체제, 평가 및 책무성 시스템, 표준기반 수업지도를 위한 전문성 개발 등이 있었다(Cross City Campaign for Urban School Reform, 2005, p.23).

'표준기반(standards-based)'으로 시스템 전체의 개혁을 하면 당연히 성공할 것처럼 보인다. 필자가 생각하기에 패착은 수업지도 개선에 초점을 맞추지 못했다는 점이다. 시카고 교사들은 표준에 초점을 맞추기는 했지만, 인터뷰 과정에서 보면 '그들은 진행 중이었을 실제 수업지도에서 어떤 깊이 있는 변화도 추구하지 않은 것이 분명했다.'(Cross City Campaign for Urban School Reform, 2005, p.23) 패착은 여기서 그치지 않았다. 수업지도 목표는 학생들이 성취해야 할 수준이나 최종 결과의 형태로 서술되었으며, 정작 학생들의 성취도 향상을 위해 학교가 가장 힘써야 할 수업지도의 질 향상에 대해서는 소홀히 했다(p.29).

밀워키 지역의 경우를 보자. 여기서도 시스템 지원과 경쟁적인 선택의 맥락에서 더 큰 분권화를 실행하며 수업지도 개선을 달성할 때 이와 유사한 문제를 드러낸다. 이들의 개혁 초점도 문해력 향상이었고, 문해력 지도교사가 학교마다 배치되어 있었으며, 상당한 전문성 개발 및 기술적 지원서비스도 이용 가능했다. 각 학교의 교육계획은 다음 2가지를 통해 문해력 표준에 초점을 맞췄다. (1) 데이터 분석과 평가 (2) 모든 과목에 통용되는 문해력을 포함한 각 과목의 성취도 목표이다. 이는 꽤나 그럴듯하게 들리는 전략이다. 그러나 여기서 빠뜨린 것은 교실 내 수업지도 과정이 누구에게도 공개되지 않는 블랙박스라는 점이다. 이 사례를 분석하고 집필한 이들은 다음과 같이 말한다. "평상시 활용되거나 바람직하게 여기는 수업지도 내용과 활동의 구체성이 너무 부족해 교육계획을 간접적 카테고리에 배치했다."(Cross City Campaign for Urban School Reform, 2005, p.49)

좀 더 일반화한다면 보고서의 결론은 다음과 같다. 학구 전체의 개혁안들은 진정성을 가지고 수업지도를 우선순위에 두는 '것처럼 보였지만' 간접적으로만(표준, 평가, 리더십 책무 등을 통해) 그랬다. 그러나 교장과 교사의 경험상 이에 대한 최종 판정은 "교실수업의 질을 향상시키고자 의도했던 정책과 의도의 표명은 구체성을 크게 결여하고 있었다."라는 것이었다(Cross City Campaign for Urban School Reform, 2005, p.65).

세 번째 사례인 시애틀 역시 형식은 달라도 주제는 같다. 이들이 세운 계획은 별 문제가 없어 보인다. 표준에 따라 방향이 정해지고 학구의 변혁적 학업성취도 계획 프로세스(Transformational Academic Achievement Planning Process)가 '각 학교의 전략 개발을 돕는 도구로 설계되었다. (1) 모든 학생이 성취목표를 달성하고 (2) 백인학생과 유색인종 간의 성취도 격차를 줄이기 위해서'였다(Cross City Campaign for Urban School Reform, 2005, p.66). 밀워키의 학구는 현장기반 관리를 지원하기 위해 학교에 대한 상당한 자원의 배치를 포함해 재편성에 들어갔다. 사례의 필지들은 다음과 같이 진술한다.

> 표준기반으로 변화를 추구하는 학구가 되기 위한 최근의 노력은 교수학습에 직접적으로 관심을 기울여 지속된 첫 번째 수업지도 노력이었다. 그러나 학구 리더들이 표준에 대해 나눈 대화는 *수업지도에서의 변화에는 거의 연결되지 않았다.* (Cross City Campaign for Urban School Reform, 2005, p.69)

보고서는 다음과 같이 이어진다. "학교 차원에서 교사의 교수활동을 위한 표준이 시사하는 바가 무엇인지를 이해하는 교사는 찾기 어려웠다."(p.72)

한 가지 사례를 더 인용하겠다. 어떤 면에서는 좀 더 고무적인 사례지만, 여전히 수업지도의 변화는 새로운 전략을 필요로 하고 그 전략은 집단적 역량의 개발과 모두가 헌신하려는 마음을 형성하는 데 도움을 주는 것이어야 하며, 그래야 지속적인 개선이 가능하다는 필자의 주요 결론을 입증하는 사례이다. 앞에서 언급한 바와 같이 수포비츠(Supovitz)는 플로리다 주, 듀발카운티의 개혁 노력에 대해 뛰어난 사례연구(2006)를 진행했다. 『학구기반 개혁의 사례(The Case for District-Based Reform)』라는 책 제목은 그가 분석한 강조점을 잘 포착하고 있다. 수포비츠는 1999년부터 2005년 사이에 있었던 학구 전체의 개혁 노력을 연대순으로 기록했다. 듀발카운티에는 142개 학교가 있다. 그곳의 개혁 전략은 이제 우리에게 익숙하다.

1. 고품질 수업지도에 대한 구체적 비전을 설정한다.
2. 수업지도의 비전을 설정하고 이를 지원하기 위해 시스템 내 전체 구성원의 헌신을 이끌어내고 역량을 구축한다.
3. 시스템의 전 수준에서 데이터를 제공할 수 있는 메커니즘을 만든다. 이 용도는 사람들에게 실제 수업의 실행에 관한 정보를 제공하고 동시에 수업지도 비전의 실행을 관찰하기 위한 것이다.
4. 사람들이 지속적으로 실행을 심화시킬 수 있으며, 학구가 비전을 다듬고 정교화하고 그것에 대한 함의가 무엇인지 이해를 돕는 수단을 개발한다.

이 학구는 위 4가지 전략을 5년간 집중적으로 사용함으로써 학생들의 성취도 향상에 상당한 진전을 이루었다. 예를 들면, 해당 주가 실시하는 성취도평가에서 C이상을 받은 학교 수가 1999년에 87개(142개 중)에서 2003년에는 121개로 늘어났다. 또한 2005년에는 7년 만에 처음으로 주 책무성시스템에서 F를 받은 학교가 단 한 곳도 나오지 않았다(Supovitz, 2006).

이와 같은 성과를 가능하게 한 전략은 한 교육감이 앞의 4가지 전략을 통해 주 전체의 역량개발을 강력히 추진한 결과이다. 수포비츠의 보고서(Supovitz, 2006)에 있듯이 "듀발카운티 리더들은 공적인 장소에서 그들의 비전과 전략 달성을 반복적으로 언급했다."(p.43) 수포비츠는 학구 전체 성공의 확산과 심화는 설계와 구축이라는 측면에서 '엔지니어링'만큼이나 '정원 가꾸기'를 닮았다는 생각이다(p.63). 또한 균형을 맞추려면 '명령에 의하기보다는 자발적으로 공개적 의견표명'(p.66), '위기감 조성'(p.68), '성공사례에 의한 증거구축'(p.69)이 필요하다고 주장한다. 우리는 샌디에이고에서 일련의 비슷한 전략들을 본다. 강압적 힘에 의존하는 것이 아니라 직접적인 교원연수, 학교의 성취기준 코치, 학구의 성취기준 코치, 교장 리더십 개발, 학구 리더십 개발 등을 동원하는 식이다.

6년간의 지속적인 노력과 교사학습공동체를 강조하는 전략에 대해 수포비츠(Supovitz, 2006)는 다음과 같이 평했다. "교사학습공동체의 가능성, 즉 수업지도와 이에 대한 지원을 둘러싼 문제점과 과제들을 심층적으로 살펴보는 것은 학구 수준에서 강력한 관리를 했을 때에만 성과가 나고 지속가능한 것 같다."(p.174) 듀발카운티에서 달성된 것은 많았지만 그 효과가 6년 후에도 지속될 만큼 깊거나 오래가지 않았다. 따라서 '조급하지 않기'라는 관찰은 적절한 우려이다. 5년 내지 6년의 기간에 걸쳐 통합 전략과 집중 전략을 집요하게 구사했는데도 여전히 기대하는 성과를 거두지 못하고 있는 것이다.

지난 15년 동안 일어난 또 다른 큰 발전은 시장들이 넘겨받은 대규모 도심 속 학구로 여기에는 시카고, 뉴욕, 필라델피아, 로스엔젤레스 등이 있다. 이 사례들은 엄청나게 복잡한 과제를 나타내지만, 적어도 미국의 경우 이곳에서 이루어진 개혁의 노력이 도심학교의 정치적 혼란만 가중시켰을 뿐이라는 증거는 거의 없다. 『대규모 도심학교 개혁(Big City School Reform)』이라는 저서(Fullan & Boyle, 2014)에서 앨런 보일(Alan Boyle)과 필자는 뉴욕 시가 블룸버그 시장 밑에서 겪은 격동의 10년을 자세히 서술했다. 우리는 영국의 두 자치구, 해크니(Hackeny)와 타워햄릿(Tower Hamlet)에서 놀랄만한 사례를 일부 발견했다. 다음 섹션에서 이 사례들을 살펴보겠다.

지속적인 개선의 새로운 희망

이제 몇 가지 사례를 깊이 살펴봄으로써 어떻게 하면 학구가 지속적으로 발전할 수 있는지에 대해 더 많은 시사점을 얻고자 한다. 새로운 세기에 들어선 이래 우리는 잘 알려진 학구의 사례연구를 통해 지속적인 발전이 어떤 모습인지 실질적으로 목도하기 시작했다(대부분의 경우 10년 넘게). 효과적인 학구의 수 역시 늘어나는 중이다. 이 부분에서는 성공의 5가지 사례를 제시하고, 다음 부분에서 중간리더십(leadership from the middle, LftM)을 설명하겠다. 이는 시스템 전체(주 전체)의 개혁에 상당한 잠재력이 있는 전략이다.

우리는 가장 야심찬 노력도 기대에 미치지 못하며, 또한 이런 구상에는 규모가 작은 소수의 학구만이 참여한다는 것을 경험했다. 대부분은 그다지 활발하지 않다. 나아가는 방향은 옳지만 접근방식은 상당한 개선이 필요하다고 본다. 좀 더 직접적으로 얘기하면, 수업지도와 표준, 평가, 지속적인 피드백과 데이터 활용, 학구 및 학교 차원의 수업지도 리더십에 초점을 맞춰야 한다. 동시에 학교 내에서 또 학교 간에, 학교와 학구 간에, 그리고 최근에는 학구 간에 상호적인 역량 구축과 헌신을 끌어내기 위한 프로세스가 필요하다. 이러한 프로세스는 수업의 성공 및 실패사례의 공유를 통해 각각의 맥락에 맞는 학습을 이끌어내고, 학구 또한 10년 이상 '유지시키도록' 해야 할 것이다. 이를 위해 같은 교육감이 두 차례 이상 연임할 필요는 없지만, 두세 명 정도의 임기가 수행되는 동안 지속·심화될 필요는 있다. 이것이 실질적으로 어떤 의미인지 3개 국가의 5가지 사례를 인용해보겠다. 온타리오 주의 요크학구 학교위원회, 캘리포니아의 가든그로브 통합학구, 캘리포니아의 생어 통합학구, 그리고 잉글랜드 런던의 타워햄릿과 해크니 지역이다.

온타리오 주 요크학구 교육위원회

온타리오 주의 토론토 외곽에 있는 요크학구는 인구 다양성이 확대되고 있는 다문화 지역이다. 이곳의 학교에서 구사되는 언어만 100여 개가 넘고, 170여 개의 초등학교와 40여 개의 중학교가 있다. 우리 팀은 1999년부터 현재까지 요크 주와 협력해서 일해왔고, 그동안의 과정과 결과를 모니터링해왔다(Sharratt & Fullan, 2006, 2012). 개선안의 대상은 문해력으로 「협력에 의한 문해력 향상 프로젝트(Literacy Collaborative, LC, 초등학교의 문해력 향상을 위한 종합적 학교변화 모델―옮긴이)」라 불리는 계획안을 이용하고 있다. 기본적인 방식은 이른바 *결과에 초점을 맞춘 역량구축*이라는 것으로 학구 전체의 지속적인 발전을 꾀하도록 되어있다. 이 방식의 핵심 특징은 다음과 같다.

- 모든 학생을 위한 문해력의 명확한 비전과 헌신. 이는 학구 내 의사소통의 지속적인 주제임
- 지속적인 발전을 위한 시스템 전체의 통합적 계획과 체제
- 수업지도 개선과 투입할 자원 결정을 위한 데이터 활용
- 모든 학생의 문해력 향상을 위한 행정가와 교사의 역량구축
- 시스템의 모든 계층과 학구를 넘어선 교사학습공동체 정착

중학교를 포함한 모든 학교가 단계적 방식으로 LC(협력에 의한 문해력 향상 프로젝트)에 가입했다. 학교를 기반으로 한 팀들이 역량구축의 중심이었다. 초등학교 팀은 교장, 문해력 주임교사(일반 교사나 교장, 하프타임 또는 1시간씩 일하는 리더십 역할의 교사), 특수교육 교사로 구성되었다. 고등학교 팀은 이보다 조금 더 컸고, 특별히 9학년과 10학년에서 문해력에 초점을 맞추었다. LC모델은 13개의 요소로 발전하였는데 여기에 모두 명시하지는 않겠다. 문해력 교사나 문해력 수업시간, 개별 학생에게 초점을 맞추는 사례관리 접근, 범교과적 문해력 연대(Literacy Connections, 문해력 향상을 위해 필요한 정보와 교육을 제공하

는 공익단체-옮긴이) 등이 있다(Sharratt & Fullan, 2006 참조). 지속적인 상호작용과 현장연구, 공식 월별 세션을 통한 역량구축, 그리고 학교 내부와 학교 간의 리더들이 매일같이 주고받는 수많은 현장학습에 관한 상호작용이 있다.

주 전체 평가를 측정한 결과 3년(2001-2004년) 후에는 상당한 성취를 이루었다. 그러나 학구 리더들이 기대했던 것만큼은 아니었다. 초반의 17개 학교를 좀 더 면밀히 관찰했을 때, 이 중 9개 학교가 다른 8개 학교보다 13가지 요인을 더 깊이 이행했다고 얘기한 바 있다. 이 9개 학교를 따로 떼어놓고 봤을 때, 2001년에 요크지역과 온타리오 주의 평균보다 낮은 성적이었으나 2004년에는 평균 이상으로 상승했다. 그 당시 학구는 총 167개 학교와 일하고 있었다. 2005년 주 전체 결과를 보면 요크지역의 140개 초등학교가 문해력에서 평균 5% 상승했다. 고등학교 역시 10학년 문해력 평가에서 처음으로 좋은 결과를 냈다. 이 뒤에 설명할 행동이론(theory of action, 변화를 위한 실천이론으로 'A를 실행하면 B라는 결과를 얻을 것'이란 가설을 바탕으로 함-옮긴이)을 반영하여 2006년에 학구는 낮은 성취도를 보이는 27개 초등학교와 6개 고등학교를 파악하고, (다른 학교들과의 협력이 지속되는 가운데) 2005-2006년에 강력한 역량구축의 소통을 실행에 옮겼다.

새로운 것은 요크지역이 취한 접근방식이 행동이론을 적용하고 있었다는 것이다. 앞서 살펴본 여러 요소들, 즉 표준, 학습을 위한 평가 및 학습의 평가, 교육적 리더십 등은 요크지역의 접근방식에도 이미 반영되어 있지만, 여기에는 새로운 강조점도 두 가지 있다. 하나는 학구 리더들이 장기적 관점을 취하게 되었다는 것이다. 그들은 변화의 효과가 나타나려면 얼마간의 시간이 필요하다는 것을 알게 되었다. 그들은 '어떤 경우도 목표를 포기하지 않을 것'과 '끈기 있으나 유연할 것'을 자주 말한다. 속도는 꾸준하게, 심지어 밀어붙이는 면이 있지만 버거울 정도는 아니다. 성과를 기대하되 하루아침에 다 될 것을 바라지 말고 무제한의 기한을 두지도 않는다. 또 하나의 새로운 측면은 이 리더들은 학교 진전의 한계와 느림에 대해 함부로 평가하지 않는다는 점이다. 학업성취도가 낮은 33개 학교에서 그랬던 것처럼 이들은 '역량구축 먼저, 평가는 그 다음'이라는 입장을 취한다. 대규모 변화란 결국 전체 시스템을 움직여 좀 더 많은 리더로 하여금 역량과 주인의식을 일상적인 실천을 통해 구축하게끔 하는 것이다.

적어도 이것은 한 학구 전체가 움직이는 일이다. 초기 10년 동안의 과정 중에 빌 호가트(Bill Hogarth)라는 이사(교육감)가 있었다. 그리고 이사회와 학구 리더십 간의 강력한 관계가 존재했다. 강한 협업문화가 이미 구축되어 있기 때문에 이 방향을 지속할 가능성은 크게 증가한다. 같은 교육감이 8년에서 12년간 근무할 필요는 없지만, 지속성을 유지하고 '좋은' 방향을 심화하는 것은 필요하다. 빌 호가트의 뒤를 이은 이는 켄 서스튼(Ken Thurston)으로 그는 2010년 임기를 시작하여 4년간 수평적 학습(lateral learning, 전통적인 논리를 따르는 학습방식이 아닌, 주제에 대한 다양한 접근으로 학습하는 방식—옮긴이)을 학교에 정착시켰고, 학습 의제를 확대하여 학생들의 웰빙을 포함시켰다. 켄 서스튼의 임기는 그의 영향력을 평가하기에 너무 짧았던 측면도 있다. 세 번째 국장인 파라팔리(J. Parappally)는 2014년 6월 임명되어 앞서 몇 년 간 쌓인 역량을 활용하면서 의제를 심화시켰다. '현대적 학습'이라 불리는 요크지역의 새로운 비전은 8장의 뒷부분에서 설명한 '심층학습을 위한 새로운 교수법(NPDL)'과 완전히 일치한다. 이 비전은 '성장 관점(growth mindsets) 개발'과 '심층학습의 혁신 교수법'으로 양성하는 '참여적이며 남을 배려할 줄 아는 지구촌 시민으로서의 학습자'를 말하고 있다. 이렇게 하여 협업능력과 비판적 사고력과 같은 21세기 역량을 갖추게 되는 것이다. 요크지역이 몇 년간 기울인 노력이 새롭고 복잡한 '심층학습을 위한 새로운 교수법'이라는 세계에서 성과를 낼지는 오직 시간만이 알려줄 수 있을 것이다.

이번에는 캘리포니아로 이동해보려 한다. 가든그로브 통합학구와 생어 통합학구의 사례들을 살펴보자.

캘리포니아 주 가든그로브 통합학구

가든그로브(Garden Grove) 통합학구는 초등학교가 50개 이하, 중고등학교가 20개 정도이다. 증가 추세에 있는 다양한 학생인구는 4만7천6백 명으로 86%는 라틴계와 아시아계이며 평균 빈곤율은 72%이다. 2004년에 주(州) 성취기준을 충족시키는 고등학교 졸업생의 비율은 24%였는데, 캘리포니아 주와 오렌지카운티의 평균보다 낮았다. 그러던 것이 2012년 즈음에는 50%까지 상승하여 캘리포니아의 평균(38%)과 오렌지카운티의 평균(43%)을 상회했다. 특히 가든그로브 학구 내 초등학교의 영어와 수학점수가 10년간 꾸준히 증가하여 도

심지역에서 성취도가 가장 높은 학교들과 동일하거나 그 이상의 수준을 보였다.

이 기간 동안 교육감으로 재직한 로라 슈발름(Laura Schwalm)은 전형적인 '특정 영역에 집중하는 문화'를 정착시켰다(이점에서 요크지역과 유사함). 넛슨(Knudson, 2013)이 묘사하는 것처럼 가든그로브의 성공은 이 지역의 문화로 깊이 정착된 6가지의 상호 연관된 요소로 압축할 수 있다. 구성원들이 일명 '가든그로브 방식'이라고 일컫는 6가지 요소는 다음과 같다.

1. 학생과 교사가 중심이 됨
2. 체계적 연계성과 일관성
3. 관계 형성의 강조
4. 중앙부처의 서비스정신
5. 신뢰와 권한 부여
6. 지속적인 개선

전반적인 집중이라는 것은 한두 가지만 따로 실행한다고 되는 것이 아니다. 집중은 몇 가지 사항을 함께 실행함으로써 가능하다. 변화의 복잡성을 고려할 때 소수의 사항이라 하더라도 그렇다. 이 경우에는 6가지 요소가 그 사항에 해당된다. 먼저 가든그로브 학구는 학생과 교사의 성공에 집요하게 집중한다. 학생과 교사 중 어느 하나도 소홀히 할 수 없다는 점을 잘 알고 있기 때문이다. 동료들과 함께 워크숍을 진행해보면 모든 학생이 배울 수 있다는 사실에는 참여자의 대다수가 동의하면서도 모든 교사가 배울 수 있다는 사실에는 쉽사리 동의하지 않는 모습을 종종 본다. 여기서 취할 수 있는 첫 번째 단계는 학생과 교사의 학습이 쌍방향이라는 사실을 깨닫는 것이다. 가든그로브 학구는 학생과 교사의 학습을 가장 중요하게 여기기 때문에 단지 시험성적에만 초점을 맞출 수 없다는 사실을 알고 있다. 초점은 질 높은 수업지도에 맞춰져야 하며, 특히 *질 높은 수업에 대한 공유*가 있어야 한다. 여기서 어려운 점은 이 공유가 대규모의 교사들 간에 이루어져야 한다는 사실이다. 가든그로브 학구의 경우 70여 개나 되는 매우 다양한 고등학교에서 공유가 이루어져야 한다. 그렇다면 질문은 양질의 수업지도법을 확산시키려면 추가로 어떤 조치를 취해야 하는가이다.

학생과 교사가 중심이 되어야 한다는 첫 번째 요소는 관련 전략을 함께 개발했을 때에만 의미가 있다. 두 번째 요소인 *연계성*은 이 책의 주제에 어울리는 단어이다. 연계성은 교육과정과 수업지도, 평가, 전문성 개발, 재정 등의 요소를 단순히 일치시키는 것에 그치지 않고, 개인과 집단이 이 요소들을 매일같이 어떻게 경험하느냐의 문제이다. 이런 면에서 가든그로브 학구 리더들은 시스템 전반에 걸쳐 최고의 아이디어와 (증거기반의) 관행을 파악하고 확산시키는 데 집중하고 있다. 중요한 것은 아이디어가 상부, 하부, 수평 어느 방향에서 오느냐보다 효과적인 아이디어는 무엇이며 어떻게 확산시킬 수 있을 것인가이다. 여러 방면에서 연계성은 변화 프로세스의 중심이며, 이것을 달성하기가 어렵다는 사실도 우리는 과소평가하지 않는다. 무엇보다도 나머지 5가지 요소는 모두 수업의 질을 높이기 위해 가든그로브 학구의 문화가 연계성을 강화하는 데 기여하기 때문이다.

이를 변화 프로세스에 쓰이는 용어로 표현해보자. 효과적인 변화 프로세스는 역량과 자기주도 의식을 구축해가면서 양질의 아이디어를 형성·재형성한다. 변화는 과정이지 일회성 행사가 아니다. 협업과 팀워크가 어떻게 집중과 연계성에 기여하는지는 뒤에서 추가적으로 살펴볼 것이다. 요점은 로라 슈발름 교육감의 다음 발언에 잘 나타난다. "만약 어떤 것이 너무 무거워서 움직이기 어려우면 모두가 함께 같은 방향으로 밀어야 한다. 그렇지 않으면 매우 훌륭한 사람들도 고립적인 존재가 되어 큰 힘을 발휘할 수 없다."(Knudson, 2013, p.10)

이 문화의 또 다른 강력한 요소는 '관계에 대한 강조'이다. 첫 번째 측면은 직원을 채용할 때 가든그로브 학구의 문화에 그들을 환영하면서 쏟는 관심이다. 새롭게 들어온 직원들은 첫날부터 조직과 동료, 학구 리더들로부터 존중받는 느낌을 갖게 된다. 그러나 개인을 존중하는 이런 특성은 나머지 5가지 요인이 작동하는 맥락 속에서 자연스럽게 발현되는 것이다. 이런 요인들 덕분에 개인이 추구하는 가치가 일의 내용과 잘 연결된다는 점에 주목할 필요가 있다.

넛슨(Knudson, 2013)은 네 번째 요소를 '중앙부처의 서비스정신'이라고 부른다. 지난 2년간 학구에서 일한 경험으로 필자는 이것이 압력과 지원이라는 양면전략이라고 본다. 지원은 양질의 수업지도와 학생의 성취도를 통해서 제공된다. 슈발름은 다음과 같이 설명한다.

"모든 아이들이 더욱 똑똑해지고 나아지도록 리더들이 돕지 않는다면, 우리는 직분을 제대로 수행하고 있지 못하는 것이다."(p.12) 수평적으로나 수직적으로 소통이 빈번히 일어나는 업무이기 때문에 압력과 지원은 문화에서 자연스럽게 작용한다.

다섯 번째 요소는 '신뢰와 권한 부여'이다. 여기에는 점진적인 발전이 있었다. 처음에는 질 높은 수업지도에 초점을 맞추라는 학구의 압력이 컸다. 이 부분과 교원의 역량(개인 및 집단의)이 향상되면서 우리는 학교 내 동료들, 그리고 학교와 일하는 지도교사들이 아이디어에 더 개방적인 태도를 갖는 것을 보았다. 신뢰와 권한 부여는 개인을 혼자 내버려두는 것이 아니라 가치 있는 아이디어를 내며 서로 의존하는 관계이다. 아이디어는 집단에 의해 도출되고 다듬어진다. 이러한 팀 워크는 더욱 많은 아이디어를 양산해내고, 좋은 아이디어와 상대적으로 그렇지 않은 아이디어를 선별하며, 가장 효과적인 아이디어를 남기는 과정으로 작용한다. 이런 식으로 질 높은 협업이 이루어지면 질 낮은 모형의 출현을 줄일 수 있다. 다시 말해서, 분명한 초점이 존재한다면 실제 수업에 대해 교사와 행정가들의 소통이 일어나고 바로 이런 점이 수업의 질과 수업지도 방식의 연계성을 높인다.

마지막으로, 나쁜 요소를 줄이고 좋은 협력을 이끄는 여섯 번째 요소인 지속적인 개선에 대한 노력이 있다. 이는 새롭고 잠재적으로 더 효과적인 수업기술을 고려하게 만드는 증거기반의 새로운 교수법을 말한다.

대다수 학구의 문제는 온갖 형태의 고립된 수업관행이 도처에 존재한다는 점이다. 수업지도 방식의 감독을 엄격히 하거나 해결책으로 수업지도 방식을 사전에 자세히 규정할 경우 이는 저항하거나 또는 겉으로만 순응하는 척하게 된다. 이와는 대조적으로 가든그로브 학구는 집중이란 *상호 연관된 힘들이 작용하는 과정*이라는 점을 보여주었다. 리더들은 양질의 지도에 대한 비전으로부터 시작하며 교사와 행정가들은 개인적·집단적 역량구축을 통해 최선의 결과를 내서 비전을 달성하고자 한다. 또한 교사와 행정가들을 채용해 이들이 교직에 종사하는 동안 역량을 강화한다. 아울러 학생들이 성과지표에 비추어볼 때 얼마나 잘 하고 있으며 자기 교정을 하는지도 항상 평가한다.

우리가 고도로 효과적인 리더들을 통해 볼 수 있는 것은 이들이 '변화 길잡이팀(guiding coalition)'을 지속적으로 확대하면서 목표와 목표달성 전략에 공동으로 초점을 맞춘다는 점이다. 먼저 상부팀에서 시작하는데, 가든그로브의 경우 교육감과 6명 정도의 중앙부처 직원으로 시작하여 교장과 47명의 지도교사(개별 학교와 특수과제를 놓고 일하는)로 확대되었다. 이런 방식으로 리더들은 '어떤 경우에도 목표를 포기하지 않을 것임은 물론 이를 강화하며' 핵심 사안에서 옆길로 빠지지도 않는다.

새로운 교육감인 가브리엘라 마피(Gabriela Mafi)가 같은 문화권에서 발탁된 것은 전혀 놀랍지 않다. 그는 10년간 성공적인 성과를 낸 슈발름 교육감 밑에서 중학교 수업지도 국장을 역임했다. 마피는 계속해서 가든그로브가 취해왔던 초점을 이어갈 것이고, 학생들의 사회·정서적 발달과 같은 새로운 영역을 더욱 깊이 파고들 것이다. 또한 캘리포니아의 신규 법안이 된 국가공통핵심성취기준(CCSS)이나 지역기금과 책무성, 디지털 유비쿼티(digital ubiquity)와 관련된 새로운 정책사안과 씨름하게 될 것이다.

| **캘리포니아 주 생어 통합학구** |

캘리포니아의 센트럴밸리에 위치한 생어(Sanger) 통합학구는 가든그로브의 약 4분의 1 크기로 1만8백 명의 학생들과 20개 학교가 있다. 인구통계학적인 비율도 가든그로브와 비슷하다. 73%는 저소득층이며 84%는 소수민족이다(대부분 라틴계이며 아시아계도 증가 추세). 1999년에 지역노조는 다음과 같은 요란한 문구의 광고문을 내걸었다. "400명의 불행한 교사들이 존재하는 곳에 오신 것을 환영합니다." 2004년에 이곳은 캘리포니아 주에서 가장 낮은 성취도를 보이는 98개(전체 1,009개) 학군 중 하나로 지명되어 '프로그램 개선'이 필요한 지역으로 통보받았다.

그로부터 10년이 채 지나지 않아 생어의 학생들은 학업성취도지표(Academic Performance Index, API)에서 캘리포니아 주 영어학습자의 성취도를 770 대 718로 앞질렀다. 해당 주의 목표지표가 800점인데, 생어지역의 지표는 820점까지 빠르게 상승했다. 캘리포니아 주의 평균은 788점이었다. 노조 리더 중 한 명은 "이 지역에는 같이 일하고 싶지 않은 교장이 없습니다."라는 말까지 했다. 어떻게 해서 이런 일이 일어났을까?

2004년 교육감으로 임명된 마크 존슨(Marc Johnson)은 교장들에게 관찰대상 명단에 오르는 것은 경각심을 가져야 할 신호라고 말하며 분위기를 조성했다. 핵심적인 조치는 가든그로브 학구와 비슷했다. 상호 연관된 몇몇 요소에 집요하게 초점을 맞춘 것이 성공의 비결이었다. 데이비드와 탈버트(David & Talbert, 2013)는 "학구 리더들은 이들 학습조직의 바람직한 미래상을 그리고 그 방향으로 나아가기 위해 몇 가지 원칙에 집중했다."(p.5)라고 말한다.

다음은 데이비드와 탈버트(David & Talbert, 2013)가 생어의 사례를 뒷받침하는 3가지 핵심 원칙으로 확인한 것들이다.

1. 변화에 대한 점진적 접근을 취한다.(변화는 시간을 필요로 한다. 상호 보완적인 전략 몇 가지를 택하여 꾸준히 매년 집중하라.)
2. 증거기반의 결정을 내린다.(학생들에 관한 자료를 면밀히 살펴 우선순위를 정하라. 피드백 루프를 이용해 검증하고 접근법을 향상시켜라. 증거를 기반으로 실행의 효과성을 확인하고 퍼뜨려라.)
3. 집단적으로 헌신하는 문화를 구축하고 관계를 개선해 변화를 지속시킨다.(목적에 대해 소통하고 신뢰를 구축하며 자기주도성을 강화해 실행의 효과를 높여라.)

가든그로브와 마찬가지로 생어에서 우리가 확인한 것은 '모든 아동은 배울 수 있다'는 도덕적 사명감과 좋은 결과를 얻으려면 관계구축을 통해 강력한 실행에 초점을 두어야 한다는 것, 이 두 가지의 결합이다. 데이비드와 탈버트(David & Talbert, 2013)는 다음 4가지 측면에서 학구의 문화가 바뀐 것을 지적했다.

1. 고립된 존재로서의 교사에서 협업과 책임 공유자로의 전환
2. 교과서대로 진도 나가기에서 학생의 필요성 진단으로 전환
3. 관리자로서의 교장에서 교사들의 학습선도자로서의 교장으로 전환
4. 상부의 명령 따르기에서 상호 책무성으로의 전환

생어 학구의 사례는 효과적인 책무성이 어떻게 작동하는가를 알려준다는 점에서 교육적이다. 또한 학생중심에 대한 확실한 원칙과 비징벌적 문화(데이터의 사용은 수업개선을 위해서만 쓰임), 결과나 실행의 투명성 덕분에 추가적인 개선을 이루어낼 수 있었다. 한편 학교들은 단순히 결과 자체를 보여주기보다는 증거를 기반으로 높은 책임감을 보여주었다(물론 증거기반은 더 나은 타당한 결과를 가져오는 데 기여함). 학구 역시 책임감을 갖고 교장과 학교를 지원함으로써 성공에 기여했다. 상호적으로 작용하는 이런 책무성 의식은 가든그로브에서나 볼 수 있는 강한 유대감이다(이는 중앙부처의 서비스정신으로서 성과의 질과 영향력이 향상될 것이라는 높은 기대감에 대한 대가임). 이루어진 진전에 대해서는 지속적으로 열린 풍토 속에서 재검토가 일어난다. 이런 자율적 교정은 프로세스 속에 내장되어 작동된다.

런던과 잉글랜드는 각각 넷째와 다섯째의 예에 해당된다. 영국 전체에서 가장 낮은 성취도를 보였던 두 지역, 타워햄릿(Tower Hamlets)과 해크니(Hackney) 자치구가 10년 만에 전국 평균 혹은 그 이상으로 올라설 수 있었으나, 이 책에서는 공간 제약으로 인해 충분한 설명을 하기 어렵다(Fullan & Boyle, 2014). 타워햄릿을 예로 들면 2004년에는 잉글랜드 전역의 중학교 상급과정 성취도평가에서 전체 평균보다 약 14% 낮은 수준이었다. 하지만 2011년도에는 타워햄릿과 해크니 자치구 모두 잉글랜드 전 지역 평균과 같아졌다. 11세 학생들의 영어·수학·과학에 대한 1998년의 전국단위시험에서 두 자치구와 잉글랜드 전 지역 평균 사이에는 상당한 격차가 있었지만, 2004년경에는 이 격차를 효과적으로 좁힌 바 있다.

두 자치구를 연구하면서 필자는 무엇이 이러한 성공을 이끌어낸 요인인지에 대해 압축적으로 분석하였다. 타워햄릿(학생 4만2천명, 학교 97개)의 경우 다음과 같은 결정적인 요인들이 확인되었다.

1. 결연한 리더십 - 모든 수준의 리더들 간에 증거기반 성과 향상의 문화 구축
2. 상호연대 구축 - 수직적 및 수평적
3. 전문가로서의 교사역량 - 역량개발과 성과향상을 위한 활용
4. 지속가능성 - 현재와 미래를 대비하는 초점 있는 리더십 함양

해크니 자치구(학생 3만6천명, 학교 73개)도 차이는 있지만 타워햄릿과 유사한 경로를 밟았다. 이는 성공으로 나아가는 어떤 경로도 동일하지 않음을 보여주는 사례이다. 모든 성공에는 공통의 핵심 주제가 있지만, 각 시스템은 스스로 자신의 방식을 찾아내야 한다는 점을 확인할 수 있다. 해크니 자치구의 경우 우리는 다음과 같은 3가지 핵심 전략을 발견할 수 있었다.

1. 사명감 – '모든 아동은 배울 수 있다'는 믿음을 가장 전면에 내세우고, 이를 타협이 불가능한 목표와 기대로 설정
2. 역량– 학교에 자극을 주고 역량개발을 통해 도전적 과제에 대비하게 함. 이를 위해 초등학교와 중등학교 간 초점이 있는 협업 환경 마련
3. 자신감 – 향상에 대한 소통과 축하

해크니의 전략책임자인 앨런 우드(Alan Wood)는 이와 같은 성과를 다음과 같이 정리했다.

우리는 플랫폼을 구축했고 어떤 변명도 허용하지 않았다. 누구도 지역 당국, 교사 혹은 문제 있는 교사 수급을 비난할 수 없다. 또한 누구도 아이들을 비난할 수 없다. 우리는 해크니 자치구의 학교들이 타지역 어느 학교들만큼 충분히 할 수 있다는 것을 보여주었다.(Fullan & Boule, 2014, p.134에서 인용)

| 결론의 도출 |

이러한 비교적 최근의 성공스토리는 새롭고 고무적이다. 또한 우리는 비슷한 성공사례를 보기 시작했다. 존슨 등(Johnson et al., 2015)은 미국의 5개 학구에 대하여 상세한 연구를 진행했다. 텍사스 주 앨다인(Aldine), 메릴랜드 주 볼티모어공립학교(Baltimore Public Schools), 노스캐롤라이나 주 샬롯 메클랜버그(Charlotte-Mecklenberg), 메릴랜드 주 몽고메리(Montgomery), 캘리포니아 주 롱비치(Long Beach)가 대상 학구들이었다. 앨다인, 롱비치, 몽고메리 3개 학구는 비교적 중앙집권적이고(확실한 초점, 중앙의 일관성), 나머지 2개 학구는 비교적 분권화된(단위학교가 지역 리더들과 일할 때 대처의 자율성이 존재하는) 곳이다. 5개 학구 모두 학구와 학교 간의 파트너십 및 신뢰구축에 열정적이었다. 그리고 학교 간 수평적 관계를 구축하는 데에도 관심을 두고 '프로그래밍, 예산 짜기 및 인적자원 갖추기'라는 주제에 초점을 두고 학교 간 어떤 관계를 갖출 것인가에 대해 고심하고 있었다. 모두가 이해하고 지속적으로 활용할 필요가 있는 분야는 그 지역의 문화와 그들을 둘러싸고 있는 외부 환경의 변화 역동성이었다. 존슨 등(Johnson et al., 2015)에 따르면 성공의 핵심 요소는 '학구가 어떤 변화의 이론[우리가 확인한 공통적 요소들과 함께]을 택하기로 했든 그 이론을 얼마나 효과적으로 실행에 옮기느냐에 달린 문제'였다(p.20). 이에 덧붙여 '정책과 실행의 성공은 그 시스템 내에 있는 모든 수준의 교육자들이 지속적으로 자신들의 지식, 역량, 경험을 공유할 때만 가능했다'(p.49). 필자는 다양한 학구와 작업하면서 우리의 지식을 다음 4가

지로 구성된 '연계성 틀(coherence framework)'에 통합시킨 바 있다(Fullan & Quinn, 2015). 방향의 초점 유지, 성공을 위한 협업, 심화학습, 책무성의 확보가 그것이다.

이처럼 학구 단위의 성공사례가 점점 더 늘어가는 현상을 어떻게 받아들여야 하는가? 잉글랜드의 노슬리(Knowsley) 학구 부책임자인 데미안 앨런(Damian Allen)은 2006년 이와 관련해 예지력 있는 분석을 하고 그 결과를 전국 규모의 모임에서 발표했다. 그는 노슬리 전략과 정부의 전략을 비교했는데(Department of Education and Skills, 2005), 그 내용은 도표 10.1과 같다.

도표 10.1 **변화전략 비교**

노슬리 전략		정부 전략
학구와 학교의 공동 리더십	vs.	개별적/독립적 전문성 발휘
성취목표 달성을 위한 협업과 연대	vs.	약점에 대응하기 위한 협업과 연대
시스템 전체의 성과 지향	vs.	개별 학교의 성과 지향
도전과 지원을 통한 실패 줄이기	vs.	조기 개입과 폐쇄를 통한 실패 줄이기
공동 리더십 구축	vs.	학교에 더 많은 자율성 부여
학교에 대한 높은 수준의 지원과 적극적 교류	vs.	모니터링 강도 낮추기

앨런의 선견지명은 방금 소개한 5개 학구 사례들의 교훈을 반영하고 있는데, 이는 본질적으로 매우 중요한 요소이다. 대규모 학구의 경우 도덕적인 동기가 변화를 이끌고 초점이 있으며 끈질긴 협력관계 속에서 상향식과 하향식의 조화 등이 성공을 '가져온다'. 이 결론은 약 10년 후 잉글랜드에서 더욱 강화되었다. 멜 에인스카우(Mel Ainscow)가 이끄는 선임이사회와 10년간 협력한 지역당국 10곳의 사례, '그레이터 맨체스터 챌린지(Greater Manchester Challenge)'가 그 대표적인 예다. '챌린지'라는 용어는 이전에 성공을 거둔 런던 챌린지(London Challenge)에서 따온 것이다. 이 개념은 기본적으로 어떤 집단이든 지원과 도움을 제공하면 잠재력을 실현해 더 큰 역량을 개발할 수 있음을 의미한다. 에인스카우(Ainscow, 2015)의 다음 결론은 이 아이디어의 본질적 특성을 잘 설명해준다.

효과적인 네트워킹은 다음과 같은 요소를 필요로 한다.

- *주인의식*: 협업이 효과를 발휘하는 상황에서는 협력학교들, 특히 교장은 활동의 초점이 되는 사안에 대하여 적정 수준의 통제권을 갖는다.
- *참여도*: 교장과 기타 임원들의 헌신이 필수적이나, 성공적인 관행은 여러 수준에서 협업이 활발하게 일어나는 일이다.
- *실용적인 초점*: 현실적인 문제들에 대한 초점, 특히 교수학습의 핵심과 관련된 주제는 효과적으로 협업하게 하는 최고의 수단이 된다.

- *시간내기*: 효과적인 네트워킹에는 직원들이 서로에게서 배울 수 있는 기회를 주는 유연한 운영이 필요하다.
- *가치에 대한 헌신*: 지속가능성이 뛰어난 네트워크는 공통의 신념과 가치를 둘러싼 파트너십이 높은 수준으로 이루어져 있다.
- *책임의 공유*: 성공적인 네트워킹은 조직문화의 변화를 이끌고 결과의 공유에 대한 요구가 강하다. (p.88)

에인스카우는 이 장에서 지향하고 있는 바와 일치하는 6가지의 제안으로 결론을 정리하고 있다. 요약하자면, 그 기반체제(framework)는 다음 제안에 초점을 맞추고 있으며 내용은 서로 연관되어 있다.

1. *교육시스템은 언제나 미개발된 부분이 많아 개선의 여지가 있다.* 따라서 지속적인 상황 분석을 통해 관심 영역과 개선을 지원할 인력의 파악이 필요하다.
2. *학교 간의 협력은 개선을 꾀할 수 있는 가장 강력한 수단이다.* 특히 어려운 상황에서는 더욱 그렇다. 그러나 그런 협력관계 구축은 증거를 촉매로 삼는 신중한 접근이 필요하다. 이런 접근을 통해 간과했던 가능성에 주의를 집중할 수 있게 되고, 실행을 한 단계 발전시킬 수 있다.
3. *네트워킹은 전문지식을 협력단위와 공유하는 새로운 수단이다.* 이것이 의미하는 바는 경로가 새로 만들어져 지금까지 아이디어의 이동을 막았던 사회적 다중장벽을 넘어서는 것을 말한다.

4. 학교중심의 전략은 더 큰 지역사회를 참여시키는 노력으로 보완해야 한다. 따라서 외부 협력자도 참여시키는 기반체제가 필요하다.

5. 교육시스템이 스스로 발전하려면 리더십은 학교 내부에서 나와야 한다. 필자의 경험에 의하면, 성공이 가능했던 것은 시스템 전체의 발전을 위해 리더십을 발휘하려는 교장들의 열정이 있었기 때문이다.

6. 중앙정부기관은 여건을 만들어주어야 한다. 그래야 지역에 맞는 실천적 조치를 취할 수 있고, 지역 지방정부는 집행을 책임질 수 있다. 이는 교육시스템 전반에 새로운 사고와 태도, 관계를 요구한다. (p.143)

에인스카우의 결론은 5장에서 소개한 '중간리더십(leadership from the middle, LftM)' 전략에 대한 완벽한 연결고리를 제공하고 있다.

중간리더십

하그리브스와 브라운(Hargreaves & Braun, 2012)은 온타리오 주의 성공적인 10개 학구(72개 중)의 사례를 연구한 바 있다. 이는 당시 해당 학구의 교육감들이 정부 및 지역당국으로부터 시스템 전체에 걸친 변화를 이끄는 데 필요한 자원을 제공받았던 곳이다. 그들은 이 10개 학구의 성공 원인을 '중간리더십(leadership from the middle, LftM)'으로 돌리고 있다. 우리는 이 중간리더십의 아이디어를 가지고 지난 3년 간 다양한 방식으로 적용해왔다. 아이디어의 논리는 다음과 같다.

상부층(주정부)이 중심이 되어 전체 시스템을 이끌기에는 부적합하다. 상향식 전략도 제대로 작동하지 않기는 마찬가지인데, 변화의 방향이 종잡을 수 없기 때문이다. 따라서 위와 아래를 이어주고 정책의 연계성을 유지시키는 중간 역할이 필요한 것이다. 이 경우에 중간층은 학구기 된다(학구 안에서라면 학교가 중간층). 이 아이디어의 핵심은 학구에 다음과 같은 시사점을 던진다. (1) 내부 역량을 키워야 한다(앞의 5가지 사례처럼). (2) 학구는 초점과 목표가 뚜렷한(focused, purposeful) 네트워크의 형태로 다른 학구들과 수평적으로 협력할 필요가 있다(에인스카우가 설명한 '그레이터 맨체스터 챌린지'에서처럼). 중간리더십은 중간집단을 이용하여 집단 전체를 바꾸는 훌륭한 사례이다. 중간리더십의 본질은 학구가 함께 뭉쳐 집단적 리더십을 확립하고, 특정 문제에 초점을 맞추고 구체적인 해결책을 파악 및 이행하는 것이다. 이에 더해 투명한 방식으로 진전상황을 평가하고 그로부터 배우며 상위 기관인 주 수준의 개혁 노력과 연계시킨다. 상황은 주마다 나라마다 다르기 때문에 한 가지 방식으로만 이 작업을 할 수는 없으나 일부 공통된 특징은 있다. 여기 그 사례를 소개한다.

하그리브스와 브라운(Hargreaves & Braun, 2012)은 온타리오 주정부의 전략을 평가한 바 있는데, 교육감협의회는 주정부로부터 2천5백만 달러의 재정을 지원받아 문해력을 중시하면서 특수교육의 집행을 이끌어가도록 했다. 연구진들은 집단적 전략, 실행에 대한 영향, 학생들의 성과 향상, 학교 및 학구의 경험 등 몇 가지 긍정적인 결과를 입증한다. 이 경우에는 학구가 책임을 떠맡고 학구 내부의 발전에 집중했으며, 다른 지역과의 모임 및 상호 현장방문을 통해 지식과 경험을 공유하고 장점을 배웠다. 그리고 상위 기관인 교육부와도 더 강력한 파트너십을 형성했다.

두 번째의 대규모 사례는 필자의 팀이 파트너로 일했던 캘리포니아 주의 시스템 개선 사례이다(캘리포니아 개혁에 대한 개괄은 Fullan [2014a] 참조). 캘리포니아 주는 규모가 크다(경제규모는 세계 8위이고, 학구 수는 1,009개). 그 복잡성으로 인해 하향식 교육의 어떤 변화 시도도 성공한 적이 없으며 앞으로도 그럴 것이다. 상향식 변화도 어렵기는 마찬가지다. 이처럼 시스템 변화를 위해서는 아래와 위를 끈끈히 이어주는 접착제가 존재해야 하고, 이것이 상하로 퍼져나가야 한다는 점에서 캘리포니아는 중간리더십 실현에 가장 이상적인 후보이다. 캘리포니아 주정부는 우리가 '올바른 동인'이라고 부르는 것들을 통해 돕는다. 즉, 책무성의 재정의, 학구에 더 많은 자율성 부여, 역량구축에 대한 투자 등이 주가 지원하는 내용들이다. 캘리포니아 주에는 비교적 대규모의 10개 학구가 있는데, 이들은 코어(CORE)라고 불리는 클러스터를 형성하고 있다. 그들만의 대표 사무국이 있고 1년 중 몇 차례 합동학회를 연다. 학구 리더십 개발과 대상을 정한 공유 및 상호학습이 일어나는 행사들이다. 우리 팀은 다른 학구 3곳의 업무를 지원하면서 3년 기한의 프로그램 중 2년차를 진행하고 있다. 캘리포니아 주정부는 '캘리포니아 교육 탁월성 지원팀(California's Collaborative for Excellence in Education, CCEE)'이라는 독립기구를 설치했는데, 이 기구의 주 기능은 특정 학구나 주 내 여러 학구의 역량개발을 돕는 것이다. 전반적으로, 캘리포니아 주가 최근 펴낸 정책문서 「우수학교의 청사진(A Blueprint for State Schools)」(California State Department, 2015)은 '올바른 동인'을 시스템 전반의 개선을 위한 기반체제에 통합시킨 좋은 사례이다.

세 번째로 등장하는 사례는 코네티컷(Connecticut, CT)이다. 이 지역에서 우리는 학구집단과 함께 일하고 있다(제1집단에 25개 학구가 있고, 제2집단도 유사한 숫자의 학구가 있음). 수년간 주정부의 정책을 실행하기 위해 노력한 코네티컷 교육감들은 주정부의 도움으로 자신들의 역량 개발에 능동적으로 나서고 있다.

중간리더십의 전체적인 영향력을 평가하기에는 아직 이르다. 하지만 온타리오 주의 경험으로 미루어 볼 때, 이것이 새로운 에너지와 주인의식, 해결을 위한 자원을 창출해낸다는 사실을 알 수 있다. 또한 이것은 매우 매력적인 전략으로 판명되었다. 학구들은 종전의 하향식 정책의 수용자 입장을 벗어나 능동적인 역할을 스스로 파악해 가고 있다. 주정부 리더들은 학구의 참여를 통해 전국 단위의 해결책 모색이 가능하다는 점을 알고 있다. 지역 및 주 차원의 개선을 동시에 추구하는 것은 '꿩먹고 알먹고'와 같이 매력적인 일이어서 자연스럽게 확산될 것으로 본다. 전략의 지침이 되어줄 효과적인 네트워크의 특징에 관한 보고서도 나와있다((Rincón-Gallardo & Fullan, 2016).

이번 장에 소개한 사례들은 학구 내 학교와 지역사회 간의 더 큰 연결고리로 볼 만하다. 중간리더십과 함께라면 강력한 시스템 전반의 개선 전략이 나타날 가능성도 매우 높은 편이다. 최근에 이루어진 발전은 고무적이나, 이 발전을 활용하거나 유지하려면 시스템 차원의 대응이 필요할 것이다. 이것이 바로 3부에서 정부에 대해 살펴보려고 하는 이유이다.

THE NEW MEANING
OF
EDUCATIONAL CHANGE

3부
광역 및 전국 수준에서의
교육변화

11

정부

국가는 무지막지한 둔기와 같은 집단이다.
매우 중요한 아이디어를 하나 정하면 지역적 맥락을 전혀 고려하지 않고
실행을 강요한다. 정치인들은 마술 같은 해결책이라도 있는 것처럼
결사적으로 달려든다.
—미클스웨이트와 울드리지(Micklethwait & Wooldridge, 1996, p.294)

위에 인용한 미클스웨이트(Micklethwait)와 울드리지(Wooldridge)의 말
처럼 정부는 일상적으로 딜레마에 직면한다. 해결이 시급한 문제의
빠른 해결책 제시를 요구받기 때문이다. 그러나 대규모의 변화를 일
으키는 것은 엄청나게 복잡한 일이다. 한 교실, 학교, 학구의 변화를
관리하는 것도 어려운데, 무수한 기관과 수십, 수천, 수만 명의 사람
들이 연관된 주나 지방, 국가 차원에서 다뤄야 할 문제의 크기를 상
상해보라. 정부관료들이 단단히 각오를 하고 지역학교의 문화나 문
제를 이해하려는 시도를 하지 않는다면 문제는 훨씬 더 어려워진다.

대규모의 학교개혁을 달성하려면 정부의 존재는 필수적이다. 근본
적 변화의 큰 힘이 되어줄 가능성이 있기 때문이다. 그러나 지금까지

의 역사적 증거를 보면 몇몇 소수의 정부만이 개혁을 제대로 이뤄냈다. 이번 장에서는 정부의 역할과 이른바 '잘못된 동인'을 향해 나아가는 정부의 성향을 미국의 사례에 초점을 두어 소개하겠다. 그런 다음 국제 비교와 온타리오 주 및 캘리포니아 주 사례를 통해 성공적인 변화의 모습을 살펴보겠다.

대규모 학교개혁에서 정부의 역할

여기서 말하는 '정부'란 미국의 연방 및 주정부, 캐나다의 주정부(연방 정부는 교육정책에 관여하지 않음), 단일체제로 관리되는 국가별 중앙정부를 말한다. 이해를 돕기 위해 한 가지 정보를 먼저 제시하면, 정부는 개혁을 위해 *책무성* 관리, *인센티브*를 제공(압력과 지원)하거나 *역량개발*을 할 수 있다는 점이다. 책무성과 인센티브만 추구하면 최고의 결과를 내더라도 어느 정도 단기성과만 낼 수 있을 뿐이다. 위 3가지를 다 하게 되면 지속적인 성과를 얻을 수 있다. 대부분의 정부가 책무성 바구니에 모든 달걀을 담았고, 몇몇 소수는 압력과 지원이라는 양면작전을 폈다. 그보다 더 소수의 정부에서만 역량개발에 힘썼고, 일부는 지금도 이에 힘쓰고 있다. 필자의 용어와 분석대로 정부가 오로지 '잘못된 정책 동인', 즉 징벌적 책무성과 우수한 교사 및 교장을 채용하려는 노력 등과 같이 우수한 개인의 확보에 초점을 두거나, 기술을 이용해 미래로 나아가려는 접근, 그리고 그때그때의 임시방편적인 정책에만 의존한다면 결국 기다리는 것은 퇴보일 뿐이다. 반면에, 성과에 연계된 역량개발과 초점이 있는 협업, 교수법, 체계적인 정책으로 변화를 이끈다면, 더 나은 결과를 얻고 지속적인 개선과 혁신까지 얻을 수 있다(Fullan, 2010a, 2011; Fullan & Quinn, 2015). 다음은 미국의 개혁 노력에 관한 내용이다.

| **책무성** 1983~2002 |

보고서 「위기에 처한 국가(A Nation at Risk)」(National Commission on Excellence in Education, 1983)를 계기로 광범위한 교육개혁의 필요성을 절실히 깨달은 미국은 정부가 무엇을 할 수 있을지에 이목을 집중시켰다. 대체로 1983년 이후 10년간은 책무성에 대한 기대치와 요구사항의 확대에 집중했다. 책무성 중심의 이러한 초기 정책은 득보다 실이 컸다. 이런 접근은 지방의 자치단체들에게 엄청난 압력이었으나 도움은 거의 주지 못했다. 실제로는 일의 부담만 늘리고 개인들의 노력을 집단의 노력으로 묶어내지도 못했다.

파이어스톤 등(Firestone et al., 1992)은 1983년부터 1990년까지 7년간 애리조나, 캘리포니아, 플로리다, 조지아, 미네소타, 펜실베이니아 6개 주의 개혁이 어떻게 발전했는지에 대해 연구했다. 연구결과는 다음과 같이 비슷했다.

정부는 중앙기관에서 주변적 기관들까지 다양한 하위 기관들로 나뉘어 운영된다. 즉, 연방정부 및 주정부에서 학구, 학교, 궁극적으로는 교실까지 수직적으로 구분된다. 1960년대 이후의 정책실행에 대한 연구는 한 기관이 하위 단계의 기관에 영향력을 미치는 방식을 파악하려는 노력의 역사였다. 권위적인 지시가 순응적으로 그대로 먹히는 경우가 있기는 하지만 예외적이다. 학구로 하여금 연방정부 및 주정부 정책을 실행하도록 하려면 최선의 방안은 상호조정을 거치는 것이다. 이를 통해 중앙정부는 지방정부가 선호하는 것을 일부 수용한다. 이와 반대의 경우도 활발하게 일어난다. 정책의 집행이 예상대로 되는 경우는 매우 드물다.(p.256)

앞에서 설명한 수직적 행정체계에는 비효율과 분열현상도 수평적 단절도 엄청나다. 정부산하의 독립기관이나 정부가 지원하는 단체 등 무수한 기관이 업무를 상호간에 조정하지 못하여 여러 계획들이 중구난방으로 충돌한다. 잊지 말아야 할 점은 정부는 항상 실행이 아닌 '도입'에 치중한다는 사실이다. 계획실행의 기간은 대개 다음 선거까지의 기간보다 짧다. 이러한 현상 뒤에는 *구조적인* 변화의 도입이 관계, 역량, 동기부여 등 *문화적인* 변화를 꾀하는 작업보다 쉽다는 생각이 깔려있다. 엘모어(Elmore, 2000)는 대부분의 정책(바우처, 차터, 현장기반의 관리)이 '내용이나 질적인 측면에 시사하는 바가 전혀 없기 때문에 전형적인 구조적 변화'(p.10)라고 말한다.

켄터키와 버몬트 주 교육부의 역할에 관한 사례연구를 진행한 루시(Lusi, 1997)는 책무성 주도의 전략만으로는 결코 교육변화에 성공할 수 없다며, 그 이유로 '현장의 수많은 실행자들을 바꾸기는 어렵다. 우리가 통제할 수 없고 거리상으로도 가깝지 않기 때문'(p.11)이라는 점을 들었다. 주정부가 지역 차원의 개혁 확산을 위해 시도한 새로운 작업은 차후에 살펴보겠다. 여하간 복잡한 시스템 속에서 가혹한 책무성 조치는 성공에 필요한 신념이나 행동을 만들어낼 수 없기 때문에 결코 성공할 수 없다. 그렇다면 다음으로 취할 논리적인 조치는 인센티브 제공(압력과 지원의 병행을 통해)이다. 교원의 질에 대한 지난 10년간 정책의 역사를 보면 시사하는 바가 많다.

다음은 달링 해먼드(Darling-Hammond)가 미국교직 및 미래위원회(National Commission on Teaching and America's Future, 교원임용 및 역량 개발 담당-옮긴이)와 함께 작업한 연구의 요약인데, 내용이 훌륭하다.

1980년대 중반 50개 주 가운데 노스캐롤라이나와 코네티컷 주가 수업지도에 가장 실질적이고 체계적인 투자를 했다. 빈곤이 매우 심하고 학생 수가 상대적으로 많았던 두 주는 주 차원의 교원임금 대폭 인상, 교원의 임금격차 완화 등의 개선을 위해 강도 높은 채용노력을 기울이고, 사전 교원연수, 교사자격증 발급, 초임교사 멘토링, 꾸준한 전문성 개발을 위한 계획을 수립했다. 그 후로 노스캐롤라이나 주는 미국의 어떤 주보다도 수학과 읽기에서 큰 성취도 향상을 보였고, 1990년대 미국 모든 주 중 최하위 수준을 보였던 4학년의 읽기와 수학실력에서 전국 평균보다 높은 점수를 기록하고 있다. 코네티컷 역시 높은 성취도 향상을 보여 수학과 읽기에서 미국의 전체 주 가운데 가장 높은 점수를 기록했다(4학년의 경우 수학과 읽기 1위, 8학년은 5위 이내). 당시에 저소득층과 제한적인 영어실력을 가진 학생들의 수가 늘어나고 있었음에도 불구하고 그렇게 우수한 성과를 낸 것이다.(Darling-Hammond, 2000b, p.13)

달링 해먼드(Darling-Hammond)의 비교연구를 통해 책무성의 전략만 활용한 주와 인센티브 정책(기술연수, 보상 등)을 병행한 주에 대해 더욱 놀라운 사실이 밝혀졌다.

주정부가 실행한 1980년대의 개선 전략은 교실수업의 본질과 수준을 개선하려는 노력을 포함하지 않았다. 그 결과 이런 전략은 학생들의 성취도 향상을 거의 이루지 못했다. 특히 개혁이 수업지도 향상을 위한 투자보다 학생의 평가에 의존했던 경우 더욱 그랬다. 학생시험체제 변경을 통해 개혁을 추진한 조지아 주와 사우스캐롤라이나 주가 좋은 예다. 이 주들은 종전보다 확장된 학생시험체제를 개발하고 학생·교사·학교에 대해 채찍과 당근이라는 보상체계를 마련했다. 양쪽 주 모두 교원을 위한 평가도 실행하기로 했지만, 새롭게 부상되는 교수법에 관한 지식과 새로운 학습목표를 이 평가와 연계시키지는 않았다. 교사양성을 위한 대학의 건립이나 상시적인 교사의 전문성 개발에도 투자하지 않았다.(2000a, pp.14-15)

달링 해먼드는 지리적으로 근접해있고 각기 다른 전략을 활용하는 주의 학생성취도를 비교하는 연구에서 다음과 같은 결론을 내렸다.

교사의 지식과 역량에 적극적인 투자를 한 주는 빈곤율이 비슷하거나 더 높았지만, 다른 전략을 추구한 인근 주에 비해 너 높은 학생성취도를 보였다.(2000a, p.15)

더욱 크게 성과를 거둔 주들은 *역량구축*에 투자를 한 듯 보이는데 결론은 이 책의 후반부에서 더 자세히 설명하겠지만, 이는 인센티브를 통한 성과향상과 함께 중요한 첫걸음이라 할 수 있다. 역량구축에 대한 얼마간의 노력과 성취가 있었지만 그렇게 깊지는 않은 것들이었다. 어쨌든 역량구축은 변화의 시작점이 된다. 괴르츠(Goertz, 2000)가 진행한 9개 주에 대한 책무성 연구에서 켄터키 주의 한 교장은 이런 말을 했다.

[주정부의 평가프로그램이] 지금까지 우리가 해온 모든 일들의 동기가 되었다. 학생들의 성취도 향상을 위해 이 모든 변화를 추구하고 있는 것이라 말할 수 있지만, 솔직히 책무성과 평가 때문에 하고 있는 것이다. 보상과 채찍 위주의 책무성 조치가 아직도 통하는지는 모르겠다. 처음엔 통했다. 이제는 자존심의 문제이다. 이전에는 단순히 점수가 떨어지기를 원하지 않았지만, 이제는 자체적으로 검열을 한다. 주정부의 평가가 아니었다면 이러한 현상은 일어나지 않았을 것이다. 몇 가지를 바꾸거나 다른 좋은 시도를 했을 수는 있지만, 우리가 이룬 변화의 정도나 속도는 결코 일어나지 않았을 것이다.(p.12)

아동낙오방지법

미국에서 책무성은 2002년 아동낙오방지법(No Child Left Behind, NCLB)의 도입으로 또다시 탄력을 받게 되었다. 이 법으로 모든 주는 2005-2006년 전까지 초등학교 3학년부터 중학교 2학년을 위한 읽기 및 수학시험을 치러야 했다. 고등학교 1, 2, 3학년을 대상으로 읽기와 수학시험도 치러야 했다. 이 시험은 한 학년에 등록된 학생의

95%가 치게 되어 있었다. 한편, 구체적인 평가나 시험은 주정부의 소관이지만, 주 전체에서 시행될 수 있도록 표준화 작업을 거쳐야 했다. 모든 학생들은 같은 방식으로 같은 시험을 보도록 했다.

이 법은 또 해당 주의 모든 학교에 매년 연간적정향상도(adequate yearly progress, AYP)의 달성을 요구했다. 2013-2014년까지 아동들은 모든 시험에서 '능숙도(proficiency)'의 기준을 충족시켜야 한다. 학교와 학구들은 연간적정향상도 목표를 설정하고 이를 통해 최종 성취기준에 100% 달성하는 것을 목표로 삼았다. 만약 한 학교가 목표를 2년 연속 달성하지 못하면 '개선이 필요한' 학교로 지정된다. 이 학교의 부모들은 아동을 학구의 다른 성공적인 학교로 전학시킬 권리가 있다. 4년 연속 연간적정향상도를 달성하지 못하는 학교는 '시정조치가 필요한' 학교로 분류된다. 5년 연속으로 실패하는 학교는 '재구조화 대상' 학교로 지정되어 주정부의 관리를 받게 되거나 민간관리기업의 운영으로 넘어가거나 차터스쿨로 전환된다.

아동낙오방지법(NCLB)은 추가조치와 요구사항이 따랐다. 이 법은 2005-2006년경 미국의 모든 교실이 '자격을 갖춘' 교사를 두어야 한다고 명시했다(교사교육 정책에 대해서는 12장 참조). 개별 학교 하나하나에 대한 집중적인 관리와 더불어 학구 또한 관리에 들어갔다. '실패학교'를 지나치게 많이 보유한 학구는 시장 또는 주정부의 통제권으로 넘어갔다. 연방정부의 요구사항은 아니었으나 '연간적정향상도'의 압박이 매우 크다 보니 이런 결과는 매우 자연스러운 것이었다. NCLB는 성공할 수가 없었고 처음부터 '그림의 떡'이었던 목표달성기한도 오락가락했으며, 또 한 번 변화에 대한 평판만 나쁘게 만들었다. NCLB는 모든 아동이 배워야 한다는 생각은 부각시켜 주었지만 전략이 없었다. 확실하게 성과와 향상이라는 주제를 화두에 올려주기는 했고, 우리가 이 책에서 논의해온 문제를 조명해준다는 점에서도 어느 정도 유익하나, 그 형태로는 결코 성공할 수 없었다. 리차드 엘모어(Richard Elmore, 2004b)는 어떠한 외부적 책무성 계획도 내부적 책무성, 즉 매일 스스로를 발전시키는 개인 및 집단적 책임감과 역량이 부재한 상태에서는 성공할 수 없다고 말한다. 다시 말해서, 가혹한 책무성 시스템은 역량개발이라는 요소를 제외하거나 심각하게 평가절하한다.

게다가 기타 징벌적 책무성 또한 아이러니하게도 성과를 저하한다. 어른들의 책무성은 다음 장에서 다루고, 이 장에서는 학생들에 관한 내용만 다루겠다. 전(全) 학년 전교생을 참여시키는 과도한 시험은 학습을 저해한다. 교사들에게서 가르칠 에너지를 빼앗아가는 엄청난 양의 시험도 문제였지만, 고부담시험은 처음부터 절차를 왜곡시키고 조지아 주 애틀랜타에서 일어난 범죄성 사기처럼 성과만 내면 된다고 생각하게 만든다. 기껏해야 표면적인 지식만 습득하게 하는 피상적인 '풍선'시험(bubble test)도 또 하나의 문제이다. 시험을 교육의 최종 해결책으로 보고 과도하게 시행하면, 다니엘 코르테즈(Daniel Kortez)가 자신의 책『능력의 측정(Measuring Up)』(2008)에서 밝힌 것처럼 결국은 진정한 학습에서 멀어지게 된다. 그는 또 다음과 같이 말한다. "고부담시험은 상당한 점수 인플레와 바람직하지 않은 가르침의 변화를 가져올 공산이 있다. 예를 들어, 예전 시험에 과도하게 초점을 맞춘다든지, 교과목 내용을 시험 위주로 축소하여 가르친다든지, 시험 치는 요령에 의존하는 등이 그렇다."(p.330)

코르테즈(Kortez, 2008)는 학문적인 근거를 들어 과도한 시험평가에 대해 반박한다. 안야 카메네츠(Anya Kamenetz)는 『학교가 표준화시험에 집착하는 이유와 그럴 필요가 없는 이유(Tests: Why Our Schools Are Obsessed with Standardized Tests – But You Don't Have to Be)』(2015)에서 기업과 학부모의 관점을 언급한다. 대안은 존재하며, 그 과정에서 더 나은 측정과 신뢰할 만한 책무성을 얻게 된다는 것이다. 평가에는 훨씬 강력한 배움을 일으키는 다양한 방식이 있는데 다음과 같다. 단일 측정도구에 의존하지 말고 다양한 지표를 사용하라. 평가는 학습과정에 피드백을 제공하고 학생의 성장을 위한 수단으로만 사용하라. 외부시험의 숫자를 줄여라. 교원평가용으로 시험결과를 사용하지 말라(그런 면에서는 신뢰할 수 없는 결과임). 학생성취도를 확인하기 위한 총괄평가도 필요한 것은 맞지만, 지금까지 가장 좋은 평가방법은 존 해티(John Hattie, 2012, p.ix)가 말하듯이 "당신의 수업 효과를 알라(Know thy impact)."라는 조언에 따라 각 지도방법의 효과크기를 파악하고, 이를 근거로 수업지도 방법을 개선하는 일이다. 아울러 내부적 책무성을 구축하고 이를 외부적 책무성 시스템에 연계하라.

| 최고를 향한 경쟁 |

시험이 아동낙오방지법(NCLB)의 시대를 장악함으로써 학습이 큰 피해를 입게 되었다. 이어 상황은 더욱 악화되었다. 2009년 오바마 정권이 최고를 향한 경쟁(Race to the Top, RTTT) 프로그램을 도입했기 때문이다. 미국 경기부양책의 일부인 이 교육법은 획기적인 교육개정안을 제출하는 주들을 대상으로 총 40억 달러의 기금을 책정했다. 요점만 꼽자면, 이 법의 기준은 우수한 교사와 리더, 표준과 평가(학생, 교사, 행정가에게 적용됨), 주의 준비성, 가장 성적이 부진한 학교를 회생시키는 전략이었다. 또한 차터스쿨의 재정지원 상한액을 확대하고 교원평가를 더욱 강화하려는 전략이 들어있었다. 요컨대, 아동의 낙제를 방지하기 위한 이런 제안들은 완전히 잘못된 동인을 기반으로 하고 있었다.

RTTT(최고를 향한 경쟁) 기금제도는 3차로 나누어 신청을 받은 후, 사전 발표된 선정기준에 따라 심사를 하고 자금수혜 주를 결정하는 형식을 취했다(각 주는 연방정부의 피드백을 기반으로 수정 기회가 주어짐). 다음과 같이 기금이 배당되었다. 1차 예심에서는 델라웨어(1억 달러)와 테네시(5억 달러), 2차 예심에서는 워싱턴DC(7천5백만 달러), 플로리다(7억 달러), 조지아(4억 달러), 하와이(7천5백만 달러), 매릴랜드(2억5천만 달러), 매사추세츠(2억5천만 달러), 3차 예심에서는 애리조나(2천5백만 달러), 콜로라도(2천5백만 달러), 일리노이(4천3백만 달러), 켄터키(1천7백만 달러), 루이지애나(1천7백만 달러), 뉴저지(3천8백만 달러), 펜실베니아(4천백만 달러) 등이 기금을 받을 수 있게 되었다. 그러나 기금이 일회성이어

서 쉽게 낭비할 수 있는 돈이라는 사실 외에도 RTTT가 설정한 전제
는 심각한 결함을 가지고 있다. 구성원의 꾸준한 역량개발 없이 엄격
한 평가만 하면 상황을 더욱 악화시키기 때문이다(교원평가의 세부사항
은 12장 참조).

차터스쿨

차터스쿨(charter school)은 이해단체(공공정책에 영향을 미치고자 하는 특
정 이해를 중심으로 형성된 단체-옮긴이)나 학구 또는 주의 승인을 받
아 설립되는 자율형 공립학교이다. 미국 전체 학교 수의 비율로 따
지면 여전히 적은 수이지만 RTTT의 도입으로 빠르게 성장했다.
스탠포드대학교 교육성과연구센터(Center for Research on Education
Outcomes[CREO], 2013)는 전국차터스쿨연구(National Charter School
Study) 프로젝트를 진행해 차터스쿨의 발전을 추적해왔다. CREO가
발간한 마지막 보고서를 보면 현재 미국 전역에는 6천 개(계속 증가
중)의 차터스쿨에 230만 명 이상의 학생들이 등록되어 있다. 차터스
쿨의 움직임과 영향력을 평가했을 때, 표준화시험 성적으로 본 기본
적인 결론은 차터스쿨의 성취도가 전통적인 학교의 성취도와 비슷하
다는 것이었다. 예를 들어, 학업성장의 기준으로 봤을 때 차터스쿨의
56%는 유의미한 차이를 보이지 않았고, 25%는 유의미하게 나아졌
으며, 19%는 유의미하게 낮은 결과를 보였다. 이는 평균이 그렇다는
것이며, 여기에는 접근방식, 학생들, 차터스쿨과 허가기관 간의 행정
적 관계 등 매우 다양한 변수들이 포함되어 있다.

개인적 견해로는 차터스쿨운동은 공립학교에 유용한 각성의 계기가 되었고, 더 나은 학습을 위해 일부 차터스쿨이 다른 공립학교와 관계를 맺기도 했지만, 모든 것을 감안해볼 때 평균적으로는 그다지 큰 변화를 만들어내지 못했다. 더구나 차터스쿨의 효과에 대한 대부분의 관심은 학생의 성취도에 집중되어 있는 것으로 보인다. 차터스쿨이 공교육에 끼친 좀 더 큰 영향력에 관한 질문에는 별다른 관심을 기울이지 않는 듯하다. 알버트 생커(Albert Shanker)와 동료들이 최초로 생각한 차터스쿨의 의미는 긍정적 차별정책을 통해 교육의 형평성을 제고하려는 혁신운동의 마중물이 되는 것이었다. 비록 그 뜻이 도중에 유야무야되었지만, 카렌버그와 포터(Kahlenberg & Potter, 2014)의 설명처럼 초심을 회복해서 공립학교 시스템에의 통합을 고려해볼 수 있다는 점은 흥미롭다.

국가공통핵심성취기준

2009년부터 미국 전역의 주지사들과 주 위원회는 48개 주가 참여하는 국가공통핵심성취기준(Common Core State Standards, CCSS)을 만들었다. 2010년 6월 CCSS의 영어와 수학 성취도의 기준이 발표됐다(CCSS에 대한 심도 있는 설명은 Kendall [2011] 참조). 이에 관해 몇 가지 관찰결과를 공유하면, 첫째로 아동낙오방지법(NCLB)은 모든 주에 성취기준의 새로운 설정을 요구했지만, 기준 개발을 각 주에 맡기는 바람에 주마다 평가의 질과 수준이 천차만별이었다. 둘째로 CCSS는 이른바 '세계적 수준의 성취기준'을 기반으로 종전에 비해 그 수준을 높였다. 셋째로 연방정부는 두 개의 컨소시엄을 구성해 수백만 달러를 들여 온라인 표준 평가프로그램을 개발했다. 프로그램 중 하나인 「대학진학 및 진로 준비도 평가 파트너십(Partnership for Assessment of Readiness for College and Careers, PARCC)」은 약 12개 주가 참여하며 학생들의 대학 및 진로에 어느 정도 성공적으로 준비가 되어 있는지 평가하는 것이 목적이다. 한편, 「스마터 밸런스드 평가컨소시엄(Smarter Balanced Assessment Consortium, SBAC)」은 약 17개 주(PARCC를 활용할 주와는 다른)가 참여하고 있으며 역시 표준에 걸맞은 시험을 개발했다. 온라인평가는 2014-2015년에 대규모 단위로 개발되어 시범 테스트를 거쳤다.

CCSS는 질적으로 우수한 측면도 있지만(고도로 세부적인 표준과 일관되며 유용한 진단평가), 그 자체의 복잡성으로 말미암아 붕괴될 것이라는 예측이 나오기도 한다. 이미 일부 주들은 이 프로그램에서 탈퇴 중이다(지나치게 복잡하고 고비용인데다가 중앙정부의 통제에 대한 정치적 우려 등). 게다가 이 책의 핵심 주제이기도 한 제3의 영역, 즉 *교육과정과 교수법*에 관한 문제이다. 표준을 설정하고 평가를 개발하는 것만으로는 원하는 변화를 기대할 수 없다. 예측하건대, 교육자들이 성취기준, 평가, 교수법의 핵심적 요소를 명료화하는 데 엄청난 어려움을 겪을 것이다. 이 말은 CCSS에 장점이 없다는 얘기가 아니다. 교육자들은 CCSS 내부에 담긴 아이디어에 집중하며, 이 프로그램 자체가 지속될 것인지의 여부에 대한 세간의 관심에는 너무 신경 쓰지 않기를 권한다.

앞으로의 전망

아동낙오방지법(NCLB)은 1965년 통과된 초·중등교육법의 일부로 제정되었다. 초·중등교육법은 다양한 프로그램(타이틀 I, 타이틀 II 등으로 불림)과 자금의 제공처를 제시한다. 의회가 5년마다 재승인하며 2002년에 마지막으로 NCLB의 제정과 함께 재승인되었다. 2007년에 다시금 재승인 예정이었으나 의회의 의견이 나뉘면서 불확실한 상태에 있다(2015년 재승인과 함께 법안 이름이 Every Student Succeeds Act [ESSA]로 바뀜-옮긴이). NCLB가 시원찮게 작동하면서 던컨(Duncan) 교육부장관은 '면제권'을 여러 주(연간적정향상도를 달성하지 못한)에 남발하듯이 허가해야 했다. 이 책이 제본공장으로 향하는 시점에 논쟁 중인 의회는 수정된 초·중등교육법안에 들어갈 주요 주제를 협상하고 있다. 물의를 일으키는 조항은 아마도 삭제하거나 줄일 것(예컨대, 시험 횟수를 줄이고 주의 재량에 맡기는 식)이지만 삽입되는 새로운 '긍정적 전략'도 없을 것이다. 이러한 것을 '기회를 향한 자유'를 놓치면서 일어나는 '문제로부터의 해방'(제약을 없앨 수 있어 좋은)이라고 부른 바 있다(Fullan, 2015).

그래서 필자와 동료들은 *주·지방 단위의 역량구축*에 대부분의 노력을 쏟아 붓는 것이다. 주와 지방은 교육에 대한 헌법상의 책임이 있는데, 우리는 이것을 성공의 더 큰 중심점으로 보는 것이다. 중간 리더십의 또 다른 예이기도 하다(5장과 10장 참조).

시스템 전체의 개선

2000년 이래로 주·지방·국가 등 시스템 전체의 성공에 대한 관심이 놀랍도록 빠른 속도로 발전해왔다. 이러한 시스템 변화의 영역이 15년 정도밖에 되지 않았다는 점은 주목할 만한 가치가 있다(Fullan, 2000 참조).

| 잉글랜드와 그 밖의 지역 |

잉글랜드 지역의 시스템 전체 개선의 동력은 토니 블레어(Tony Blair) 총리의 첫 임기인 1997-2001년에 탄생한 「국가 문해력·수리력 향상전략(Literacy and Numeracy Strategy, LNS)」이었다. 영국은 2만 개가 넘는 초등학교의 문해력 및 수리력 개선 목표치를 발표했다. 블레어 총리와 그의 최고 전략책임자 마이클 바버(Michael Barber)경은 개선에 집중하기로 약속하고, 교육표준청(Office for Standards in Education, OFSTED)을 통해 엄격한 결과평가를 시행하며 역량구축에 투자할 것을 약속했다. 여기서의 역량구축은 문해력 코치라든가 전문성 개발, 양질의 교육과정과 학습자료들을 말한다.

토론토에 있는 우리 팀은 LNS를 평가할 특권을 갖게 되었고, 2002년 보고서를 발표했다(Earl, Fullan, Leithwood, & Watson, 2003). 우리의 평가로부터 도출된 결론은 4가지로 두 가지는 부정적이고 두 가지는 긍정적이었다. 매우 긍정적인 특징 하나는 한 가지에 *집중*할 필요와 이를 고수하는 것이었는데, 영국은 이를 해냈고 문해력과 수리력에 꾸준히 집중했다. 또 다른 긍정적인 측면은 *역량구축*에 대한 집중이었다. 영국은 이를 대규모로 실행한 첫 번째 국가였다. 부정적인 평가도 두 가지인데 하나는 목표치에 집착하는 것이 큰 방해가 된다는 점이다. 야심찬 목표를 갖는 것은 좋으나 잉글랜드에서는 정부와 언론이 처음부터 끝까지 목표치를 어느 정도 달성했는지 추적하는 데 혈안이 되어 있었다. 심지어 이는 교육부장관이 사임하게 되는 일부 원인이 되기도 했다. 또 다른 원인인 징벌적 책무성은 사람들의 동기를 저하시킨다. 단기적으로는 사람들이 책무성 이행에 관심을 갖지만 그런 생각은 곧 약화되고 만다. 우리는 잉글랜드가 단기적인 발전을 이루고 있었지만, 그런 전략은 수명이 오래가지 못하리란 점을 예상했다. 왜냐하면 지역단위의 수준에서 그것이 자신 소관의 일이라는 주인의식이 부재했기 때문이다. 결국 첫 임기에 좋은 성과를 낸 이 정책은 2002년부터 하락하기 시작했고 그 뒤로 회복하지 못했다.

잉글랜드의 이런 사례는 시스템 전반에 걸친 개선의 직접적인 원인은 아니지만 시그널로 작용했다. 이 현상은 OECD의 국제학업성취도평가(PISA)를 통해 분명하게 나타난다. 2002년 시작된 후 3년마다 시행되는 PISA는 15세 학생들의 읽기·수학·과학 성취도를 평가한다. OECD의 회원국은 34개국이지만 PISA의 인기로 말미암아 시험 참여국은 65개로 늘어났다. 필자가 개인적으로 의도하는 바는 아니지만, 참고로 그 결과를 소개하자면 싱가폴, 한국, 핀란드, 홍콩(이제 더 이상 국가 아님)이 최상위를 달렸고, 캐나다는 10위 안에 들었으며 미국은 25위 정도였다.

우리가 더 관심을 갖는 부분은 국가 교육제도가 *어떻게 발전하는가*에 대한 분석이다. 우리는 어떤 정책과 전략이 가장 효과적인지에 대해 관심이 크다. 국가별 성취도를 분석한 맥킨지팀은「세계 최고의 교육시스템은 어떻게 발전을 지속하는가(How the World's Most Improved School Systems Keep Getting Better)」(Mourshed, Chijioke, & Barber, 2010)라는 보고서를 내놓았다. 연구진은 성취도가 향상되고 있는 전 세계 20개국의 교육시스템을 연구했다. 국가별로 초기 변화는 '부족한에서 적정한' '적정한에서 우수한' '우수한에서 훌륭한' '훌륭한에서 탁월한' 등으로 다양하게 나타났다. 어떻게 개선을 시작할지는 단계별로 달랐고, 역량이 매우 저조한 경우는 특정 영역을 집중해서 살펴볼 필요가 있었다. 그러나 이 책의 주제와 일치되게 무셰드(Mourshed)와 연구진은 발전하는 시스템의 6가지 공통점을 찾아냈다.

1. 교사의 수업지도 기술 및 교장의 관리능력
2. 학생 평가
3. 데이터시스템 개선
4. 정책문서와 교육법의 도입
5. 성취목표와 교육과정의 개선
6. 교사와 교장을 위한 적절한 보상과 임금 보장

시스템 차원의 사고가 어떻게 개발되는지 온타리오 주와 캘리포니아 주를 살펴보자.

| 온타리오 |

온타리오 주에서 필자는 달튼 맥긴티(Dalton McGuinty) 주지사의 정책보좌관으로 2003-2013년까지 일했고, 현재는 캐슬린 윈(Kathleen Wynne) 주지사의 정책보좌관으로 일하고 있다. 양쪽 근무 모두 자유당에서였다. 성과에 대한 얘기를 먼저 할 수도 있지만, 성공을 이끌어낸 정책과 전략을 먼저 집중적으로 살펴보고자 한다. 온타리오 주는 1천3백만 명의 인구가 있고, 이 중 학생은 2백만 명이며 13만 명의 교육자들이 있다. 학교는 5천여 개(초등학교 4천 개, 고교 9백 개) (9-12학년을 고교라 부름-옮긴이)로 72개 학구에 나뉘어있다(카톨릭과 프랑스 학구도 공적자금을 지원받음). 학생의 96% 가량은 이러한 공립학교를 다니며 차터스쿨은 없다.

1997-2003년의 기간에 온타리오 주는 교사와 정부 간에 갈등과 파업이 빈번했던 주로서, 교육은 우수하지만 시스템은 정체되어 있었다. 학교의 성취도는 개선의 기미를 보이지 않았다. 이때 맥긴티 (McGuinty)는 야당의 당수였고, 2003년 선거를 준비하면서 교육을 최고 의제로 삼게 되었다. 잉글랜드의 전략에 큰 관심을 보인 그는 온타리오 주에 맞는 유사한 전략을 개발하기로 결심했다. 2003년 10월 선거에서 당선되자 그는 필자를 교육 특별정책 보좌관으로 임명했다. 우리는 잉글랜드의 교훈을 적용하여 부정적인 정책(징벌적 책무성 등)은 피하고 긍정적인 특징을 강조한 정책을 만들었는데, 특별히 다음의 조치를 취했다.

- 소수의 야심적인 목표에 집중(목표 상향조정, 문해력 및 수리력 격차 완화, 고교졸업률 개선)
- 높은 신뢰를 바탕으로 '평화와 안정' 추구(학구와 노조 간 파트너십 구축을 통해)
- 모든 단위의 역량개발에 투자(교육적 성과와 직결된 수업지도기술 향상을 위해)
- 실행으로부터 교훈 얻기(학교 간, 학구 간 수평적 실행, 학교와 학구 간 수직적 실행을 통해)
- 교육부의 역량 제고(교육 부문과의 협력에 필요한)

역량구축에 이용된 주요 메커니즘으로 교육부 내에 문해력·수리력사무국(LNS)이라는 새로운 부처가 설립되었다. 이 부처의 장은 72개 학구의 한 저명한 교육감이 맡게 했다. 이후 10년 동안 학생들의 성취도는 꾸준히 상승했다. 문해력 성취도는 가파르게 상승했고, 수리력 또한 문해력만큼은 아니었으나 향상되었으며, 900개 학교의 고교졸업률은 68%에서 84%로 증가했다. 적어도 3곳의 외부기관들이 온타리오 주의 성공을 평가하고 칭찬했다(Fullan, 2013a; Fullan & Rincón-Gallardo, 2015 참조). 그러나 필자는 *어떤 과정을 거쳐* 그토록 큰 성과를 달성했는지에 대한 관심이 더 크다. 짧게 그 배경을 설명하겠다.

온타리오 주는 연구가 강하고 증거기반의 전략을 가지고 있었다. 매우 실천지향적이지만 그런 실천은 기존의 연구나 지속적인 후속연구와 증거기반으로 이루어졌다. 온타리오 주는 자체 전략에 따라 직접 수행한 연구나 외부에 의뢰한 연구결과를 다시 전략에 반영한다. 그리고 '시스템 전반에 걸친 개선'에 대한 지식과 실천에 관해 발표하고 다른 나라의 정책 영역에 참여한다(Fullan, 2010b).

온타리오 주의 교육개혁이 2003년 시작되었을 때, 일부 학구는 효과적인 문해력 및 수리력 정책이 자리를 잡아서 정책 면에서 주정부보다 몇 걸음 앞서 있었다. LNS는 최근 2년간 학생들의 성취도가 크게 향상된 학교와 학구 중에서 특별히 성과가 좋았던 학구를 찾아 나섰다. 성공적인 학교와 시스템을 파악한 후 보고서와 사례연구를 만들어 핵심 결과를 시스템 전체에 공유했다(Campbell & Fullan, 2006). 지금도 유사한 전략이 수학성취도 향상을 위해 활용되고 있다. 성과가 좋은 학구와 학교의 사례를 발굴해서 지속적으로 확산시키는 전략을 통해 LNS는 하나의 학습조직처럼 운영되었다. 또한 개선이 일어나고 지원 전략을 더 정교히 하는 데 필요한 전략과 환경을 더 깊이 이해할 수 있게 되자 학구와 학교들과 신뢰가 깊은 동반자가 되어 개선을 위한 노력을 함께 쏟을 수 있게 되었다.

전략이 실행됨에 따라 온타리오 주 리더들은 프로그램을 8가지의 상호 연관된 요소로 표현했는데, 가장 최근의 버전은 연방정부의 '학업성취도 수석책임자'인 메리 진 갤러허(Mary Jean Gallagher, 2014)가 발표했다(도표 11.1 참조).

이 목록의 내용을 보면 개혁을 시작할 때 전형적으로 등장하는 것들이 아님을 알 수 있다. 바로 이점에 주목하자. 대부분의 정부 리더

1. 소수의 높은 목표
2. 모든 수준에서의 리더십 발휘
3. 높은 표준과 기대
4. 수업지도 관련 리더십과 역량구축에 대한 투자
5. 데이터 및 성공사례의 활용을 개선 전략으로 삼기
6. 비징벌적 개입
7. 여건 개선을 위한 지원과 방해요인 최소화
8. 투명성, 집요함, 더 높은 것에의 도전

들은 늘 그랬듯이 '잘못된 동인', 즉 책무성, 표준(학생과 교사 및 행정가에게 적용할), 교육과정, 임시방편적 정책 등을 편다(Fullan, 2011). 온타리오 주는 이 요소들을 포함시키긴 했지만 이들을 변화를 *주도하는* 동인으로 삼지는 않았다. 대신 전략의 초점을 리더십에 두고 이를 통해 역량을 구축했다(개인 및 집단의 지도역량과 변화역량 증대). 다음 논의에서는 정치적으로 안정된 시기였던 2003-2011년 사이의 전략의 성격과 발전을 살펴보고, 초기 붕괴와 재안정이 이루어진 2011-2015년 기간을 검토하겠다.

• 2003-2011년 | 먼저 도표 11.1에 나온 소수의 높은 목표부터 보자. 2003-2013년의 기간에 온타리오 주의 주요 개혁목표는 3가지였다. 학생의 높은 성취도(문해력과 수리력 75%, 고교졸업률 85%), 학생성취도 격차 감소, 공교육에 대한 신뢰 향상이었다.

두 번째로, 모든 단위의 리더십은 '변화지도감독팀(guiding coalition)'

(주지사, 교육부장/차관, 학업성취도 최고책임자, 상임정책고문)의 형식으로 구성되어 있었고, 리더십 개발은 교수학습의 개선에 초점을 맞추어 학구 리더와 교장 및 교사를 대상으로 했다. 2003-2007년과 그 이후 맥긴티(McGuinty) 주지사의 리더십은 특별히 중요했다. 교육을 최우선순위 의제로 두고 변화지도감독팀 회의를 6주마다 열고 이를 이끌었다. 그때마다 진전상황을 검토하고 전략을 강화하며 추가 아이디어와 전략을 내도록 지원했다. 다른 주의 리더들과 달리 맥긴티 주지사는 올바른 선택의 결정에 상대적으로 적은 시간과 에너지를 쓰고, 실행에 훨씬 많은 시간을 사용했다. 교육 분야에서 한 주의 리더가 이토록 꾸준한 압력과 지원을 제공하는 것은 드문 일이다. 마이클 바버(Michael Barber)경이 『정부를 운영하는 법(How to Run a Government)』에서 "지속적이고 원칙이 있는 리더십만한 대안은 없다"(Barber, 2015, p.225)라고 극찬한 맥긴티 주지사의 강점이기도 하다.

세 번째로, 높은 표준과 기대에는 특별히 문해력 및 수리력에 관련된 표준기반 교육과정과 투명한 성과기준, 학생성취도에 대한 독립적 평가 등이 포함되었다.

네 번째로, 리더십과 역량구축에 초점을 둔 다양한 활동이 있었는데, 이런 활동은 리더십 및 학생의 성취도와 직결된다. 초등학교 수준에서는(72개 학구의 4천 개 학교) 코칭과 협업적 탐구, 성공적 수업지도 사례에 관한 온라인 동영상 및 지원, 효과적인 수업사례 공유를 위한 학교 및 학구 네트워킹, 표적개입(targeted intervention), 협업에 의한 다양한 교사전문성 향상 등이었다. 이 모든 활동은 역량을 개발하고 확산시켰다. 리더십과 교사의 개발을 위한 추가적인 '도구' 역시 역량개발의 강화(밀어붙이는 식이 아닌)를 위해 쓰였는데, 마지막 부분에서 다시 살펴보겠다. '학생성취도 관리책임자'라고 불리는 LNS의 직원들은 팀으로 나뉘어 역량의 파악·개발·확산을 위해 몇 개씩 학구를 담당했다.

900개 고등학교에서 활용된 가장 강력한 리더십 및 역량구축이라는 두 가지 전략은 학생 성공을 위한 교사들(student success teachers, SSTs)과 '고급기술 전문가코스(Specialist High Skills Majors, SHSM)' 프로그램이었다. SSTs는 학교 내에서 학생, 학교 리더, 교사들과 직접적으로 협력하며, 특히 고등학교 1, 2학년의 위기에 처한 학생을 돕는 교사들이다(중점은 문해력, 낙제한 과목의 학점취득 기회 제공, 튜터링, 학교 복귀 등). 고급기술 전문가코스(SHSM)는 8장에서 본 것처럼 고등학교 2, 3학년에게 매우 혁신적인 정책이다. 이를 통해 학교는 이 과정의 학생들에게는 응용 분야의 프로그램에 전념할 수 있게 하였다. 이 계획은 2006–2007년에 44개 학교에서 600명의 학생들과 함께 27가지 프로그램으로 시작되었다(건설, 고객접대, 제조, 임업 분야 등). 그후 프로그램은 빠르게 확산되어 2014년에는 4만 명의 학생들이 660개 학교에서 1,600개의 프로그램에 등록하였다(신규 전공과목은 정보통신기술, 법, 항공 및 우주사업, 스포츠, 비영리 분야 등). SSTs와 SHSM프로그램과는 별도로 역량개발을 위한 활동이 있었는데, 이는 문해력과 수리력, 개별화 지도, 교사 전문성 개발을 위한 학습사이클 등에 중점을 둔 역량구축 활동이었다(Glaze, Mattingley, & Andrews, 2013).

다섯 번째 요소인 데이터와 효과적인 수업지도 전략의 동원은 평가 및 데이터 추적과 관련된 데이터베이스를 구축하고, 이를 기반으로 학생들의 필요를 충족시키기 위한 정확한 지도방법(precision teaching, 특히 학습에 어려움을 겪는 학생들의 요구에 맞춰 수업지도 프로그램을 짜는 방법-옮긴이)을 개발하고 확산하는 것이었다. 처음으로 온타리오 주는 모든 핵심 영역, 예컨대 효과적인 문해력 지도는 어떤 모습인지, 이민 온 영어학습자들의 필요를 성공적으로 다루는 이들은 누구인지, 어느 고등학교에서 어떤 관행이 학생들의 참여를 효과적으로 끌어내고 자퇴율을 감소시키는지 등에 대한 증거기반 사례를 파악할 수 있게 되었다.

여섯 번째 요소인 '비징벌적 개입'의 뜻은 성적이 부진하거나 침체된 학교를 파악하고(새로운 데이터베이스가 이를 용이하게 해줌), 이들을 탓하기보다는 역량구축을 최우선의 조치로 생각하는 것이다. 「온타리오 초점 있는 개입 파트너십(Ontario Focused Intervention Partnership, OFIP)」이라고 불리는 초등학생용 프로그램의 경우 LNS와 특정 학교(및 학구)들이 요구평가, 지원, 실천안 공동개발, 학교기반 학습공동체 참여, 타 학교로부터의 학습(공식·비공식적 네트워킹)등의 개입 전략을 짰다.

중학교에서는 학생 성공을 위한 학교지원사업(Student Success School Support Initiative) 프로그램을 통해 성취도 최하위 20%의 학교(약 180개)를 지원했다. 주로 교장과 코치교사(lead teacher, 우수한 교수법과 리더십을 갖추고 교사의 코칭을 담당하는 중견교사—옮긴이)의 역량개발을 도움으로써 수업지도 방법을 개선하고 학생의 성취도를 향상시켰다.

일곱 번째 요소와 관련해서는 다양한 지원여건이 마련되어 있었다. 필수적인 요소로 핵심 역량을 구축하는 전략을 강화하고 새로운 사업의 길을 열어주었다. 예를 들면, 안전한 학교, 전일(full-day) 유치원, 정신건강, 온타리오 리더십전략 등이다. 특별히 3가지 핵심 목표에 집중하여 갖가지 임시변통의 프로그램을 피했고, 추가적인 요소는 전체 전략에 통합시켰다. 전일 유치원과 리더십전략, 웰빙 등에 관해서는 나중에 추가적으로 설명하겠다.

마지막 요소는 핵심 목표에 대해 '투명성, 집요함, 더 높은 것에의 도전의식'을 잃지 않는 것이었다. 배움에서 배제되고 있는 아동들이 있다는 것에 대한 위기의식과 개혁의 유지와 확대를 목표로 *모든 아동이 배울 수 있다*는 신념을 가장 중심에 두었다.

• 2011-2015년 ㅣ 현 정부가 지속하고 있는 개혁의 세부적인 사항까지는 다루지 않겠다(2003-2015년 전체 설명은 Fullan & Rincón-Gallardo[2015] 참조). 그러나 이 기간의 정책 역할에 관해서는 몇 가지 평을 내릴 만하다. 앞서 '올바른 동인'이란 표현을 쓴 바 있다(Fullan, 2011). 온타리오 주가 중점을 둔 것은 성과지향적인 역량구축, 협업, 수업지도기술, 조화로운 정책의 추진이었다. 이들은 역량구축의 핵심 전략을 이끌었다기보다는 강화했다. 정책은 평가기관인 '교육의 질과 책무성 관리청(Education Quality and Accountability Office)'과 리더십 개발 기준 및 문서, 학교와 학구의 효과성 틀(School and District Effectiveness

Framework), 교원성장계획, 학교회복전략의 데이터를 활용했다. 이 요소들은 강제는 아니었지만 모두 빠짐없이 시스템에 도입되었다. 이를 '끈질기게 추진하나 강제는 아닌' 전략이라고 부르겠다. 결과적으로는 지속가능해 보이는 높은 수준의 역량이 구축되었다.

온타리오 주는 2014년 이후 새로운 단계로 접어들었다. 높은 성취도, 공정성, 공신력이라는 우선순위 높은 기존의 과제들과 함께 '웰빙'을 강조하면서 21세기를 위한 온전한 아동의 발달이 핵심 가치가 될 것이라는 점을 표명한 것이다(Ontario Ministry of Education, 2014). 이러한 진전이 현장에서는 어떤 의미를 가질지 아직 분명치 않다. 이보다 더 난제라고 할 수 있는 캘리포니아 주의 사례를 보자.

| 캘리포니아 |

캘리포니아 주는 어떤가? 캘리포니아는 최근 몇 십년간 성공적인 교육시스템이 되지 못했을 뿐 아니라 1970−1980년대 미국에서 가장 혁신적인 주였던 전성기에서 최근 몇 년 사이 최하위의 학생성취도를 기록하는 주로 추락했다고 여러 주민들이 인정하고 있다. 매우 크고 복잡한 주로서 거주인구는 4천만 명(캐나다 인구보다 많음)이며, 이 중 학생은 7백만 명, 학교는 2만 개, 그리고 1,009개에 달하는 학구가 있다.

최근 캘리포니아 주의 교육시스템은 여러 가지 이유로 다양한 요소가 하나의 큰 방향으로 수렴되는 양상을 나타내고 있다.

- 자원분산 및 지방자치의 법안을 통과시킨 제리 브라운(Jerry Brown) 주지사
- 교사의 순응보다 역량구축을 선호하는 톰 톨락슨(Tom Torlakson) 교육감
- 수많은 학구(10장에 나온 생어, 가든그로브 학구 등)
- 역량구축과 학구 간의 학습을 선호하는 캘리포니아 학교행정가 협회(The Association of California School Administrators, ACSA)
- '전문성 자본'을 지지하는 교원과 노조, 캘리포니아 교사협회 및 미국교사연맹
- 시스템 전반의 역량구축을 공개적으로 지지하는 시민단체 및 재단, 기타 조직

이 상황을 최근 두 가지 보고서 「캘리포니아의 황금기회: 현주소 진단(California's Golden Opportunity: A Status Note)」(Fullan, 2014a), 「황금기회: 긍정적 변화를 위한 캘리포니아의 탁월한 교육협력(A Golden Opportunity: California's Collaborative for Education Excellence as a Force for Positive Change)」에 요약한 바 있다(Education in Motion & California Forward, 2015).

실패하고 있는 시스템을 관찰할 때 사람들이 간과하는 부분이 있다. 그 내부에는 성공적인 시스템을 간절히 만들고 싶어 하는 사람들이 존재하며, 비록 소수이지만 불리한 조건을 무릅쓰고 어느 정도의 진전을 이뤄낼 수도 있다는 점이다. 캘리포니아의 상황이 지닌 복합

적 요소를 보면 10장에서 소개한 중간리더십(LftM) 접근방식이 어울리는 상황이다. 캘리포니아 주에는 몇 개의 학구가 클러스터를 형성해서 개선의 깊이를 더하고 집단적 학습을 해나가고 있다. 한편, 주의 각 단위 리더들은 호흡을 맞추어 같은 방향으로 나아가는 조치를 취하고 있다.

캘리포니아 주가 최근 내놓은 정책문서 「위대한 학교 청사진(A Blueprint for Great Schools)」(California Department of Education, 2015)은 모든 주요 단체들이 명확하게 밝힌 성명서라고 할 수 있다. 이 문서는 '올바른 동인'과 탁월한 수업지도와 리더십, 학생의 성공, 외부 책무성의 환경 속에서도 지속적인 발전에 관해 논한다. 그리고 '전략적으로 우선순위가 높은 사업들에 대해 시스템 개혁과 지원'을 명백히 밝히고 있다. 청사진에 담긴 아이디어들은 캘리포니아 주 내의 모든 주요 단체들이 공동으로 공들여 개발한 합작품이다. 이 아이디어들의 효과를 평가하기에는 너무 이르며, 정치적 이해와 세부계획 역시 매우 복잡하다. 우리 팀은 캘리포니아 주 전 계층의 리더들과 긴밀하게 협력하고 있으며, 앞으로 3년쯤 뒤에는 주 전체의 교육시스템에서 큰 성과를 볼 것으로 예측하고 있다. 새로운 방향으로 움직이는데 이렇다 할 장애물은 없어 보인다. 지역 차원의 노하우와 역량구축이 주요 변수가 될 것이다. 캘리포니아 주는 시스템 전반에 걸친 개선을 위해 정책 및 전략의 통로를 바꾸는 미국의 중요한 시범사례가 될 것이다. 지켜볼 가치가 있다.

향후 전망

이 책의 개정판이 총 5회에 걸쳐 나오는 동안 특별한 목적으로 세운 학교(소수의)와 학구(비율적으로 보자면 매우 적은)의 성공부터 몇 주(州)(극히 소수)의 교육적인 성공사례를 살펴보았다. 이제는 시스템의 발전 방식에 대한 보다 큰 지식기반이 쌓인 단계이며, 실질적으로 효과가 있는 방안을 기초로 여러 지역이 새로운 방향으로 나아가려는 현상을 보고 있다. 우리의 노력과 함께 점점 더 많은 주에서 중간리더십과 관련 파트너십에 관심을 보이고 있다. 많은 이들이 이번 11장을 비롯하여 이 책에 제시된 방식에 따라 조치를 취하고 있다. 여기에서 소개한 '새로운 의미'가 보다 폭넓은 시스템의 독자들에게까지 이해될 가능성도 있다. 이를 판단하기에는 아직 시기상조일 수도 있지만, 명확한 징후들이 보이는 것만은 분명하다.

　실제로 이 책에서 제시하는 확실한 조언은 정부가 단지 성취기준을 제시하고 책무성 관리를 하는 수준을 넘어 성과와 관련된 역량구축에 초점을 맞추고, 지역·중간·중앙이라는 3수준의 시스템이 모두 참여하도록 해야 한다는 점이다. 마지막 장에서 이 내용을 다시 다루겠지만, 한 가지 주제가 더 남아 있다. 교직과 리더십, 그리고 성공에 절대적으로 중요한 관련 사안들이다.

12

교직과 리더들

전문직이란 자격증과 견책으로 만들어지는 것이 아니라
실질적인 전문지식과 이를 개선할 수 있는 메커니즘,
그리고 전문직에 몸담고 있는 사람들이 수업지도 방법을 개선하려는
진정한 의지로 만들어진다.

― 스티글러와 히버트(Stigler & Hiebert, 1999, p146)

이번 장에서는 교직과 교장 등의 리더직을 살펴볼 텐데 통상적인 순서와 달리, 먼저 교직 수행 중에 이루어지는 지속적인 학습 부분을 보고, 그 다음으로 교원양성의 단계를 살펴보겠다. 총 5가지 내용 중 앞의 네 부분은 교직에 관한 것이며, 다섯 번째 부분은 관리자에 관한 것이다. 첫 번째로는 교사와 행정가들(교장과 교감―옮긴이)을 위한 주요 해결책을 제시할 것이다. 이른바 교직이란 *성과에 대해 설명의 책임이 있는* 직업이기 때문에 교직에 있는 동안 직무에 대한 학습이 지속적으로 이뤄질 수 있는 문화를 다룰 것이다. 두 번째로 성취기준과 외부 책무성의 역할을 살펴보겠다. 세 번째로는 교사양성과 선발,

경력 유형을 보고, 네 번째로는 교직에 관해 종합적으로 살펴볼 것이다. 마지막으로 행정가들의 역할과 발전을 볼 텐데, 이미 교직에 대한 논의로 한 차례 다루어졌을 내용이 대부분일 것이다.

6장에서 많은 교사와 교장의 여건이 악화되고 있음을 보았듯이 직업에 대한 만족도도 꾸준히 하락하고 있다. 비율을 살펴보면 교사들이 자신의 직무에 '능동적이지 않으며'(57%), 상당한 규모의 하위 그룹(13%)이 직무에 '적극적 불참 상태'이다. 2014년 OECD가 30개국 교사들을 대상으로 조사한 TALIS(교수학습국제조사) 결과에 의하면, 교직이 사회에서 인정받는 직업이라고 답한 교사의 비율은 3분의 1이하였다. 교장직의 만족도 역시 과중한 업무로 인해 하락 중이다. 이러한 추세를 바꿔놓을 수 있는 것은 무엇일까? 나아가야 할 방향에 대한 강력한 시사점은 무셰드 등(Mourshed et al., 2010)이 진행한 「세계 최고의 교육시스템 20곳에 대한 연구(How the World's Most Improved School Systems Keep Getting Better)」에서 찾아볼 수 있다. 교육의 성공과 관련된 6가지 요인 중 하나는 '교사의 수업지도 기술과 교장의 관리역량 구축'(Mourshed et al., 2010, p.26)이다. 이를 대규모로 실행할 수 있는 방안은 무엇일까? 직무 중 학습을 극대화하는 방법으로 이 문제를 공략해보자.

지속적인 학습과 내부 책무성

교원평가, 전문성 신장, 협업문화, 이 3가지 전략 중 어느 것이 교원

성과에 가장 긍정적인 영향을 미칠까? 이렇게 3가지를 나열해놓고 보면 교원평가가 큰 변화를 만들어낼 수 있을 만큼 그리 강력하지 않다는 점을 쉽게 알 수 있다. 교원에 대한 표준을 재설정하는 문제는 이번 12장의 두 번째 내용에서 살펴보기로 한다. 모범답안처럼 보이는 것은 전문성 신장이다. 교원성과를 끌어올리는 데 교사들이 새로운 아이디어와 성공적인 실천사례를 배우는 것만큼 나은 대안이 없어 보이기 때문이다. 그러나 피터 콜(Peter Cole, 2004)의 보고서 「전문성 개발: 변화를 회피하기 위한 탁월한 방법(Professional Development: A great way to avoid change)」에 담긴 도발적인 제목에서 보듯이 현실은 그렇지만도 않다. 콜은 교사들이 각종 컨퍼런스와 워크숍에 참석하고 석박사 학위를 따면서 무언가를 배운다고 *느끼지만*(개인의 수준에 국한된 학습이라는 측면에서 어느 정도까지는 그렇다), 실제 현장에서 일어나는 변화는 별로 없다는 것이다. 바로 여기에 어려움이 있다.

최선의 학습은 이 책 곳곳에서 살펴보았듯이 협업문화를 통해 성취도 향상에 집중할 때 가능하다. 협력하는 문화는 학습에 관한 한 성과가 매우 높다. 그만큼 집중적이고 함께 배우는 이들을 매일 대면하는 환경이기 때문이다. 효과적인 학교와 학교시스템은 리더와 참여자들이 지속적으로 '업무의 본질에 대한 깊은 이해를 공유'할 수 있는 여건을 만든다(Fullan, 2008, p.79). 이를 위해서는 우선 깊은 이해의 공유라는 목표로 안내하고 이를 반영할 수 있는 좋은 환경과 준비가 필요한데, 더욱 필요한 것은 이를 요구하고 지원하는 문화이다. 앞서 보았듯이 교사학습공동체(PLCs)는 이러한 문화를 개발할 수 있는 강력한 전략이 된다. 교사학습공동체를 단순한 프로그램이 아닌 심층 학습의 문화로 보며, 개별 학교를 넘어선 시스템의 문화적인 변화로 볼 때 그렇다(교사학습공동체의 최근 수준을 알고 싶다면 DuFour [2016] 참조).

근본적으로 협업문화는 *전문성 자본*을 개발한다(Hargreaves & Fullan, 2012). 앞서 보았듯이 우리는 전문성 자본의 3가지 요소를 갖춘 교사들이 필요하다. 인적 자본(개인의 자질과 능력), 사회적 자본(집단의 자질), 결정 자본(증거와 판단의 전문가적 사용)이다. 우리는 교사, 학교, 학구 중에 학습선도자로서 전문성 자본의 모범이 되면서 동시에 이를 양성해내는 리더가 필요하다. 리더는 전문성 측면에서 집단이 더욱 강해질 수 있도록 계획적으로 돕는다. 전문직의 능력이 개발될 수 있는 방법은 이와 같은 식이다. 이러한 핵심 목표에서 눈을 떼면 성공할 수 없다. 표준, 책무성, 더 나은 준비라는 주제로 시작하지 않고 끝 부분에 가서 이 주제를 다루려는 이유가 바로 이것이다. 표준부터 교육의 최종 결과까지의 순서를 따르면 이는 논리적이기는 하나, 핵심이 되는 해결책을 놓치기가 쉽다. 이 장에서 제시하는 방식이 보다나은 책무성과 성과를 얻을 수 있다는 점을 보여주겠다.

필자는 상기 목표를 초반부터 전문적 역량구축의 문제로 보고 정책을 이 관점에서 바라보고자 한다. 공공정책의 영역에서 지속적인 학습이라는 핵심 목표를 방해하는 것이 무엇인지, 그리고 이 학습의 발달을 촉진시키는 것이 무엇인지 물어야 한다. 이제 책무성의 시대에서 지속적인 학습의 시대로 나아가자는 논쟁적 주제에 대해 토론을 시작할 시점이다.

사람들은 흔히 싱가포르와 핀란드, 한국을 높은 자질의 교원을 보유한 국가로 칭찬한다. 이것은 사실이기도 하다. 그러나 그 국가들은 표준과 책무성 관리제도를 초기부터 잘 관리했기에 그 자리에 오른 게 아니다. 잘 메타(Jal Mehta)가 훌륭히 짚어내는 미국 교직의 역사가 구구절절이 문제를 설명해주고 있다. 그는 정책입안자들이 "우리가 초반에 하지 못했던 것을 하기 위해 말미에 외부 압력과 책무성을 높인다."(2013, p.7)라고 주장한다. 이러한 '말미의 책무성(backend accountability)'은 역량구축 투자에 대한 실패를 교사 및 행정가 양성, 그리고 협업문화 속의 현장학습을 통해 보충하려고 한다. 그는 다음과 같이 설명한다.

> 가르치는 행위는 공장에서 상품을 찍어내는 행위와 같지 않으며, 규칙과 절차만 따른다고 되는 것이 아니다. 여기에는 기술과 분별력이 요구된다는 것을 경험과 연구결과가 알려주고 있는데도, 우리는 올바른 성과목표만 세우면 더 나은 시스템 전체를 '주문'할 수 있을 것이라는 생각에서 벗어나지 못한다.(p.5)

메타(Mehta, 2013)가 언급했듯이 "불행히도, 정책입안자들이 원하는 결과를 내기에는 표준과 책무성이라는 기술적 수단은 너무 약하다."(p.7) 그렇다면 강력한 기술적 수단은 무엇일까? 최근 필자는 동료 연구자들과 함께 이를 설명한 바 있다(Fullan, Rincón-Gallardo, & Hargreaves, 2015).

간단히 말해서, 책무성은 자신의 행동에 책임을 지는 것이다. 교육시스템의 책무성 중심에는 학생의 학습이 있다. 시티 등(City et al., 2009)이 주장하듯이 "진정한 책무성 시스템은 학생들에게 수행하도록 요구하는 과제 안에 있다."(p.31) 학생들이 심층학습 과제에 참여할 수 있도록 수업지도 기술을 끊임없이 향상시키는 것이야말로 교직과 교육시스템의 가장 중요한 책임일 것이다. 이러한 의미에서 여기서 정의하는 책무성이란 단순한 시험성적의 향상에 국한되지 않고 모든 학생들의 보다 깊은, 의미 있는 학습으로 나타난다.

내부 책무성은 개인과 집단이 자진하여 모든 학생들의 지속적인 발전과 성공을 위한 개인적·전문적·집단적 책임을 떠안을 때 작동된다(Hargreaves & Shirley, 2009). 외부 책무성은 시스템의 리더가 대중에게 투명성과 모니터링, 선택적 개입을 통해 시스템이 사회적 기대와 요구사항에 부응하고 있다는 점을 알리는 행위이다. 정책입안자들이 가장 우선적으로 해야 할 일은 내부 책무성을 위한 여건을 조성하는 것이다. 왜냐하면 이것이 외부 책무성을 포함한 전체적인 책무성을 달성하는 데 더 효과적이기 때문이다. 정책입안자들 역시 외부 책무성을 다룰 직접적인 책임이 있지만, 이는 내부 책무성이 제대로 작동되게 할 때 효과를 거두게 된다.

효과적인 학교 및 시스템과 발전에 대한 기존의 연구, 그리고 미국 및 다른 나라의 교육시스템과 작업해왔던 경험(Fullan, 2010a; Hargreaves & Fullan, 2012; Hargreaves & Shirley, 2012)을 보면, 학생성취도의 지속적인 향상이 목표일 때는 내부 책무성이 외부 책무성에 *선행*되어야 한다.

리차드 엘모어(Richard Elmore, 2004b)는 개별 학교에 대한 집중적인 사례연구를 연속적으로 수행했다. 어떤 학교는 성취도 향상에 실패했고 어떤 학교는 성공했다. 성취도를 개선하지 못한 학교는 강한 외부 책무성 시스템 속에 있음에도 불구하고 수업의 질을 향상시키지 못했다. 소수의 학교만이 연계성이 높은 지도를 통해 학생성취도를 향상시켰다. 성공적인 학교의 주요 특징을 보면 교사 개인의 책임감과 학생에 대한 집단의 높은 기대, 교정활동을 통합한 협업문화를 만들었다. 다시 말해서, 내부 책무성을 형성한 것이었다. 실제 수업활동과 학생성취도에 대한 투명한 데이터가 이러한 문화의 특징이었다. 이런 문화가 발달하면서 외부 평가시스템에도 더 효과적으로 대응할 수 있었다. 엘모어는 학교 개선에 내부 책무성이 담당해야 할 근본적인 역할을 강조하면서 다음과 같이 말한다.

사전에 짜인 대로 움직이는 학교들이 거부감이 강한 강력한 외부 책무성에 대응능력을 갖춤으로써 그 결과 교수학습이 의도한 바대로 체계적으로 이루어질 것 같지 않다. 이런 시스템에서는 학생의 학습과 관련된 책무성의 모든 문제는 개별 교사의 책임으로 돌리는 식이기 때문이다. 그런데 학교가 *개선*되면 학생들의 전체 성취도도 올라갈 것이라는 생각은 집단적 협의와 집단적 행동역량을 의미한다. 하지만 이런 역량을 우리의 표본에 나온 학교들은 보여주지 않았다. 사실상 교사와 학생이 할 수 있는 일에 대한 모든 책무성 관련 결정이 교사 개인의 판단으로 이루어지는 곳에서, 어떻게든 이 결정이 학교 전체의 개선으로 이어질 가능성은 클 것 같지 않다.(p.197)

학교개선의 역학관계를 미시적 차원에서 볼 때 엘모어(Elmore, 2004b)는 시스템 수준에서 내려지는 결론과 동일한 결론을 내린다. 즉, 여건 개선을 위한 투자를 통해 내부 책무성을 개발하는 것이 외부 책무성 강화보다 중요하다. 정책입안자들에게 책무성의 맨 첫 단계는 *교직사회의 집단적 역량개발, 지속적인 개선에 대한 책임감, 그리고 모든 학생의 성공을 목표로 하는 것*을 강조하는 것이다. 이것이 교사의 전문성 자본을 구성하는 3가지 요소이다(인적·사회적·결정 자본. 6장 참조).

사람들의 내부 책무성을 향상시키고 책임감을 개발하려면 역량개발 또는 성장적 접근법이 필수이다. 이러한 계획 없이는 정책입안자들은 사후대처식 책무성에 갇혀버린다. 실천적 행동이 교직에 대한 신뢰, 협업, 동료 피드백 등과 같은 교사의 역량개발과 성장에 초점을 맞추어 집단적 책임감을 높이면, 향상 작업은 더욱 가속화된다. 왜냐하면 집단이 주도하기 때문이다(외부 책무성이 책임감을 어떻게 안내하고 평가하며 영향력을 끼치는지도 살펴보겠다).

새로운 책무성 시스템의 성공은 교사와 학교 리더들의 전문성 자본에 투자하고 이를 구축하는 시스템의 구축에 달려있다. 이를 통해 자신들의 최선의 집단적·개인적 차원의 전문적 판단을 기초로 교실과 학교에서 좋은 결정을 내릴 수 있기 때문이다. 이런 노력에 중요한 것은 학교와 학구, 주 전체에서 지속적인 향상과 집단적 책임감, 리더십의 공유와 같은 교사문화를 튼튼히 하고 지속시키는 일이다.

표준과 외부 책무성

달링 해먼드(Darling-Hammond)가 "표준에서 시작하라"(2013, p.16)고 말한 것처럼 학생과 교사의 표준을 정하는 것으로 교육변화를 개시하는 것은 합리적인 처사처럼 보이지만, 반드시 효과적인 전략은 아니다. 물론 훌륭한 표준도 있어야겠지만 기준 자체가 개선을 '가져오지'는 않는다. 지금까지 본 것처럼 질적 변화를 만들어내는 것은 문화이다. 미국에는 두 가지 유용한 표준이 있다. 40개 주 이상이 가입되어 있는 「주정부간 신규교사 평가 및 지원 협의회(Interstate New Teacher Assessment and Support Consortium, InTASC)」는 교사자격증과 교사교육 프로그램 승인을 위한 표준을 정한다. 「수업지도 전문성 기준 개발을 위한 국가위원회(The National Board for Professional Teaching Standards, NBPTS)」는 교사들이 알아야 하고 할 줄 알아야 하는 부분에 대한 전문적인 기준을 제시하며, 교사들에게 교수활동에 대한 증거를 제출받고 이를 엄격히 평가한다. 교사인력의 5%만이 이를 승인받았다. 이런 기관들이 20년 이상 존재해왔는데도 별로 개선된 것이 없다면 무언가 잘못되었다는 점을 알 수 있다.

그러나 표준 그 자체는 인정할 만하다. 교사와 관련된 표준 중에 최고의 것 중 하나는 호주 교원전문성개발원(Australian Institute for Teaching and School Leadership, AITSL, 2014)이 개발한 표준이며, 아래와 같이 7개 묶음으로 제시되어 있다(교장의 표준은 나중에 살펴보겠다). 아래 각 표준은 4-7개에 이르는 하위 항목이 있다.

1. 학생들이 누구인지 또 그들이 어떻게 배우는지 잘 알고 있다.

2. 내용지식과 어떻게 가르쳐야 할지 잘 알고 있다.

3. 효과적인 교수 학습을 계획하고 실행한다.

4. 지지하고 격려하며 안전한 학습환경을 조성하고 유지한다.

5. 평가하고 피드백을 제공하며 학습의 결과를 보고한다.

6. 전문성 개발을 위한 학습에 적극 참여한다.

7. 동료, 학부모/보호자, 지역사회를 참여시킨다.(AITSL, 2014)

이것은 훌륭한 표준이며, 필자가 보기에 이 기준은 높은 성과를 낼수 있는 여건은 제시했지만 실행방안은 제시하지 않았다. 만약 여기에 교원평가 등을 더한다면 상황은 악화된다. 교원평가는 고비용 대비 저수익 방식의 개선 방안이다. 교사를 평가하는 방식, 특별히 교사들의 행동을 학생의 성과와 연계 짓는 방식은 문제가 많으며 끝없는 논쟁을 낳는다. 필자가 생각하는 해결책은 이 책의 앞 장에서 논한 아이디어에서 나온다. 첫 번째로 협업문화의 발달을 주요 전략으로 삼으라. 이것이 그 어떤 방안보다도 *교사역량을 개발하는* 가장 강력한 방법이다(Cole [2012] 참조). 교사의 지속적인 역량개발을 꾀하는 최선의 방법은 성취기준과 평가를 근본적으로 *성장*을 위한 것으로 간주하고 대하는(평가가 아닌) 것이며, 집단의 힘으로 이를 실행에 옮기는 것이다.

성장이라는 전제를 깔고 나면 책무성 관리를 어느 시점부터 도입할지를 생각하게 된다. 통상적인 순서대로 보면 초임교사에게는 면밀한 평가와 피드백(성장 지향적인)이 따라야 하며, 이것이 교사 개인에게 계속 앞으로 나아갈 것인지의 결정을 내릴 수 있도록 돕는다. 이와 같은 앞단에서의 책무성 관리는 매우 중요하다. 이후에 한 가지 경우를 예외로 하고, 교사의 역량개발은 앞서 설명한 것처럼 내부 책무성의 프로세스가 이루어지는 과정에서 일어나는 기능이다. 내부 책무성은 당근과 채찍 식의 외부 책무성보다 훨씬 효과적으로 책무성을 확산시킬 수 있는 방법이다. 내부 책무성은 항상 외부 책무성의 요구사항(표준, 학생성취도)에 의해 입안된다(Fullan, Rincón-Gallardo, & Hargreaves, 2015 참조).

앞에서 언급한 것의 한 가지 예외사항이 있다면, 심각하게 수업지도 역량이 떨어지는 교사들의 경우이다. 이는 매우 골치 아픈 문제가 아닐 수 없으며, 교사 해고는 어렵고도 비용이 많이 드는 힘든 과정이다. 보통 3년 이상이 걸리며 비용도 평균적으로 수십만 달러가 든다. 대부분의 행정가들은 이러한 교사들을 순환 이동시켜 다른 누군가에게 떠넘기려 한다. 이 문제를 더욱 악화시키는 것은 여러 단체협약의 후입선출조항(last-in, first-out, LIFO)으로서, 예산 삭감에 직면한 행정가들이 비효율적인 교사는 남겨두고 젊고 전도유망한 교사들을 내보내도록 한다. 쉬운 해결책은 없지만 적어도 교직에 남아있지 말아야 할 5%의 교사들을 파악하기 위해 100%의 교사를 평가하는 '초토화 정책'이 답은 아니다. 해결책의 영역은 여전히 어렵지만, 비효율적 교사들을 다루는 기존의 간소화된 절차 대신 성장 및 집단을 통한 접근(그 자체로 비효율적인 교사들을 떠나게 만들 수 있음)을 취하는 것이다. 이를 종합해서 제대로 된 해법을 낸 시스템은 아직 존재하지 않지만, 일부 시스템은 '동료 평가' 또는 좋은 협업문화와 같은 긍정적인 요소를 지니고 있다. 결국에는 문화가 교사의 표준 달성을 이끌어야 한다.

한편, 초기의 교원양성프로그램은 별다른 진전을 보이지 못하고 있다.

교원양성과 경력 유형

교원양성 개혁은 타성(他姓)에 젖는 경향을 보여왔다. 바로 이러한 이유로 필자는 가장 우수한 인재를 교직에 유치하는 것뿐 아니라 그들에게 최고의 교원양성프로그램을 제공하는 데 초점을 맞추고 싶다. 제대로 된 교원양성프로그램은 소수이기 때문에 쉽지 않은 일이다. 현재 필요한 것이 무엇인지 보여주는 소수의 훌륭한 실천사례가 있기는 하지만, 대부분의 교원양성에 대한 개혁 요청은 외면되어왔다. 하지만 개혁을 이룬 적도 있다. 전미교육정책자문위원회(Education Commission of the States, ECS)가 보고서 「질 높은 교수법을 찾아(In Pursuit of Quality Teaching)」(2000)에 내놓은 5가지 전략부터 먼저 살펴보자.

• **전략 1**: 교사양성을 위해 다양하고 질 높은 접근을 한다. 이를 위해서는 초·중등 및 고등교육의 든든한 파트너십과 강한 현장경

험, 신임교사들을 위한 충분한 지원이 포함되어야 한다.

- **전략 2**: 가장 필요한 영역을 목표로 교사임용과 유지 정책을 편다. 이것이 장기적으로 성공적인 교원확보의 길이다.

- **전략 3**: 모든 교사들이 높은 수준의 전문성 개발에 참여할 수 있게 한다. 그래야 학생의 학습을 향상시킬 수 있다.

- **전략 4**: 교원 책무성 시스템을 재설계한다. 이를 통해 모든 교사가 학생의 학습을 개선하는 데 필요한 기술과 지식을 보유할 수 있게 한다.

- **전략 5**: 전국의 학교 및 학구의 리더십 개발과 지원을 강화한다. 이때 학생의 학습 및 수업지도의 질 향상에 초점을 둔다.

이 목표들은 훌륭하지만 이것이 달성될 수 없는 이유는 의도했던 바를 전략이 이루어낼 수 없기 때문이다. 전략의 내용이 잘못된 것이 아니라 지침이 부족해서이다. 위 5가지 전략 모두 교사와 리더에게 적용되는 기술과 지식, 개인의 성향을 개선하는 데 초점을 맞추고 있다. 그러나 핵심적인 학교역량은 다루지 않고 있는데, 이것은 이 책의 후반부에서 다룬 소수의 학교와 학구가 실천 중인 문화 재구조화의 작업이다. 엘모어(Elmore, 2000)는 이 전략의 중대한 결함을 다음과 같이 설명한다.

많은 개혁가들은 좋은 교사를 채용하고 보상하며 유지하면, 또한 관료주의의 질곡으로부터 이들을 해방시켜 이들이 할 줄 아는 것들을 하도록 자율성을 주면, 대규모의 학교 개선이 이루어질 수 있다고 주장한다. 의도는 좋지만 이런 관점이 놓치고 있는 것은, 개선이란 *각자가 근무하는 환경에서 작동 가능한 올바른 동인들(right things)을 적용하는 법*을 배우는 것이라는 인식의 부족에 있다.(p.25)

위의 견해는 매우 강력한 통찰로 그 의미를 명확히 살펴보아야 할 필요성이 있다. 논리는 다음과 같다.

1. 우리는 구성주의에 입각한 새로운 교수법을 통해 좀 더 깊은 학습을 구현하고자 한다.
2. 학생과 교사들의 동기는 처한 여건이 얼마나 양호한가에 달려 있다.
3. 문제는 너무나도 복잡하고 맥락에 따라 다르기 때문에 해결을 위해 지속적으로 노력해야 한다. '학습조직'(진부한 말로 이해되기는 하나)이란 근본적으로 이런 의미이다. 현장에서의 학습은 발전의 *필수요소*이다.
4. 채용 전략의 개선과 지속적인 전문성 신장의 기회 등은 *일시적으로* 동기를 강화시켜줄 수 있지만, 학습공동체의 운영 질이 낮으면 곧 소멸할 것이다.
5. 정부가 도입한 새로운 정책이 인센티브를 제공하고는 있지만, 사람들이 4번 항목을 인식할수록 교직에 우선적으로 흥미를 갖게 될 가능성은 떨어진다.

2006년으로 가면 교수지도위원회(Teaching Commission)가 내놓은 마지막 보고서 「위기에 처한 교사의 지도: 진전과 함정(Teaching at Risk: Progress and Potholes)」(2006)을 보게 된다. 위원회는 4가지 영역에서의 개혁을 요구한다. 교원보수, 교사양성, 교사자격증의 개혁과 리더십 및 지원 강화이다. 위원회는 소수의 희망적인 사례를 인용하긴 하지만, 지금까지의 결과가 실제적으로 필요한 바에 크게 미치지 못했다고 결론을 내린다. 최종 결론은 *개인*을 유치하고 유지하는 데 집중하는 것으로는 충분치 않다는 것이다. 위 5가지 전략이나 4가지 권고를 따르지 말라는 얘기가 아니다. 이러한 전략은 해결책의 일부만을 반영할 뿐이며, 보다 어려운 작업은 학교를 *학습조직*으로 탈바꿈시키는 것이라는 말이다. 다시 말해서, 이번 12장과 다음 13장에서 고려되는 정책들은 이전 장에 나온 전략과 통합되어야 한다.

몇 년 전 포드재단(Ford Foundation)의 의뢰를 받아 홈즈그룹(Holmes Group)에 대한 검토를 한 적이 있었다. 더 넓게는 1986-1996년 사이의 교원양성이라는 주제를 살펴보았다. 보고서의 제목은 「교사교육 개혁의 부상과 교착(The Rise & Stall of Teacher Education Reform)」(Fullan, Galluzzo, Morris & Watson, 1998)이었다. 1986-1996년의 시기는 요란한 팡파르와 함께 시작되었다. 교사교육의 심도 있는 발전을 이루기 위해 학교와 손잡은 100곳의 주요 연구대학 연합인 홈즈그룹은 1986년에 첫 번째 서적 「내일의 교사들(Tomorrow's Teachers)」을 내놓았다. 카네기포럼은 비슷한 시기에 보고서 「준비된 국가: 21세기형 교사(A Nation Prepared: Teachers for the 21st Century)」(1986)를 내놓았다. 이 해

에 새러슨(Sarason)과 동료들은 1962년도에 출판한 『교원양성: 교육
이 다루지 않은 문제(The Preparation of Teachers: An Unstudied Problem
in Education)』의 개정판을 내놓았다(Sarason, Davidson, & Blatt, 1986). 교
원양성과 자신들이 직업현장에서 경험하는 현실과의 관계가 '지난
몇십 년처럼 오늘도 연구되지 않고 피상적으로 논의되는' 질문이라
고 했다(p.xiv).

특별히 홈즈그룹에게 있어서 1986년 후의 5년은 크게 흥분되는 시
기이자 상당한 토론과 교사교육개혁 활동이 이루어진 시기였다. 이
기간에 『내일의 학교(Tomorrow's Schools)』(Holmes Group, 1990)가 출간
되었고, 이것은 홈즈그룹 3부작 중의 두 번째 책이었다. 그 후 4-5년
동안 토론의 강도가 약해지기 시작했다. 그룹을 대신하여 개혁 실행
에 관한 복잡한 문제를 다루던 이들의 에너지와 흥분이 약해지고 있
었다. 이 기간 동안 홈즈그룹은 집단적으로 자신들을 다시 돌아보는
기간을 거쳤고, 지지를 잃고 있음을 깨달았다. 특히 1993-1995년 사
이에 추동력이 상실되는 것을 보았다. 거의 시작되지도 못한 안건을
다시 붙잡고 부흥시키기 위해 어떠한 조치를 취해야 할지 생각해볼
시점이었다. 『내일의 교육대학(Tomorrow's Schools of Education)』이라
는 세 번째 도서가 1995년 출판되었을 때, 개혁에 대한 초창기 추진
력은 더욱 분산되어 있었다.

왜 최선을 다한 시도마저 실패하는 것일까? 답은 대부분의 사회는
교사교육을 심각하게 다루지 않는다는 것이다. 「교사교육 개혁의 부
상과 교착」(Fullan et al., 1998)에서 말했듯이, 사회는 두 가지 측면에서

교사의 실패를 초래했다. 더 나은 성과를 내지 않는다고 F학점을 주고, 동시에 성공을 가능케 하는 여건을 만들어주지 않는다.

오늘날 교사교육에 관해 오가는 미사여구에도 불구하고, 교사교육에 대한 투자가 성과를 낼 것이라는 진정한 믿음이나 자신감은 부재한 것 같다. 아마도 많은 리더들이 가슴 깊은 곳에서는 가르치는 일이 그다지 어렵지 않다고 느끼고 있을 것이다. 따지고 보면 정책입안자들도 교실에서 수천 시간을 보냈고 최소한 탁상공론은 할 줄 아는 전문가들이다. 그리고 이들도 매년 자격 미달의 수많은 교사들이 교실에 배정되어 현장에서 학습해야 한다는 사실을 알고 있다. 교사교육에 대한 투자는 단기전략이 아니다. 이 모든 문제에 대한 즉각적인 해결책을 요구받는 사회는 효력 발휘에 몇 년이 걸릴 예방 전략을 간과하기 쉽다. 위기가 닥칠 때 리더는 그것을 다루어야 한다. 위기를 예방하는 방책은 중장기적으로는 훨씬 낮은 비용이 들지만 실현되기가 매우 어렵다.

교원양성프로그램에 대한 비판

문제는 교원양성프로그램에서 시작된다. 하우이와 짐퍼(Howey & Zimpher, 1989)는 미국의 6개 대학에 대한 세부적인 사례연구로 잘 구성된 교원양성프로그램의 핵심 특징을 도출하였다. 기존의 프로그램이 놓치고 있는 다음과 같은 내용이었다.

• 수업지도 및 학교교육에 대한 명확한 이해기반의 프로그램

- 분명한 주제가 있는 질 높은 프로그램
- 특성이 분명한 실험적·대안적 프로그램을 중심으로 협력하는 교직원
- 특성이 비슷한 학생집단의 형성
- 충분한 교육과정 자료와 심사숙고해서 잘 갖춘 실험실 도구
- 교내 학습프로그램과 현장기반 학생지도 사이의 상호 연결
- 연구개발을 통한 지식에 기반을 두고 이에 직접 연계하기
- 정기적인 프로그램 평가

굿래드(Goodlad, 1990)가 29개 대학을 대상으로 벌인 통합조사에서 그는 더욱 비판적이다. 굿래드가 발견한 것은 다음과 같다.

1. 우리의 표본에 있는 교원양성프로그램은 다른 전문직 개발 분야에서 활용되는 동료들 간의 사회적 관계를 강화하는 활동이 상대적으로 매우 적게 활용되었다. 신임교사를 동료집단으로 묶으려는 노력은 이후에도 거의 없었다. 결과적으로 참여자들 간에 경험에 대한 소통은 대부분 공식수업에 관한 얘기로 한정되었다(대부분 강의중심 수업). 댄 로티(Dan Lortie)에 의하면 교사들의 사회적·지적·직업적 고립은 교원양성에서부터 시작된다. 양성과정에서 발생하는 고립된 개인주의는 후에 현장기반의 학교개혁에서 요구되는 동료의식 개발에 부적합해 보인다.
2. 고등교육의 빠른 확산과 학계의 이례적인 변화들은 교수들에게

고등교육의 목표와 그 안에서의 역할에 대해 혼란을 준다. 학계변화의 여파는 학교와 학과를 넘어서지만, 대부분의 기관에서 발생하는 연구직에 대한 선호로 교직선호도가 하락하는 현상이 교원의 위상을 더욱 하락시켰다. 한때 일반학교였고 사범대학이었던 지역 공립대학이 상황이 너무 나빠지자 교원양성에 초점을 맞추었다는 것은 역사에 남을 사실이었다. 이를 숨기는 것은 해당 대학들의 통과의례였다. 이런 배경과 함께 학교에서의 수업지도 및 교사교육은 교사의 낮은 위상을 고착화할 수밖에 없는 이유로 보인다.

3. 교원양성프로그램에 심각한 괴리가 있다. 이런 괴리는 예술과 과학과목 간에, 학교와 교육학과에서 가르치는 내용 간에, 교직이수과목군(professional sequence)의 요소와 요소 간에, 대학에서의 내용과 학교현장에서의 내용 간에 존재한다. 우리가 연구한 데이터를 보면 교원양성프로그램은 *교실* 내 현상에는 초점을 맞추기는 했으나 *학교* 차원의 일에는 거의 맞추지 않았다.

4. 역사, 철학, 교육학 등 사회적 기반의 교과과정들이 심각하게 무너졌다. (pp.700-701)

교사교육 개혁의 추진력이 1990년대 중반 퇴보하면서 교수지도와 미국의 미래에 관한 국가위원회, 즉 미국교직 및 미래위원회(National Commission on Teaching and America's Future, NCTAF)가 등장했다. 이 위원회는 다음과 같은 사실을 발견했다.

- 요구되는 연수를 제대로 마치지 못한 5만 명 이상의 사람들이 긴급 상황이나 수준 이하의 자격증으로 매년 교직에 들어온다.
- 중학교 교사의 4분의 1가량(23%)이 자신의 주요 교수과목 분야에 부전공 학위도 없다. 수학교사의 30% 이상이 이에 해당된다.
- 제2의 과목을 가르치는 교사 중 36%가 해당 분야의 자격증이 없으며, 50%는 부전공을 하지 않았다.
- 물리학을 배우는 고등학생의 56%가 해당 영역의 전문가가 아닌 교사에게 배우며, 수학의 경우 27%, 영어는 21%이다. 빈곤율이 높은 학교와 하급반 수업의 경우 이 비율은 더욱 높다.
- 소수민족 학생의 비율이 가장 높은 학교에서는 해당 분야의 자격증이나 학위를 가진 수학교사 혹은 과학교사에게 배울 수 있는 확률이 절반 이하이다.

다음의 문제점들은 자주 들어 익숙하면서도 듣는 사람을 매우 불안하게 만든다.

1. 학생의 성취도에 대한 낮은 기대
2. 교사 자질에 대한 표준은 제정하나 실행되지는 않음
3. 교원양성프로그램이 갖는 주요 결함들
4. 교사임용제도의 심각한 결함들
5. 신임교사들에 대한 연수 부족
6. 전문성 개발과 지식 및 기술에 대한 보상 부족

7. 성공하기보다 실패할 수밖에 없도록 구조화된 학교들(NCTAF, 1996, p.24)

이상의 내용은 교직에 대한 위원회의 평가이다. 존 굿래드(John Goodlad)가 「교사교육 개혁의 부상과 교착」(Fullan et al., 1998)의 초안을 읽었을 때, 그는 NCTAF(미국교직 및 미래위원회)와 그 자신이 만든 전국 교육쇄신네트워크(National Network of Educational Renewal)의 새로운 추진력을 인식하고 있었다. 그는 보고서 제목이 「교사교육 개혁의 부상과 교착, 그리고 재부상」이 되어야 한다고 생각했을지도 모른다. 이 일은 미국에서 일어나지 않았다. 재부흥은 없었던 것이다. 사회는 교원양성 개혁에 대한 관심을 지속시킨 적이 없고, 그렇게 하기 전까지는 의미 있는 교육적 발전이 없을 것이다.

| 연구 지식 기반 |

이제 교원양성을 위한 연구 관련 기반지식을 살펴보자. 교사의 전문성부터 살펴보겠다.

교사의 전문성, 즉 교사가 알고 할 수 있는 것은 수업지도의 모든 핵심 영역에 영향을 미친다. 예를 들어, 교사가 지도할 내용과 학생들에 대해 이해하는 정도가, 가르치는 자료 및 내용을 분별력 있게 고르고 교실에서 효과적으로 가르치는 방식을 결정한다. 학생들의 발전을 평가하는 교사의 기술 또한 가르치는 내용에 대한 이해의 깊이와 학생을 진단하고 해석하는 정도에 달려있다. 만약 교사에게 학생의 교육과정 소화를 돕는 지식과 기술이 부족하다면 그 약점을 완전히 보충할 수 있는 것은 아무것도 없다.(Darling-Hammond & Ball, 1999, pp.1-2)

NCTAF는 교사의 자질과 학생의 학습관계에 관한 연구를 폭넓게 살펴보았다. 두 가지 연구가 특별히 이러한 결과에 대해 훌륭하게 요약해 제공해주었다. 첫 번째로 퍼거슨(Ferguson, 1991)은 교사의 전문성(교사교육, 교원자격증, 시험점수, 경험으로 측정)이 학생성취도에 큰 차이를 가져올 수 있는 원인이 된다고 보았다(40% 이상). 두 번째로 그린왈드 등(Greenwald et al., 1996)은 60개가 넘는 연구를 검토한 후 교사교육과 교사 능력, 그리고 소규모 학교와 교사 대 학생의 낮은 비율이 학생성취도의 유의미한 상승과 관계가 있다고 밝혔다. 투자용어로 표현하자면, 저자들은 투자의 유형에 따라 성취도 이익을 나타내며 '교사교육의 강화'가 주요 요소라고 밝힌 것이다.

더 나아가 달링 해먼드와 볼(Darling-Hammond & Ball, 1999)은 '교과내용에 대한 교사의 지식, 학생의 학습과 발달, 교수법이 모두 교사의 효과성에 영향을 주는 중요한 요소'라고 밝혔다. 더불어 '전공과목과 교육에 준비도가 높고 공인된 교사들이 그렇지 않은 교사보다 학생들에게 높은 평가를 받았으며 성공적이었다. 연수가 부족한 교사들보다 연수를 많이 받은 교사들의 지도가 더욱 효과적'이라고 언급했다(pp.3-4). 후자의 내용과 관련하여 NCTAF는 '5-6년짜리 프로그램을 이수한 교사, 과목에 연계된 장기적 인턴십을 한 교사가 교직에서 더 성공적이었으며, 전통적인 사범대 학부만 나온 교사보다 교직에 머물 가능성이 높았다'(p.4)고 밝혔다.

탄탄한 교원양성프로그램은 어떤 모습이어야 할까? 달링 해먼드와 동료들은 모범적인 교사교육프로그램 7가지에 대한 사례연구를 실행했다. 졸업생을 임용하는 학교에서 지속적으로 좋은 평판을 얻고 있는 프로그램이었다(Darling-Hammond, 2000a, 2000b, 2000c). 아래의 글은 그 평판을 잘 보여준다.

"트리니티(Trinity) 졸업생을 고용할 때는 이들이 앞으로 학교 리더가 될 것이라는 사실을 압니다. 교육과정을 잘 알고 있고 혁신적입니다. 이른바 햇불을 들고 있는 이들 같습니다." (교장의 발언)

"트리니티 졸업생이라면 무조건 채용할 겁니다. 지식의 깊이가 있고 지속적으로 학습할 수 있는 능력이 있습니다." (교육감의 발언)

"알베르노(Alberno) 출신을 기존의 직원에 통합시키는 건 훨씬 쉬워요. 스스로 성찰할 줄 알고 성취도평가에 대해 폭넓은 경험이 있고 연구기반을 교실경험에 적용할 줄 아는 능력이 뛰어납니다." (교장의 발언)

"이들은 동료들과 관계를 잘 맺어서 멘토나 주변 교직원들에게 궁금한 것을 물어보는 데 주저하지 않습니다." (교장의 발언)

"교직 첫 해에 각양각색의 수많은 니즈가 있는 어려운 반을 맡았어요. 휠록(Wheelock)에서 받았던 교육 덕분에 성공할 수 있었다고 믿어요." (졸업생).

달링 해먼드(Darling-Hammond, 2000a)가 분석한 7개의 프로그램은 각기 조금씩 다르게 설계되었지만, 다음과 같은 공통적인 특징이 있다는 결론에 이르렀다.

- 우수한 수업지도에 대한 명확한 비전, 이는 모든 수업활동과 고충상담 경험에 분명하게 나타난다.
- 실행 및 수행을 위한 잘 정의된 표준, 이것이 코스워크와 임상실험을 안내하고 평가할 때 사용된다.
- 아동·청소년 발달, 학습이론, 인지, 동기, 교과목 교수법에 대한 탄탄한 지식을 기초로 한 교육과정을 실습기반으로 가르친다.
- 장기간에 걸친 수업관찰, 교생실습 등을 통한 수업기술 향상이 이뤄지며(최소 30주), 교직준비를 위한 이론과 실천을 배우는 수업활동과 통합적으로 운영된다.
- 학교·대학 교직원 간의 긴밀한 관계, 공동의 지식, 신념의 공유가 있다.
- 사례연구 방법과 교사의 현장연구, 성취도 평가, 포트폴리오 평가의 폭넓은 활용을 통해 학습이 수업의 실천에 따르는 문제들을 해결하는 데 적용된다.

지식을 갖고서 아무것도 하지 않는다면 이 모든 것은 단지 말에 불과하다. 다음 부분에서는 유망한 조치 몇 가지를 볼 텐데, 어느 것도 끝까지 지속된 것은 없다.

| 행동기반 계획 |

교사교육 개선을 지지하는 보고서는 차고 넘친다. 교사교육에 대한 압력과 긍정적인 역할모델(role model)을 제공한 카네기재단의 '새로운 시대를 위한 뉴욕의 교사'(New York's Teachers for a New Era, TNE) 라는 구상을 보자. 이는 재단에 압력과 역할모델을 제공한 바 있다 (Carnegie Foundation of New York, 2001, 2006). 이 구상은 돌봄의 정신이 있고 유능하며 효율적인 교사를 배출하는 우수교사교육프로그램의 개발과 보급을 위해 선택한 대학에 상당한 기금을 제공하는 시도를 했다. 계획서에 나온 계획의 최종 목표는 다음과 같다.

> 프로젝트의 끝부분에서 해야 할 일은 각 기관은 초임 전문교사 채용의 최고 프로그램을 갖춘 곳으로 미국 국민들에게 인정받을 수 있도록 해야 한다. 이 프로그램의 졸업생은 유능하고 배려심 있으며 자질을 갖춘 교사들이 될 것이다. 그래서 학구와 학교가 능동적으로 찾는, 학생들의 배움을 향상시켜주는 교사로 알려진 이들이 될 것이다.(Carnegie Foundation, 2001, p.1)

계획서의 설계 원칙은 다음 3가지 근본적인 특징을 갖춘 제안서를 요구했다. (1) 증거기반의 교사교육프로그램 (2) 미래 교사들의 교육에 능동적으로 참여하는 예술 및 과학과목의 교사들 (3) 교직이란 학문적 이론과 실제 적용을 위한 임상실습으로 이루어진 직종이라는 이해 등이다.

TNE(새로운 시대를 위한 뉴욕의 교사)의 계획을 통해 11개 기관이 5

년 동안 해마다 5백만 달러의 혜택을 받았다. 첫 번째로 이 기금을 받은 4개 기관은 뉴욕뱅크스트리트 교육대학교, 캘리포니아주립대학교, 미시건주립대학교, 버지니아대학교인데 2002년에 기금을 받았다. 또 다른 7개 기관이 제2라운드 때 기금을 받았다. 보스턴칼리지, 플로리다A&M 대학교, 스탠포드대학교, 코네티컷대학교, 엘파소텍사스대학교, 워싱턴대학교, 위스콘신밀워키대학교였다. 수혜의 조건으로 모든 기관은 독립적 기술지원기관인 교육개발아카데미(Academy of Education Development)에서 기술적 지원을 받아야 했다. 전액 기금을 받는 11개 기관에 더해 30개 기관을 초대하여 네트워크 전체 자원에 접속할 수 있게 하는 TNE 학습네트워크도 만들었다. 이 계획을 보면 21세기 초에 교원양성의 질 개선에 상당한 관심을 기울인 것 같지만 현실은 달랐다. 이 책의 2007년판이 나온 이래로 교사교육 개혁에 대해서는 세간에서 쏟은 관심이 거의 없었다(대신 정치인들은 책무성을 강조했고, 이것은 또 하나의 잘못된 조치였음).

TNE계획이 전도유망하다 하더라도 교원양성 자체가 여전히 큰 문제로 남아있다. 교수지도위원회(Teaching Commission, 2006)는 TNE에 '교원양성제도의 재설계' 영역에서 D등급을 매겼다. 위원회는 교원양성을 개선하기 위한 인센티브가 거의 없다고 결론 내린다. 문제를 진지하게 공략해볼 정치적 인센티브가 거의 없고, 대학은 교사교육을 위한 기관의 자원을 동원하는 데 대체로 실패했으며, 그럼에도 불구하고 졸업생들은 여전히 임용이 된다는 내용 등이다. 나아가 위원회는 이런 말을 한다. "만약 교원양성기관이 실패하고 있다면 이들은

너무 조용히 실패하고 있다."(p.40)

아동낙오방지법(NCLB) 역시 모든 교실에 2005-2006년까지 자질을 갖춘 교사가 있어야 한다고 명시했지만, 이는 터무니없는 목표였다(전략이 부재한). 이행을 위한 마감일이 지나가도 아무도 언급하지 않았다. 교사교육문제에 대한 기록은 아서 레빈(Arthur Levine)의 보고서 「교사교육(Educating School Teachers)」(Education Schools Project, 2006)에서 더욱 강조되었다. 레빈은 교직원과 교육과정, 연구결과들이 학교의 실제 현장과 분리되어 있기 때문에 수많은 졸업생들이 오늘날의 교실에서 발생되는 요구를 충족시키기에 준비가 부족하다고 주장했다. 레빈은 "프로그램의 질에는 다양한 차이가 있다. 대부분의 교사들은 질이 낮은 프로그램을 통해 준비된다."(p.1)라고 하였다. 대부분의 사람들이 미국의 교사교육 개혁작업은 끝나지 않은 채로 남아 있다는 데 동의한다. 2015년에 이르러서는 교사교육에 대한 관심이 10년 전보다 훨씬 더 적어진 것 같다.

캐나다의 경우에도 교원양성은 어느 누구의 관심도 끌지 못하고 있는 듯하다. 교사자격요건을 강화하기 위한 시도를 가끔씩 하지만 지속적인 노력이 없어 개선되지 않고 있다. 온타리오 교육연구소(Ontario Institute for Studies in Education, OISE)라든가 토론토대학(OISE/UT, 2005; Rolheiser & Evans, 2006) 등 여기저기 좋은 프로그램은 있다. 캐나다는 특별히 대학교육 관련 업무와 학교 관련 연구를 통합하는 데 관심을 가져왔다. 가능하면 학생집단(30-60개), 강사팀(대학·학교 리더), 여러 협력학교와 작업한다. 모든 탄탄한 프로그램들이 그렇듯이 학교와 학구, 대학 간의 파트너십은 중요하다. 학교와 대학 간의 파트너십을 특징짓는 최고의 방법은 이렇다. 즉, 학교는 발전을 꾀하는 만큼 교사교육에 최선을 다하며, 대학은 교사교육에 노력을 기울이는 만큼 학교의 발전에 전력을 다한다는 점이다. 만약 학구 전체가 교사교육을 개혁의 전략으로 활용한다면 큰 변화를 이룰 수 있다. 최근 온타리오 주는 5년 차에 이수하는 프로그램을 2년으로 늘려 신임교사가 되려면 6년이 걸리게 되었다. 또한 대부분 석사학위를 제공하기 시작했다.

교사교육에 대한 심각한 관심부족을 고려할 때, 기존 시스템의 '외부'에서 대안적 접근 방식이 개발된 것은 그리 놀라운 일이 아니다. 이 중 가장 유명한 것은 티치포아메리카(Teach For America, TFA)와 전 세계 유사한 단체들인데, 예를 들어 잉글랜드의 티치퍼스트(Teach First, TF) 등이 있다. 인지도가 높은 이 프로그램들은 변화를 만들어 내고 싶어 하는, 학문적으로 우수한 학생들을 모집하여 여름에 집중적인 연수를 하고 현장에서 강력한 지원을 제공한다. 이 교사들은 어려운 지역의 학교에서 2–3년 일하고 떠나는데, 그 중 여럿이 학교교육의 리더(차터스쿨의 창립자 등)가 된다. 비록 교사인력의 소수 비율만 참여하지만 배울 점이 매우 많은데, 현재 2015 TFA(티치포아메리카)는 충분한 인원을 모집하는 데 어려움을 겪고 있다. 교직생활의 시작에 대해 살펴보자.

임용과 입문

미국교직 및 미래위원회(National Commission on Teaching and America's Future, NCTAF)는 2003년 두 번째 보고서 「어떤 꿈도 존중되어야 한다(No Dream Denied)」를 발표했다. 1996년 보고서와는 달리 임용의 문제는 교사를 *유지하는 문제*만큼이나 크지 않다고 밝혔다. 사실 양쪽 다 문제가 있지만 유지의 문제가 더 심각하다. 바로 여기서 대학과 학교를 연계해야 한다. NCTAF는 5가지 권고안을 내놓았는데, 마지막은 '교사의 근무환경 개선'이었다. 어느 누구도 이 권고를 살핀 이가 없다. 좀 극단적으로 표현하면, 미국의 신임교사 46%가 5년 안에 교직을 떠나며, 33%는 3년 안에 떠난다(The Teaching Commission, 2006). 「그들이 파리를 본 후 어떻게 농장에 붙들어둘 텐가?」라는 옛 노래를 기억하는가? 이 경우에는 '그들이 *농장*을 본 후 어떻게 농장에 붙들어둘 텐가?'이다. 더 나은 농장이 필요한 것이다. 농장을 바꾸는 것은 임용과 신임교사에 대한 연수 관행을 바꾸는 것을 의미한다.

자명한 것은 효과적으로 가르치기 위해 배우는 데에는 시간이 걸린다는 사실이다. 또한 교직을 어떻게 시작하느냐는 이들이 향후 교직에 종사하는 내내 엄청난 영향을 미친다. 이런 영향에는 잠재력이 우수한 교사들조차 초년에 쫓아내는 현상도 포함된다. 교사의 임용 관행은 신임교사의 연수프로그램의 유무와 함께 교직이 가치 있는 직업인지 또 지속적으로 역량을 개발해야 하는 직업인지를 나타내는 지표가 된다. 만약 학구가 탄탄한 멘토링, 신입교사 연수프로그램과 함께 효율적이고 효과적인 채용 관행을 정착시키면, 33%에서 46% 정도인 교원감소율을 절반으로 줄일 수 있을 것이다. 그리고 정년을 채우는 더 나은 교사들을 얻을 수 있을 것이다. 뉴욕 시에서 일어난 일을 예로 들어보자.

뉴욕은 미국에서 가장 큰 준 자치도시로 자격이 없는 교사들을 교육시스템에 들여오는 교사임용 관행을 지닌 곳이다. 1992년에는 신임교사 중 3분의 1만이 교사자격을 온전히 갖추었다. 그러나 문제는 공급의 부족보다 엉터리 임용과정에 있었다. 뉴욕 교육우선순위패널 (New York Education Priorities Panel)이 발견한 바에 따르면, 자질이 훌륭한 상당수의 새로운 교사들이 지나치게 관료주의적인 지원 절차, 정보를 구하지 못하는 현상, 채용 담당자들과 대화할 수 없는 상황, 기나긴 지연 등으로 뉴욕 시의 교사직을 단념하게 되었다는 것이다.

뉴욕은 이러한 비판을 진지하게 받아들여 채용 절차를 바꾸었다. 달링 해먼드(Darling-Hammond, 1999)는 뉴욕시가 채용 절차 개선을 위해 다음의 구상을 도입했다고 보고했다.

- 시의 채용 담당자들이 매년 봄에 지역의 양성프로그램 학생들을 직접 찾아가는 방안
- 대학 캠퍼스에서 현장 인터뷰와 시험을 제공하는 방안
- 이중언어와 특수교육처럼 수요가 큰 분야에 장학금, 상환면제가 능대출(일정한 요건을 충족하면 상환을 면제받을 수 있는 대출-옮긴이), 전략적으로 배치한 채용박람회 등을 통해 교사를 임용하는 방안

- 대학 및 학구와의 협력 하에 직원이 잘 채워지지 않는 학교에 잘 훈련된 예비교사를 교생, 인턴, 초빙교사로 들여오는 방안
- 자격조건이 좋은 교사지망생에게 정규채용 기간보다 조기에 일자리를 제공하는 방안
- 정보교환과 지원 절차를 간소화하는 방안(p.21)

이러한 방안을 도입한 결과 1997년에는 신임교사의 3분의 2가 온전한 자격을 갖추고 있었다. 절대치로 본다면 여전히 개선할 점이 많은 지표이지만, 1992년에 비해서 이루어진 개선은 크다. 이에 더 나아가 2004년 뉴욕정부는 신규 임용된 5천 명의 교사들에게 3백 명의 멘토를 배정하는 3천6백만 달러 규모의 멘토링프로그램을 통해 신임교사들에 대한 지원을 확대했다. 2004-2006년 시행된 멘토링 모델은 교직 5년만에 퇴직율 46%였던 전국 평균에 비해 교직생활 6년만에 12%의 퇴직율을 보인다. 뉴욕 시의 신임교사 연수모델은 다음과 같이 6가지 기본 원칙을 바탕으로 한다.

1. 신임교사 연수제도의 개혁에 대한 정치권의 의지 확보
2. 모든 멘토링프로그램이 높은 수준의 선발 절차를 개발 및 유지
3. 성공적인 프로그램의 기준 파악 및 지원
4. 멘토링프로그램 및 신임교사 연수프로그램을 교사역량 개발과 관련된 학구 및 지역 프로그램과 연계
5. 신임교사들에게 영향을 미치는 시스템이나 인프라 관련 문제들의

해결(예컨대, 신임교사의 업무량, 학생데이터 시스템 등)

6. 멘토링 기술과 지식, 경험을 발판삼아 변화시스템을 적극 활용
(New Teacher Center, 2006)

채용 및 지원 관행을 개선하는 가치는 1990년대 엄청난 회생을 보인 코네티컷 주의 뉴헤이븐 지역 학구에서도 분명하게 볼 수 있다. 이 학구는 채용, 표준, 역량개발, 학교조직 등의 요소들을 결합함으로써 교원의 질을 향상시키는 데 집중하여 엄청난 발전을 이뤄냈다. 이 전략의 핵심 요소는 좋은 교사들을 채용하고, 직업 적응을 도우며, 개인적인 발전에 지원을 제공하는 교직 첫 2년간 지원과 평가의 전략을 활용한 데 있다. 이 지역의 채용 전략은 뛰어난 교사들의 관심을 끌고, 시스템에 투자를 늘림으로써 우수한 교사들을 채용하고 유지할 수 있었다. 스나이더(Snyder, 1999)는 다음과 같이 설명한다.

> 뉴헤이븐 지역은 매년 대규모 채용위기가 없다. 신입·경력교사들의 퇴직율이 낮기 때문이다. 채용을 위해 이 지역에서 하는 중요한 노력 중 하나는 인턴십 프로그램인데, 신규 임용된 교사 80명 중 38명이 파트타임 인턴으로 이미 일한 경력이 있다.(p.13)

교사 역량개발의 또 다른 핵심 측면은 어떻게 하면 교사들을 가장 어려운 지역에서도 가르치게 할 것인가이다. 미국의 TFA(티치포아메리카)와 잉글랜드의 TF(티치퍼스트)는 특별히 이런 측면에서 많은 도

움이 되었다(예컨대, 뉴올리언즈는 TFA 교사들이 많음). 물론 우리는 한 바퀴를 제대로 도는 경험을 가지고 있다. 보다 나은 교원 양성, 채용, 그리고 입문교육은 구조적인 개혁이 아니다. 우리가 말하는 것은 교직문화를 바꾸는 것에 관한 것이다. 즉, 더 나은 양성을 말하고 있는 것이다. 아무리 교원양성과 입문교육을 잘 한다 하더라도 교사들의 근무환경을 개선하지 않으면 소용이 없다. 존슨과 카도스(Johnson & Kardos, 2005)는 교사들에 대한 대규모 연구에서 "멘토가 있다는 것 자체는 신임교사의 직업만족도와 통계적으로는 관계가 없다. 반면에, 채용, 입문교육 등이 통합적으로 돌아가는 문화가 조성된 학교에서 근무하는 것은 교사들의 직무만족도와 상당히 긍정적인 관계가 있다."(p.12; Johnson, 2004, 9장)라고 밝힌다.

대체로 이러한 긍정적인 시도는 전반적인 상황을 개선하려는 임시변통적 시도일 뿐이다. 교직을 개선하려는 종합적 정책이 필요하다(Mehta, 2013 참조).

| 경력 개발 |

마지막으로 고려해볼 만한 것은 임금이나 승진구조의 문제이다. 이를 개선하면 교사로서의 자질을 개발할 가능성이 매우 높다. 지금까지는 교사들이 급여체계 내의 한도에 도달하면 자신의 성과와 관계 없이 고정된 급여를 받게 된다. 성과급으로 이러한 모습을 고쳐보려는 시도는 처참한 실패였다(어떤 직업에서도 그럴 것이다). 좀 더 유망한 교직구조는 어떤 교사든 전문성이 향상되고 리더십을 발휘할 수 있

는 위치와 자격이 되면, 이에 걸맞은 새로운 경로를 제공하는 것이다. 이때의 핵심어는 *전문성*과 임명직 리더의 *리더십*이다. 싱가포르는 가장 발전된 시스템을 갖고 있다(Darling-Hammond & Rothman, 2015 참조). 싱가포르는 3가지 리더십 경로가 있다. 교직 경로(teacher track), 학교 리더가 되는 경로(leadership track), 고위전문가 경로(senior specialist track)이다. 교사들은 학생의 발전에 대한 기여와 리더십으로 평가받는다. 교직 경로에는 4가지 등급이 있을 수 있는데, 원로교사, 지도교사, 수석교사, 교장 수석교사가 바로 그것이다. 리더십 경로에는 과목/학년주임, 과주임, 교감, 교장, 그룹감독관 등이 있다. 고위전문가 경로는 교육과정과 교육리더십에 관한 자리로 선임전문가에서 최고전문가에 이르기까지 4단계를 거친다. 싱가포르의 교사 전원은 이 3가지 경로 중 하나를 따르고 있다. 이것이 교직의 미래이다. 전문성, 책임감, 리더십 발휘능력에 기반한 새로운 진로 경로가 마련되어 있는 것이다.

종합

린다 달링 해먼드(Linda Darling-Hammond)는 오랫동안 교직의 높은 기준에 대한 충실한 지지자였다. 현재 이 논의의 시점에서 그녀의 최신작 『평평한 세계에서 가르치기: 교육강국 시스템의 교훈(Teaching in the Flat World: Learning from High-Performing Systems)』(Darling-Hammond & Rothman, 2015)을 인용할 만하다. 달링 해먼드의 주장과 필자의 의견 간에 주요 차이는 출발점에 있다. 그녀는 먼저 정책 및 표준과 관련된 요구사항을 얘기하고 나서 협업문화로 넘어가는 구조이다. 필자는 반대이다. 문화를 모든 것의 기반으로 보고 이것을 토대로 정책과 구조로 넘어가는 접근이다. 결과는 같은 의제이다. 달링 해먼드와 로스만(Darling-Hammond & Rothman, 2015)은 저서『평평한 세계에서 가르치기: 교육강국 시스템의 교훈(Teaching in the Flat World: Learning from High-Performing Systems)』에서 미국을 먼저 살펴보며 빠진 부분은 '시스템'이라고 한다. 필자 역시 이번 장에서 내리는 결론이다. 이어서 그들은 3가지 다른 성공적인 시스템을 저서에서 소개한다. 핀란드(Pasi Sahlberg), 온타리오 주(Pervin & Campbell), 싱가포르(Choo & Darling-Hammond)의 사례가 모두 이 책에 담겨있다. 미국의 시스템 부재의 문제와 성공을 위한 활용도 높은 전략을 통합시킨 다른 나라들의 성공사례를 보며, 달링 해먼드와 로스만은 6가지 교훈을 이끌어낸다. 이번 장에서 논의한 내용과 상당히 겹치는 내용들이다.

- **교훈 1:** 시스템이 필요하다.
- **교훈 2:** 첫 단추를 바로 꿰라.
- **교훈 3:** 교직을 매력적인 직업으로 만들어라.
- **교훈 4:** 지속적으로 학습에 투자하라.
- **교훈 5:** 가장 열악한 지역에 자원을 충분히 제공하라.
- **교훈 6:** 미리 계획을 세워 채용하고 우수한 리더로 키워라.

달링 해먼드와 로스만(Darling-Hammond & Rothman, 2015)이 말하는 '시스템'은 5가지 요소로 구성되는데, 이들 요소들을 반복적으로 수행하면서 교사의 역량을 지속적으로 개발한다. 채용, 양성, 입문, 지속적 학습, 커리어 개발이 바로 그것이다. 이미 필자가 언급했던 대로, 달링 해먼드는 구조적 모양을 갖추는 것을 선호한다. 그래서 그녀는 필자라면 규범적(문화적)이라고 부를 요소를 하나의 시스템으로 통합할 때 이들을 이미 그 내부에 담기는 것으로 보는 것이다. '첫 단추를 바르게 꿰라'는 것은 학문적으로 뛰어나며 높은 도덕적 목적을 지닌 인재들을 채용하고 준비시킨다는 말이다. 물론 이것은 '닭이 먼저냐 달걀이 먼저냐'의 얘기이기도 하다. 이들이 '농장을 본 후' 어떻게 머물도록 할 것인가? 이것이 달링 해먼드가 *시스템*에 관해 강조하는 이유이다. 선제적인 해결책의 요점은 예비교사들에게 높은 수준의 지도기술과 팀워크를 개발시켜주는 교원양성과 입문프로그램을 개발하는 것이다.

세 번째 교훈은 매력적인 교수여건을 만드는 것이다. 이는 합리적인 보상을 포함한다. 무엇보다도 보상과 처벌에 연계시키는 교원평가와 같은 '잘못된 동인'을 제거하는 것이다. 대신에 성장지향적인 피드백을 제공하고, 관련 협업문화로 대체하는 것이다. 지속적인 학습에 대한 투자 역시 같이 가야 한다. 그래야 교사들에게 다음과 같은 일이 가능하기 때문이다.

• 협업할 시간이 있다.

- 추가적으로 리더십 역할을 추구할 수 있다(수업지도를 소홀히 하지 않으면서).
- 추가적인 재정 지원을 받을 수 있다.
- 기금을 지원받아 동료들과 소규모 혁신적인 사업을 시작할 수 있다.
- 동료들에게 영향력을 끼칠 기회를 가질 수 있다.
- 추가적인 리더십 연수나 역량개발을 할 수 있다(하계프로그램, 대학원과정, 전문성 신장의 기회를 통해).

다섯 번째 교훈은 취약계층의 학생들로 구성된 공동체에 변화를 이끌어낼 교사를 유인하기 위해 추가적 자원과 기타 인센티브를 활용한다는 의미이다.

달링 해먼드와 로스만(Darling-Hammond & Rothman, 2015)의 여섯 번째 교훈은 이 장의 마지막 부분으로 자연스럽게 연결되는 완벽한 주제이다. 학교와 학구 차원에서 능동적으로 높은 수준의 리더십을 채용하고 개발하지 않으면, 우리가 말하는 성공적인 시스템을 만들어낼 수 없다고 얘기한다. 이제 리더십을 살펴보자.

리더십의 역할

다시금 우리는 리더들이 변화를 이끌 준비가 되어있지 않다는 문제에서부터 출발해야 한다. 맥킨지사(McKinsey & Company)는 사회부

문 리더들에 대한 설문조사를 실행한 바 있다(Callahan et al., 2014). 설문에 응한 이들에게 성공에 필요한 핵심 리더십 역량에 관해 물었다. 응답자들이 상위 항목으로 뽑았던 역량 중의 하나는 '가장 먼저 협력을 주요 수단으로 삼아 성과로 연결시키기'였다. 그런 후에 리더들은 이 자질에 대해 스스로와 동료를 평가했다. 각각 24%와 33%라는 수치가 나왔다. 따라서 응답자 중 적어도 3분의 1은 자신이나 동료들이 성공에 중요한 역량 및 기술을 보유하고 있다고 생각하는 것이다.

「에듀케이션 위크(Education Week)」의 2000년 1월 12일판 첫 면에는 '정책의 초점, 리더십에 모아지다'라는 제목의 기사가 실렸다. 기사의 첫 두 문단은 다음과 같았다.

> 구조적인 변화, 즉 표준과 시험, 학생과 학교의 책무성을 묻는 변화에 여러 해 힘쓴 끝에 교육정책 관련 사람들은 시스템이 돌아가도록 실행을 맡은 사람들에게로 주의를 돌렸다.
> 강력하고 효과적인 리더십의 중요성을 깨달은 요즘만큼 인간적인 요소에 주의를 집중시키는 것이 보편화된 적도 없다.(p.1)

15년 전 강력하고 효과적인 리더십의 중요성을 깨달은 후 우리가 이뤄낸 발전은 무엇인가? 물컵이 반쯤 비어있다고 보는지 반쯤 차있다고 보는지의 관점에 따라 다르다. 필자는 2000년을 리더십 부활의 전환점으로 본다. "1900년대에 교사의 자격기준이 차지했던 위상을 2000년도에는 리더십이 차지하고 있다."(Fullan, 2003, p.91) 교사의 전문성개발 학습에 대해 늘어놓았던 분석을 여기에서도 세부적으로 반복할 수 있는데, '상황에 맞는 학습'이 그러했던 것처럼 표준의 시스템과 리더의 자격 인증은 주목할 필요가 있다. 하지만 여기서는 강조점만 언급하겠다.

미국에서는 '주(州) 사이에 학교지도자 자격인증 컨소시엄(Interstate School Leader Licensure Consortium, ISLLC)'이 교장의 자격기준을 통합적으로 표준화했고, 200여 개의 지표로 이 표준을 정의한다. 종합적인 6가지 표준은 다음과 같다.

1. 학교 행정가(교장—옮긴이)는 학교공동체가 공유 및 지원하는 학습의 비전을 개발·표현·실행·관리함으로써 모든 학생의 성공을 돕는 교육 리더이다.
2. 학교 행정가는 학생의 학습과 교직원의 전문적 성장에 이바지하는 학교문화와 수업지도프로그램을 공개적 지지·양성·유지하여 모든 학생의 성공을 돕는 교육 리더이다.
3. 학교 행정가는 안전하고 효율적이며 효과적인 학습환경의 조성·운영 및 자원을 관리함으로써 모든 학생의 성공을 돕는 교육 리더이다.
4. 학교 행정가는 가족 및 공동체 구성원과 협력하며, 다양한 공동체의 이해관계와 필요에 응답하고, 공동체의 자원을 동원함으로써 모든 학생의 성공을 돕는 교육 리더이다.
5. 학교 행정가는 성실성, 공정함, 윤리적인 태도로 행동함으로써

모든 학생의 성공을 돕는 교육 리더이다.

6. 학교 행정가는 더 큰 정치적·사회적·경제적·법적·문화적 맥락을 이해하며, 이에 대응하고 영향을 끼침으로써 모든 학생의 성공을 돕는 교육 리더이다.(Murphy, Yff, & Shipman, 2000, pp.7-8)

컨소시엄은 이 표준을 학교 리더의 전문성 개발과 연수, 자격증 허가, 평가에 연계시켰다. ISLLC(주와 주 사이에 학교지도자 자격인증 컨소시엄)의 표준은 여러 주가 전체 또는 일부를 도입했다.

이러한 긍정적인 발전은 아서 레빈(Arthur Levine, 2005)이 미국 학교 리더의 교육되는 방식에 가한 신랄한 비판에 의해 무색해졌다. 과장된 감이 없지 않지만, 레빈은 미국의 학교 리더들을 양성하는 프로그램의 수준은 '미흡함에서 끔찍한'의 수준을 오간다고 평하며, '낮은 성취도와 수준 낮은 교사진, 연관성이 적은 교육과정'의 특징을 띤다고 비판했다. 민츠버그(Mintzberg, 2004) 역시 MBA 프로그램에 관해 비슷한 발언을 했는데, 업무상황에 대해 아무것도 모르는 피상적인 제너럴리스트만 만들어낸다고 결론지었다. 그의 해결책이 취한 방향은, 나중에 다루겠지만 필자의 주장과 비슷하다.

레빈(Levin, 2005)은 잉글랜드의 영국국립교장양성대학(National College for School Leadership, NCSL)이 '유망한 모델'을 제공한다고 본다. 2000년도 설립 당시 NCSL(영국국립교장양성대학)의 임무가 정해졌을 때, 정부의 최고 전략책임자 마이클 바버(Michael Barber)경은 "정부의 임무는 새로운 세대의 학교 리더들을 유치하고 양성하여 현 세

대가 급진적으로 새롭고 많은 것을 요구하는 현 시대에 적응할 수 있
도록 돕는 것이다."(2000, p.1)라고 말했다. 바버 경은 이를 위해서 정
부가 다음과 같이 실행했다고 밝혔다.

- 예비교장들(영국 교장자격증)을 위한 새로운 자격 제정(새로운 표준
  설정, 일터학습과 장학금을 연계시킨)
- 신임교장에게 전문성 개발 용도로 2천 파운드의 바우처를 지급
  하고 런던의 컨퍼런스에 매년 초대. 교장 간 그리고 세계적인 교
  육전문가와 토론할 수 있는 온라인 학습공동체 연계
- 경력 중반의 교장을 위한 새로운 자격 제정(교장리더십 프로그램).
  이를 통해 외부 인증기관의 평가에 활발히 참여하기를 요구
- 연말에 운영될 신규 국립교장양성대학(NCSL)의 설립 발표. 대학
  캠퍼스에 최첨단 건물 건축, 홈페이지 구축, 교장과 교육 외 영
  역의 리더들, 해외 교장들과 연계
- 기업과의 협력 하에 수천 명의 교장들에게 기업멘토 제공
- 성과보너스 획득을 위한 교장 임금 및 역량 확대
- 각 학교마다 새로운 리더십 위계(tier) 구축
- 새로운 과제를 받아들일 준비가 되어있지 않은 교장 퇴출·퇴직
  을 위해 5천 파운드 기금 조성(p.3)

안타깝게도 2012년 데이비드 카메론(David Cameron) 총리가 이
끄는 영국의 보수자민당 연립정부는 NCSL의 범위를 축소시켰고,

NCSL의 위치를 반독립기관에서 교육부 소속 부서로 그 위상을 낮추었다.

그러나 전 세계적으로 수업지도(instruction)에 대한 초점이 더 중요한 목표로 떠오르면서 학교 및 학구 리더들에 대한 관심이 쏠리고 있다. 좋은 예로 호주가 있다. 학교 리더들에 대한 호주교원전문성개발원(AITSL, 2014)의 기준은 이번 장의 초반에 나열한 교사의 기준을 보완하기 위해 만들어졌다. 학교 리더들에 대한 5가지 기준마다 취해야 하는 행동의 개요가 담겨있다.

1. 교수학습 주도
2. 자신과 다른 이들의 역량 개발
3. 개선·혁신·변화 주도
4. 학교관리 주도
5. 공동체에의 참여와 협력

재차 언급하지만 모두 훌륭한 기준들이다. 그리고 최근 호주에서 이뤄진 평가는 교육자들이 이 기준을 중요하게 여기고, 현장에서 사용하고 있다는 결과를 보여줬다(AITSL, 2014). 또한 호주가 교사와 교장을 같은 문서 및 기관에 통합시킨다는 사실 자체가 큰 장점이다. 여기서는 두 가지만 비판적으로 검토하고자 한다. 정책입안자들은 '수업지도 리더십'(목표설정, 교육과정 관리, 수업지도안 모니터링, 자원할당, 교사평가 등을 통해 학생의 학습과 성장 촉진에 초점을 맞추는 리더십-옮긴이)

이 필요하다는 사실을 확대해석하는 경향이 있어 더욱 잘 준비된 *개인*들을 양성함으로써 문제를 해결하려 한다. 교장들을 교수지도의 '세부 관리자'로 양성하는 문제에 관해서는 이미 책의 앞부분에서 얘기한 바 있다. 미국 학교현장에서 벌어지고 있는 일을 검토해보면, 교장들이 점점 더 많은 수업관찰과 교원평가 그리고 이에 대한 피드백을 요구받고 있다(Fullan, 2014b)는 것을 알 수 있다. 문제는 이것을 실행할 충분한 시간도 없지만, 전반적인 구조가 교사들을 교장으로부터 멀어지게 만들고 있다는 것이다. 대신 필자는 다음의 명백한 연구결과를 소개했다. 가장 효과적인 교장은 학교의 발전을 위해 교사들과 '학습자로서 참여'하는 학습선도자이다. 이들은 *그룹*을 선도한다. 이로 인해 더 큰 결과를 거두게 되며, 미래 지도자들을 훈련하고 멘토링을 하게 된다.

기존의 교장양성프로그램은 그룹을 선도할 수 있는 리더들을 길러내지 않는다. 앞서 아서 레빈(Arthur Levin)이 대학리더십프로그램에 대해 신랄하게 비판한 부분을 알고 있다. 화두는 올바른 교육과정과 이로 인한 경험에 기반한 양성프로그램으로 이동하고 있다. 달링 해먼드 등(Darling-Hammond, et al., 2010)은 이 프로그램들이 어떤 요소로 구성되어 있고, 왜 올바른 방향으로 나아가고 있는지 입증하고 있다. 이들이 저서 『미래사회 변화에 대응하기 위한 교장양성: 효과적인 학교 리더십프로그램의 교훈(Preparing Principals for a Changing World: Lessons from Effective School Leadership Programs)』(2010)에 적어놓은 구체적인 프로그램의 묘사를 보면, 본 책의 주제와 상기 프로그램 원칙의 일치에 놀랄 수밖에 없을 것이다. 결국 효과적인 리더십 양성은 '닭이 먼저냐 달걀이 먼저냐'의 문제인 것이다. 오랫동안 훌륭한 *개인* 들을 양성해낼 수는 있지만, 근무여건을 개선하지 않으면 이들을 양 성해내는 속도보다 문화가 빠르게 이들을 삼켜버릴 것이기 때문이 다.

결국 해결책은 보다 강력한 자격기준과 기존 및 예비 리더들이 자 신의 역량과 새로운 문화를 *동시에* 개발할 수 있는 경험을 함께 추구 하는 데 있다. 이것은 추상적인 제안이 아니다. 앞서 엘모어(Elmore) 의 인용을 통해 우리가 일하는 상황에 적합한 새로운 것들을 배워야 한다고 여러 차례 언급한 바 있다. 퍼킨스(Perkins, 2003) 역시 비슷한 주장을 한다. "상부로부터의 비전과 정책, 그리고 공식적인 훈련이 점진적인 변화를 꾀할 수 있다. 그런 요소들은 변화를 시작하는 데 필수적이나 실질적인 큰 변화를 가져오지는 못한다. *근본적인 변화 는 리더의 역량개발과 성장을 통해서 이루어진다.*"(p.244)

민츠버그(Mintzberg, 2004)는 기업 리더 양성에 대해서도 동일한 결 론에 이른다. 효과적인 리더가 되는 것은 '행하기 위해 생각하는 것 만큼이나 생각하기 위해 행하는 것'(p.10)에 관한 것이고 또 '성공적인 경영이란 자신의 성공에 관한 것이 아니라 다른 사람들이 더 크게 성 공할 수 있도록 돕는 일'(p.16)이다. 이어서 그는 "실제적 맥락 속에서 실행부서 관리자들을 교육하는 프로그램이 필요하다."(p.16)라며 정 곡을 찌르는 말을 했다. 즉, "그러한 리더십은 학습되어야 하는데, 이 는 실행을 통해서가 아니라 실행과정에서 개념적 통찰력을 얻을 수 있음으로써 가능하다."(p.200) 민츠버그에 따르면 목표는 단지 더 나은 리더들을 길러내는 것뿐만이 아니라 조직과 더 큰 시스템을 발전시키는 것이다. 바로 여기에 핵심이 있다. 21세기에 맞게 개인을 바꾸고 역량을 개발하는 것과 21세기에 맞는 문화를 구축하는 것은 동*일한 작업*이다. 교원의 전문성 향상과 관련해 정책과 이의 실행을 위한 시스템을 구축할 필요는 있다. 하지만 이는 절대적으로 중요한 전제를 기반으로 설계해야 한다.

이는 달링 해먼드와 로스만(Darling-Hammond & Rothman, 2015)의 여섯 번째 교훈으로 우리를 안내한다. "핀란드, 온타리오, 싱가포르 교육자양성시스템의 가장 중요한 측면 중 하나는 리더십 개발과 지원에 대한 투자이다."(p.105). 세 국가 모두 "리더십의 잠재력을 보이는 전문교사의 반열에서 미래를 대비해 선제적으로 교장을 채용한다."(p.106) 시스템적 특성(systemness)을 갖추도록 이를 행하는 것이 지속적인 성공에 핵심이다. 이런 시스템적 특성을 갖추면 그 안의 조각들이 맞고 서로를 강화할 뿐 아니라 개개인과 집단이 자신들이 바로 시스템임을 더 잘 이해하고 공감하게 된다. 최근 필자와 연구진들은 온타리오 주가 어떻게 높은 수준의 시스템적 특성을 갖추게 되었는지 입증했다(Fullan & Rincón-Gallardo, 2015). 여기에는 협업역량 구축을 통해 개선에 힘쓰며 이 작업을 주요 정책 및 우선순위에 끼워넣고, 정책과 실행으로 강화하는 작업이 포함된다. 정책은 몰아가는 것이 아니라 방향을 안내하고 이끈다. 표준은 책무성을 낳는 게 아니라 내부 책무성을 강화하는 것이 되어야 한다.

교직에 지원을 아끼지 않는 정부위원회의 기저 메시지는 교직과 그 리더들이 아직 성숙하지 않았다는 점이다. 채용, 선발, 위상, 보상, 신임교사 양성 및 교직입문과정의 재설계, 전문직의 표준과 인센티브의 개혁이 필요하며, 무엇보다도 교사들의 일일 근무환경에 변화가 필요하다. 이런 변화는 학교, 학구, 그리고 시스템 전체의 문화변화를 포괄한다.

교사와 교장, 학구 리너들이 자신의 학교를 넘어 더욱 많은 이들과 협력함에 따라 새로운 역량, 관계, 경향이 근본적으로 그들 직업의 핵심을 바꿀 것이다. 이 새로운 전문성은 자율적이 아니라 협력적이며, 닫혀있는 것이 아니라 열려있으며, 내부를 향한 시선이 아니라 외부를 바라보고, 권위가 있지만 통제적이지는 않다. 이번 장에서 전반적인 교직의 발전이 미흡한 점에 대해 설명했지만, 이 책의 여러 장에서 전문성 자본과 그 영향력의 강력한 사례들을 본 바 있다. 추가적으로, 교원노조는 교직을 급진적으로 탈바꿈시킬 수 있는 숨겨진 힘일 수 있다. 알버트 생커(Albert Shanker, 1985)는 플랫폼을 먼저 제시했다. 교원노조가 양질의 교직개발에 연계된 학생성취도 의제를 수용한다면, 정치적·전문적·사회적·경제적으로 승리할 수 있다는 것이다. 일부 노조는 캘리포니아의 경우처럼 이 놀라운 기회와 책임을 깨닫기 시작하고 있다.

이 책의 요점은 어떠한 성공이든 그 중심에는 교사와 행정가, 공히 교육 전문성의 추가적 개발이 있다. 여러 장에서 이루어진 분석들은 2부에서처럼 구체적인 역할에 관한 것이든, 1부와 3부에서처럼 여러 사안에 두루 관련된 자세한 조사이든, 궁극적으로 학생, 학부모, 지역사회와 심층학습의 연대를 맺기 위한 교직의 개인적·집단적 역량개발에 관한 것이다. 이것이 특별히 어려운 이유는 교육변화의 의미라는 것이 미시적인 수준에서는 일상적인 경험이 상호 작용하는 기능이며, 거시적 수준에서는 정치적 역동성과 작용원리의 문제라는 점 때문이다. 개인적인 견해로 그러한 복잡성 속에서 살아남고 발전하려면 자신만의 의미를 찾고(시스템의 현 상황에도 불구하고), 동시에 학교든 학구든 주든 간에 더 큰 상황을 바꾸기 위해 다른 이들과 협력하는 것이다. 이 책의 목표는 개인과 집단을 위해 명백한 경로를 어느 정도 제시하여 자기 자신은 물론, 함께 협력하는 이들이 보다 큰 의미를 찾고 그 결과 시스템 전체를 개선할 수 있도록 하는 것이다.

이제까지 앞 장에서 교육적 변화의 배경에 관해 엄청난 양의 정보를 살펴보았다. 미래를 지나치게 멀리까지 보려는 태도는 항상 위험하지만, 지금까지 살펴본 내용으로부터 얻은 시사점을 적용하여 조만간 닥칠 것으로 예상되는 추세에 대해서는 대비해야 한다. 미래가 유망할 것이라든지 분명하다든지 하는 예상은 확실하지는 않지만, 흥미진진한 것들로 가득할 것이다. 이 책의 다양한 내용이 도움은 되겠으나 의미를 찾는 일이 여전히 가장 중요한 일일 것이다.

13

교육변화의 미래

미래에는 이전의 방식이 적용되지 않는다.

– 신원 미상

이 책의 제4판에서 다음과 같은 말로 마지막 장을 시작한 적이 있다.

이번 개정판에는 뭔가 다른 부분이 있다. 좀 더 분명해진 것은 교육을 변화시키기 위해 지금까지 시도했던 접근은 더 이상 작동하지 않거나 작동할 수 없다는 점이다. 책무성에 초점을 맞춘 정책은 문제를 해결하지 못한다. 현장기반 관리(site-based management, 학교, 지역사회 등의 사결정 참여 기반을 넓히기 위한 정치개혁—옮긴이)나 그 사이에 있는 온갖 변형된 형태의 정책도 마찬가지다. 필요가 항상 발명의 어머니는 아니다. 그렇다면 지금은 왜 또 뭔가 달라져야 하는가? 여기에는 두 가지 이유가 있다. 첫 번째는 통상 "결과에 대한 집중과 역량의 개발"이라고 불렸던 행동이론(theory of action)을 더욱 명백히 알게 되었다는 점이다. 두 번째는 성공에 필요한 대부분의 요소가 개발되어 어디에선가는 이미 활용되고 있다는 점이다.

지난 번 개정 이후 10년 가까이 흘렀다. 위의 관찰은 옳았던 것일까? 꼭 그렇지만은 않을지도 모르겠다. 변화를 다루는 방법에 대해 많은 것을 알고 있고 예전보다 그 지식의 양은 더욱 늘어났을지 모르나, 사회 역시 훨씬 복잡하고 예측 불가능해졌다. 도표 13.1에는 일반화된 6가지 추세가 제시되어 있다. 각각에 대해 살펴보기로 하자.

도표 13.1 **새로운 의미를 위한 도전과 기회**

1. 미지의 디지털세계
2. 교육성과의 보다 폭넓은 측정
3. 중간리더십(과 기타 수평적 리더십 구조)
4. 사회적 학습 및 집단적 책임감 속 자주성
5. 역동적 변화
6. 미래사회의 위험요소

4장과 8장에서 기술, 교수법, 변화에 관한 지식의 새로운 발전이 모두 전통적 학교교육의 지루함에 대해 공격하고 있는 것을 봤다. 이런 발전이 21세기 스킬이라는 더 심화된 학습의 결과와 연계되자, 학생과 교사 모두에게 '거부할 수 없을 정도로 매력적인' 형태의 학습기회를 활짝 열어주는 상황이 도래하고 있음을 보았다. 여기서 21세기 스킬은 6Cs라 부르는 것으로서 인성(Character), 훌륭한 시민자질(Citizenship), 협업능력(Collaboration), 의사소통능력(Communication), 창의력(Creativity), 비판적 사고능력(Critical thinking)을 말한다(Fullan, 2013b; New Pedagogies, 2014; Fullan & Donnelly, 2016; Fullan & Langworthy, 2014).

전 세계적으로 여러 가지 흥미진진한 진전이 이루어지고 있고, 학생들과 교사들은 이를 매우 자연스럽게 받아들이고 있으며, 이런 현상은 학습을 근본적으로 바꿔낼 것으로 확신한다. 동시에 대재앙과도 같은 결과를 낳을 수 있는 예측 불가능의 미지의 현상들도 발생하고 있다. 『제2의 기계시대(The Second Machine Age)』(Brynjolfsson & McAfee, 2014)라는 책을 보면 이러한 현상이 잘 묘사되어 있다. 저자들은 '눈부신 기술발전'에 대한 인정과 추앙심까지 표현하지만 동시에 다소 혼란스러워 하기도 한다. 이는 가까운 장래에 나타날 일들에 대한 명확한 예측을 방해한다.

인류의 독창성과 해결책, 그리고 새로운 기회를 포착하는 '많은 눈'은 낙관주의를 가져다주기도 하지만, 1980년 이후로 진행되어온 한 가지 매우 불편한 진전 역시 존재한다. 역사상 처음으로 기술적 발전이 노동이 아닌 *자본*에 혜택을 가져다주면서, 자본을 소유한 부자들은 노동자들보다 엄청난 속도로 이익을 거두고 있는 것이다. '상위 1%가 1979년에서 2007년 사이에 수익을 278% 늘린 반면, 중간소득층은 단지 35%만을 늘렸을 뿐이다'(p.133). 이러한 추세는 둔화되는 조짐이 없고, 결국 승자는 기술을 소유한 자들이다. 상위 1%는 이 기간에 이루어진 성장 수익의 무려 3분의 2를 가져갔다. 일자리 분포도 역시 급격히 악화되었다. 단순노동은 사무직이든(사무직, 계산원, 그리고 운전도 포함될 예정) 노무직이든(기계공, 재봉사 등) 급속히 줄어들고 있다.

이 모든 현상이 무서운 이유는 의도적인 계획의 결과는 아닐지라도, 약육강식의 논리가 지배하는 일상적 행동을 초래했다는 점과 다소 모호하고 부정확한 해결책이 제시되고 있다는 점이다. "새로운 기계의 시대에 가치 있는 지식노동자로 남을 수 있는 방법에 대한 우리의 조언은 단순하다. 3Rs(읽기·쓰기·산수-옮긴이)보다 상상력의 발휘(ideation)와 큰 틀의 패턴인식, 복잡한 소통기술을 향상시키도록 노력해야 한다."(Brynjolfsson & McAfee, 2014, p.197)

이와 더불어 우리 삶의 곳곳에 적용된 로봇공학의 빠른 확산을 보면, 적어도 알 수 없는 미래가 이미 당도했음을 알 수 있다. 물론 새로운 기회와 모험, 흥분도 있지만 상당 부분 예측 불가능한 부정적인 측면도 크게 존재한다. 이어지는 논의의 여섯 번째 항목에서는 마틴 포드(Martin Ford)가 『로봇의 부상(Rise of the Robots)』(2015)이라 일컫는 두려운 미래에 대해 논할 것이다. 미래시대에 의미의 발견은 잠시도 손을 놓아서는 안 되는 과제이다.

두 번째 추세를 보면, 좁은 범위의 스킬만 측정하던 시대는 거의 지나갔다. OECD가 최근 초점을 두고 있는 부분을 인용하면, '글로벌역량(6Cs, 사회감수성 개발, 웰빙, 기업가적 역량)'에 주의를 기울여야 하는 시대에 접어들고 있다. PISA 연구진은 현재 초등학교 1학년(6세) 학생들의 대규모 표본을 대상으로 향후 15년간 이들의 발전을 추적해 살펴보는 프로젝트2030을 시작했다. 학생들의 글로벌역량 개발방식과 상태를 조사하는 프로젝트이다(OECD, 2015). 이 프로젝트는 '아이들에게 단순히 교과내용을 가르치는 것에서, 점점 더 불확실해지고 있는 세상에서 자신의 나아갈 길을 안내할 나침반과 방향을 찾는 스킬을 제공하는 방향으로의 전환'을 요구하고 있다(OECD, 2015, p.1).

이러한 현상은 의미를 찾고자 하는 사람들에게는 좋은 소식이다. 우리는 지금 혁신의 시대로 접어들고 있으며, 새로운 측정방식과 새로운 교수법이 동시에 개발되고 있기 때문이다. *괄목할 만한 영향력*을 지닌 혁신이야말로 오늘날 가장 요구되고 있는 일이다. 머지않아 교육적 성취는 새로운 수준에 도달할 것이다. 이러한 진전은 교육의 격변을 수반할 것이며, 기존의 평가시스템에는 근본적인 변화가 이루어져야 할 것이다. 아울러 교수법의 변화는 물론 학교·학구·주 차원에서의 문화변화도 요구될 것이다. 앞으로의 상황은 여러 가지의 기회와 어려움이 가득한 험난한 여정이 될 것이고, 여정의 참여자들은 이 책에 나온 다양한 아이디어와 역량이 필요할 것이다. 미래사회를 살아갈 때 불확실성은 유행병처럼 광범위한 현상이 될 것이다.

세 번째 추세는 이 책의 논지와 매우 잘 맞는 것으로서 수직적 리더십의 위계가 약화될 것이라는 점이다. 우리는 중간리더십(LftM)을 논할 때 이에 대해서 이미 살펴본 바 있다. 상위 리더들이 복잡한 시스템을 일일이 관리할 수 없으며, 상향식 변화도 적절하지 않다. 중간리더십을 통해 여러 리더들은 의미와 역량개발을 잇는 접착제의 역할을 하게 된다. 우리는 이런 역할을 온타리오 주와 캘리포니아 주의 사례에서 보았다. 이 두 주에서는 학구 리더들이 학구 내에서, 또 학구 간에 파트너십을 훌륭히 발휘해 학습 및 발전에 핵심적인 역할을 했다. 학교 안에도 새로운 형태의 리더십이 있는데, 교장이 '학습선도자'로 교직원과 참여하는 형태이다. 이들은 집단의 발전을 돕는

데 여기에는 학교 내 집단의 여러 리더들도 포함된다. 집단에 간접적으로뿐만 아니라 명시적으로도 영향을 끼친다. 즉, '집단을 이용하여 집단을 바꾸는' 것이다. 학습선도자로서의 역할을 하는 교장은 단기간에 더욱 많은 것을 이루어내며, 학교와 시스템을 위한 차기 리더를 양성한다. 수평적 리더십 구조가 성공의 핵심 요소임은 책의 앞부분에서 분석한 네트워크와 '협업'의 주제에서 다룬 바 있다(Rincón-Gallardo & Fullan, 2016). 헨리 민츠버그(Henry Mintzberg, 2004)는 이 새로운 리더십의 본질과 정신을 이미 10년 전에 아래와 같이 예측했다.

> 리더십은 똑똑한 결정을 내리는 것에 관한 것이 아니다. 다른 이들이 좋은 결정을 내리고 더 나은 행동을 하도록 에너지를 불어넣는 것이다. 다시 말해서, 사람들 안에 존재하는 좋은 에너지를 이끌어낼 수 있도록 돕는 것이다. 효과적인 리더십은 권한을 넘기고 능력을 키워주는 것을 넘어 자신감과 열정을 고취시킨다. 통제하기보다 연결시키고, 결정하기보다 시범을 보여준다. 이 모든 것을 자신과 타인의 *참여*를 통해 행한다.(p.143)

교수법과 직결되는 것으로서 필자의 팀이 제시하는 모델은 학생들이 학습을 주도하고 이끌어갈 뿐만 아니라 동시에 교사와 함께 또 지역사회 속에서 학습하는 방식이다. 새로운 교육과정의 많은 내용은 지역뿐만 아니라 세계적 중요성을 갖는 도전적인 문제해결을 토대로 하기 때문이다. 따라서 당신이 학생이든 교사이든 행정가이든 지역사회의 구성원이든 새로운 형태의 에너지를 발견하고 풀어낼 계획이 없다면, 교육변화의 미래로 들어갈 준비가 되지 않은 것이다. 기존의 에너지원은 이미 한계에 도달할 만큼 사용했기 때문에 유일한 해결책은 보유량이 많고 재생가능하며 저렴한 비용의 다른 추가적 형태의 에너지를 찾는 것이다. 그러한 에너지는 소위 '전문성 자본'으로 뒷받침하며 밀고 나갈 때 가장 강력하며 생산성을 높일 수 있다.

네 번째 요소는 복잡하고 강력하다. 의미와 역량구축의 가장 강력한 원천은 펜드랜드(Pentland, 2014)가 *사회물리학(social physics)*이라 부르는 *사회적 학습(social learning)*이라는 점이 확실해졌다. 이 책이 언급한 대부분의 결론은 집단적 자신감이 학습과 최종 성과에 가장 큰 영향력을 미치는 요소라는 것이다(Fullan & Quinn, 2015; Rincón-Gallardo & Fullan, 2016). 집단적 자신감은 매우 중요한 동기의 원천이다. 사람들은 인류에게 매우 큰 가치가 있는 일을 위해 타인과 함께 일할 때 동기부여가 되며 이는 선천적이다. 초점이 있는 협업은 큰 에너지원일 뿐 아니라 문화와 사회를 바꿀 수 있는 몇 안 되는 힘 중 하나이다. 그렇지만 이번 장의 주제는 미래의 사회적 학습은 알 수 없는 여건 속에 일어날 것이라는 점이다.

개인과 집단 간의 관계는 『변화의 자유(Freedom to Change)』(Fullan, 2015)에서 살펴본 오래된 딜레마로 가득 차있다. 개인적으로 정신분석학과 철학적 식견의 도움을 받아 깨달은 사실은 사람들은 속박으로부터의 자유를 원하지만, 동시에 혼자가 되는 것을 원치 않는다는 점이다. 즉, 무언가를 할 자유가 많이 주어진다고 해서 반드시 더 좋은 것은 아니라는 말이다. 사람들이 내보이는 불안과 순응적인 경향, 과격단체 가입에 대한 고려 등이 이러한 공백을 메워보려는 시도들이다. 삶과 배움에 필수적인 것은 자율과 협력을 동시에 강화하고, 다른 이들로부터 최대한 많은 피드백을 받고 자발적 책무성을 개발하는 것이다. 시스템의 성공이라는 관점으로 보면, 개인의 자율을 확대하는 것은 개인이나 집단에게 좋지 않다. 교육시스템 작동을 설명하는 데 필자가 사용하는 개념은 '연결 속의 자율성(connected autonomy)'이다. 사람들은 어느 정도의 자율을 누려야 하지만, 적어도 3가지의 연결관계가 필요하다. 학교 내 협업, 관계망을 통한 타학교 및 교육자들과의 협력, 그리고 주정부의 우선순위 높은 정책과의 연계이다. 12장에서 소개한 것처럼 이를 '시스템적 특성(systemness)'이라고 하는데, 구성원들이 자신이 속한 영역을 넘어선 외부의 요소에 대해 공감하는 현상이다. 자신들의 존재가 보다 큰 시스템의 발전에 기여할 수 있고, 그로 인해 혜택을 입을 수 있는 현상을 보게 되는 것이다. 많은 사람들이 이런 관점을 갖게 되면 시스템은 발전한다. 따라서 리더들의 추가적인 책임은 자신과 다른 이들에게 이러한 시스템성을 강화시켜주는 것이다.

다섯 번째 추세로 우리는 변화의 프로세스에 다르게 접근해야 한다. 이 책의 제3판까지는 변화의 프로세스와 관련하여 도입과 실행, 제도화로 이루어진 트리플 I 모델에 구조와 규율을 추가한 과정을 제안했다. 제4판부터는 객관적으로 조직된 모델 대신 좀 더 역동적인 모델을 제안하였다. 마리아 랭워시(Maria Langworthy)와 필자는 현 상황에 적합한 역동적인 변화의 모델을 만들었는데, '방향을 제시하는

비전(directional vision)'과 함께 '새로운 것에의 도전 허용(letting go)',
'적정 수준의 통제(reining in)' 등의 기법을 활용하는 색다른 프로세스
이다(Fullan & Langworthy, 2013). 다시 말해서, 원칙과 절제가 따르는
혁신과 현재 배우고 있는 부분과 앞으로도 유지되어야 할 부분을 지
속적으로 평가하고 통합하며 이들을 장려하고 개발해야 한다. 오늘
날의 리더는 여러 변수를 담은 의도적인 학습의 과정을 통해 변화의
아이디어와 절차를 형성해가는 프로세스의 주도자가 되어야 한다.
이는 변화하는 환경 속에서 발전할 때 명확성과 정확성을 끊임없이
추구해야 하는 것을 의미한다.

　마지막으로, 우리 사회의 미래는 온갖 형태의 위험에 처해있다. 지
금 미래를 위해 대비하고 있는 바가 없다면, 앞에서 언급했던 『제2의
기계시대(The Second Machine Age)』(Brynjolfsson & McAfee, 2014)와 『로
봇의 부상: 인공지능의 진화와 미래의 실직 위협(Rise of the Robots:
Technology and the Threat of a Jobless Future)』(Ford, 2015)을 읽어보기를
권장한다. 이 책들은 공상과학의 시나리오를 담고 있는 것이 아니라
우리의 노력과 상관없이 대부분의 사람들에게 실직을 가져다줄 미
래를 얘기하고 있다. 두 책 모두 의학·제조업·교육 등 침범될 수 없
을 것이라 예상했던 분야의 직업이 사라질 것이라는 실증적 증거를
강력히 제시하고 있다. 포드는 '고숙련도 직업 역시 자동화로부터 자
유롭지 못할 것'(p.121)이라 말한다. 지난 10년간 중간소득은 하락했
고 갈수록 불균형한 형태로 노동은 자본의 지배(자본 소유자들의)를 받
게 되었는데, *예상대로라면* 이런 추세는 더욱 악화될 것이다. 두 책

에 따르면, 하위 99%는 점점 더 어려움에 처하게 될 것이고 대다수가 실직상태에 접어들게 되는데, 상위 1% 역시 온전한 상태를 누릴 수 없다(큰 불만을 지닌 99%와 1%가 조화롭게 공존할 방법은 없음).

더 많은 사람들이 더 많은 교육을 받는 것으로는 문제가 해결될 수 없다는 점을 생각하면 두렵기까지 하다. 포드(Ford, 2015)는 미국, 캐나다, 중국의 높은 비율의 졸업생들이 '과잉교육'되었다고 말한다. "미국학생의 공학, 과학, 기타 기술 분야 전공자 3분의 1이 전공을 살리는 일자리를 찾지 못하고 있다."(p.253) 앞서 언급한 것처럼 기계가 저숙련도 노동뿐만이 아닌 고숙련도 직업까지 점점 더 대체하고 있다는 것이다. 포드는 해결책의 한 가지로 모든 시민을 위한 기본소득 보장이라는 흥미로운 대안을 탐색하지만, 이 부분은 이 책의 주제의 범위를 벗어나는 내용이므로 논외로 한다.

필자의 결론은 더 나은 직업을 얻기 위해 더 많은 교육을 받는 것을 대안으로 생각하지 말고, 우리에게 더 나은 사고와 행동을 하도록 도와주는 대상으로 교육을 보자는 것이다(이는 심층학습을 위한 새로운 교수법[NPDL]의 주제와 일치함). 물론 이 관점도 성공을 보장해주지는 못한다. 그래도 교육을 받은 이들의 주변에 있는 것과 스스로 그 중 한 명이 되는 것이 낫다는 생각이 이 주장에 담긴 단순한 사고이다. 미래의 교육은 *독립적으로 사고하는 개인*과 동시에 *집단적인 시민*도 길러내야 한다. 100년 전 존 듀이(John Dewey)가 제시했던 비전, "교육은 삶을 위한 준비가 아니라 삶 그 자체이다."(1916, p.239)에 보다 가까이 다가간 모습을 구현해야 한다. 간단히 말해서, 교육변화의 의미는 의미(meaning)의 발견에서 *의미의 풍성함(meaningfulness)*으로 진화해온 것이다.

이 책의 초판이 발행된 35년 전 '교육변화의 의미'는 한 가지 메시지만을 전했다. 사람들이 개혁에서 의미를 발견할 수 없다면, 개혁은 결코 어떤 영향도 줄 수 없다는 메시지였다. 이제는 이 입장이 훨씬 통합적인 증거를 갖게 되었다. 인지과학자들은 학습이 의미의 노출이라는 사실을 매우 강력하게 입증했는데, 의미의 도출은 여러 사람들이 협업을 통해 개인의 발전을 꾀하는, 학습에 대한 매우 새로운 접근 방식을 요구하고 있다.

교육자들이 교수법의 기본 원리를 깊이 이해하지 못하면 학습을 통해 기대하는 성과를 볼 수 없듯이, 리더들과 다른 이들이 변화의 기본 원칙을 충분히 이해하지 못하면 발전은 일어나지 않는다. 필자가 이른바 *행동이론*이라고 부른 내용이다. 교수법의 이론과 행동이론은 각 실천적 상황에서 지속적으로 통합되어야 한다.

대규모의 지속적인 개혁이 목표라면 기존의 전략은 도움이 되지 못할 것이다. 이런 측면에서 연구결과는 우리를 오도할 수 있다. 예를 들어, 연구결과에서 성공적인 학교는 '비전'을 지닌 교장을 두었다고 할 때, 비전을 지닌 교장의 확보만이 답이 된다고 생각하는 것은 잘못된 방법이라는 것이다(그 숫자를 늘릴 수 있다고 생각하는 것도 잘못된 사고임). 대규모 개혁의 해답은 *현재의 여건 속에서* 무언가 이뤄내고 있는 소수의 특징을 모방하는 것이 아니다. 현 상황이 변하지 않는다면 언제나 그 여건을 견뎌낼 수 있는(짧은 기간 동안) 소수만 존재할 것이기 때문이다. 도리어 기존의 여건을 바꾸어 다수의 사람들이 발전할 수 있고 그것이 정상인 상황으로 만들어야 한다.

'학습조직'이란 표현은 변화의 영역에서 가장 빈번하게 사용되고 피상적으로 이해되는 용어이다. 학습조직에 대한 책이나 기사를 읽으며 그 내용에 고개를 끄덕였지만, 막상 현실에서는 무엇을 해야 할지 몰랐던 적이 있는가? 인지과학자들과 조직이론가들, 그리고 능동적인 변화의 주체들의 의견이 하나로 수렴되는 지점이 바로 이 부분이라고 생각된다. 인지과학자들이 학습자는 상황에 맞는 학습을 해야 한다고 주장한 것처럼(각자 개인적인 상황의 고유함으로 인해), 조직이론가들은 상황을 바꿀 때에만 발전이 일어난다고 결론을 내렸고, 변화 주창자들은 목적이 뚜렷한 실천을 통해서만 깊이 있는 학습을 할 수 있다고 얘기한 바 있다. 초반에는 어떤 결과가 나올지 반드시 명확하지는 않은 실천까지도 포함하는 것이 당연하다('무언가를 진정으로 이해하고 싶다면 그것에 대한 변화를 시도해보라'는 통찰력 있는 말[Kurt Lewin(1890-1947)]을 상기시킴).

그렇다면 학습조직이 진정으로 필요한 이유는 무엇인가? 답은 엘모어(Elmore, 2004b)의 다음 발언에 나와 있다. "개선이란 *각자가 근무하는 환경*에서 작동 가능한 올바른 동인들(right things)을 적용하는 법을 배우는 기능이다."(p.73) 많은 이들이 자신의 근무환경에 적합한 방식으로 행동하기 시작할 때 상황 자체가 바뀌게 된다. 필자가 수평적 역량구축이라는 주제에서 언급했듯이, 이들이 다른 여건에서도 비슷한 방식으로 참여하면 여러 상황이 바뀌는 것이다. 하지만 변화는 그렇게 빨리 일어나지 않는다. 이 책의 다섯 번째 개정판인 이번 제5판에서는 자신이 처한 환경을 '우리가 일하는 환경'으로만 보는 것이 아니라 우리가 사는 곳인 지구는 물론이고, 가까운 미래에는 심지어 우주로까지 보는 것이다.

모든 것을 고려해보면, 튼튼한 공립학교시스템과 사회 발전은 긴밀히 연계되어 있다. 사회가 더 튼튼해지기 위해서는 교육의 힘으로 사람들이 함께 노력해서 개인적 이익의 추구 외에 집단적 선이라는 더 높은 목적을 이룰 수 있어야 한다. 이렇게 믿는 데에는 뿌리 깊은 이론적·진화적 이유가 있다. 요약하면, 지속적인 발전을 일으키는 두 가지 사회적 힘이 있다. 하나는 끊임없는 지식 창출과 사용이고, 다른 하나는 도덕적 사명감과 헌신의 지속적인 심화 및 확대이다. 이 두 가지 힘 모두 번영을 위해서는 탄탄한 공립학교시스템을 필요로 한다. 교육이 일자리를 보장해주던 시대는 갔고, 이제 6Cs(인성, 훌륭한 시민자질, 협업능력, 의사소통능력, 창의력, 비판적 사고능력)를 갖추는 것이 모든 상황에 통용되는 필수 역량으로 보인다.

이 책은 매우 복잡한 내용을 다룬 긴 여정이었다. 우리는 개인적 의미와 사회적(공유된) 의미는 상호 깊은 호혜적 관계 속에 있다는 것을 경험했다. 이 둘은 서로에게 기여하며, 어느 한 쪽이라도 없으면 양쪽 모두가 약화된다. 변화의 궁극적인 목적은 시스템 전체가 성공했을 때 결국은 그 수혜가 자신들에게 돌아오게 하는 데 있다. 더 높은 의미의 추구는 달성하기는 어렵지만 끊임없이 좇아야 할 핵심이다. 의미는 동기부여가 되고, 동기부여는 에너지가 되며, 에너지는 참여를 낳고, 참여는 삶 그 자체이다. 삶이란 우리가 이 땅에서 살아가는 동안 깊고 충만한 의미를 추구하는 과정이다. 미래가 불확실하고 위험하다는 사실을 피할 길은 없다. 우리 자신과 주위의 모든 사람들이 도덕적·인지적 의미를 추구하고 찾을 수 있도록 역량을 갖추는 것이 최선의 대책이다.

참고문헌

Abrahamson, E. (2004). *Change without pain*. Boston, MA: Harvard Business School Press.

Ainscow, M. (2015). *Towards a self-improving system: Lessons from a city challenge*. London, England: Routledge.

Allen, D. (2006, January). *A new role for local authorities—from direct provider to strategic commissioner*. Paper presented at Capita White Paper conference, London, England.

Allison, D. J. (1988). *Ontario directors and American superintendents: A study of contrasting cultures and contexts*. London, Ontario: Division of Educational Policy Studies, University of Western Ontario.

American Federation of Teachers. (2012). *The A, B, Cs of partnership: Creating a labor management partnership focusing on student achievement*. California. Retrieved from www.abcusd.ca.us

Anderson, S. (2006). *The school district's role in educational change*. International Journal of Educational Reform, 15(1), 13–37.

Ashton, P., & Webb, R. (1986). *Making a difference: Teachers' sense of efficacy and student achievement*. New York, NY: Longman.

Australian Institute for Teaching and School Leadership. (2014). *Insights: Evaluation of the implementation of the Australian professional standards for teachers*. Melbourne, Australia: Author. Retrieved from www.aitsl.edu.au/

Ball, D., & Cohen, D. (1999). *Developing practice, developing practitioners: Towards a practice-based theory of professional education*. In L. Darling-Hammond & G. Sykes (Eds.), *Teaching as the learning profession (pp. 3–32)*. San Francisco, CA: Jossey-Bass.

Barber, M. (2000). *High expectations and standards*. Unpublished paper, Department for Education and Further Employment, London, England.

Barber, M. (2015). *How to run a government*. London, England: Penguin Random -House.

Barber, M., & Fullan, M. (2005, March 2). Tri-level development: It's the system. *Education Week*, pp. 15–16.

Bate, P., Bevan, H., & Robert, G. (2005). *Toward a million change agents: A review of the social movements literature*. London, England: National Health System.

Bender Sebring, P., & Bryk, A. (2000, February). School leadership and the bottom line in Chicago. *Phi Delta Kappan*, 81(6), 440–443.

Berger, P., & Luckmann, T. (1967). *The social construction of reality.* New York, NY:Anchor Books.

Berman, P. (1980). Thinking about programmed and adaptive implementation : Matching strategies to situations. In H. Ingram & D. Mann (Eds.), *Why policies succeed or fail* (pp. 205–227). Beverly Hills, CA: Sage.

Berman, P., & McLaughlin, M. (1977). *Federal programs supporting educational change: Vol. 7.* Factors affecting implementation and continuation. Santa Monica, CA: Rand Corporation.

Berman, P., & McLaughlin, M. (with Pincus, J., Weiler, D., & Williams, R.). (1979). *An exploratory study of school district adaptations.* Santa Monica, CA: Rand Corporation.

Black, P., Harrison, C., Lee, C., Marshall, B., & Wiliam, D. (2003). *Assessment for learning.* Philadelphia, PA: Open University Press.

Blumberg, A. (1985). *The school superintendent: Living with conflict.* New York, NY:Teachers College Press.

Boston Consulting Group. (2014). *Teachers know best.* Report Commissioned by Bill and Melinda Gates Foundation. Boston, MA: Author.

Bowles, S., & Gintis, H. (1976). *Schooling in capitalist America.* New York, NY:Basic Books.

Boyd, W. (1978). The changing politics of curriculum policy making for American schools. *Review of Educational Research, 48(4),* 577–628.

Bransford, T., Brown, A., & Cocking, K. (Eds.). (1999). *How people learn: Bridging research and practice.* Washington, DC: National Academy Press.

Bridge, G. (1976). Parent participation in school innovations. *Teachers College Record, 77(3),* 366–384.

Brown, S., & Eisenhardt, K. (1998). *Competing on the edge.* Boston, MA: Harvard Business School Press.

Bryk, A., Bender-Sebring, P., Allensworth, E., Luppescu, S., & Easton, J. (2010). *Organizing schools for improvement: Lessons from Chicago.* Chicago, IL: University of Chicago Press.

Bryk, A., & Schneider, B. (2002). *Trust in schools.* New York, NY: Russell Sage.

Bryk, A., Sebring, P., Kerbow, D., Rollow, S., & Easton, J. (1998). *Charting Chicago school reform.* Boulder, CO: Westview Press.

Brynjolfsson, E., & McAfee, A. (2014). *The second machine age: Work progress and prosperity in a time of brilliant technologies.* New York, NY: W.W. Norton.

Bussis, A., Chittenden, E., & Amarel, M. (1976). *Beyond surface curriculum.* Boulder, CO: Westview Press.

California Department of Education. (2015). *A blueprint for great schools: Version 2.0.* Sacremento, CA: Author.

California Teacher Association. (2014). Retrieved from www.cta.org

Callahan, L., Gardner, N., Mendoca, L., & Scott, D. (2014). *What social-sector leaders need to succeed.* London, England: McKinsey &Co.

Campbell, C., & Fullan, M. (2006). Unlocking the potential for district-wide reform. Unpublished paper, Ontario Literacy Numeracy Secretariat, Toronto, Canada.

Canadian Schools Boards Association. (2014). *Annual Professional Development Congress.* Montreal, QC: Author.

CAP-ATA Study: *The future of the principalship in Canada.* (2014). Retrieved from cdnprincipals.org/

Carnegie Forum on Education and the Economy. (1986). *A nation prepared: Teachers for the 21st century. Report of the Task Force on Teaching as a Profession.* New York, NY: Author.

Carnegie Foundation of New York. (2001). *Teachers for a new era.* New York, NY : Author.

Carnegie Foundation of New York. (2006). *Teachers for a new era: Technical support and capacity building.* New York, NY: Author.

Center for Research on Education Outcomes. (2013). *National charter school study.* Stanford, CA: Center for Research on Education Outcomes, Stanford University.

Chabris, C., & Simons, D. (2010). *The invisible guerilla: And other ways our intuitions deceive us.* New York, NY: Crown.

Charters, W., & Jones, J. (1973). On the neglect of the independent variable in program evaluation. Unpublished paper, University of Oregon, Eugene, OR.

City, E., Elmore, R., Fiarman, S., & Teitel, L. (2009). *Instructional rounds in education: A network approach to improving teaching and learning.* Cambridge, MA: Harvard Education Press.

Clark, D., Lotto, S., & Astuto, T. (1984). Effective schools and school improvement. *Educational Administration Quarterly, 20(3)*, 41–68.

Cohen, D., & Hill, H. (2001). *Learning policy.* New Haven, CT: Yale University Press.

Cole, P. (2004). *Professional development: A great way to avoid change.* Seminar Series 140. Melbourne, Australia: Center for Strategic Education.

Cole, P. (2012). *Aligning professional learning, performance management and effective teaching.* Seminar Series 217. Melbourne, Australia: Center for Strategic Education.

Coleman, P. (1998). *Parent, student and teacher collaboration: The power of three.* Thousand Oaks, CA: Corwin Press.

Consortium of Educational Change. (2000). *Annual report.* Oakbrook Terrace, CA:

Author.

Council of Chief School Officers. (2002). *Expecting success: A study of five high performing, high poverty schools.* Washington, DC: Author.

Covey, S. (1989). *The 7 habits of highly effective people.* New York, NY: Free Press.

Cross City Campaign for Urban School Reform. (2005). *A delicate balance: District policies and classroom practice.* Chicago, IL: Author.

Cuban, L. (2013). *Inside the black box of classroom practice: Change without reform in American Education.* Cambridge, MA: Harvard Education Press.

Daft, R., & Becker, S. (1978). *The innovative organization.* New York, NY: Elsevier North-Holland.

Danzberger, P., Carol, L., Cunningham, L., Kirst, M., McCloud, B., & Usdan, M. (1987). School boards: The forgotten players on the education team. *Phi Delta Kappan, 68(1),* 53–59.

Darling-Hammond, L. (1999). *Solving the dilemmas of teacher supply, demand, and standards.* New York, NY: Columbia University, National Commission on Teaching and America's Future.

Darling-Hammond, L. (Ed.). (2000a). *Studies of excellence in teacher education: Preparation in undergraduate years.* Washington, DC: American Association of Colleges of Teacher Education.

Darling-Hammond, L. (Ed.). (2000b). *Studies of excellence in teacher education: Preparation in a five-year program.* Washington, DC: American Association of Colleges of Teacher Education.

Darling-Hammond, L. (Ed.). (2000c). *Studies of excellence in teacher education: Preparation at the graduate level.* Washington, DC: American Association of Colleges of Teacher Education.

Darling-Hammond, L. (2013). *Powerful teacher education: Lessons from exemplary programs.* San Francisco, CA: Jossey-Bass.

Darling-Hammond, L., & Ball, D. (1999). *Teaching for high standards: What policymakers need to know and be able to do.* Philadelphia, PA: CPRE, National Commission on Teaching for America's Future.

Darling-Hammond, L., Meyerson, D., LaPointe, M., & Orr, T. (2010). *Preparing principals for a changing world.* San Francisco, CA: Jossey-Bass.

Darling-Hammond, L., & Rothman, R. (2015). *Teaching in a flat world: Learning from high-performing systems.* New York, NY: Teachers College Press.

Datnow, A. (2000). Implementing an externally developed school restructuring design. *Teaching and Change, 7(2),* 147–171.

Datnow, A., Hubbard, L., & Mehan, H. (2002). *Extending educational reform: From one school to many.* London, England: Routledge Falmer Press.

Datnow, A., & Stringfield, S. (2000). Working together for reliable school reform. *Journal of Education for Students Placed at Risk,* 5(1/2), 183–204.

David, J., & Talbert, J. (2013). *Turning around a high poverty district.* San Francisco, CA: S. H. Cowell Foundation.

Day, C., & Gu, Q. (2010). *The new lives of teachers.* London, England: Routledge.

Day, C., Harris, A., Hadfield, M., Toley, H., & Beresford, J. (2000). *Leading schools in times of change.* Buckingham, England: Open University Press.

Day, C., Sammons, P., Stobart, G., Kington, A., & Gu, Q. (2007). *Teachers matter: Connecting lives, work and effectiveness.* Berkshire, England: Open University Press.

Department for Education and Skills. (2005). *High standards for all: More choice for parents and pupils.* London, England: Author.

Deutschman, A. (2005, May). Change or die. *Fast Company, 94, 53–57.*

Dewey, J. (1916). *Democracy and education.* New York, NY: Free Press.

Dewey, J. (1997). *Experience and education.* New York, NY: Touchstone Publications.

Donovan, M. S., Bransford, J. D., & Pellegrino, W. (Eds.). (1999). *How people learn: Bridging research and practice.* Washington, DC: National Academy Press.

Dryden, K. (1995). *In school.* Toronto, Canada: McClelland.

DuFour, R. (2016). *In praise of American educators: And how they can become better.* Bloomington, IN: Solution Tree.

DuFour, R., DuFour, R., Eaker, R., & Many, T. (2006). *Learning by doing: A handbook for professional learning communities at work.* Bloomington, IN: Solution Tree.

DuFour, R., Eaker, R., & DuFour, R. (Eds.). (2005). *On common ground.* Bloomington, IN: National Education Services.

DuFour, R., Eaker, R. E., DuFour, R., & Karhanek, G. (2010). *Raising the bar and closing the gap: Whatever it takes.* Bloomington, IN: Solution Tree.

DuFour, R., & Fullan, M. (2013). *Built to last: Systemic PLCs at work.* Bloomington, IN: Solution Tree.

DuFour, R., & Mattos, M. (2013). How do principals really improve schools? *Education Leadership, 66(5),* 62–68.

Duke, D. L. (1988). Why principals consider quitting. *Phi Delta Kappan, 70(4),* 308–313.

Earl, L., Fullan, M., Leithwood, K., & Watson, N. (2003). *Watching & learning: OISE/UT evaluation of the national literacy and numeracy strategies.* London, England: Department for Education and Skills.

Education Commission of the States. (2000). *In pursuit of quality teaching.* Denver,

CO: Author.

Education in Motion & California Forward. (2015). *A golden opportunity: California Collaborative for Educational Excellence as a force for positive change.* Retrieved from www.michaelfullan.ca

The Education Schools Project. (2006). *Educating school teachers.* Washington, DC: Author.

Edwards, M. (2016). *Thank you for your leadership: The power of distributed leadership in a digital conversion model.* Bloomington, IN: Solution Tree.

Eells, R. (2011). An analysis of the relationship between teacher efficacy and student achievement. A dissertation submitted to the faculty of the graduate school in candidacy for the degree of doctor of philosophy, Loyola University, Chicago, IL.

Elmore, R. (1995). Getting to scale with good educational practice. *Harvard Educational Review, 66(1)*, 1–26.

Elmore, R. (2000). *Building a new structure for school leadership.* Washington, DC: Albert Shanker Institute.

Elmore, R. (2004a). The hollow core of leadership in practice. Unpublished paper, Harvard University Graduate School of Education, Cambridge, MA.

Elmore, R. F. (2004b). *School reform from the inside out: Policy, practice, and performance.* Cambridge, MA: Harvard University Press.

Elmore, R., & Burney, D. (1999). Investing in teacher learning. In L. Darling-Hammond & G. Sykes (Eds.), *Teaching as the learning profession* (pp. 236–291). San Francisco, CA: Jossey-Bass.

Epstein, J. (1995). School/family/community partnerships. *Phi Delta Kappan, 76*, 701–712.

Epstein, J., & Sanders, M. (2000). Connecting home, school and community. In M. Hallinan (Ed.), *Handbook of the sociology of education* (pp. 285–306). New York, NY: Kluwer/Plenum.

Epstein, J., Sanders, M., Simon, B., Salinas, K., Jansorn, N., & Van Voorhis, F. (2002). *School, family and community partnerships: Your handbook for action (2nd ed.).* Thousand Oaks, CA: Corwin Press.

Epstein, J. L. (1986). Parents' reactions to teacher practices of parent involvement. *Elementary School Journal, 86(3)*, 277–294.

Epstein, J. L. (1988). Effects on student achievement of teachers' practices for parent involvement. In S. Silvern (Ed.), *Literacy through family, community, and school interaction* (pp. 73–88). Greenwich, CT: JAI Press.

Epstein, J. L., & Dauber, S. L. (1988, April). Teacher attitudes and practices of parent involvement in inner-city elementary and middle schools. Paper presented at the annual meeting of the American Sociological Association, San Francisco, CA.

Erickson, F., & Shultz, J. (1992). Students' experience of curriculum. In P. W. Jackson (Ed.), Handbook of research on curriculum (pp. 465–485). New York, NY: Macmillan.

Evans, C. (1995, June). Leaders wanted. *Education Week*, p. 1.

Ferguson, R. (1991, Summer). Paying for public education: New evidence on how and why money matters. *Harvard Journal on Legislation, 28*, 465–498.

Firestone, W., Rosenblum, S., & Bader, B. (1992). Recent trends in state educational reform. *Teachers College Record, 94(2),* 254–277.

Ford, M. (2015). *Rise of the robots: Technology and the threat of a jobless future.* New York, NY: Basic Books.

Freedman, L. (2013). *Strategy: A history.* New York, NY: Oxford University Press.

Fromm, E. (1969). *Escape from freedom (2nd ed.).* New York, NY: Holt Paperbacks.

Fullan, M. (1993). *Change forces: Probing the depths of educational reform.* London, England: Falmer Press.

Fullan, M. (1997). *What's worth fighting for in the principalship? (2nd ed.).* Toronto, Canada: Elementary Teachers Federation of Ontario.

Fullan, M. (1999). *Change forces: The sequel.* Philadelphia, PA: Falmer Press/Taylor & Francis.

Fullan, M. (2000). The return of large scale reform. *Journal of Educational Change, 1(1),* 1–23.

Fullan, M. (2001). *Leading in a culture of change.* San Francisco, CA: Jossey-Bass.

Fullan, M. (2003). *Change forces with a vengeance.* London, England: Falmer Press.

Fullan, M. (2005). *Leadership and sustainability.* Thousand Oaks, CA: Corwin Press.

Fullan, M. (2006). *Turnaround leadership.* San Francisco, CA: Jossey-Bass.

Fullan, M. (2008). *The six secrets of change.* San Francisco, CA: Jossey-Bass.

Fullan, M. (2010a). *All systems go; the change imperative for whole school reform.* Thousand Oaks, CA: Corwin.

Fullan, M. (2010b). *Motion leadership: The skinny on becoming change savvy.* Thousand Oaks, CA: Corwin Press.

Fullan, M. (2011). *Choosing the wrong drivers for whole system reform.* Seminar Series 204. Melbourne, Australia: Center for Strategic Education.

Fullan, M. (2013a). *Great to excellent: Launching the next stage of Ontario's education agenda.* Retrieved from www.edu.gov.on.ca/eng/document/reports/fullan.html

Fullan, M. (2013b). *Stratosphere: Integrating technology, pedagogy, and change knowledge.* Toronto, Canada: Pearson.

Fullan, M. (2014a). *California's golden opportunity: A status note.* Retrieved from www.michaelfullan.ce

Fullan, M. (2014b). *The principal: Three keys for maximizing impact.* San Francisco, CA: Jossey-Bass.

Fullan, M. (2015). *Freedom to change: Four strategies to put your inner drive into overdrive.* San Francisco, CA: Jossey-Bass.

Fullan, M., & Boyle, A. (2014). *Big-city school reforms: Lessons from New York, Toronto, and London.* New York, NY: Teachers College Press.

Fullan, M., & Donnelly, K. (in press). *Alive in the swamp: Assessing digital innovations in education.* Bloomington, IN: Solution Tree.

Fullan, M., & Eastabrook, G. (1973). School change project. Unpublished report, Ontario Institute for Studies in Education, Toronto, Canada.

Fullan, M., Eastabrook, G., & Biss, J. (1977). The effects of Ontario teachers' strikes on the attitudes and perceptions of grade 12 and 13 students. In D. Brison (Ed.), *Three studies of the effects of teachers' strikes (pp. 1–170).* Toronto, Canada: Ontario Ministry of Education.

Fullan, M., Galluzzo, G., Morris, P., & Watson, N. (1998). *The rise & stall of teacher education reform.* Washington, DC: American Association of Colleges for Teacher Education.

Fullan, M., & Hargreaves, A. (1992). *What's worth fighting for? Working together for your school.* Toronto, Canada: Elementary Teachers Federation of Ontario.

Fullan, M., Hill, P., & Crévola, C. (2006). *Breakthrough.* Thousand Oaks, CA: Corwin Press.

Fullan, M., & Langworthy, M. (2014). *Towards a new end: New pedagogies for deep learning.* Seattle, WA: Collaborative Impact.

Fullan, M., Park, P., Williams, T., Allison, P., Walker, L., & Watson, N. (1987). *Supervisory officers in Ontario: Current practice and recommendations for the future.* Toronto, Canada: Ontario Ministry of Education.

Fullan, M., & Pomfret, A. (1977). Research on curriculum and instruction implementation. *Review of Educational Research, 47(1),* 335–397.

Fullan, M., & Quinn, J. (2015). *Coherence: The right drivers in action.* Thousand Oaks, CA: Corwin.

Fullan, M., & Rincón-Gallardo, S. (in press). Developing high quality education in Canada: The case of Ontario. In F. Adamson, B. Astrand, & L. Darling-Hammond (Eds.), *Global education reform: Privatization vs public investments.* London, England: Routledge.

Fullan, M., Rincón-Gallardo, S., & Hargreaves, A. (2015). Professional capital as accountability. *Education Policy Analysis Archives, 23(15),* 1–22. Gallagher, M. J. (2014). *Ontario education improvement: International deck.* Toronto, Canada:

Ontario Ministry of Education.

Gallup. (2015). *Employee engagement.* Retrieved from www.gallup.com

Gardner, H. (1999). *The disciplined mind.* New York, NY: Simon & Schuster.

Gardner, H. (2004). *Changing minds.* Boston, MA: Harvard Business School Press.

Gaynor, A. (1977). A study of change in educational organizations. In L. Cunningham (Ed.), *Educational administration* (pp. 28–40). Berkeley, CA: McCutchan.

Glaze, A. E., Mattingley, R. E., & Andrews, R. (2013). *High school graduation: K-12 strategies that work.* Thousand Oaks, CA: Corwin.

Goertz, M. (2000, April). *Local accountability: The role of the district and school in monitoring policy, practice and achievement.* Paper presented at the annual meeting of the American Educational Research Association, New Orleans, LA.

Gold, B., & Miles, M. (1981). *Whose school is it anyway? Parent–teacher conflict over an innovative school.* New York, NY: Praeger.

Goldhammer, K. (1977). Role of the American school superintendent. In L. Cunningham et al. (Eds.), *Educational administration* (pp. 147–164). Berkeley, CA: McCutchan.

Goodlad, J. (1984). *A place called school: Prospects for the future.* New York, NY:McGraw-Hill.

Goodlad, J., & Klein, M. (1970). *Behind the classroom door.* Worthington, OH: Charles Jones.

Goodlad, J. I. (1990). *Teachers for our nation's schools.* San Francisco, CA: Jossey-Bass.

Greenwald, R., Hedges, L., & Laine, R. (1996, Fall). Interpreting research on school resources and student achievement: A rejoinder to Hanushek. *Review of Educational Research, 66(3),* 411–416.

Gross, N., Giacquinta, J., & Bernstein, M. (1971). *Implementing organizational innovations: A sociological analysis of planned educational change.* New York, NY: Basic Books.

Grove, A. (1996). *Only the paranoid survive.* New York, NY: Doubleday.

Hargreaves, A. (1994). *Changing teachers, changing times.* New York, NY: Teachers College Press.

Hargreaves, A. (2000). Professionals and parents: Personal adversaries or public allies? *Prospects, 30(2),* 201–213.

Hargreaves, A. (2003). *Teaching and the knowledge society.* New York, NY: Teachers College Press.

Hargreaves, A., & Braun, H. (2012). *Leading for all: A research report of the development, design, implementation and impact of Ontario's "Essential for Some, Good for All" initiative.* Boston, MA: Boston College.

Hargreaves, A., & Fink, D. (2006). *Sustainable leadership.* San Francisco, CA: Jossey-Bass.

Hargreaves, A., & Fullan, M. (1998). *What's worth fighting for out there.* New York, NY: Teachers College Press.

Hargreaves, A., & Fullan, M. (2012). *Professional capital: Transforming teaching in every school.* New York, NY: Teachers College Press.

Hargreaves, A., & Shirley, D. (2009). *The fourth way: The inspiring future for educational change.* Thousand Oaks, CA: Corwin.

Hargreaves, A., & Shirley, D. (2012). *The global fourth way.* Thousand Oaks, CA: Corwin.

Hatch, T. (2000). *What happens when multiple improvement initiatives collide.* Menlo Park, CA: Carnegie Foundation for the Advancement of Teaching.

Hattie, J. (2009). *Visible learning: A synthesis of over 800 meta-analyses relating to achievement.* London, England: Routledge.

Hattie, J. (2012). *Visible learning for teachers: Maximizing impact on learning.* London, England: Routledge.

Hattie, J. (2015a). *What works best in education: The politics of collaborative expertise.* London, England: Pearson.

Hattie, J. (2015b). High impact leadership. *Education Leadership, 72(5),* 36–40.

Heifetz, R., & Linsky, M. (2002). *Leadership on the line.* Boston, MA: Harvard Business School Press.

Henry, M. (1996). *Parent–school collaboration.* Albany, NY: State University of New York Press.

Hess, F. M. (1999). *Spinning wheels: The politics of urban school reform.* Washington, DC: Brookings Institute.

Hill, P., Campbell, C., & Harvey, J. (2000). *It takes a city.* Washington, DC: Brookings Institute.

Hodgkinson, H., & Montenegro, Y. (1999). *The U.S. school superintendent.* Washington, DC: Institute for Educational Leadership.

The Holmes Group. (1986). *Tomorrow's teachers.* East Lansing, MI: Author.

The Holmes Group. (1990). *Tomorrow's schools.* East Lansing, MI: Author.

The Holmes Group. (1995). *Tomorrow's schools of education.* East Lansing, MI: Author.

House, E. (1974). *The politics of educational innovation.* Berkeley, CA: McCutchan.

Howey, K. R., & Zimpher, N. L. (1989). *Profiles of preservice teacher education, inquiry into the nature of programs.* Albany, NY: State University of New York Press.

Hubbard, L., Mehan, H., & Stein, M. K. (2006). *Reform as learning.* London, England: Routledge.

Huberman, M. (1983). Recipes for busy kitchens. *Knowledge: Creation, Diffusion, Utilization, 4,* 478–510.

Huberman, M. (1988). Teacher careers and school improvement. *Journal of Curriculum Studies, 20(2),* 119–132.

Huberman, M., & Miles, M. (1984). *Innovation up close.* New York, NY: Plenum. James, C., Connolly, M., Dunning, G., & Elliot, T. (2006). *How very effective primary schools work.* London, England: Paul Chapman.

Jeffery, B., & Wood, P. (1999). Feeling deprofessionalized. *The Cambridge Journal of Education, 23,* 325–343.

Jellison, J. (2006). *Managing the dynamics of change.* New York, NY: McGraw-Hill.

Jenkins, L. (2013). *Permission to forget.* Milwaukee, WI: American Society for Quality Press.

Johnson, S. M. (1996). *Leading to change: The challenge of the new superintendency.* San Francisco, CA: Jossey-Bass.

Johnson, S. M. (2004). *Finders and keepers: Helping new teachers thrive and survive in our schools.* San Francisco, CA: Jossey-Bass.

Johnson, S. M., & Kardos, S. (2005). *Bridging the generation gap.* Educational Leadership, 62(8), 8–14.

Kahlenberg, R., & Potter, H. (2014). *A smarter charter.* New York, NY: Teachers College Press.

Kamenetz, A. (2015). *The test: Why our schools are obsessed with standardized testing—but you don't have to be.* New York, NY: Public Affairs.

Kanter, R. M. (2004). *Confidence: How winning and losing streaks begin and end.* New York, NY: Crown Business.

Katz, E., Lewin, M., & Hamilton, H. (1963). Traditions of research on the diffusion of innovation. *American Sociological Review, 28(2),* 237–252.

Kendall, J. (2011). *Understanding Common Core State Standards.* Alexandria, VA: ASCD.

Kirp, D. L. (2013). *Improbable scholars: The rebirth of a great American school system and a strategy for America's schools.* New York, NY: Oxford University Press.

Kirtman, L., & Fullan, M. (2015). *Leadership: Key competencies for whole system change.* Bloomington, IN: Solution Tree.

Knudson, J. (2013). *You'll never be better than your teachers: The Garden Grove approach to human capital improvement. California Collaborative on District Reform.* Washington, DC: American Institutes for Research.

Kortez, D. (2008). *Measuring up.* Cambridge, MA: Harvard University Press.

Kruse, S., Louis, K., & Bryk, A. (1995). *Building professional learning in schools.* Madison, WI: Center on Organization and Restructuring of Schools.

Laing, R. D. (1997). *Knots.* New York, NY: Touchstone Books.

LaRocque, L., & Coleman, P. (1989). Quality control: School accountability and district ethos. In M. Holmes, K. Leithwood, & D. Musella (Eds.), *Educational policy for effective schools* (pp. 168–191). Toronto, Canada: OISE Press.

Lasch, C. (1991). *The true and only heaven: Progress and its critics.* New York, NY: W.W. Norton.

Leana, C., & Pil, F. (2006). Social capital and organizational performance: Evidence from urban public schools. *Organizational Science, 17*(3), 353–366.

Levine, A. (2005). *Educating school leaders.* Washington, DC: Education Schools Project.

Lighthall, F. (1973, February). Multiple realities and organizational nonsolutions: An essay on anatomy of educational innovation. *School Review, 81*(2), 255–287.

Lindblom, C. (1959). The science of muddling through. *Public Administration Review, 19*, 155–169.

Little, J. W. (1981). The power of organizational setting. [Paper adapted from final report, *School success and staff development*]. Washington, DC: National Institute of Education.

Little, J. W. (1990). The persistence of privacy: Autonomy and initiative in teachers' professional relations. *Teachers College Record, 91*(4), 509–536.

Lortie, D. (1975). *School teacher: A sociological study.* Chicago, IL: University of Chicago Press.

Lusi, S. (1997). *The role of the state department of education in complex school reform.* New York, NY: Teachers College Press.

Marris, P. (1975). *Loss and change.* New York, NY: Anchor Press/Doubleday.

McAdams, D. (2006). *What school boards can do.* New York, NY: Teachers College Press.

McLaughlin, M., & Mitra, D. (2000). Theory-based change and change-based theory: Going deeper, going broader. Unpublished paper, Stanford University, Stanford, CA.

McLaughlin, M., & Talbert, J. (2001). *Professional communities and the work of high school teaching.* Chicago, IL: University of Chicago Press.

McLaughlin, M., & Talbert, J. (2006). *Building school-based teacher learning communities.* New York, NY: Teachers College Press.

McNeil, L. (2000). *Contradictions of school reform.* London, England: Routledge.

Mehta, J. (2013). *The allure of order: High hopes, dashed expectations, and the troubled quest to remake American schooling.* New York, NY: Oxford University Press.

Metropolitan Life Insurance. (2013). *The MetLife survey of the American teacher.* New York, NY: Author.

Micklethwait, J., & Wooldridge, A. (1996). *The witch doctors: Making sense of management gurus.* New York, NY: Random House.

Miles, M. (1993). Forty years of change in schools: Some personal reflections. *Educational Administration Quarterly, 29,* 213–248.

Minthrop, H. (2004). *Schools on probation.* New York, NY: Teachers College Press.

Mintzberg, H. (1994). *The rise and fall of strategic planning.* New York, NY: Free Press.

Mintzberg, H. (2004). *Managers not MBAs.* San Francisco, CA: Berret-Koehler.

Mintzberg, H., Ahlstrand, B., & Lampei, J. (1998). *Strategy safari: A guided tour through the wilds of strategic management.* New York, NY: Free Press.

Moore-Johnson, S., Marietta, G., Higgins, M., Mapp, K., & Grossman, A. (2015). *Achieving coherence in district improvement.* Cambridge, MA: Harvard Education Press.

Morgan, G. (1989). *Riding the waves of change.* San Francisco, CA: Jossey-Bass.

Mortimore, P., Sammons, P., Stoll, L., Lewis, D., & Ecob, R. (1988). *School matters: The junior years.* Somerset, England: Open Books.

Mourshed, M., Chijioke, C., & Barber, M. (2010). *How the world's most improved school systems keep getting better.* London, England: McKinsey & Co.

Murphy, J., & Datnow, A. (Eds.). (2003). *Leadership lessons from comprehensive school reforms.* Thousand Oaks, CA: Corwin Press.

Murphy, J., Yff, J., & Shipman, N. (2000). Implementation of the Interstate School Leaders Licensure Consortium standards. *International Journal of Leadership in Education,* pp. 199–216.

National Board for Professional Teaching Standards. (1993). *What should teachers know and be able to do?* Detroit, MI: Author.

National Commission on Excellence in Education. (1983). *A nation at risk.* Washington, DC: Author.

National Commission on Teaching and America's Future. (1996). *What matters most: Teaching for America's future.* Washington, DC: Author.

National Commission on Teaching and America's Future. (2003). *No dream denied.* Washington, DC: Author.

National Research Council. (1999). *Improving student learning.* Washington, DC: National Academy Press.

New Jersey Department of Education. (2013). *Student growth objectives: Developing and using practical measures of student learning.* Trenton, NJ: Author.

New Pedagogies for Deep Learning. (2014). Retrieved from www.npdl.global

New Teacher Center. (2006). *Understanding New York's groundbreaking induction initiative.* New York, NY: Author.

Newmann, F., & Wehlage, G. (1995). *Successful school restructuring.* Madison, WI: Center on Organization and Restructuring of Schools.

Noddings, N. (2005). *The challenge to care in schools* (2nd ed.). New York, NY: Teachers College Press.

Noguera, P. (2003). *City schools and the American dream.* New York, NY: Teachers College Press.

Nonaka, I., & Takeuchi, H. (1995). *The knowledge-creating company.* Oxford, England: Oxford University Press.

Oakes, J., & Lipton, J. (2002). Struggling for educational equity in diverse communities. *Journal of Educational Change, 26,* 383–406.

Oakes, J., Quartz, K., Ryan, S., & Lipton, M. (1999). *Becoming good American schools.* San Francisco, CA: Jossey-Bass.

Ontario Government Ontario Ministry of Education. (2014). *Achieving excellence: A renewed vision for education in Ontario.* Toronto, Canada: Author.

Ontario Institute for Studies in Education, University of Toronto. (2005). *Initial teacher education programs.* Toronto, Canada: Author.

Organization for Economic Cooperation and Development (OECD). (2013). *PISA 2012 data collection.* Paris, France: Author.

Organization for Economic Cooperation and Development (OECD). (2015). *Proposal for Project 2030.* Paris, France: Author.

Pentland, A. (2014). *Social physics: How good ideas spread—the lessons from a new science.* New York, NY: Penguin Press.

Perkins, D. (2003). *King Arthur's roundtable.* New York, NY: Wiley.

Peters, T. (1987). *Thriving on chaos: Handbook for a management revolution.* New York, NY: Knopf.

Pfeffer, J., & Sutton, R. (2000). *The knowing–doing gap.* Boston, MA: Harvard Business School Press.

Pfeffer, J., & Sutton, R. (2006). *Hard facts, dangerous half-truths and total nonsense.* Boston, MA: Harvard Business School Press.

Policy focus converges on leadership. (2000, January 12). *Education Week,* pp. 3–4.

Popham, J. (2004). *America's "failing" schools.* London, England: Routledge.

Pressure drives heads to drink. (2000, July 14). *Times Education Supplement,* p. 5.

Putnam, R. (2015). *Our kids: The American dream in crisis.* New York, NY: Simon &

Schuster.

Quaglia, R. J., & Corso, M. J. (2014). *Student voice: The instrument of change.* Thousand Oaks, CA: Corwin.

Reeves, D. (2006). *The learning leader.* Alexandria, VA: Association for Supervision and Curriculum Development.

Reeves, D. (2009). *Leading change in your school: How to conquer myths, build commitment, and get results.* Alexandria, VA: Association for Supervision and Curriculum Development.

Ries, E. (2012). *The lean startup: How today's entrepreneurs use continuous innovation to create radically successful businesses.* New York, NY: Crown Publishing.

Rincón-Gallardo, S., & Fullan, M. (in press). Essential features of effective collaboration. *Journal of Professional Capital and Community.*

Robinson, V. (2011). *Student-centered leadership.* San Francisco, CA: Jossey-Bass.

Rolheiser, C., & Evans, M. (2006). *Creative connections: School university partnerships.* Toronto, Canada: Ontario Institute for Studies in Education.

Rosenblum, S., & Louis, K. (1979). *Stability and change: Innovation in an educational context.* Cambridge, MA: ABT Associates.

Rosenholtz, S. J. (1989). *Teachers' workplace: The social organization of schools.* New York, NY: Longman.

Rudduck, J., Chaplain, R., & Wallace, G. (1996). *School improvement: What can pupils tell us?* London, England: David Fulton.

Sammons, P. (1999). *School effectiveness.* Lisse, The Netherlands: Swetz & Zeitlinger.

Sanders, M., & Epstein, J. (2000). The national network of partnership schools: How research influences educational practice. *Journal of Education for Students Placed at Risk, 5*(1/2), 61–76.

Sarason, S. (1971). *The culture of the school and the problem of change.* Boston, MA: Allyn & Bacon.

Sarason, S. (1982). *The culture of the school and the problem of change (2nd ed.).* Boston, MA: Allyn & Bacon.

Sarason, S. (1995). *Parent involvement and the political principle.* San Francisco, CA: Jossey-Bass.

Sarason, S. B., Davidson, K. S., & Blatt, B. (1986). *The preparation of teachers: An unstudied problem in education* (Rev. ed.). Cambridge, MA: Brookline Books.

Schön, D. (1971). *Beyond the stable state.* New York, NY: Norton.

Scott, C., Stone, B., & Dinham, S. (2000, April). *International patterns of teacher discontent.* Paper presented at the annual meeting of the American Educational Research Association, New Orleans, LA.

Senge, P. (1990). *The fifth discipline.* New York, NY: Doubleday.

Senge, P., Cambron-McCabe, N., Lucas, T., Smith, B., Dutton, J., & Kleiner, A.(2000). *Schools that learn.* New York, NY: Doubleday.

Senge, P., Kleiner, A., Roberts, C., Ross, R., Roth, G., & Smith, B. (1999). *The dance of change.* New York, NY: Doubleday.

Shanker, A. (1985). *Speech. New York: New York State United Teachers Convention.* Washington, DC: Albert Shanker Institute.

Shanker, A. (1990). Staff development and the restructured school. In B. Joyce (Ed.), *Changing school culture through staff development* (pp. 91–103). Alexandria, VA: Association for Supervision and Curriculum Development.

Sharratt, L., & Fullan, M. (2006). Accomplishing districtwide reform. *Journal of School Leadership, 16*(5), 583–595.

Sharratt, L., & Fullan, M. (2009). *Realization.* Thousand Oaks, CA: Corwin.

Sharratt, L., & Fullan, M. (2012). *Putting FACES on the data: What great leaders do!* Thousand Oaks, CA: Corwin.

Sharratt, L., & Harild, G. (2015). *Good to great to innovate.* Toronto, Canada: Ontario Principals' Council.

Smith, L., & Keith, P. (1971). *Anatomy of educational innovation: An organizational analysis of an elementary school.* New York, NY: Wiley.

Snipes, J., Doolittle, F., & Herlihy, P. (2002). *Foundations for success.* Washington, DC: Council of the Great City Schools.

Snyder, J. (1999). *New Haven unified school district: A teaching quality system for excellence and equity.* New York, NY: Teachers College, Columbia University, National Commission on Teaching and America's Future.

Spillane, J. (1999, April). *The change theories of local change agents: The pedagogy of district policies and programs.* Paper presented at the annual meeting of the American Educational Research Association, Boston, MA.

Spillane, J. (2004). *Standards deviation.* Cambridge, MA: Harvard University Press.

Steinberg, L. (1996). *Beyond the classroom: Why school reform has failed and what parents need to do.* New York, NY: Simon & Schuster.

Stewart, M. (2009). *The management of myth: Why the experts keep getting it wrong.* New York, NY: Norton.

Stiggins, R. (2005). New assessment beliefs for a new school mission. *Phi Delta Kappan, 86*(1), 22–27.

Stigler, J., & Hiebert, J. (1999). *The teaching gap.* New York, NY: Free Press.

Stoll, L., Bolam, R., McMahon, A., Thomas, S., Wallace, M., Greenwood, A., & Hawkley, K. (2006). *Professional learning communities: Source materials for school leaders and other leaders of professional learning.* Nottingham, England: National College for School Leadership.

Stoll, L., Harris, A., & Hanscomb, G. (2012). *Great professional development which leads to great pedagogy: Nine claims from research.* Nottingham, England: National College for School Leadership.

Supovitz, J. (2006). *The case for district-based reform.* Cambridge, MA: Harvard Education Press.

The Teaching Commission. (2006). *Teaching at risk: Progress and potholes.* Washington,DC: Author.

Thiessen, D. (Ed.). (2008). *International handbook of student experience in elementary and secondary schools.* Dordrecht, The Netherlands: Springer.

Times Education Supplement. (1997). *Times Education Supplement survey.* London, England: Author.

Timperley, H. (2011). *Realizing the power of professional learning.* London, England: McGraw-Hill.

Timperley, H., & Parr, J. (2005). Theory competition and the process of change. *Journal of Educational Change, 6*(3), 227–251.

Togneri, W., & Anderson, S. (2003). How poverty districts improve. *Educational Leadership, 33*(1), 12–17.

Waller, W. (1932). *The sociology of teaching.* New York, NY: Russell and Russell.

Werner, W. (1980). Implementation: The role of belief. Unpublished paper, Center for Curriculum Studies, University of British Columbia, Vancouver, Canada.

Wigginton, E. (1986). *Sometimes a shining moment: The Foxfire experience.* New York, NY: Doubleday.

Wiliam, D. (2014). *The formative evaluation of teaching performance.* Seminar Series 137. Melbourne, Australia: Centre for Strategic Education.

Wilkinson, R. (2005). *The impact of inequality.* London, England: New Press.

Wilkinson, R., & Pickett, K. (2009). *The spirit level: Why more equal societies almost always do better.* London, England: Allen Lane.

Wise, A. (1977). Why educational policies often fail: The hyperrationalization hypothesis. *Curriculum Studies, 9*(1), 43–57.

Wise, A. (1988). The two conflicting trends in school reform: Legislative learning revisited. *Phi Delta Kappan, 69*(5), 328–333.

Zavadsky, H. (2009). *Bringing reform to scale: Five award winning urban districts.* Cambridge, MA: Harvard Education Press.

찾아보기

전문성 자본(professional capital) 121, 142, 176, 194, 212, 215, 216, 217, 238, 382, 388, 392, 430, 438

전미교육정책자문위원회(Education Commission of the States, ECS) 396

전미수학교사협회(National Council of Teachers of Mathematics, NCTM) 58

전통적 모델(traditional model) 109

정책 동인(policy drivers) 87~88, 356

제도화(institutionalization) 22, 107, 109, 111, 145~146, 293, 439

중간리더십(leadership from the middle, LftM) 43, 127, 163, 327, 347~351, 383~384, 433, 436

지역당국(Local authority, LA) 305~306, 345, 347

징벌적 책무성(punitive accountability) 42, 88, 92, 356, 363, 371, 373

| ㅊ |

차터스쿨(charter schools) 22, 36, 362, 365~367, 373, 412

창의력(creativity) 73, 178, 267~268, 271, 433, 444

최고를 향한 경쟁(Race to the Top, RTTT) 28, 231, 365, 366

| ㅋ |

캘리포니아 교육위원회연합(California School Board Association, CSBA) 296

클러스터 리더십(cluster leadership) 266, 267

| ㅌ |

트리플 I 모델(Triple I model) 107, 114, 146~147, 150, 439

| ㅍ |

평가소양(assessment literacy) 198

포부의 틀(aspirations framework) 246

| ㅎ |

학생 성공을 위한 학교지원사업(Student School Success Support Initiative) 379

학습선도자(lead learner) 41, 141, 226, 233, 235~237, 266, 296, 340, 427, 437

행동이론(theory of action) 165, 294, 330, 432, 442

혁신적 전문성 개발(innovative professional development, iPD) 239

협력에 의한 문해력 향상 구상(Literacy Collaborative, LC) 328~329

협업(능력)(collaboration) 56~58, 73, 76, 78, 98, 170, 191, 195, 198, 203, 205, 230, 265, 267~268, 335~336, 433

협업문화(collaborative work cultures) 41, 57, 98, 201, 211~213, 215, 217, 238, 296, 331, 386~389, 394, 396, 418, 420

훌륭한 시민자질(citizenship) 73, 267~268, 271, 433, 444

마이클 풀란(Michael Fullan)은 토론토대학 온타리오 교육연구소 소장 및 명예교수이며, 교육개혁 분야에 기여한 공로로 캐나다에서 훈장을 받았다. 조직 변화와 교육개혁 분야에서 세계적으로 인정받는 최고 권위자로서 다수의 글로벌 교육변화프로젝트 연수·컨설팅·평가에 참여했다. 풀란은 1998-2002년 잉글랜드 '국가 문해력·수리력 향상전략' 평가를 4년간 주도했다. 2004년에는 온타리오 교육부 수상 및 장관의 특별고문으로 임명되었다. 현재 세계 여러 나라에서 교육부처와 관계기관의 시스템 전반에 걸친 개선을 위한 정책 제안 및 전략개발 자문과 평가를 수행하고 있다.

| 저서 및 공저 |

『체인지 리더십(Leading in a Culture of Change)』, 『학교를 개선하는 교사(What's Worth Fighting For in Your School?)』, 『학교를 개선하는 교장(What's Worth Fighting For in the Principalship?)』, 『거기에서 무엇을 얻기 위해 싸워야 하는가?(What's Worth Fighting For Out There?)』, 『변화의 힘(Change Forces)』 시리즈, 『학교 리더십의 윤리적 책무(The Moral Imperative of School Leadership)』 등이 있다. 최근 저서로는 『성층권 의제: 기술, 교수법, 변화지식의 통합(Stratosphere: Integrating Technology, Pedagogy, and Change Knowledge)』, 『교직과 교사의 전문적 자본(Professional Capital)』(2015년 그라우마이어Grawemeyer상 수상), 『시스템 전반의 핵심적 리더십 역량(Leadership: Key Competencies for Whole-System Change)』, 『변화의 자유(Freedom to Change)』, 『연계성(Coherence: The Right Drivers in Action)』 등이 있다.

홈페이지 www.michaelfullan.ca

FULLAN

학교개혁은
왜
실패하는가

교육변화의
새로운 의미와 성공원리

2017년 11월 20일 | 초판 1쇄 발행
2020년 9월 11일 | 초판 3쇄 발행

지은이 마이클 풀란
옮긴이 이찬승·은수진

펴낸이 이찬승
펴낸곳 교육을바꾸는책

편집·마케팅 고명희·서이슬·김지현
제작 류제양
디자인 콘텐츠스튜디오 GOoDEN

출판등록 2012년 4월 10일 | 제313-2012-114호
주소 서울시 마포구 동교로 18길 20 자운빌딩 3층
홈페이지 http://21erick.org
이메일 gyobasa@21erick.org
포스트 post.naver.com/gyobasa_book
블로그 blog.naver.com/gyobasa21

전화 02-320-3600
팩스 02-320-3608
내용문의 02-320-3632
구입문의 02-320-3600

ISBN 978-89-966971-4-5 (93370)

이 도서의 국립중앙도서관 출판예정도서목록(CIP)은 서지정보유통지원시스템 홈페이지(http://seoji.nl.go.kr)와
국가자료공동목록시스템(http://www.nl.go.kr/kolisnet)에서 이용할 수 있습니다.
(CIP제어번호: CIP2017029726)